APPRENDRE
L'HÉBREU

OBJECTIF LANGUES

APPRENDRE L'HÉBREU
Niveau débutants
A2

Sarit BORTOLUSSI et Iris PETTEL

LA COLLECTION OBJECTIF LANGUES

À PROPOS DU CADRE EUROPÉEN COMMUN DE RÉFÉRENCE POUR LES LANGUES

À partir de quel moment peut-on considérer que l'on "parle" une langue étrangère ? Et quand peut-on dire qu'on la parle "correctement", couramment ? voire qu'on la "maîtrise" de la langue ? Cette question agite les spécialistes de la linguistique et de l'enseignement depuis toujours. Elle pourrait être de peu d'intérêt si les locuteurs d'aujourd'hui n'avaient pas à justifier leurs compétences dans ce domaine, notamment pour accéder à l'emploi.

C'est en partie pour répondre à cette question que le Cadre européen commun de référence pour les langues (CECRL), appelé plus communément "Cadre européen des langues", a été créé par le Conseil de l'Europe en 2001. Sa vocation première est de proposer un modèle d'évaluation de la maîtrise des langues neutre et adapté à toutes les langues afin de faciliter leur apprentissage sur le territoire européen. À l'origine, il entendait favoriser les échanges et la mobilité, mais aussi mettre un peu d'ordre dans les tests d'évaluation privés qui fleurissaient à la fin du xxe siècle et qui étaient, la plupart du temps, propres à une langue.

Plus de 15 ans après son lancement, son succès est tel qu'il a dépassé les simples limites de l'Europe et qu'il est utilisé dans le monde entier ; pour preuve, son cahier des charges est disponible en 39 langues. Les enseignants, les recruteurs et les entreprises y ont largement recours et les praticiens "trouvent un avantage à travailler avec des mesures et des normes stables et reconnues[1]."

LES 6 NIVEAUX DU CADRE EUROPÉEN DES LANGUES

Le cadre européen se divise en 3 niveaux généraux et en 6 niveaux communs de compétence :

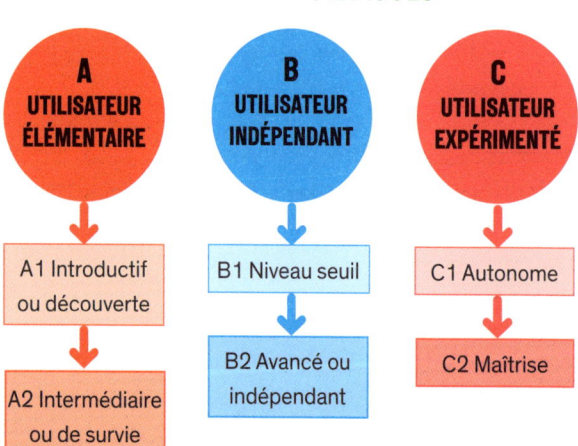

Chacun des niveaux communs de compétence est détaillé selon des activités de communication langagières :
- la production orale (parler) et écrite (écrire) ;
- la réception (compréhension de l'oral et de l'écrit) ;
- l'interaction (orale et écrite) ;
- la médiation (orale et écrite) ;
- la communication non verbale.

Dans le cadre de notre méthode d'apprentissage et de son utilisation, les activités de communication se limitent bien sûr à la réception (principalement) et à la production (un peu). L'interaction, la médiation et la communication non verbale s'exercent sous forme d'échanges en rencontrant des locuteurs et/ou en échangeant avec eux (avec ou sans présence réelle pour dire les choses autrement).

LES COMPÉTENCES DU NIVEAU A2

Avec le niveau A2, je peux :
- **comprendre** des expressions et des messages simples et très fréquents ;
- **lire** des textes courts et trouver une information dans des documents courants ;
- **comprendre** des courriers personnels courts et simples ;
- **communiquer** lors de tâches simples et habituelles ;
- **décrire** en termes simples ma famille, d'autres gens, mes conditions de vie, ma formation et mon activité professionnelle ;
- **écrire** des notes et des messages courts et simples.

La plupart des méthodes d'auto-apprentissage de langues actuelles utilisent la mention d'un des niveaux du cadre de référence (la plupart du temps B2), mais cette catégorisation a souvent été faite a posteriori et ne correspond pas forcément à leur cahier des charges. En suivant les leçons à la lettre, en écoutant les dialogues et en faisant les exercices proposés, vous parviendrez au niveau A2. Mais n'oubliez pas qu'il ne s'agit que d'un début. Le plus important commence ensuite : échanger avec des locuteurs natifs, entretenir sa langue et ne pas la laisser rouiller et, ainsi, améliorer sans cesse la compréhension et l'expression.

1. Cadre européen commun de référence pour les langues, éditions Didier (2005).

APPRENDRE L'HÉBREU

NOTIONS

- L'HÉBREU MODERNE
- L'ALPHABET – LES CONSONNES
- LES VOYELLES
- L'ACCENT TONIQUE
- L'ORTHOGRAPHE DES MOTS EMPRUNTÉS AUX LANGUES ÉTRANGÈRES

INTRODUCTION
L'HÉBREU MODERNE – RENAISSANCE DE L'HÉBREU

Ce n'est qu'au début du xxe siècle que la langue hébraïque s'est réveillée, après une longue période de sommeil. Pendant plus de 2000 ans, l'hébreu, langue qui trouve ses origines dans la plus haute Antiquité, n'était utilisé quasiment que pour étudier les textes sacrés, pour la vie cultuelle et traditionnelle, par les croyants et savants (juifs et chrétiens) et par les fidèles pratiquants. On l'a appelé "la langue sacrée". Il n'a fallu que quelques décennies pour la dépoussiérer, la réactiver pour qu'elle redevienne une langue vivante, la langue officielle d'un jeune État. L'hébreu moderne, la petite progéniture de l'hébreu biblique, l'hébreu mishnique, l'hébreu médiéval et l'hébreu plus récent des "Lumières juives", est devenu moderne, a été mis à jour pour tout ce qui concerne le monde actuel. Il a su garder ses racines sémitiques et orientales, la sagesse d'une "vieille dame", et ouvre à la fois ses portes aux néologismes tant occidentaux qu'exotiques. Il est parlé aujourd'hui par près de 15 millions de locuteurs dans le monde, majoritairement en Israël. Dans cet ouvrage nous nous concentrerons sur cet hébreu là – l'hébreu moderne.

EN BREF...

L'hébreu s'écrit et se lit de droite à gauche.
L'alphabet comporte 22 lettres, toutes sont des consonnes, dont 5 se transforment légèrement lorsqu'elles apparaissent en fin de mot.
Les voyelles en hébreu ne sont pas systématiquement utilisées / sont facultatives à l'écrit. En effet c'est un système de ponctuation tardif (qui date de l'aube du Moyen-Âge). Les signes vont s'ajouter aux lettres (au-dessus, en dessous, à côté).
Les 2 écritures sont l'écriture dite "carrée" ou imprimée et l'écriture cursive (c'est celle que les gens utilisent quand ils écrivent dans la vie quotidienne). Nous vous proposons l'écriture cursive dans les exercices de chaque module de cet ouvrage pour que vous vous familiarisiez avec celle-ci.
La taille des lettres est toujours la même, les lettres n'ont pas de variante graphique majuscule.
Les distinctions entre masculin et féminin, singulier et pluriel existent en hébreu. Dans les listes de vocabulaire, nous indiquerons le genre par les lettres suivantes : 'נ pour נְקֵבָה **nēkeva**, *féminin* et 'ז pour זָכָר **zakhar**, *masculin*. La lettre ר' pour רַבּוֹת / רַבִּים **rabim/rabot**, signifiant *pluriel* (litt. "nombreux/nombreuses").
Ces "déclinaisons" sont globalement reconnaissables par les terminaisons des mots.

Le genre et le nombre du substantif ont également une incidence sur la conjugaison et façonnent (modèlent) les adjectifs qui doivent être accordés.

Le verbe n'est conjugué qu'à 3 temps : le présent, le passé et le futur. Une forme de conjugaison supplémentaire exprime l'impératif mais reste très peu utilisée.

Chaque mot est composé d'une racine qui entre en contact avec une formule déterminant sa nature et ses fonctions.

Les mots en hébreu sont organisés dans des structures, formes et déclinaisons. C'est une langue structurée et logique.

La syntaxe de l'hébreu moderne ressemble beaucoup à celle du français : sujet – verbe – compléments.

◆ LA PRONONCIATION
L'ALPHABET - LES CONSONNES

Parmi les 22 lettres-consonnes de l'hébreu, certaines d'entre elles ont une double prononciation (comme la 2e, la 11e, la 17e, la 21e : voir tableau, nous les avons signalées par un fond de couleur) tandis que certains sons ont une double présentation graphique (lignes 9 et 22 / 15 et 21). Enfin, 5 lettres ont une variante graphique différente lorsqu'elles sont positionnées à la fin d'un mot (lignes 11, 13, 14, 17 et 18 : voir tableau – nous signalons cette particularité par un trait de contour plus épais sur ces lignes).

Le tableau ci-dessous prend en compte toutes ces variations. Il contient les 2 formes d'écriture – carrée/imprimée et cursive ainsi que la transcription phonétique utilisée dans ce manuel. À noter que la prononciation proposée reflète la prononciation "normalisée" des usagers nés en Israël.

Lisez à haute voix les mots ci-dessous après avoir écouté l'enregistrement.

ordre alpha-bé-tique	transcription	prononciation proche en français	écriture cursive	écriture carrée/ imprimée	nom de la lettre
1	' / –	–	IC	א	alēf
2	b	bague	ᾳ	בּ	bēt
	v	vague	ᾳ	ב	vēt
3	g/gu	gai	c	ג	guimel
4	d	dame	⁊	ד	dalēt

5	h	–	ה	ה	hē
6	v	vague	ו	ו	vav
7	z	zèbre	ז	ז	zayin
8	ḥ	jota (espagnol)	ח	ח	ḥēt
9	t	tête	ט	ט	tēt
10	y	yoga	י	י	yod/youd
11	k	cane	כ	כּ	kaf
	kh	jota (espagnol)	כ	כ	khaf
		jota (espagnol)	ך	ך	khaf Sofit*
12	l	lame	ל	ל	lamēd
13	m	mode	מ	מ	mēm
		mode	ם	ם	mēm Sofit*
14	n	nappe	נ	נ	noun
		nappe	ן	ן	noun Sofit*
15	S	sol	ס	ס	Samēkh
16	' / –	–	ע	ע	ayin
17	p	peau	פּ	פּ	pē
	f	fin	פ	פ	fē
		fin	ף	ף	fē Sofit*
18	ts	tsunami	צ	צ	tsadi(k)
		tsunami	ץ	ץ	tsadi(k) Sofit*
19	k	cane	ק	ק	kouf/kof
20	r	rat	ר	ר	rēsh
21	sh	shérif	שׁ	שׁ	shin
	S	sol	שׂ	שׂ	Sin
22	t	tête	ת	ת	tav

* **Sofit** = final

Remarque : Bien que les lettres 8 et 11 se prononcent de la même façon en hébreu parlé, la transcription phonétique est différente afin d'en distinguer les racines.

Pour bien apprendre à maîtriser l'écriture cursive, nous vous recommandons le cahier d'écriture d'hébreu dans la collection "Les cahiers d'écriture" d'Assimil.

QUELQUES CONSONNES PARTICULIÈRES, ÉTRANGÈRES POUR LES FRANCOPHONES

La plupart de sons sont faciles à prononcer pour le locuteur francophone. Cependant, quelques-uns n'existant pas en français demeurent étrangers. Afin de vous familiariser avec ces sons, un exercice de prononciation vous invite à écouter et répéter à haute voix des mots en hébreu pour lesquels l'icône de l'audio est présente en marge.

02 Lisez à haute voix les mots ci-dessous après avoir écouté l'enregistrement.

→ a. [h] חַם h̲am, *chaud* ; שָׁחוֹר sh̲ahor, *noir* ; מִזְרָח mizrah̲, *est*
→ b. [kh] אוֹכֶל okhēl, *nourriture* ; אָרוֹךְ arokh, *long* ; חָכָם h̲akham, *intelligent*
→ c. [ts] צַדִּיק tsadik, *juste* ; קְצָת ktsat, *peu* ; מִיץ mits, *jus*

LES CONSONNES QUI NE SE PRONONCENT PAS : א, ה, ע

– La consonne א ne représente aucun son particulier hormis l'aspiration représentée par la voyelle qui l'accompagne.

– La prononciation de ע, autrefois gutturale, reste très marginale en hébreu parlé en Israël par la plupart des usagers. Elle n'est pas enseignée en cours d'apprentissage de la langue. Sa prononciation gutturale peut réapparaître dans certaines communautés lors de la lecture des textes sacrés ou dans les chansons.

Ces deux lettres ne seront donc présentées par aucun signe particulier dans la transcription phonétique que nous proposons. En revanche, le signe ʾ est utilisé dans la transcription pour séparer deux voyelles consécutives accompagnant les א et ע. Ex. : מְאוֹד mēʾod, *très* – מַעֲרָב maʿarav, *ouest*

– Bien souvent la consonne ה n'est pas prononcée non plus. Certains usagers la prononcent toujours par une forte aspiration, certains la prononcent occasionnellement. Cette variation est influencée par leurs origines. Dans la transcription, nous avons choisi de présenter la lettre ה par le signe h, lorsqu'elle est accompagnée d'une voyelle. Ex. : הַר har, *montagne* – מַהֵר mahēr, *vite* – הוֹרִים horim, *parents*.

Lisez à haute voix les mots ci-dessous après avoir écouté l'enregistrement.

אָדָם **a**dam, *homme* ; הַר **h**ar, *montagne*, עֲבוֹדָה **a**voda, *travail*

LES CONSONNES AVEC UNE PRONONCIATION IDENTIQUE

Les consonnes ayant une prononciation identique sont : ב/ו (comme dans *vague*), les ח/כ/ך (prononcées comme la lettre espagnole *jota*), les כּ/ק (comme dans *cane*), les ס/שׂ (comme dans *sol*, jamais comme dans *case*) et enfin les ט/ת (comme dans *tête*). Toutefois, la variation graphique des lettres hébraïques indique, selon les linguistes, une prononciation distincte qui existait antérieurement pour chaque lettre.

Lisez à haute voix les mots ci-dessous après avoir écouté l'enregistrement.
- a. [v] חָבֵר <u>h</u>a**v**ēr, *ami* – רַוָּק ra**v**ak, *célibataire*
- b. [<u>h</u>/kh] חָתוּל <u>h</u>atoul, *chat* ; עַכְשָׁיו a**kh**shav, *maintenant* ; מָסָךְ maSa**kh**, *écran*
- c. [k] כֶּלֶב **k**ēlēv, *chien* ; קוֹף **k**of, *singe*
- d. [sh] שַׂר **S**ar, *ministre* ; סַל **S**al, *panier*
- e. [t] טוֹב **t**ov, *bon* ; תּוּת **t**out, *fraise*

→ *Notez que nous transcrirons les lettres* ס *et* שׂ *par* **S** *pour que vous pensiez bien à la prononcer comme dans* sol *ou* tasse.

LES CONSONNES À PRONONCIATION VARIABLE : ב, כ, פ

Certaines consonnes subissent des changements de prononciation selon la position qu'elles occupent dans le mot. Ce le cas de ב, כ/ך et פ/ף. Cette distinction est signalée par le rajout d'un point diacritique nommé דָּגֵשׁ **daguêsh** à l'intérieur de la lettre. Les בּ, כּ et פּ ont une prononciation explosive : **b**, **k** et **p**, tandis que les lettres ב, כ et פ ont une prononciation fricative : **v**, **kh** et **f**.

Remarque : ce point est utilisé pour signaler d'autres processus grammaticaux dans d'autres consonnes sans pour autant influencer leur prononciation.

Lisez à haute voix les mots ci-dessous après avoir écouté l'enregistrement.
- a. [b] ou [v] בּוֹקֶר **b**okēr, *matin* ; עֶרֶב ērē**v**, *soir*
- b. [k] ou [kh] כֶּסֶף **k**ēSēf, *argent* ; שָׁכֵן sha**kh**ēn, *voisin*
- c. [p] ou [f] פִּיל **p**il, *éléphant* ; סֵפֶר Sē**f**ēr, *livre*

LE CAS DE שׁ

La consonne שׁ peut se prononcer **S** ou **sh** sans aucun rapport avec sa position dans le mot. Cette distinction est signalée par le rajout d'un point diacritique au-dessus de la lettre : le point situé à droite שׁ correspond à la prononciation **sh** tandis que le point situé à gauche שׂ marquera la prononciation **S**.

Remarque : la lettre שׁ est prononcée dans 90 % des cas **sh**

Lisez à haute voix les mots ci-dessous après avoir écouté l'enregistrement.
[s] ou [S] שָׁלוֹם sh**alom**, *bonjour* ; שָׂפָה **S**afa, *langue*
Notez que cette distinction de lettres avec le point ne s'ecrit pas dans les écrits de tous les jours, mais nous les avons matérialisés dans nos leçons dans un but pédagogique, pour que vous distinguiez bien les sons qui y sont associés.

◆ LES VOYELLES

Le système de la vocalisation actuelle a été inventé par les "Sages" tardivement (au début du Moyen-Âge) afin de préserver la prononciation correcte de la langue, lorsque les Juifs ne la pratiquaient plus quotidiennement. Selon ce système, les consonnes sont accompagnées des points ou traits diacritiques placés au-dessus, en dessous ou à côté. Mais depuis que l'hébreu est redevenu une langue parlée, l'usager n'utilise que très peu les signes de vocalisation, voire aucun.
L'étude approfondie de ce système, restant complexe, n'est pas entreprise dans cet ouvrage. Cependant, son usage demeure indispensable pour l'apprentissage ou en cas d'ambiguïté sémantique. Les mots contenus dans cet ouvrage sont vocalisés de la manière traditionnelle. Il faut préciser que, depuis, la prononciation s'est beaucoup simplifiée, les voyelles ont perdu leurs traits caractéristiques initiaux et leurs distinctions entre leur longueur et leur mode d'articulation. Bien que le tableau ci-dessous comprenne la panoplie complète de la vocalisation, finalement il n'y a que 5 voyelles qui sont réellement distinctes.

transcription	prononciation proche en français	signe-voyelle	nom de la voyelle
a	dame	ַ	pata**h**
		ָ	kamats
		ֲ	**h**ataf-pata**h**
ē	tête	ֶ	Sēgol
		ֵ	tsērē
		ֱ	**h**ataf-Sēgol
i	fil	ִ	**h**irik ha**S**er
		ִי	**h**irik malē

15

o	sol	חֹ	holam ha_S_ēr
		חוֹ	holam malē
		ָ	kamats-katan
		ֳ	hataf-kamats
ou	cou	וּ	shourouk
		ֻ	koubouts
ē/–	tête / –	ְ	shva
		ּ	daguēsh

02 Lisez à haute voix les mots ci-dessous après avoir écouté l'enregistrement.
→ a.   [a] מַזָּל m_a_z_a_l, *chance*
→ b.   [ē] שֶׁקֶל sh_ē_k_ē_l, *shekel (monnaie israélienne)*
→ c.   [i] גִיל gu_i_l, *âge*
→ d.   [o] שָׁלוֹם shal_o_m, *bonjour*
→ e.   [ou] מוּל m_ou_l, *en face*

LE CAS DE DE LA VOYELLE SHVA

La voyelle **shva** est très souvent muette. Tout dépend de la consonne qu'elle accompagne et son emplacement dans le mot.

02 Lisez à haute voix les mots ci-dessous après avoir écouté l'enregistrement.
[–] בְּרִית **brit**, *alliance* ; אוּלְפָּן **oulpan**, *école d'apprentissage d'hébreu*
[ē] מְאֹד **mē'od**, *très* ; נְשִׁיקָה **nēshika**, *bisou*

LES CONSONNES VOYELLES : ו, י

Les consonnes ו et י sont utilisées également pour indiquer une voyelle ou pour faciliter la lecture. Dans ces cas elles perdent leur caractère consonantique. Ex. :
La lettre ו **vav** : se prononce [o] : דּוֹד **dod**, *oncle*, ou [ou] : דּוּד **doud**, *chaudière*
La lettre י **yod** : se prononce [i] : שִׁיר **shir**, *chanson* ou [ē] : פֵּירוֹת **pērot**, *fruit*

Remarque importante ! Dû à la présence de la lettre י **yod** après une consonne vocalisée par [e], la prononciation peut varier d'un locuteur à l'autre. Ex. אֵיפֹה **où?** est prononcé tantôt **ēfo** tantôt **ēyfo**. Cependant, le son [y] est prononcé d'une manière plus légère.

LE CAS DE LA SYLLABE חַ EN FIN DE MOT

Lorsque la consonne ח est à la fin du mot et accompagnée par la voyelle [a], elle est prononcée **a_h_**.

Lisez à haute voix les mots ci-dessous après avoir écouté l'enregistrement.

רוּחַ **rou-ah**, *vent* ; כּוֹחַ **ko-ah**, *force*

◆ L'ACCENT TONIQUE

Deux accents toniques sont possibles en hébreu moderne. Le plus souvent les mots sont dotés d'un accent tonique tombant sur la dernière syllabe. L'autre accent possible apparaîtra sur l'avant-dernière syllabe. Etant donné qu'en français l'accent tonique tombe toujours sur la dernière syllabe, les usagers francophones n'ont pas l'habitude de l'entendre mais notez bien celui qui tombe sur l'avant-dernière syllabe car l'accent tonique peut changer le sens du mot. Dans les mots suivants la syllabe accentuée est signalée en couleur.

Lisez à haute voix les mots ci-dessous après avoir écouté l'enregistrement.

→ a. בִּירָה **bi-ra**, *bière* ; בִּירָה **bi-ra**, *capitale*
→ b. אוֹכֵל **o-khēl**, *nouriture* ; הוּא אוֹכֵל **hou o-khēl**, *il mange*
→ c. הִיא רָצָה **hi ra-tsa**, *elle court* ; הוּא רָצָה, **hou ra-tsa**, *il a voulu*

◆ L'ORTHOGRAPHE DES MOTS EMPRUNTÉS AUX LANGUES ÉTRANGÈRES וו, צ׳, ז׳, ג׳

En cas de besoin pour transcrire le plus fidèlement possible des mots d'origine étrangère qui ont été empruntés par l'hébreu, un accent ['] a été rajouté aux consonnes ג, ז, צ, et des conventions d'orthographe ont été mises en place, pour permettre l'ajout de nouvelles prononciations. Voici les "nouvelles" consonnes et leur prononciation :

transcription	prononciation proche en français	écriture cursive	écriture carrée/ imprimée
dj	jeans	ʾc	ג׳
j	journal	ʾc	ז׳
tch	Tchétchénie	Ɛ	צ׳
w	Washington	וו	וו

Lisez à haute voix les mots ci-dessous après avoir écouté l'enregistrement.

→ a. פִּיגָ׳מָה **pidjama**, *pyjama* ; ג׳יפ **djip**, *Jeep*
→ b. ז׳נבה **jēneva**, *Genève* ; ז׳וּרְנָל **journal**, *journal*
→ c. צ׳יפּס **tchips**, *chips* ; צ׳יטָה **tchita**, (de l'anglais **cheetah**) *guépard*
→ d. וושינגטון **woshinton**, *Washington* ; פִּינְגְוִוין **pingwin**, *pingouin*

N'oubliez pas de lire les phrases en hébreu de droite à gauche. Dans les parties grammaticales des modules, commencez la lecture des tableaux toujours par la droite. Bonne lecture et bon apprentissage !

I. SALUTATIONS ET PREMIERS CONTACTS

1. PRÉSENTATION — 23
2. RENCONTRE — 31
3. DANS LA RUE — 41
4. INFORMATIONS PERSONNELLES — 51
5. LA FAMILLE — 61
6. AU CAFÉ — 71

II. LA VIE QUOTIDIENNE

7. UNE CHAMBRE À LOUER — 83
8. LES JOURS DE LA SEMAINE — 83
9. L'HEURE — 103
10. J'AI MAL… — 113
11. FAIRE LES COURSES — 123
12. CHOSES À FAIRE — 133

III. EN VILLE

IV. LES LOISIRS

13.
S'ORIENTER EN VILLE 147

14.
LES COURSES 161

15.
AU CENTRE COMMERCIAL 173

16.
LES DÉMARCHES ADMINISTRATIVES 187

17.
L'ENTRETIEN D'EMBAUCHE 199

18.
LES OFFRES D'EMPLOI 211

19.
PARTIR EN VOYAGE 223

20.
DES VACANCES SPORTIVES 235

21.
VISITE AU MUSÉE 245

22.
LA PRESSE 257

23.
AU THÉÂTRE 267

24.
À L'AÉROPORT 277

I

SALUTATIONS

ET

PREMIERS

CONTACTS

1. PRÉSENTATION

הֶכֵּרוּת

HĒKEROUT

OBJECTIFS	**NOTIONS**
• SALUER	• PRONOMS PERSONNELS AU SINGULIER
• DEMANDER À SON INTERLOCUTEUR SON NOM	• LETTRES "PRÉPOSITIONS" ET PARTICULES
• INDIQUER D'OÙ L'ON VIENT	• LA NÉGATION
• DEMANDER À SON INTERLOCUTEUR CE QU'IL FAIT DANS LA VIE ET OÙ IL TRAVAILLE	• LE VERBE "ÊTRE"
• DIRE "ENCHANTÉ"	• LE SINGULIER DU PRÉSENT

ENCHANTÉ/-E !

– Bonjour, je [suis] Shira ! Qui [es]-tu ?

– Enchanté, je [suis] Guillaume.

– Salut Guillaume, je [suis] de Tel-Aviv. Et toi ?

– Je [viens] de Toulouse, de France.

– Tu [es] touriste ?

– Non, je ne [suis] [pas] touriste, je [suis] étudiant en Israël.

– Qu'est-ce que tu étudies ?

– J'étudie l'hébreu et l'Histoire juive, tu [es] aussi étudiante ?

– Oui, je [suis] étudiante aussi. J'étudie la médecine à l'Université de Tel-Aviv.

– Je n'étudie [pas] à Tel-Aviv, j'étudie à Jérusalem. Tu travailles aussi ?

– Oui, je travaille mais uniquement pendant les vacances. Que fais-tu à Tel-Aviv ?

– Je me promène à Tel-Aviv avec une amie. Aujourd'hui je n'étudie pas, je [suis] en congé.

נָעִים מְאוֹד!
na'im mē'od

– שָׁלוֹם, אֲנִי שִׁירָה, מִי אַתָּה?
– shalom, ani Shira, mi ata?

– נָעִים מְאוֹד, אֲנִי גִיוֹם.
– na'im mē'od! ani Guillaume.

– הַיי גִיוֹם! אֲנִי מִתֵּל-אָבִיב. וְאַתָּה?
– hay Guillaume! ani mi-tēl-aviv. vē-ata?

– אֲנִי מִטּוּלוּז, מִצָּרְפַת.
– ani mi-toulouz, mi-tsarfat.

– אַתָּה תַּיָיר?
– ata tayar?

– לֹא, אֲנִי לֹא תַּיָיר. אֲנִי סְטוּדֶנְט בְּיִשְׂרָאֵל.
– lo, ani lo tayar. ani Stoudēnt bē-iSra'ēl.

– מָה אַתָּה לוֹמֵד?
– ma ata lomēd?

– אֲנִי לוֹמֵד עִבְרִית וְהִיסְטוֹרְיָה יְהוּדִית. גַם אַתְּ סְטוּדֶנְטִית?
– ani lomēd ivrit vē-hiStorya yēhoudit. gam at Stoudēntit?

– כֵּן, גַם אֲנִי סְטוּדֶנְטִית. אֲנִי לוֹמֶדֶת רְפוּאָה בָּאוּנִיבֶרְסִיטַת תֵּל-אָבִיב.
– kēn, gam ani Stoudēntit. ani lomēdēt rēfou'a bē-ouniverSitat tēl-aviv.

– אֲנִי לֹא לוֹמֵד בְּתֵל-אָבִיב. אֲנִי לוֹמֵד בִּירוּשָׁלַיִם. אַתְּ גַם עוֹבֶדֶת?
– ani lo lomēd bē-tēl-aviv. ani lomēd bi-yroushalayim. at gam ovēdēt?

– כֵּן, אֲנִי עוֹבֶדֶת אֲבָל רַק בְּחוּפְשׁוֹת. מָה אַתָּה עוֹשֶׂה בְּתֵל-אָבִיב?
– kēn, ani ovēdēt aval rak bē-ḥoufshot. ma ata oSē bē-tēl-aviv?

– אֲנִי מְטַיֵיל בְּתֵל-אָבִיב עִם חֲבֵרָה. הַיוֹם אֲנִי לֹא לוֹמֵד, אֲנִי בְּחוֹפֶשׁ.
– ani mētayēl bē-tēl-aviv im ḥavēra. ha-yom ani lo lomēd, ani bē-ḥofēsh.

■ COMPRENDRE LE DIALOGUE
QUELQUES FORMULES ET EXPRESSIONS

→ שָׁלוֹם **shalom** : c'est peut-être le mot le plus connu de l'hébreu ! Bien que le sens de ce mot soit *paix*, il est utilisé pour dire *bonjour*, mais aussi *au revoir*. Il existe d'autres façons de se saluer selon le moment de la journée (le matin, le soir…). De manière informelle et très couramment, on utilise un mot de salutation emprunté de l'anglais **hey**. Il est prononcé soit [hēy] soit [hay].

→ Le vouvoiement n'existe pas en hébreu moderne.

→ Notez qu'il existe une distinction entre le genre masculin et le genre féminin à la 2e personne et à la 3e personne du singulier et du pluriel. La 1re personne est invariable.

→ אֲנִי שִׁירָה, מִי אַתָּה? **ani Shira, mi ata?** littéralement "je Shira, qui tu ?". Le verbe *être* est "transparent" au présent, on dit qu'il est "sous-entendu".

→ נָעִים מְאוֹד! **na'im mē'od!** (invariable) *Enchanté(e)/s !* litt. "très agréable".

→ Attention à ne pas confondre מִי **mi**, *qui ?* — la question, et מִ… **mi-**, *de* — la préposition. Ces deux mots se prononcent exactement pareil.

NOTE CULTURELLE

אוּלְפָּן **oulpan** *école (pour adultes) pour apprendre l'hébreu*. Des variantes de ce mot d'origine araméen se trouvent déjà dans l'hébreu ancien pour désigner l'apprentissage. En 1949, peu après la création de l'État d'Israël, la première école de ce genre a vu le jour à Jérusalem. Le but de l'oulpan était d'enseigner d'une manière intensive la langue aux nouveaux immigrants juifs, de leur faire découvrir la société locale, la culture, l'économie, afin de leur permettre de s'intégrer rapidement à la vie active. Depuis, on peut trouver ces écoles partout en Israël et dans le monde entier. Elles sont ouvertes à tous ceux qui souhaitent apprendre l'hébreu et découvrir le pays et sa culture. Chaque université dans le pays possède également un oulpan spécialisé afin de préparer les futurs étudiants aux études universitaires en hébreu. (Le mot אוּלְפָּן **oulpan** signifie aussi *studio*, *atelier*. Ex. : *studio de télévision* **oulpan tēlēvizya** אוּלְפָּן טֵלֵוִיזְיָה).

◆ GRAMMAIRE
PRONOMS PERSONNELS AU SINGULIER

Comme déjà mentionné et contrairement au français, il y a une distinction de genre masculin/féminin à la 2e personne et à la 3e personne. À la 1re personne, ils sont invariables.

je	ani	אֲנִי
tu (m.)	ata (zakhar)	אַתָּה (זָכָר)
tu (f.)	at (nēkēva)	אַתְּ (נְקֵבָה)
il	hou	הוּא
elle	hi	הִיא

Pour rappel, la notion de vouvoiement n'existe pas en hébreu.

LETTRES "PRÉPOSITION" ET PARTICULES

Beaucoup de prépositions sont composées d'une seule lettre s'accrochant en préfixe au mot suivant. Ex. : ...בְּ/...בִּ **bi-/bē-** qui désigne la présence dans l'espace ou dans le temps : *en, dans, à*… : (בִּירוּשָׁלַיִם **bi-yroushalayim** *à Jérusalem*) ou bien alors ...מִ/ ...מֵ **mi-/mē-** qui exprime la provenance, le lieu de départ : *de* (מִתֵּל אָבִיב **mi-tel-aviv** *de Tel-Aviv*).

La même règle est valable aussi pour la plupart des conjonctions de coordination comme *et* : ...וְ / ...וּ / ...וִ **vē-/ou-/vi-**. Ex. :

Et toi ? **vē-ata?** וְאַתָּה?

LA NÉGATION

Le mot de négation לֹא **lo**, *non/ne… (pas)*, est employé soit isolé soit devant le verbe. Ex. :
Je n'étudie pas. **ani lo lomēd.** אֲנִי לֹא לוֹמֵד.

▲ CONJUGAISON
LE VERBE *ÊTRE*

Il n'y a pas de conjugaison du verbe *être* au présent. Ex. :
Tu es touriste ? litt. "Tu touriste ?" **ata tayar?** אַתָּה תַּיָּיר?
Il s'agit d'une phrase nominale formée d'un sujet et d'un prédicat, et dépourvue de verbe. Dans ce cas, la négation précède le prédicat du sujet. Ex. :
Je ne [suis] [pas] touriste. **ani lo tayar.** אֲנִי לֹא תַּיָּיר.

LE SINGULIER DU PRÉSENT

En hébreu, les verbes se conjuguent en fonction de leur appartenance aux *groupes verbaux* (**binyanim**). Ils s'accordent en genre en fonction du sujet. Ainsi, au présent, nous avons deux formes de conjugaison au singulier : une pour le masculin et une pour le féminin.

נְקֵבָה nēkēva féminin		זָכָר zakhar masculin	
j'étudie	אֲנִי לוֹמֶדֶת ani lomēdēt	j'étudie	אֲנִי לוֹמֵד ani lomēd
tu étudies	אַתְּ לוֹמֶדֶת at lomēdēt	tu étudies	אַתָּה לוֹמֵד ata lomēd
elle étudie	הִיא לוֹמֶדֶת hi lomēdēt	il étudie	הוּא לוֹמֵד hou lomēd
je/tu/elle travaille/s	אֲנִי/אַתְּ/הִיא עוֹבֶדֶת ani/at/hi ovēdēt	je/tu/il travaille/s	אֲנִי/אַתָּה/הוּא עוֹבֵד ani/ata/hou ovēd
je me/tu te/elle se promène/s	אֲנִי/אַתְּ/הִיא מְטַיֶּלֶת ani/at/hi mētayēlēt	je me/tu te/il se promène/s	אֲנִי/אַתָּה/הוּא מְטַיֵּל ani/ata/hou mētayēl

Dans le cas de ces verbes, la forme du féminin est dotée du suffixe ת~ -ēt qui s'ajoute à la forme du masculin. Cependant, la forme du féminin peut être le suffixe ה~ -a comme dans le verbe faire :

נְקֵבָה nēkēva féminin		זָכָר zakhar masculin	
je fais	אֲנִי עוֹשָׂה ani oSa	je fais	אֲנִי עוֹשֶׂה ani oSē
tu fais	אַתְּ עוֹשָׂה at oSa	tu fais	אַתָּה עוֹשֶׂה ata oSē
elle fait	הִיא עוֹשָׂה hi oSa	il fait	הוּא עוֹשֶׂה hou oSē

● **EXERCICES**

1. RELIEZ LES QUESTIONS AUX RÉPONSES CORRESPONDANTES.

ה. אֲנִי לוֹמֶדֶת רְפוּאָה.

ו. כֵּן, אֲנִי תַּיָּיר אַצָּרְפַת.

ז. לֹא, הוּא גָּר בְּתֵל-אָבִיב.

ח. לֹא, הִיא לֹא גָּרָה בִּירוּשָׁלַיִם, הִיא בְּתֵל-אָבִיב.

א. אַתָּה תַּיָּיר?

ב. הִיא גָּרָה בִּירוּשָׁלַיִם?

ג. מָה אַתְּ לוֹמֶדֶת?

ד. הוּא גָּר בִּירוּשָׁלַיִם?

VOCABULAIRE

הֶכֵּרוּת נ׳ hēkērout *présentation, connaissance*
נָעִים מְאוֹד na'im mē'od *enchanté(e)/s*
נָעִים na'im *agréable*
מְאוֹד mē'od *très*
שָׁלוֹם ז׳ shalom *bonjour*
אֲנִי ani *je (masc./fém.)*
הַי hay *bonjour (familier)/salut*
מִי? mi? *qui ?*
מִי אַתָּה / אַתְּ? mi ata/at? *qui es-tu ? (masc./fém.)*
וְ vē- *et*
מִ... mi- *de*
תֵּל-אָבִיב נ׳ tēl-aviv *Tel-Aviv*
טוּלוּז נ׳ toulouz *Toulouse*
צָרְפַת נ׳ tsarfat *France*
תַּיָּיר ז׳ / תַּיֶּירֶת נ׳ tayar/tayērēt *touriste (masc./fém.)*
לֹא lo *non/ne... (pas)*
כֵּן ken *oui*
סְטוּדֶנְט ז׳ / סְטוּדֶנְטִית נ׳ Stoudēnt/Stoudēntit *étudiant/-e*
יִשְׂרָאֵל נ׳ iSra'ēl *Israël*
מָה? ma? *quoi ?/qu'est-ce que ?*
לוֹמֵד / לוֹמֶדֶת lomēd/lomēdēt *étudie(s) (masc./fém.)*
עִבְרִית נ׳ ivrit *hébreu*
הִיסְטוֹרְיָה נ׳ יְהוּדִית hiStorya yēhoudit *histoire juive*

גַּם gam *aussi*
רְפוּאָה נ׳ rēfou'a *médecine*
בְּ.../בַּ... bē-/bi- *à/dans/en*
אוּנִיבֶרְסִיטָה/-ת... נ׳ ounivērSita/ounivērSitat... *université/université de...*
אוּנִיבֶרְסִיטַת יְרוּשָׁלַיִם ounivērSitat yēroushalayim *l'univérsité de Jérusamem*
עוֹבֵד / עוֹבֶדֶת ovēd/ovēdēt *travaille(s) (masc./fém.)*
אֲבָל aval *mais*
רַק rak *seulement/uniquement*
חוּפְשָׁה נ׳ / חוּפְשׁוֹת houfsha/houfshot *vacances*
חוֹפֶשׁ ז׳ hofēsh *congé*
עוֹשֶׂה / עוֹשָׂה oSē/oSa *fais/fait (masc./fém.)*
הַיּוֹם ha-yom *aujourd'hui*
מְטַיֵּיל / מְטַיֶּילֶת mētayēl/mētayelēt *me/te/se promène(s) (masc./fém.)*
עִם im *avec*
חָבֵר ז׳ / חֲבֵרָה נ׳ haver/havēra *ami/amie*
אוּלְפָּן ז׳ oulpan *école pour apprendre l'hébreu, studio/atelier*
טֶלֶוִויזְיָה נ׳ tēlēvizya *télévision*

2. TRADUISEZ LES PHRASES SUIVANTES.

א. מִי אַתְּ? - אֲנִי שָׂרָה, אֲנִי סְטוּדֶנְטִית מְטוּלוּז. נָעִים מְאוֹד.
ב. אֲנִי אוֹהֵב בְּתֵל-אָבִיב אֲבָל אֲנִי גָּר בִּירוּשָׁלַיִם.
ג. הוּא לֹא תַּיָּיר, הוּא מִיִּשְׂרָאֵל.
ד. מָה אַתְּ עוֹשָׂה? - אֲנִי מְטַיֶּילֶת בְּתֵל-אָבִיב עִם חֲבֵרָה.

3. LISEZ CES PHRASES. COCHEZ נָכוֹן (VRAI) SI CETTE AFFIRMATION EST JUSTE PAR RAPPORT AU DIALOGUE OU לֹא נָכוֹן (FAUX) SI ELLE EST FAUSSE.

lo nakhon לֹא נָכוֹן	nakhon נָכוֹן	
		א. שִׂיחָה לוֹמֶדֶת עִבְרִית וְהִיסְטוֹרְיָה יְהוּדִית.
		ב. שָׂרָה גָּרָה לוֹמֶדֶת רְפוּאָה.
		ג. שִׂיחָה מִתֵּל-אָבִיב.
		ד. הַיּוֹם יוֹם בְּחוּפְשָׁה.

4. LISEZ CES MOTS ET VÉRIFIEZ VOS RÉPONSES DANS L'ENREGISTREMENT.

🔊 03

חוּפְשָׁה, נָעִים מְאוֹד, תַּיָּיר, מְטַיֶּילֶת, רְפוּאָה.

5. ÉCOUTEZ L'ENREGISTREMENT, PUIS COMPLÉTEZ CES PHRASES AVEC LES MOTS ADAPTÉS. LISEZ ENSUITE CHAQUE PHRASE À VOIX HAUTE, PUIS RÉÉCOUTEZ L'ENREGISTREMENT.

🔊 03

Exemple : אֲנִי הִיסְטוֹרְיָה וְעִבְרִית ⟵ אֲנִי לוֹמֵד הִיסְטוֹרְיָה וְעִבְרִית
א. הִיא לֹא עוֹבֶדֶת, הִיא ב‍............
ב. אֲנִי לֹא .... תֵּל-אָבִיב, אֲנִי .... יְרוּשָׁלַיִם.
ג. .... לוֹמֶדֶת ? - כֵּן, ... סְטוּדֶנְטִית.
ד. נָעִים .... אֲנִי יוֹם, ... אַתְּ?
ה. הוּא תַּיָּיר, הוּא .... בְּיִשְׂרָאֵל .... חֲבֵרָה.

2. RENCONTRE

פְּגִישָׁה

PGISHA

OBJECTIFS	NOTIONS
• PRÉSENTER DES AMIS • DEMANDER À SON INTERLOCUTEUR OÙ IL HABITE/TRAVAILLE • PARLER DE SA PROFESSION • SE DÉPLACER	• PRONOMS PERSONNELS AU PLURIEL • PRONOMS DÉMONSTRATIFS • LES PRÉPOSITIONS ET L'ARTICLE DÉFINI • L'ADJECTIF • QUESTIONS : OÙ, D'OÙ, VERS OÙ ? / PRÉPOSITIONS • LE PLURIEL DU PRÉSENT

ALLONS À LA MER !

– Shira, je te présente Noa ! Nous [nous] promenons et [nous nous] amusons bien à Tel-Aviv.

– Cool ! Guillaume, d'où [vient] Noa ? Aussi de Toulouse ?

– Non, elle [est] Israélienne [elle vient] d'[un] kibboutz, mais maintenant elle habite à Jérusalem.

– Vous étudiez ensemble à l'université ?

– Non, elle n'étudie pas, elle travaille en tant que serveuse dans un restaurant.

– Où [est] le restaurant ?

– Le restaurant [est] dans le centre de Jérusalem, près du marché, c'est [un] très bon restaurant pas cher.

– Et qui [est-]ce ?

– Ah ! C'[est] Yossi, il [est] cuisinier, il travaille avec Noa au restaurant. Ils [sont] [de] bons amis.

– Vous faites quoi maintenant ? Vous allez où ?

– Nous allons à la plage ! Tu viens aussi à la mer ?

– Oui, cool ! C'[est] [une] excellente idée ! Je viens aussi à la mer !

הוֹלְכִים לַיָּם
holkhim la-yam

– שִׁירָה, תַּכִּירִי, זֹאת נוֹעָה, אֲנַחְנוּ מְטַיְּלִים וְעוֹשִׂים חַיִּים בְּתֵל-אָבִיב.
– Shira, takiri, zot No'a. ana<u>h</u>nou mētaylim vē-oSim <u>h</u>a'im bē-tēl-aviv.

– אֵיזֶה כֵּיף! גִ'יוֹם, מֵאַיִן נוֹעָה? גַּם מִטוּלוּז?
– ēyzē kēf! Guillaume, mē'ayin No'a? gam mi-toulouz?

– לֹא, הִיא יִשְׂרְאֵלִית, מִקִּיבּוּץ, אֲבָל עַכְשָׁיו הִיא גָּרָה בִּירוּשָׁלַיִם.
– lo, hi yiSrē'ēlit, mi-kibouts, aval akhshav hi gara bi-yroushalayim.

– אַתֶּם לוֹמְדִים יַחַד בָּאוּנִיבֶרְסִיטָה?
– atēm lomdim ya<u>h</u>ad ba-ounivērSita?

– לֹא, הִיא לֹא לוֹמֶדֶת, הִיא עוֹבֶדֶת כְּמֶלְצָרִית בְּמִסְעָדָה.
– lo, hi lo lomēdēt, hi ovēdēt kē-mēltsarit bē-miS'ada.

– אֵיפֹה הַמִּסְעָדָה?
– ēyfo ha-miS'ada?

– הַמִּסְעָדָה בְּמֶרְכַּז יְרוּשָׁלַיִם, עַל-יַד הַשּׁוּק, זֹאת מִסְעָדָה זוֹלָה וְטוֹבָה מְאוֹד.
– ha-miS'ada bē-mērkaz yēroushalayim, al-yad ha-shouk, zot miS'ada zola vē-tova mē'od.

– וּמִי זֶה?
– ou-mi zē?

– אָה! זֶה יוֹסִי! הוּא טַבָּח, הוּא עוֹבֵד עִם נוֹעָה בַּמִּסְעָדָה. הֵם חֲבֵרִים טוֹבִים.
– ah! zē YoSi! hou taba<u>h</u>, hou ovēd im No'a ba-miS'ada, hēm <u>h</u>avērim tovim.

– מָה אַתֶּם עוֹשִׂים עַכְשָׁיו? לְאָן אַתֶּם הוֹלְכִים?
– ma atēm oSim akhshav? lē'an atēm holkhim?

– אֲנַחְנוּ הוֹלְכִים לְחוֹף הַיָּם! אַתְּ גַּם בָּאָה לַיָּם?
– ana<u>h</u>nou holkhim lē-<u>h</u>of ha-yam! at gam ba'a la-yam?

– כֵּן, סַבַּבָּה! זֶה רַעְיוֹן מְצוּיָּן! גַּם אֲנִי בָּאָה לַיָּם!
– kēn, Sababa! zē ra'ayon mētsouyan! gam ani ba'a la-yam!

■ COMPRENDRE LE DIALOGUE
QUELQUES FORMULES ET EXPRESSIONS

→ תַּכִּירִי **takiri** *je te présente/voici*, litt. "[tu] feras connaissance" (fém). C'est une forme verbale variable conjuguée au futur qui peut changer selon le genre et le nombre de nos interlocuteurs. Les deux autres formes sont : תַּכִּיר **takir** litt. "[tu] feras connaissance" (m.) et תַּכִּירוּ **takirou** litt. "[vous] ferez connaissance". C'est la façon la plus courante de présenter les personnes.

→ L'expression עוֹשִׂים חַיִּים **oSim ha'im** *bien s'amuser* litt. "[nous (m.)] faisons (la) vie" est une expression très courante actuellement en hébreu, employée par les jeunes et les moins jeunes. Les deux autres expressions utilisées dans ce dialogue sont :

→ אֵיזֶה כֵּיף! **ēyze kēf!** *cool* litt. "quel kiff". L'origine du mot כֵּיף est arabe : كَيْف **keyf**.

→ סַבַּבָה! **sababa!** *cool, excellent, super*, qui est aussi un emprunt de l'arabe صَبَابَة. Ce mot est utilisé très fréquemment dans le langage familier pour exprimer l'accord et la bonne humeur.

NOTE CULTURELLE

קִיבּוּץ **kibouts**, litt. "rassemblement/regroupement". Le premier kibboutz, une installation essentiellement agricole, a été fondé en 1909 par des pionniers d'origine russe, animés par un idéal sioniste et socialiste, souhaitant fonder une société juste et égalitaire. La propriété et les moyens de production appartenaient à la communauté, tous les besoins de ses membres de la naissance jusqu'à la fin de vie étaient pris en charge, et l'assemblée générale des membres prenait les décisions. En Israël, il existe aujourd'hui plus de 250 kibboutz, cependant seulement 20 % d'entre eux sont proches du modèle initial du début du xxe siècle.

Le kibboutz a beaucoup évolué au fil du temps. L'activité économique basée sur l'agriculture s'est beaucoup diversifiée en s'orientant vers l'industrie et divers services. Il connaît une forte tendance à la privatisation.

◆ GRAMMAIRE
PRONOMS PERSONNELS AU PLURIEL

Comme pour les pronoms personnels au singulier, il y a une distinction de genre masculin/féminin à la 2e personne et à la 3e personne du pluriel. À la 1re personne, il est invariable.

nous	anaḥnou	אֲנַחְנוּ
vous (m.)	atēm	אַתֶּם
vous (f.)	atēn	אַתֶּן
ils	hēm	הֵם
elles	hēn	הֵן

Pour rappel, la notion de vouvoiement n'existe pas en hébreu.

PRONOMS DÉMONSTRATIFS

Les pronoms démonstratifs au singulier précèdent le nom et s'accordent avec lui en genre tandis qu'au pluriel il n'en existe qu'un seul qui est invariable. Pour rappel, le verbe *être* est "transparent" et sous-entendu.

C'est (masc. sing.)	zē	זֶה
C'est (fém. sing.)	zot (zo)	זֹאת (זוֹ)
Ce sont (masc. ou fém.)	ēlē (ēlou)	אֵלֶּה (אֵלּוּ)

L'ARTICLE INDÉFINI ET L'ARTICLE DÉFINI

L'article indéfini n'existe pas en hébreu. Donc, l'équivalent de *un, une, des* est l'absence d'article : חָבֵר **havēr** *un ami* ; חֲבֵרָה **havēra** *une amie* ; וֶחֲבֵרִים **havērim** *des amis*.
L'article défini est invariable, il n'a qu'une seule forme, quel que soit le genre ou le nombre du mot. Il s'agit d'une particule ...הַ qui se préfixe au nom et qui est généralement prononcé avec la voyelle "a" **ha-** : הַמִּסְעָדָה **ha-miS'adame** *le restaurant*.
Quand plusieurs particules sont utilisées devant un mot, elles sont juxtaposées :
וּמֵהַשּׁוּק **ou-mē-ha-shouk** litt. "et-de-le-marché". L'article défini se colle toujours au mot, devant lui viennent d'autres particules (prépositions ou conjonctions). La conjonction de coordination ...וֶ **vē-/ou-/vi-** se place toujours devant toutes les autres.

LES PRÉPOSITIONS ET L'ARTICLE DÉFINI

Deux prépositions vont se contracter avec l'article défini ...הַ **ha-** :
• La préposition ...בְּ **bē-** qui désigne la présence dans l'espace ou dans le temps. Ex. :
à l'université **ba-ounivērSita** בָּאוּנִיבֶרְסִיטָה ← הַ + בְּ
• La préposition ...לְ **lē-** qui indique la direction. Ex. :
à la mer **la-yam** לַיָּם ← הַ + לְ

L'ADJECTIF

En hébreu, l'adjectif suit toujours le nom qu'il qualifie et s'accorde avec lui en genre (masculin/féminin) et en nombre (singulier/pluriel).

Comme déjà mentionné pour la conjugaison au présent (voir Module 1), la forme du féminin de l'adjectif est dotée des suffixes ה~ **-a** ou ת~ **-t** qui s'ajoutent à la forme du masculin. En ce qui concerne la forme du pluriel, le suffixe ים~ **-im** sera ajouté afin de marquer le masculin tandis que, pour le féminin, le suffixe sera ות~ **-ot**.

	רַבִּים **rabim** pluriel		יָחִיד **yahid** singulier		
de bons amis	חֲבֵרִים טוֹבִים **havērim tovim**	un bon ami	חָבֵר טוֹב **havēr tov**	**zakhar** masculin	זָכָר
de bonnes amies	חֲבֵרוֹת טוֹבוֹת **havērot tovot**	une bonne amie	חֲבֵרָה טוֹבָה **havēra tova**	**nēkēva** féminin	נְקֵבָה

Attention ! Lorsque le nom est défini, le/les adjectif(s) qui le qualifie/ent est/sont aussi défini(s). Ex. :

| un restaurant pas cher et bon | **miS'ada zola vē-tova** | מִסְעָדָה זוֹלָה וְטוֹבָה |
| le restaurant pas cher et bon | **ha-miS'ada ha-zola vē-ha-tova** | הַמִּסְעָדָה הַזּוֹלָה וְהַטּוֹבָה |

QUESTIONS : OÙ, D'OÙ, VERS OÙ ? LES PRÉPOSITIONS QUI LEUR SONT LIÉES

Trois questions distinctes sont utilisées pour identifier le lieu ou l'emplacement :

1. אֵיפֹה? **ēyfo?** *où ?* : pour demander soit le lieu où se trouve un individu/un objet, soit où se déroule une action/un événement.
La réponse à cette question contient la préposition ...בְּ **bē-** *en, dans, à* ou une préposition précisant l'emplacement dans l'espace comme עַל-יַד **al yad** *à côté de*.

2. מֵאַיִן? **mē'ayin?** *d'où ?* pour demander la provenance, l'origine ou le point de départ.
La réponse à cette question contient toujours la préposition ...מִ/...מֵ **mi-/mē-** *de*. Notez que l'on retrouve cette préposition comme préfixe dans le mot interrogatif מֵאַיִן? **mē-ayin?** *d'où ?*
Dans le langage parlé, le mot le plus courant est מֵאֵיפֹה? **mē-ēyfo?** litt. "de + où".

3. לְאָן? **lē'an?** *(vers) où ?* pour demander la direction de l'action, le lieu de déplacement.

La réponse à cette question contient toujours la préposition ...לְ lē-, à, en. Ex. :

	3	2	1
Question :	לְאָן אַתֶּם הוֹלְכִים? lē'an atēm holkhim? Où (vers où) allez-vous ?	מֵאַיִן הוּא? mē'ayin hou? D'où [vient]-il ?	אֵיפֹה הַמִּסְעָדָה? ēyfo ha-miS'ada? Où [est] le restaurant ?
Réponse :	אֲנַחְנוּ הוֹלְכִים לַיָּם. anahnou holkhim la-yam. Nous allons à la mer.	הוּא מִקִּיבּוּץ. hou mi-kibouts. Il [vient] d'un kibboutz.	הַמִּסְעָדָה בְּמֶרְכַּז יְרוּשָׁלַיִם. ha-miS'ada bē-mērkaz yēroushalayim. Le restaurant [est] au centre de Jérusalem.

▲ CONJUGAISON
LE PLURIEL DU PRÉSENT

Au pluriel, peu importe leur appartenance aux *groupes verbaux* (**binyanim**), les verbes s'accordent en genre en fonction du sujet. Ainsi, au présent, nous avons deux formes de suffixes au pluriel : une pour le masculin : ים~ -im et une pour le féminin תוֹ~ -ot.

רַבּוֹת rabot pluriel féminin		רַבִּים rabim pluriel masculin	
nous étudions	אֲנַחְנוּ לוֹמְדוֹת	nous étudions	אֲנַחְנוּ לוֹמְדִים
vous etudlez	אַתֶּן לוֹמְדוֹת	vous étudiez	אַתֶּם לוֹמְדִים
elles étudient	הֵן לוֹמְדוֹת	ils étudient	הֵם לוֹמְדִים
anahnou/atēm/hēn lomd**ot**		anahnou/atēm/hēm lomd**im**	
nous faisons/ vous faites/elles font	אֲנַחְנוּ, אַתֶּן, הֵן עוֹשׂוֹת	nous faisons/ vous faites/ils font	אֲנַחְנוּ, אַתֶּם, הֵם עוֹשִׂים
anahnou/atēm/hēn oS**ot**		anahnou/atēm/hēm oS**im**	
nous nous promenons/ vous vous promenez/ elles se promènent	אֲנַחְנוּ, אַתֶּן, הֵן מְטַיְּלוֹת	nous nous promenons/ vous vous promenez/ ils se promènent	אֲנַחְנוּ, אַתֶּם, הֵם מְטַיְּלִים
anahnou/atēm/hēn mētayl**ot**		anahnou/atēm/hēm mētayl**im**	

AUTRE GROUPE VERBAL *(BINYAN)*

		נְקֵבָה nēkēva féminin		זָכָר zakhar masculin	
יָחִיד **yahid** singulier	je/tu/il habite/s	אֲנִי/אַתְּ/הִיא גָּרָה	je/tu/il habite/s	אֲנִי/אַתָּה/הוּא גָּר	
	je/tu/il viens/t	אֲנִי/אַתְּ/הִיא בָּאָה	je/tu/il viens/t	אֲנִי/אַתָּה/הוּא בָּא	
	(ani/at/hi) gara (ani/at/hi) ba'a		(ani/ata/hou) gar (ani/ata/hou) ba		
רַבִּים **rabim** pluriel	nous/vous/elles habitons/ez/ent	אֲנַחְנוּ/אַתֶּן/הֵן גָּרוֹת	nous/vous/ils habitons/ez/ent	אֲנַחְנוּ/אַתֶּם/הֵם גָּרִים	
	nous/vous/elles venons/venez/viennent	אֲנַחְנוּ/אַתֶּן/הֵן בָּאוֹת	nous/vous/elles venons/venez/viennent	אֲנַחְנוּ/אַתֶּם/הֵם בָּאִים	
	(ana<u>h</u>nou/atēn/hēn) garot (ana<u>h</u>nou/atēn/hēn) ba'ot		(ana<u>h</u>nou/atēm/hēm) garim (ana<u>h</u>nou/atēm/hēm) ba'im		

● EXERCICES

1. LISEZ CES PHRASES. COCHEZ נָכוֹן (VRAI) SI CETTE AFFIRMATION EST JUSTE PAR RAPPORT AU DIALOGUE OU לֹא נָכוֹן (FAUX) SI ELLE EST FAUSSE.

lo nakhon לֹא נָכוֹן	nakhon נָכוֹן	
		יוֹסִי אוֹכֵל גְּזָרִים בָּאֶסְטְרַדָה. .1
		נוּעָה, שִׁירָה וְיִצְחָק הוֹלְכִים לַחוֹף־הַיָּם. .2
		שִׁירָה וְנוּעָה חֲבֵרוֹת טוֹבוֹת. .3
		הָאַסְטְרָדָה הָאֲרֻכָּה כַּקִּיבּוּץ. .4

VOCABULAIRE

פְּגִישָׁה נ׳ pgisha *rencontre, rendez-vous*

הוֹלֵךְ/הוֹלְכִים holēkh/holkhim *vais/va(s)* (masc. sing.) *allons/allez/vont* (masc. pl.)

לְ.../לַ.../לֵ- lē-/la- *à/au, vers le/la/les*

יָם ז׳ yam *mer*

תַּכִּירִי takiri *[je] te presente* (fém. sing.)/*voici*

זֶה zē *c'est* (m.)

זֹאת (זוֹ) zot (zo) *c'est* (f.)

אֵלֶה (אֵלּוּ) ēlē (ēlou) *ce sont* (pl.)

אֲנַחְנוּ anahnou *nous* (invariable)

עוֹשִׂים חַיִּים oSim ha'im *bien s'amuser* (masc. pluriel)

חַיִּים ז״ר ha'im *vie*

אֵיזֶה כֵּיף! ēyzē kēf *quel kif* (fam.)

מֵאַיִן? mē'ayin *d'où ?*

יִשְׂרְאֵלִי ז׳/יִשְׂרְאֵלִית נ׳ yiSrē'ēli/yiSrē'ēlit *israélien/israélienne*

קִיבּוּץ ז׳ kibouts *kibboutz*

עַכְשָׁיו akhshav *maintenant*

גָּר/גָּרָה gar/gara *habite(s)* (masc./fém.)

אַתֶּם/אַתֶּן atēm/atēn *vous* (masc./fém.)

יַחַד yahad *ensemble*

מֶלְצַר ז׳/מֶלְצָרִית נ׳ mēltsar/mēltsarit *serveur/serveuse*

כְּ... kē- *en tant que, comme*

מִסְעָדָה נ׳ miS'ada *restaurant*

אֵיפֹה? ēyfo *où ?*

הַ... ha- *le/la/les*

מֶרְכַּז ז׳ mērkaz *centre*

עַל-יַד al yad *à côté de*

שׁוּק ז׳ shouk *marché*

זוֹל/זוֹלָה zol/zola *pas cher/pas chère*

טוֹב/טוֹבָה tov/tova *bon/bonne*

מְאוֹד mē'od *très*

טַבָּח ז׳ / טַבָּחִית נ׳ tabah/tabahit *cuisinier/-ère* (masc./fém.)

לְאָן? lē'an *[vers] où ?*

חוֹף הַיָּם ז׳ hof ha-yam *la plage*

בֹּא/בֹּאִי ba/ba'a *viens(t)* (masc./fém.)

סַבַּבָּה! Sababa *cool ! chouette !* (fam.)

מְצוּיָּן/מְצוּיֶּנֶת mētsouyan/mētsouyēnēt *excellent/e* (masc./fém.)

2. CHOISISSEZ LE PRONOM QUI CONVIENT (PARMI CEUX QUI SONT PROPOSÉS EN COULEUR) POUR CHACUNE DES PHRASES SUIVANTES ET TRADUISEZ-LES.

a. .... מִסְעָדוֹת מְצֻיָּנוֹת! אֲנַחְנוּ / זֶה / אֵלֶּה

b. הַסְטוּדֶנְטִים מַקְשִׁיבוֹ. עַכְשָׁיו .... גָּרִים בְּתֵל-אָבִיב. הֵן / הֵם / אַתֶּם

c. תַּכִּיר, ... יוֹסִי, הוּא מְצֻיָּן. הוּא / זֶה / אַתָּה

3. COMPLÉTEZ LE TABLEAU SUIVANT AVEC LA FORME CORRECTE DU VERBE OU DE L'ADJECTIF.

fém. pluriel.	masc. pluriel	fém. sing.	masc. sing.
	הוֹלְכִים		
בָּאוֹת			
		מְצֻיֶּנֶת	
			גָּדוֹל

4. ÉCOUTEZ L'ENREGISTREMENT, PUIS COMPLÉTEZ CES PHRASES AVEC LES PRÉPOSITIONS OU LES CONJONCTIONS DE COORDINATION ADAPTÉES (/...בְּ/...מִ/...מֵ/...לְ/...כְּ/ עַל יַד/...וְ/...הַ). LISEZ ENSUITE CHAQUE PHRASE À VOIX HAUTE. PUIS RÉÉCOUTEZ L'ENREGISTREMENT.

Exemple : הֵם בָּאִים ...מֵאוּנִיבֶרְסִיטָה. → הֵם בָּאִים ...הָאוּנִיבֶרְסִיטָה.

a. - לְאָן הֵן הוֹלְכוֹת? - הֵן הוֹלְכוֹת .... חוֹף-הַיָּם.

b. - מֵאַיִן אַתֶּן? - אֲנִי .... צָרְפַת .... הִיא .... יִשְׂרָאֵל.

c. - אֵיפֹה אַתֶּם גָּרִים? - אֲנַחְנוּ גָּרִים .... קִיבּוּץ.

d. תַּכִּיר, זֹאת נוֹגָה, הִיא אוֹהֶבֶת .... טַבְחִית .... מִסְעָדָה.

e. .... שׁוּק .... מֶרְכַּז תֵּל-אָבִיב, ... חוֹף-הַיָּם.

3.
DANS LA RUE

בָּרְחוֹב

BA-RĒḴOV

OBJECTIFS	**NOTIONS**
• S'ADRESSER À UN ÉTRANGER POUR AVOIR DES RENSEIGNEMENTS • S'EXCUSER • REMERCIER • FAIRE UNE PROPOSITION	• *YĒSH* "IL Y A" ET LE VERBE "SE TROUVER" • LA PARTICULE "QUE" • LES ADJECTIFS DÉMONSTRATIFS • L'INFINITIF • AUTRES GROUPES VERBAUX

OÙ Y A-T-IL... ?

– Pardon, peut-être [que] tu sais où [il y a] [un] distributeur [de billets] par-là ?

– Je suis désolée, je ne sais [pas], je ne [suis] [pas] d'ici, mais je pense que dans cette rue [il n'y a pas de] distributeur.

– Peut-être [que] tu sais où va ce bus ?

– Ce bus va *(va à la)* rue Dizengoff.

– Chouette, dans la rue Dizengoff il y a certainement [une] banque !

– [C'est] juste. Il y a [une] grande banque à côté de la place.

– Tu sais si dans cette banque il y a un distributeur ?

– Il y [en] a, il se trouve juste à côté de l'entrée, en face du cinéma.

– Merci beaucoup.

– Je t'en prie.

– Tu vas aussi à Dizengoff ?

– Oui, j'y vais aussi.

– Super ! On peut aller au cinéma ensemble… Qu'[en] dis-tu ? Tu veux voir un film ?

– Merci ! Pourquoi pas ! Il y a un bon film israélien en ce moment au cinéma.

אֵיפֹה יֵשׁ...?
ēyfo yēsh...?

– סְלִיחָה, אוּלַי אַתְּ יוֹדַעַת אֵיפֹה יֵשׁ פֹּה כַּסְפּוֹמָט?
– Sliha, oulay at yoda'at ēyfo yēsh po kaSpomat?

– אֲנִי מִצְטַעֶרֶת, אֲנִי לֹא יוֹדַעַת, אֲנִי לֹא מִפֹּה, אֲבָל אֲנִי חוֹשֶׁבֶת שֶׁאֵין בָּרְחוֹב הַזֶּה כַּסְפּוֹמָט.
– ani mitsta'ērēt, ani lo yoda'at, ani lo mi-po, aval ani hoshēvet shē-ēyn ba-rēhov ha-zē kaSpomat.

– אוּלַי אַתְּ יוֹדַעַת לְאָן נוֹסֵעַ הָאוֹטוֹבּוּס הַזֶּה?
– oulay at yoda'at lē'an noSē'a ha-otobouS ha-zē?

– הָאוֹטוֹבּוּס הַזֶּה נוֹסֵעַ לִרְחוֹב דִּיזֶנְגּוֹף.
– ha-otobouS ha-zē noSē'a li-rhov Dizēngof.

– יוֹפִי! בִּרְחוֹב דִּיזֶנְגוֹף בֶּטַח יֵשׁ בַּנְק!
– yofi! bi-rkhov Dizēngof bētah yesh bank!

– נָכוֹן, יֵשׁ בַּנְק גָּדוֹל עַל-יַד הַכִּכָּר.
– Nakhon, yēsh bank gadol al-yad ha-kikar.

– אַתְּ יוֹדַעַת אִם בַּבַּנְק הַזֶּה יֵשׁ כַּסְפּוֹמָט?
– at yoda'at im ba-bank ha-zē yēsh kaSpomat?

– יֵשׁ! הוּא נִמְצָא מַמָּשׁ עַל-יַד הַכְּנִיסָה, מוּל הַקּוֹלְנוֹעַ.
– yēsh! hou nimtsa mamash al-yad ha-kniSa, moul ha-kolno'a.

– תּוֹדָה רַבָּה!
– toda raba!

– בְּבַקָּשָׁה.
– bē-vakasha.

– אַתְּ גַּם נוֹסַעַת לְדִיזֶנְגוֹף?
– at gam noSa'at lē-Dizēngof?

– כֵּן, אֲנִי גַּם נוֹסַעַת לְשָׁם.
– kēn, ani gam noSa'at lē-sham.

– אֵיזֶה יוֹפִי! אֶפְשָׁר לָלֶכֶת לַקּוֹלְנוֹעַ בְּיַחַד...מָה אַתְּ אוֹמֶרֶת? אַתְּ רוֹצָה לִרְאוֹת סֶרֶט?
– ēyzē yofi! ēfshar lalēkhet la-kolno'a bē-yahad... ma at omērēt? at rotsa lir'ot Sērēt?

– תּוֹדָה! לָמָה לֹא! יֵשׁ עַכְשָׁיו סֶרֶט יִשְׂרְאֵלִי טוֹב בַּקּוֹלְנוֹעַ!
– toda! lama lo! yēsh akhshav Sērēt iSrē'ēli tov ba-kolno'a!

COMPRENDRE LE DIALOGUE

QUELQUES FORMULES ET EXPRESSIONS DE POLITESSE

→ סְלִיחָה **Sliḥa** : bien que le sens de ce mot soit *pardon*, il est aussi utilisé pour interpeler une personne afin de demander un renseignement comme *s'il vous/te plaît* en français.

→ בְּבַקָּשָׁה **bē-vakasha** *je vous/t'en prie* est également utilisé par celui qui demande en guise de *s'il vous/te plaît*.

→ תּוֹדָה, תּוֹדָה רַבָּה! **toda, toda raba!** *merci, merci beaucoup !* sont les réponses les plus courantes.

AUTRES FORMULES ET EXPRESSIONS COURANTES

Très souvent, on utilise dans le langage courant des noms qui prennent la nature des adverbes. Voici quelques exemples du dialogue :

→ יוֹפִי! **yofi!** *chouette/magnifique* ou אֵיזֶה יוֹפִי! **ēyzē yofi!** litt. "quelle beauté !" sont employés fréquemment pour exprimer l'enthousiasme, le contentement, bien que le mot יוֹפִי signifie *beauté*.

→ בֶּטַח **bētaḥ** *certainement* : utilisé pour confirmer quelque chose, ce mot est aussi abondamment utilisé dans le langage familier à la place du mot affirmatif ou en plus de ce dernier : כֵּן, בֶּטַח! **kēn, bētaḥ!** *oui, certainement !*

→ De la même manière, nous trouvons le mot מַמָּשׁ **mamash** *réalité* pour dire *effectivement* ou *réellement* et même *vraiment*.

EMPLOI DES VERBES הוֹלֵךְ ET נוֹסֵעַ, "ALLER"

Le verbe הוֹלֵךְ **holēkh** est le plus souvent employé. Néanmoins, quand il s'agit d'un long trajet qui ne peut pas logiquement se faire à pied ou lorsque le moyen de transport est indiqué, nous employons le verbe נוֹסֵעַ **noSē'a**. Ex. :

Nous allons à la mer. **anaḥnou holkhim la-yam.** אֲנַחְנוּ הוֹלְכִים לַיָּם.

הִיא נוֹסַעַת לְמֶרְכַּז הָעִיר בְּאוֹטוֹבּוּס.
Elle va au centre-ville en autobus. **hi noSa'at lē-merkaz ha-ir bē-otobouS.**

בַּחוֹפֶשׁ הֵם נוֹסְעִים לְיִשְׂרָאֵל.
Pendant les vacances ils vont en Israël. **ba-ḥofēsh hēm noS'im lē-iSra'ēl.**

NOTE LEXICALE

כַּסְפּוֹמָט **kaSpomat** *distributeur de billets* : ce mot est un néologisme. Il est composé de deux mots, כֶּסֶף **kēSēf** *argent* et אוֹטוֹמָט **otomat** *automate*, qui sont "soudés". Ce processus, qui est assez fréquent en hébreu moderne, entraîne parfois la transformation de certaines voyelles. C'est ainsi qu'a été créé le mot קוֹלְנוֹעַ **kolno'a** *cinéma* dont les deux composants sont cette fois קוֹל **kol** *son/voix* et נוֹעַ **no'a** *mouvement*.

FAIRE UNE PROPOSITION, DEMANDER LA PERMISSION

On utilise l'adverbe אֶפְשָׁר **ēfshar** *il se peut/il est possible* au début d'une phrase interrogative pour faire une proposition ou pour avoir la permission de faire quelque chose. Il est toujours suivi d'un infinitif.

◆ GRAMMAIRE
"IL Y A", "IL N'Y A PAS" ET LE VERBE *SE TROUVER*

יֵשׁ **yēsh** *il y a* et son contraire אֵין **ēyn** *il n'y a pas* sont invariables et sont utilisés uniquement au présent. Ils indiquent la présence ou l'absence. Les noms qui les suivent ne seront jamais définis. Aucun verbe n'est présent, les phrases sont nominales.
Le verbe נִמְצָא **nimtsa** *se trouve/existe* exprime aussi la présence et est employé après un nom défini ou un nom propre. Il vient occuper la place du verbe *être* qui n'existe pas au présent. Cependant, ce verbe est optionnel, on peut très bien exprimer la présence sans aucun élément verbal. Pour exprimer le contraire, c'est-à-dire l'absence, nous rajouterons tout simplement le mot de négation לֹא devant le verbe. Ex. :

בָּרְחוֹב יֵשׁ/אֵין כַּסְפּוֹמָט.
ba-rēhov yēsh/ēyn kaSpomat.
Dans la rue il y a/il n'y a pas de distributeur.

הַכַּסְפּוֹמָט (לֹא) נִמְצָא מוּל הַקּוֹלְנוֹעַ.
ha-kaSpomat (lo) nimtsa moul ha-kolno'a.
Le distributeur (ne) se trouve (pas) en face du cinéma.

LA PARTICULE "QUE"

La particule ...שֶׁ **shē-** *que* permet d'introduire des propositions subordonnées qui sont compléments d'objet du verbe. Elle est toujours préfixée, comme les autres particules ou lettres "prépositions" que nous connaissons déjà. Ex. :

אֲנִי חוֹשֶׁבֶת שֶׁאֵין כַּסְפּוֹמָט בָּרְחוֹב הַזֶּה.
ani hoshēvēt shē-ēyn kaSpomat ba-rēhov ha-zē.
Je pense qu'il n'y a pas de distributeur dans cette rue.

...שֶׁ **shē-** *qui* est aussi un pronom relatif permettant d'introduire des propositions qui sont des compléments de nom. Ex. :

הַמִּסְעָדוֹת שֶׁנִּמְצָאוֹת מוּל הַקּוֹלְנוֹעַ...

ha-miS'adot shē-nimtsa'ot moul ha-kolno'a…
Les restaurants qui se trouvent en face du cinéma…

LES ADJECTIFS DÉMONSTRATIFS

Les pronoms démonstratifs, אֵלֶּה, זֹאת, זֶה, deviennent des adjectifs démonstratifs quand ils suivent le nom ; dans cette position ils sont précédés par l'article défini lorsque le nom est défini (voir Module 2). Ex. :

זֶה תַּלְמִיד. הַתַּלְמִיד הַזֶּה לוֹמֵד עִבְרִית.
zē talmid. ha-talmid ha-zē lomēd ivrit.
C'est un élève. Cet élève apprend l'hébreu.

זֹאת סְטוּדֶנְטִית. הַסְּטוּדֶנְטִית הַזֹּאת גָּרָה בְּמֶרְכַּז תֵּל-אָבִיב.
zot Stoudēntit. ha-Stoudēntit ha-zot gara bē-mērkaz tel-aviv.
C'est une étudiante. Cette étudiante habite au centre de Tel-Aviv.

אֵלֶּה אוֹטוֹבּוּסִים. הָאוֹטוֹבּוּסִים הָאֵלֶּה נוֹסְעִים לִירוּשָׁלַיִם.
ēlē otobouSim. ha-otobouSim ha-ēlē noS'im li-yroushalayim.
Ce sont des autobus. Ces autobus vont à Jérusalem.

▲ CONJUGAISON
L'INFINITIF

En hébreu, tous les infinitifs sont accompagnés par le préfixe ל~ **l-**. La vocalisation de cette particule varie selon l'appartenance du verbe aux *groupes verbaux* (**binyanim**) et selon la 1ʳᵉ lettre-racine : לַ~, לְ~, לֵ~, לִ~ **li-, lē-, la-**.
Voici les infinitifs des verbes étudiés aux Modules 1, 2 et 3 :

~לְ li-	étudier	**li**lmod	לִלְמוֹד	vouloir	**li**rtsot	לִרְצוֹת
	voir	**li**r'ot	לִרְאוֹת	aller	**li**nSo'a	לִנְסוֹעַ
~לְ lē-	se promener	**lē**tayēl	לְטַיֵּל	faire connaissance/ connaître	**lē**hakir	לְהַכִּיר
	se trouver	**lē**himatsē	לְהִימָּצֵא	regretter	**lē**hitstaēr	לְהִצְטַעֵר
~לָ la-	venir	**la**vo	לָבוֹא	habiter	**la**gour	לָגוּר
	aller	**la**lēkhēt	לָלֶכֶת	savoir	**la**da'at	לָדַעַת

לְ~ la-	travailler penser	la'avod lahashov*	לַעֲבוֹד לַחְשׁוֹב	faire	la'aSot	לַעֲשׂוֹת
לְ~ lē-	manger** aimer**	lē'ēkhol lē'ēhov	לֶאֱכוֹל לֶאֱהוֹב			

* la façon courante de prononcer est **lahshov**. En effet, en hébreu moderne on omet très souvent la voyelle [a] qui se trouve sous la consonne ה. Cependant la prononciation initiale (**lahashov**) est toujours appliquée par les locuteurs les plus "traditionnels". Ceci est valable pour tous les autres infinitifs comprenant la consonne ה après le particule לְ.

**Ces deux verbes apparaissent ici pour la première fois. Pour la conjugaison, voir plus bas.

Comme nous l'avons déjà mentionné, les infinitifs sont employés après des adverbes dans les phrases nominales ou en tant que complément de certains verbes comme רוֹצֶה **rotsē** *veux/t*. Ex. :

| Il est possible/On peut aller voir un film. | **ēfshar** lalēkhēt lir'ot sērēt. | אֶפְשָׁר לָלֶכֶת לִרְאוֹת סֶרֶט. |
| Je veux me promener en Israël. | **ani rotsē** lētayēl bē-iSraēl. | אֲנִי רוֹצֶה לְטַיֵּיל בְּיִשְׂרָאֵל. |

Plus de détails concernant les groupes et les racines seront donnés ultérieurement. Désormais, nous indiquerons l'infinitif de chaque nouveau verbe.

AUTRES GROUPES VERBAUX *(BINYANIM)*

Voici les conjugaisons des verbes de ce dialogue :
Les verbes חוֹשֵׁב **hoshēv** *pense/s*, אוֹמֵר **omēr** *dis/t*, אוֹכֵל **okhēl** *mange(s)** et אוֹהֵב **ohēv** *aime(s)** se conjuguent comme le verbe לוֹמֵד **lomēd** *étudie/s* (voir Module 1).
Le verbe רוֹצֶה **rotsē** *veux/t* (masc./sing.) et le verbe לִרְאוֹת **lir'ot** *voir* – qui apparaît dans le dialogue à l'infinitif – se conjuguent comme les verbes עוֹשֶׂה **oSē** *fais/t* et רוֹאֶה **ro'ē** *vois/t* (voir Module 1).
Les verbes יוֹדֵעַ **yodē'a** *sais/t* et נוֹסֵעַ **noSē'a** *vais/vas/va* se conjuguent aussi comme le verbe לוֹמֵד **lomēd** *étudie/s* mais la présence de la consonne gutturale ע à la position finale de la racine entraîne une modification dans la conjugaison du féminin singulier : יוֹדַעַת **yoda'at** נוֹסַעַת **noSa'at**. Ceci est valable pour tous les autres verbes et pour la lettre ח également.

Les verbes *se trouver* et *être désolé(e/s)* appartiennent à des groupes verbaux différents, voici leur conjugaison :

נְקֵבָה nēkēva féminin	זָכָר zakhar masculin		
אֲנִי/אַתְּ/הִיא נִמְצֵאת ani/at/hi nimtsēt אֲנַחְנוּ/אַתֶּן/הֵן נִמְצָאוֹת anahnou/atēn/hēn nimtsa'ot	אֲנִי/אַתָּה/הוּא נִמְצָא ani/ata/hou nimtsa אֲנַחְנוּ/אַתֶּם/הֵם נִמְצָאִים anahnou/atēm/hēm nimtsa'im	*se trouver* lēhimatsē	לְהִימָּצֵא
אֲנִי/אַתְּ/הִיא מִצְטַעֶרֶת ani/at/hi mitsta'ērēt אֲנַחְנוּ/אַתֶּן/הֵן מִצְטַעֲרוֹת anahnou/atēn/hēn mitsta'arot	אֲנִי/אַתָּה/הוּא מִצְטַעֵר ani/ata/hou mitsta'ēr אֲנַחְנוּ/אַתֶּם/הֵם מִצְטַעֲרִים anahnou/atēm/hēm mitsta'arim	*regretter* lēhitsta'ēr	לְהִצְטַעֵר

● EXERCICES

1. CHOISISSEZ LA FORME VERBALE QUI CONVIENT (PARMI LES MOTS PROPOSES EN COULEUR) POUR CHACUNE DES PHRASES SUIVANTES ET TRADUISEZ-LES.

VOCABULAIRE

רְחוֹב ז׳ rēhov *rue*

יֵשׁ ≠ אֵין yēsh ≠ ēyn *il y a ≠ il n'y a pas*

סְלִיחָה נ׳ Sliha *pardon, s'il vous/te plaît*

אוּלַי oulay *peut-être*

אוֹטוֹבּוּס ז׳ otobouS *autobus*

יוֹדֵעַ, לָדַעַת yodē'a, lada'at *sais/t, savoir*

שֶׁ-... shē- *que*

פֹּה po *ici*

כַּסְפּוֹמָט ז׳ kaSpomat *distributeur de billets*

כֶּסֶף ז׳ kēSēf *argent*

אוֹטוֹמָט ז׳ otomat *automate*

מִצְטַעֵר, לְהִצְטַעֵר mitsta'ēr, lé'itsta'ēr *regrette/s, regretter*

חוֹשֵׁב, לַחֲשֹׁב / lahshov hoshēv, lahashov / lahshov *pense/s, penser*

נוֹסֵעַ, לִנְסֹעַ noSē'a, linSo'a *vais/vas/va, aller (voyager)*

יוֹפִי! / אֵיזֶה יוֹפִי! yofi!/ēyzē yofi! *super !*

בֶּטַח bētah *bien sûr (familier)*

בַּנְק ז׳ bank *banque*

נָכוֹן nakhon *juste, vrai*

גָּדוֹל / גְּדוֹלָה gadol/gdola *grand/e*

כִּיכָּר נ׳ kikar *place (dans la ville)*

אִם im *si*

נִמְצָא, לְהִימָּצֵא nimtsa, lēhimatsē *se trouve/s, se trouver*

מַמָּשׁ mamash *effectivement/réellement/vraiment*

כְּנִיסָה נ׳ kniSa *entrée*

מוּל moul *en face de*

קוֹלְנוֹעַ ז׳ kolno'a *cinéma*

קוֹל ז׳ kol *son/voix*

נוֹעַ ז׳ no'a *mouvement*

תּוֹדָה, תּוֹדָה רַבָּה! toda, toda raba! *merci, merci beaucoup*

בְּבַקָּשָׁה bē-vakasha *s'il vous/te plaît, [je] vous/t'en prie*

שָׁם sham *là-bas*

אֶפְשָׁר ēfshar *il est possible*

הוֹלֵךְ, לָלֶכֶת holēkh, lalēkhēt *vais/vas/va, aller (à pied)*

סֶרֶט ז׳ Sērēt *film*

אוֹמֵר, לוֹמַר omēr, lomar *dis/t, dire*

רוֹצֶה, לִרְצוֹת rotsē, lirtsot *veux/t, vouloir*

רוֹאֶה, לִרְאוֹת ro'ē, lir'ot *vois/t, voir*

אוֹכֵל, לֶאֱכוֹל okhēl, lē'ēkhol *mange(s), manger*

אוֹהֵב, לֶאֱהוֹב ohēv, lē'ēhov *aime(s), aimer*

2. ÉCOUTEZ L'ENREGISTREMENT ET RELIEZ CES PARTIES DE PHRASES 3 PAR 3 POUR FORMER DES PHRASES COMPLÈTES.

אֲנַחְנוּ	נוֹסַעַת	לְסֶרֶט עִם חָבֵר
הַתַּיֶּירֶת	הוֹלְכוֹת	מִתֵּל־אָבִיב לִירוּשָׁלַיִם
הֵן	נוֹסְעִים	לְבַנְק
שׂוּם	הוֹלֵךְ	לָאוּנִיבֶרְסִיטָה בְּאוֹטוֹבּוּס

3. REMETTEZ LES MOTS DANS LE BON ORDRE POUR FORMER DES PHRASES ET VÉRIFIEZ VOS RÉPONSES DANS L'ENREGISTREMENT.

א. הוֹלֶכֶת / יוֹסִי / לְסֶרֶט / עִם / נוֹעָה.
ב. סַתָּה / סְלִיחָה / יוֹדֵעַ / נִמְצָא / סְלִיחָה / הַקּוֹלְנוֹעַ?
ג. עָגוֹל / הַכִּיכָּר / יֵשׁ / שׁוּק / אוֹ.
ד. הָאוֹטוֹבּוּס / ... / הֵם / חוֹשְׁבִים / נוֹסֵעַ / לְמֶרְכָּב.

4. METTEZ LE VERBE EN COULEUR À LA FORME INFINITIVE.

Exemple : אֲנִי הוֹלֵךְ לְמִסְעָדָה. אֲנִי רוֹצָה _____ לְמִסְעָדָה. ← אֲנִי רוֹצָה לָלֶכֶת לְמִסְעָדָה.

א. אֲנַחְנוּ מְטַיְּלוֹת בְּמֶרְכָּז תֵּל־אָבִיב. אֲנַחְנוּ רוֹצוֹת _____ בְּמֶרְכָּז תֵּל־אָבִיב.
ב. יוֹסִי יוֹדֵעַ אֵיפֹה יֵשׁ פֹּה כַּסְפּוֹמָט. יוֹסִי רוֹצֶה _____ אֵיפֹה יֵשׁ פֹּה כַּסְפּוֹמָט?
ג. הֵם לֹא בָּאִים עַכְשָׁיו לַיָּם. הֵם לֹא רוֹצִים _____ עַכְשָׁיו לַיָּם.
ד. שָׂרָה לֹא גָּרָה בָּרְחוֹב דִּיזֶנְגּוֹף. שָׂרָה לֹא רוֹצָה _____ בָּרְחוֹב דִּיזֶנְגּוֹף.

5. COMPLÉTEZ AVEC L'ADJECTIF DÉMONSTRATIF QUI CONVIENT : הַזֶּה, הַזֹּאת, הָאֵלֶּה.

Exemple : מָה רְחוֹב יָפֶה. הוּא שָׁר בָּרְחוֹב הַיָּפֶה _____ . ← הוּא שָׁר בָּרְחוֹב הַיָּפֶה הַזֶּה.

א. כּוֹס מִצְלָרִית טוֹבָה. הַמִּצְלָרִית הַטּוֹבָה _____ עוֹבֶדֶת בְּמִסְעָדָה עַל־יַד הַיָּם.
ב. אוֹלָם תַּיָּירִים אִיטַלְנוּ. הַתַּיָּירִים _____ מְטַיְּלִים עַכְשָׁיו בְּיִשְׂרָאֵל.
ג. מָה סֶרֶט מְצַיֵּין. הַסֶּרֶט הַמְצַיֵּין _____ בַּקּוֹלְנוֹעַ דִּיזֶנְגּוֹף.
ד. אוֹלָה סְטוּדֶנְטִיּוֹת. הַסְּטוּדֶנְטִיּוֹת _____ לוֹמְדוֹת רְפוּאָה.

4. INFORMATIONS PERSONNELLES

מֵידָע אִישִׁי

MĒYDA ISHI

OBJECTIFS	NOTIONS
• FAIRE DES DÉMARCHES ADMINISTRATIVES • DIRE SON ÂGE • DONNER SON ADRESSE, SON NUMÉRO DE TÉLÉPHONE • COMMANDER OU RÉSERVER	• LES NOMBRES CARDINAUX AU FÉMININ • DIRE ET DEMANDER L'ÂGE • LA POSSESSION – LA FORME DÉCLINÉE DU NOM • LA FORME DÉCLINÉE DES PRÉPOSITIONS • LES VERBES *"VOULOIR"* ET *"DEVOIR"* • NOUVEAU GROUPE VERBAL

UN COMPTE BANCAIRE

– Bonjour, [est-ce que] je peux vous aider ?

– Oui, s'il vous plaît ! Je veux ouvrir un compte bancaire.

– Il n'y a pas de problème, quel [est] votre nom et quel âge avez-vous *(fille combien tu)* ?

– Mon nom [est] Delphine Jacob et j'ai 21 [ans].

– Vous [êtes] touriste ?

– Non, je [suis] étudiante [qui vient] de Belgique, j'étudie en Israël pour le Master *(je fais mon Master en Israël)*.

– Vous parlez vraiment bien hébreu ! Bravo ! Passeport, s'il vous plaît.

– Je vous en prie, voici le passeport.

– Adresse et numéro de portable en Israël, s'il vous plaît !

– 57, rue Arlozoroff, Tel-Aviv, et le numéro de téléphone [est] 059-4231668.

– Merci. Vous devez signer ici et aussi là s'il vous plaît.

– Je peux commander maintenant une carte de crédit ?

– Bien-sûr, et aussi un carnet de chèques si vous voulez !

חֶשְׁבּוֹן בַּנְק
hēshbon bank

– שָׁלוֹם, אֲנִי יָכוֹל לַעֲזוֹר לָךְ?
– shalom, ani yakhol la'azor lakh?

– כֵּן, בְּבַקָּשָׁה! אֲנִי רוֹצָה לִפְתּוֹחַ חֶשְׁבּוֹן בַּנְק.
– ken, bē-vakasha! ani rotsa lifto'ah hēshbon bank.

– אֵין בְּעָיָה, מָה שְׁמֵךְ וּבַת כַּמָּה אַתְּ?
– ēyn bē'aya, ma shmēkh ou-vat kama at?

– שְׁמִי דֶלְפִין זָ'קוֹב וַאֲנִי בַּת עֶשְׂרִים וְאַחַת.
– shmi Delphine Jacob va-ani bat ēSrim vē-ahat.

– אַתְּ תַּיֶּרֶת?
– at tayērēt?

– לֹא, אֲנִי סְטוּדֶנְטִית מִבֶּלְגִיָה, אֲנִי לוֹמֶדֶת בְּיִשְׂרָאֵל לְתוֹאַר שֵׁנִי.
– lo, ani Stoudēntit mi-bēlgya, ani lomēdēt bē-iSra'ēl lē-to'ar shēni.

– אַתְּ מְדַבֶּרֶת עִבְרִית מַמָּשׁ טוֹב! כֹּל הַכָּבוֹד! דַּרְכּוֹן בְּבַקָּשָׁה!
– at mēdabērēt ivrit mamash tov! kol ha-kavod! darkon bē-vakasha.

– בְּבַקָּשָׁה, הִנֵּה הַדַּרְכּוֹן.
– bē-vakasha, hinē ha-darkon.

– כְּתוֹבֶת וּמִסְפַּר טֶלֶפוֹן נַיָּיד בְּיִשְׂרָאֵל בְּבַקָּשָׁה!
– ktovēt ou-miSpar tēlēfon nayad bē-iSraēl bē-vakasha?

– רְחוֹב אַרְלוֹזוֹרוֹב חֲמִישִׁים וְשֶׁבַע, תֵּל-אָבִיב וּמִסְפַּר הַטֶּלֶפוֹן: אֶפֶס חָמֵשׁ תֵּשַׁע אַרְבַּע שְׁתַּיִים שָׁלוֹשׁ אַחַת שֵׁשׁ שֵׁשׁ שְׁמוֹנֶה.
– rēhov Arlozorov hamishim vē-shēva, tēl-aviv ou-mispar ha-tēlēfon: ēfēs hamēsh tēsha arba shta'im shalosh ahat shēsh shēsh shmonē.

– תּוֹדָה. אַתְּ צְרִיכָה לַחְתּוֹם פֹּה וְגַם פֹּה בְּבַקָּשָׁה.
– toda. at tsrikha lahtom po vē-gam po bē-vakasha.

– אֲנִי יְכוֹלָה לְהַזְמִין עַכְשָׁיו כַּרְטִיס אַשְׁרַאי?
– ani yēkhola lēhazmin akhshav kartiS ashray?

– בְּוַודַּאי וְגַם פִּנְקַס צֶ'קִים אִם אַתְּ רוֹצָה.
– bē-vaday vē-gam pinkaS tshēkim im at rotsa.

■ COMPRENDRE LE DIALOGUE
QUELQUES FORMULES ET EXPRESSIONS

→ !כֹּל הַכָּבוֹד **kol ha-kavod!** *bravo !* litt. "tout le respect" : une expression très répandue pour louer la réussite, l'exploit ou le courage.

→ בְּוַדַּאי/וַדַּאי **bē-vaday/vaday** *bien sûr, sûrement, certainement* : comme ce dialogue a lieu à la banque, on emploie un langage plus soutenu que celui vu jusqu'alors. Dans le langage courant, nous utilisons son synonyme בֶּטַח **bētah** (voir Module 3). Un autre mot courant pour affirmer quelque chose est כַּמּוּבָן **kamouvan** *bien entendu, évidemment*.

LES NOMBRES CARDINAUX AU FÉMININ

Les nombres de 1 à 19 ont deux formes, une forme pour accompagner les noms masculins et une autre pour les noms féminins. Le chiffre 0 et les noms des dizaines ont une seule forme et accompagnent aussi bien les noms masculins que féminins. Les nombres sont appelés "abstraits" lorsqu'ils sont employés isolément, pour indiquer des numéros (de téléphone, d'adresse, d'identité, etc.) et non pas pour indiquer des quantités. Dans ce cas, nous utilisons la forme féminine des nombres.

Voici le chiffre 0 :

| 0 | ēfēs | אֶפֶס |

Voici les chiffres à la forme du féminin de 1 à 10 :

1	a<u>h</u>at	אַחַת	6	shēsh	שֵׁשׁ
2	shtayim	שְׁתַּיִם	7	shēva	שֶׁבַע
3	shalosh	שָׁלוֹשׁ	8	shmonē	שְׁמוֹנֶה
4	arba	אַרְבַּע	9	tēsha	תֵּשַׁע
5	<u>h</u>amesh	חָמֵשׁ	10	ēsēr	עֶשֶׂר

Pour les nombres de 11 à 19, il faut commencer par le chiffre de l'unité suivi par celui de la dizaine עֶשְׂרֵה- **-ēsrē**. Voici les nombres à la forme du féminin de 11 à 19 :

11	a<u>h</u>at-ēsrē	אַחַת-עֶשְׂרֵה	16	shēsh-ēsrē	שֵׁשׁ-עֶשְׂרֵה
12	shtem-ēsrē	שְׁתֵּים-עֶשְׂרֵה	17	shva-ēsrē	שְׁבַע-עֶשְׂרֵה
13	shlosh-ēsrē	שְׁלוֹשׁ-עֶשְׂרֵה	18	shmonē-ēsrē	שְׁמוֹנֶה-עֶשְׂרֵה
14	arba-ēsrē	אַרְבַּע-עֶשְׂרֵה	19	tsha-ēsrē	תְּשַׁע-עֶשְׂרֵה
15	<u>h</u>amēsh-ēsrē	חֲמֵשׁ-עֶשְׂרֵה			

Et voici les dizaines. Notez que tous ont le suffixe ים~ -im marquant le pluriel :

20	ēSrim	עֶשְׂרִים	60	shishim	שִׁשִּׁים
30	shloshim	שְׁלוֹשִׁים	70	shiv'im	שִׁבְעִים
40	arba'im	אַרְבָּעִים	80	shmonim	שְׁמוֹנִים
50	hamishim	חֲמִישִׁים	90	tish'im	תִּשְׁעִים

La particule ...וְ vē-/ou- *et* est le connecteur entre les nombres. Ex. :
79 **shiv'im vē-tēsha** שִׁבְעִים וְתֵשַׁע
...וּ **ou-** *et* est employée normativement devant un nombre qui commence par une consonne non vocalisée : 62 **shishim ou-shtayim.** שִׁשִּׁים וּשְׁתַּיִם

En hébreu, on écrit les numéros/les nombres de gauche à droite :
08-1234567 מִסְפַּר הַטֶּלֶפוֹן
Le numéro de téléphone [est] 08-1234567 **miSpar ha-tēlēfon 08-1234567**
Et lorsque l'on donne son numéro de téléphone ou un autre numéro long, on prononce les chiffres un par un, et non pas par dizaine comme très souvent en français.

Lorsqu'on indique une quantité, les nombres sont accordés en genre avec le nom. On les appelle les nombres cardinaux. Nous verrons les règles qui les régissent et les nombres au masculin dans le Module 5.

DIRE ET DEMANDER L'ÂGE

Pour exprimer l'âge d'une personne, d'un animal ou bien d'un objet, nous utilisons une construction composée de trois éléments, dans cet ordre :
1. un sujet (nom commun/propre, pronom)
2. les mots : בֵּן **bēn** litt. "fils (sing.)" pour les noms/pronoms masc. sing.
    בַּת **bat** litt. "fille" pour les noms/pronoms fém. sing.
    בְּנֵי **bnēy** litt. "fils (pl.)" pour les noms/pronoms masc. pl.
    בְּנוֹת **bnot** litt. "filles" pour les noms/pronoms fém. pl.
3. un numéro (toujours à la forme féminine). En effet, le mot שָׁנָה **shana** *année* est un nom féminin, étant "sous-jacent" le nombre est accordé avec lui. Ex. :

Yossi a 25 ans.	**yoSi bēn ēSrim vē-hamēsh.**	יוֹסִי בֵּן עֶשְׂרִים וְחָמֵשׁ.
L'université a 70 ans.	**ha-ounivērSita bat shiv'im.**	הָאוּנִיבֶרְסִיטָה בַּת שִׁבְעִים.
Les chats ont 11 ans.	**ha-hatoulim bnēy ahat-ēSrē.**	הַחֲתוּלִים בְּנֵי אַחַת-עֶשְׂרֵה.
Nous (f.) avons 36 ans.	**anahnou bnot shloshim vē-shēsh.**	אֲנַחְנוּ בְּנוֹת שְׁלוֹשִׁים וְשֵׁשׁ.

Pour demander l'âge de quelqu'un/quelque chose, nous utilisons l'adverbe interrogatif ?כַּמָה **kama**? *combien* ? La construction est la suivante :
1. Les mots בֶּן/בַּת/בְּנֵי/בְּנוֹת
2. L'adverbe interrogatif ?כַּמָה **kama?** *combien* ?
3. Le sujet (nom commun/propre, pronom)

Les questions qui correspondent aux phrases page 53 sont :

Quel âge a Yossi ?	**bēn kama yoSi?**	בֶּן כַּמָה יוֹסִי?
Quel âge a l'université ?	**bat kama ha-ounivērSita?**	בַּת כַּמָה הָאוּנִיבֶרְסִיטָה?
Quel âge ont les chats ?	**bnēy kama ha-ḥatoulim?**	בְּנֵי כַּמָה הַחֲתוּלִים?
Quel âge avez-vous ?	**bnot kama atēn?**	בְּנוֹת כַּמָה אַתֶּן?

Dans les deux cas, nous n'employons jamais le mot *âge* !

NOTE CULTURELLE

Malgré sa petite taille, l'État d'Israël dénombre de nombreuses universités et établissements qui peuvent accueillir plus de 330 000 étudiants. Pour y accéder, l'étudiant doit être titulaire d'un baccalauréat ou d'un diplôme équivalent. De plus, un examen psychométrique est obligatoire. L'étudiant israélien est plus âgé que son homologue occidental. Selon les dernières études, l'âge moyen s'élève à 26-27 ans. Cela est dû au service militaire ou civique obligatoire qui dure entre deux et trois ans, voire plus, après le BAC. La majorité des jeunes ne s'engagent pas dans les études supérieures immédiatement après cette période. Ils vont d'abord travailler et/ou voyager à l'étranger.

◆ GRAMMAIRE
LA POSSESSION – LA FORME DÉCLINÉE DU NOM

En hébreu, la possession s'exprime de plusieurs façons. L'une d'elles consiste à décliner les noms pour indiquer leur état "d'être possédé". Il suffit d'ajouter à la fin du nom un suffixe qui indique le possesseur (je, tu, il…). La déclinaison du nom est employée presque exclusivement à l'écrit ou dans des discours formels. En langage parlé, nous ne trouvons que quelques "rescapés".

• Le cas du nom : שֵׁם **shēm** *nom*

L'utilisation de cette déclinaison du mot est plutôt normative et officielle. Elle convient à des situations comme dans le dialogue. Ex. :

Quel [est] ton (f.) *nom ?* **ma shmēkh?** מָה שְׁמֵךְ?
Mon nom [est] Delphine. **shmi Delphine.** שְׁמִי דֶלְפִּין.

Voici la déclinaison complète :

אֲנִי	אַתָּה	אַתְּ	הוּא	הִיא
שְׁמִי	שִׁמְךָ	שְׁמֵךְ	שְׁמוֹ	שְׁמָהּ
shmi	shimkha	shmēkh	shmo	shma
mon nom	ton nom (m.)	ton nom (f.)	son nom (m.)	son nom (f.)
אֲנַחְנוּ	אַתֶּם	אַתֶּן	הֵם	הֵן
שְׁמֵנוּ	שִׁמְכֶם	שִׁמְכֶן	שְׁמָם	שְׁמָן
shmēnou	shimkhēm	shimkhēn	shmam	shman
notre nom	votre nom (m.)	votre nom (f.)	leur nom (m.)	leur nom (f.)

LA FORME DÉCLINÉE DES PRÉPOSITIONS

Le processus qu'on vient d'évoquer s'applique également à toutes les prépositions. Elles précèdent un nom propre/commun עִם חָבֵר **im ḥavēr** *avec un ami* ou bien s'accrochent à lui לְתֵל-אָבִיב **lē-tēl-aviv** *à Tel-Aviv*. En revanche, quand le complément est un pronom personnel, toutes les prépositions prennent obligatoirement une forme déclinée. Elles "se contractent" avec lui. Chaque pronom est présenté et identifié par un suffixe qui lui est propre.

• Le cas de la préposition לְ... **lē-**

Nous employons cette préposition pour indiquer une direction, pour répondre à la question לְאָן? **le'an?** *vers où ?* (voir Module 2), mais elle peut aussi être indispensable pour compléter le sens de certains verbes. Dans ce cas, la question que l'on pose est לְמִי? **lē-mi?** *qui ?* ou לְמָה? **lē-ma?** *à quoi ?* Ex. : לַעֲזוֹר לְ... **la'azor lē-** *aider* exige cette proposition.
אֶפְשָׁר לַעֲזוֹר לָךְ? **ēfshar la'azor lakh?** *Il est possible de t'aider ?* litt. "il est possible aider à toi". La proposition *à* et le pronom personnel *tu* sont contractés !

Lorsque la préposition לְ... **lē-** accompagne un verbe et complète son sens, elle est déclinée ainsi :

אֲנִי	אַתָּה	אַתְּ	הוּא	הִיא	אֲנַחְנוּ	אַתֶּם	אַתֶּן	הֵם	הֵן
לִי	לְךָ	לָךְ	לוֹ	לָהּ	לָנוּ	לָכֶם	לָכֶן	לָהֶם	לָהֶן
li	lēkha	lakh	lo	la	lanou	lakhēm	lakhēn	lahēm	lahēn
à moi	à toi (m.)	à toi (f.)	à lui	à elle	à nous	à vous (m.)	à vous (f.)	à eux	à elles

En comparant les terminaisons des deux tableaux sur cette page, vous remarquerez que, pour chaque pronom personnel, nous utilisons pratiquement le même suffixe.

▲ CONJUGAISON
LES VERBES *POUVOIR* ET *DEVOIR*

Les deux verbes qui sont suivis par un infinitif, tel que le verbe יָכוֹל yakhol *peux/t*, et צָרִיךְ tsarikh *dois/t*, n'ont pas de forme à l'infinitif. Voici leur conjugaison au présent :

אֲנִי/אַתָּה/הוּא	אֲנִי/אַתְּ/הִיא	אֲנַחְנוּ/אַתֶּם/הֵם	אֲנַחְנוּ/אַתֶּן/הֵן
יָכוֹל yakhol	יְכוֹלָה yēkhola	יְכוֹלוֹת yēkholot	יְכוֹלִים yēkholim
peux(t)		pouvons, pouvez, peuvent	
צָרִיךְ tsarikh	צְרִיכָה tsrikha	צְרִיכִים tsrikhim	צְרִיכוֹת tsrikhot
dois(t)		devons, devez, doivent	

AUTRES VERBES

Voici des indications pour une conjugaison correcte des verbes de ce dialogue :
Les verbes לַעֲזוֹר la'azor *aider* et לַחְתּוֹם lahtom *signer* se conjuguent comme le verbe לִלְמוֹד lilmod *étudier* : עוֹזֵר ozēr *aide(s)* et חוֹתֵם hotēm *signe(s)* (voir Module 1).
Le verbe לִפְתּוֹחַ lifto'ah *ouvrir* se conjugue comme le verbe לָדַעַת lada'at *savoir* : פּוֹתֵחַ potē'ah *ouvre(s)* au masculin singulier et la conjugaison du féminin singulier est פּוֹתַחַת potahat (voir les explications au Module 3).
Le verbe לְדַבֵּר lēdabēr *parler* se conjugue comme le verbe לְטַיֵּל lētayēl *se promener* (voir Module 1).

NOUVEAU GROUPE VERBAL *(BINYAN)*

Le verbe לְהַזְמִין lēhazmin *commander* (mais aussi *réserver* ou *inviter*) appartient à un nouveau groupe verbal, voici sa conjugaison :

אֲנִי/אַתְּ/הִיא	אֲנִי/אַתָּה/הוּא	אֲנַחְנוּ/אַתֶּן/הֵן	אֲנַחְנוּ/אַתֶּם/הֵם
מַזְמִינָה mazmina	מַזְמִין mazmin	מַזְמִינוֹת mazminotot	מַזְמִינִים mazminim
commande(s)		commandons, ez, ent	

VOCABULAIRE

מֵידָע mēyda *information*

אִישִׁי / אִישִׁית ishi/ishit *personnel/le*

חֶשְׁבּוֹן ז׳ hēshbon *compte/addition/facture*

בַּנְק ז׳ bank *banque*

עוֹזֵר, לַעֲזוֹר לְ... ozēr, la'azor lē- *aide(s), aider (à)*

פּוֹתֵחַ, לִפְתּוֹחַ potē'ah, lifto'ah *ouvre(s), ouvrir*

בְּעָיָה נ׳ bē'aya *problème*

שְׁמִי, שְׁמֵךְ, שֵׁם ז׳ shmi, shmēkh, shēm *mon nom, ton nom, nom*

בַּת נ׳ bat *fille*

כַּמָּה? kama? *combien ?*

בֶּלְגְיָה נ׳ bēlgya *La Belgique*

מְדַבֵּר, לְדַבֵּר mēdabēr, lēdabēr *parle(s), parler*

טוֹב tov *bien*

כֹּל הַכָּבוֹד! kol ha-kavod! *bravo ! litt. "tout le respect"*

כֹּל kol *tout/toute/tous/toutes*

כָּבוֹד ז׳ kavod *respect/honneur*

דַּרְכּוֹן ז׳ darkon *passeport*

הִנֵּה hinē *voici*

כְּתוֹבֶת נ׳ ktovēt *adresse*

מִסְפָּר ז׳ miSpar *numéro/nombre*

טֶלֶפוֹן נַיָּד ז׳ tēlēfon nayad *téléphone portable*

צָרִיךְ, צְרִיכָה tsarikh, tsrikha *dois/t*

חוֹתֵם, לַחְתֹּם / לַחְתּוֹם hotēm, lahtom / lahatom *signe(s), signer*

יָכוֹל / יְכוֹלָה yakhol/yēkhola *peux/t*

מַזְמִין, לְהַזְמִין mazmin, lēhazmin *commande(s), commander/inviter/réserver*

כַּרְטִיס אַשְׁרַאי ז׳ kartiS ashray *carte de crédit*

בְּוַדַּאי bē-vaday *certainement*

פִּנְקָס צֶ'קִים ז׳ pinkas tshēkim *carnet de chèques*

כַּמּוּבָן kamouvan *bien entendu, évidemment*

הַשְׂכָּלָה גְּבוֹהָה נ׳ haSkala gvoha *formation supérieure (universitaire)*

מְכִינָה נ׳ mēkhina *classe préparatoire*

תּוֹאַר רִאשׁוֹן ז׳ to'ar rishon *licence litt. "premier grade"*

תּוֹאַר שֵׁנִי to'ar shēni *master litt. "deuxième grade"*

תּוֹאַר שְׁלִישִׁי, דּוֹקְטוֹרָט to'ar shlishi, doktorat *doktorat*

חֲתוּלִים ז׳ר׳ hatoulim *chats*

EXERCICES

1. CHOISISSEZ PARMI בֵּן/בַּת/בְּנֵי/בְּנוֹת POUR CHACUNE DES PHRASES SUIVANTES ET TRADUISEZ-LES :

א. סוֹתָה יוֹצֵא .... כַּמָה שָׁוָה וְיוֹסִי?
ב. הַסְטוּדֶנְטִית .... צָעִירִים וּפִתַּיִים.
ג. הַפֶּרֶט הַפֶּה .... תַּשִׂימוּ
ד. .... כַּמָה הֵן?

2. ÉCOUTEZ L'ENREGISTREMENT, PUIS COMPLÉTEZ CES PHRASES AVEC LES NUMÉROS DICTÉS.
06

א. מִסְפַּר הַטֶלֶפוֹן בַּבַּנְק ....
ב. סְלִיחָה, סוֹתָה יוֹצֵא שָׁם אוֹטוֹבּוּס מִסְפָּר .... נוֹסֵעַ לְשׁוּק?
ג. - סוֹסוּ סוֹתֶם צָרִים? - אֲנַחְנוּ צָרִים בְּרְחוֹב שׁוֹרְלוֹטוֹרוֹב מִסְפָּר ....
ד. תַּכִּיר, לַסוֹת שִׂירָה, הִיא בַּת ....

3. CHOISISSEZ LA DÉCLINAISON QUI CONVIENT POUR CHACUNE DES PHRASES SUIVANTES ET TRADUISEZ-LES.

א. מָה - .... שְׁאִי שִׂים. שְׁמָם / שְׁמִי / שְׁמֵךְ
ב. בְּיוֹסִין, הִיא תַיֶירֶת מִבֶּלְגִיָה. שְׁמֵנוּ / שְׁמָה / שְׁמוֹ
ג. - שָׁלוֹם, סוֹפֵר לְצַעֵוֹר .... ? - כֵּן, אֲנַחְנוּ רוֹצִים לְהַבְאִין קָפֶה. לָכֶם / לָנוּ / לָךְ
ד. אֲנַחְנוּ אוֹרְחִים לַתַיֶירֶת. אֲנַחְנוּ אוֹרְחִים .... לְמַוֹא צְרִית. לָךְ / לָהּ / לָהֵן

4. COMPLÉTEZ LES PHRASES AVEC LES VERBES PROPOSÉS EN VOUS AIDANT DE LA TRADUCTION :

לִפְתּוֹחַ – יָכוֹל – לְהַזְמִין – יְכוֹלִים – לַחְתּוֹם – צְרִיכָה – לַעֲזוֹר – רוֹצוֹת

א. אֲנִי מִצְטַעֶרֶת, אֲנִי לֹא יוֹדַעַת אִם תַּיָירִים .... פֹּה חֶשְׁבּוֹן בָּנְק.
Je suis désolée, je ne sais pas si les touristes peuvent ouvrir un compte bancaire ici.

ב. אֲנַחְנוּ .... כַּרְטִיס אַשְׁרַאי.
Nous (f.) voulons commander une carte de crédit.

ג. אֲנִי חוֹשֵׁב שֶׁאַתְּ .... עַל הַצֶּ'קִים הָאֵלֶה.
Je pense que tu dois signer ces chèques.

ד. דָוִיד לֹא .... לַתַיֶירֶת, הוּא לֹא יוֹדֵעַ לְאָן נוֹסֵעַ אוֹטוֹבּוּס מִסְפָּר חָמֵשׁ.
David ne peut pas aider la touriste, il ne sait pas où va l'autobus numéro 5.

5. LA FAMILLE

הַמִּשְׁפָּחָה

HA-MISHPAHA

OBJECTIFS	NOTIONS
• INTERDIR • PARLER DE SA FAMILLE • DONNER DES QUANTITÉS	• LA PHRASE IMPERSONNELLE (1) • LA PARTICULE DE POSSESSION *"DE", "À"* • LES ADJECTIFS POSSESSIFS • LES NOMBRES CARDINAUX AU MASCULIN • LE VERBE *"VIVRE"*

BIENVENUS !

– À qui [est] ce chien ?

– Ce chien [est] à ma grand-mère.

– Tu ne sais pas qu'[il est] interdit de se promener avec [les] chiens sans laisse ?

– Je suis désolé, je ne [suis] [pas] d'ici, mais ne t'inquiète [pas], il n'[est] [pas] dangereux.

– Tu [es] là en visite ?

– Oui, je [suis] du Canada, je rends visite *(visite chez)* [à] ma famille. Ma grand-mère, mes oncles et [mes] cousins et même ma grande sœur, presque tous mes proches vivent en Israël.

– Et tes parents ? Ils vivent au Canada ?

– Oui, mais ils veulent aussi immigrer en *(monter à)* Israël prochainement avec tous mes frères et sœurs.

– Combien [de] frères et sœurs [as]-tu ?

– Nous [sommes] quatre frères et… cinq sœurs.

– Neuf enfants ! [c'est] vraiment [une] grande famille ! [Soyez] [les] bienvenus !

בְּרוּכִים הַבָּאִים!
broukhim ha-ba'im!

– שֶׁל מִי הַכֶּלֶב הַזֶּה?
– shēl mi ha-kēlēv ha-zē?

– הַכֶּלֶב הַזֶּה שֶׁל הַסָּבְתָא שֶׁלִּי.
– ha-kēlēv ha-zē shēl ha-Savta shēli.

– אַתָּה לֹא יוֹדֵעַ שֶׁאָסוּר לְטַיֵּל עִם כְּלָבִים בְּלִי חֲגוֹרָה?
– ata lo yodē'a shē-aSour lētayēl im klavim bli hagora?

– אֲנִי מִצְטַעֵר, אֲנִי לֹא מִפֹּה. אֲבָל אַל תִּדְאַגִי, הוּא לֹא מְסוּכָּן.
– ani mitsta'ēr, ani lo mi-po. aval al tid'agi, hou lo mēSoukan.

– אַתָּה פֹּה בְּבִיקּוּר?
– ata po bē-vikour?

– כֵּן, אֲנִי מִקָּנָדָה, אֲנִי מְבַקֵּר אֵצֶל הַמִּשְׁפָּחָה שֶׁלִּי. סָבְתָא שֶׁלִּי, הַדּוֹדִים וּבְנֵי-הַדּוֹדִים שֶׁלִּי וַאֲפִילוּ אֲחוֹתִי הַגְּדוֹלָה, כִּמְעַט כָּל הַקְּרוֹבִים שֶׁלָּנוּ חַיִּים בָּאָרֶץ.
– kēn, ani mi-kanada, ani mēvakēr ētsēl ha-mishpaha shēli. Savta shēli, ha-dodim ou-vney-ha-dodim shēli va-afilou ahoti ha-gdola, kim'at kol ha-krovim shēlanou hayim ba-arēts.

– וְהַהוֹרִים שֶׁלְּךָ? הֵם חַיִּים בְּקָנָדָה?
– vē-ha-horim shēlkha? hēm hayim bē-kanada?

– כֵּן, הֵם גַּם רוֹצִים לַעֲלוֹת בְּקָרוֹב לְיִשְׂרָאֵל עִם כָּל הָאַחִים וְהָאֲחָיוֹת שֶׁלִּי!
– kēn, hēm gam rotsim la'alot bē-karov lē-iSra'el im kol ha-ahim vē-ha-ahayot shēli!

– כַּמָּה אַחִים וַאֲחָיוֹת אַתֶּם?
– kama ahim va-ahayot atēm?

– אֲנַחְנוּ אַרְבָּעָה אַחִים וְ...חָמֵשׁ אֲחָיוֹת!
– anahnou arba'a ahim vē-hamēsh ahayot!

– תִּשְׁעָה יְלָדִים! מַמָּשׁ מִשְׁפָּחָה גְּדוֹלָה! בְּרוּכִים הַבָּאִים!
– tish'a yēladim! mamash mishpaha gdola! broukhim ha-ba'im!

COMPRENDRE LE DIALOGUE
QUELQUES FORMULES ET EXPRESSIONS

- → אֲחוֹתִי **ahoti** *ma sœur* est une forme déclinée du nom אָחוֹת **ahot** *sœur* (voir Module 4, la possession – la forme déclinée du nom). Il est également fréquent d'appliquer ce processus au nom אָח **ah** *frère* : אָחִי **ahi** *mon frère*.
- → אַל תִּדְאֲגִי **al tid'agi** *ne t'inquiète pas* litt. "ne [tu] [t']inquièteras" (f.). Le mot אַל **al** *ne* est un adverbe de négation employé pour manifester l'interdiction. Le verbe qui le suit est toujours conjugué au futur et peut donc changer selon le genre et le nombre des interlocuteurs.

  Les deux autres formes de ce verbe sont : אַל תִּדְאַג **al tid'ag** *ne t'inquiète pas* litt. "ne [tu] [t'] inquièteras" (m.) et אַל תִּדְאֲגוּ **al tid'agou** *ne vous inquiétez pas* litt. "ne [vous] inquièterez". Au présent, le verbe לִדְאוֹג **lid'og** *s'inquiéter* se conjugue comme le verbe לִלְמוֹד (Module 1).

- → Le verbe לְבַקֵּר **lēvakēr** *rendre visite* est suivi d'un objet direct (nom commun ou propre). Parfois, nous trouvons la préposition אֵצֶל **ētsēl** *chez* devant le nom. Lorsque le verbe est suivi de la préposition בְּ... **bē -**, il prend le sens de *visiter*. Il se conjugue comme le verbe לְטַיֵּיל (Module 1). Ex. :

  הֵם מְבַקְּרִים (אֵצֶל) חֲבֵרִים.
  Ils rendent visite à des amis. **hēm mēvakrim (ētsēl) havērim.**
  אֲנִי מְבַקֶּרֶת בְּתֵל-אָבִיב.
  Je visite Tel-Aviv. **ani mēvakēret bē-tel-aviv.**

- → הָאָרֶץ **ha-arēts** *Israël* litt. "la terre" est un terme employé fréquemment par les habitants du pays pour remplacer le nom propre *Israël*. C'est aussi le nom d'un quotidien célèbre. Notez que, pour dire *un pays*, le mot garde les mêmes lettres mais change la première voyelle : אֶרֶץ **ērēts**, au pluriel אֲרָצוֹת **aratsot** *pays*.

- → בְּרוּכִים הַבָּאִים! **broukhim ha-ba'im** *[soyez] les bienvenus !* litt. "bénis [sont] les venus" est variable en genre et nombre. Les autres formes sont :

  בָּרוּךְ הַבָּא! **baroukh ha-ba** *bienvenu !* בְּרוּכָה הַבָּאָה! **broukha ha-ba'a** *bienvenue !* et
  בְּרוּכוֹת הַבָּאוֹת! **broukhot ha-ba'ot** *bienvenues !*

LA PHRASE IMPERSONNELLE (1)

Lorsque certains adjectifs ou adverbes sont suivis d'un infinitif, on obtient des phrases impersonnelles. On les emploie pour donner des instructions générales, des conseils, ou bien pour affirmer une chose.

L'adjectif אָסוּר **aSour** *interdit* exprime une interdiction. La permission est exprimée par l'adjectif מוּתָּר **moutar** *permis*. Autres adverbes fréquemment utilisés : אֶפְשָׁר **ēfshar** *il est possible* (voir Module 3), son contraire אִי אֶפְשָׁר **i-ēfshar** *il n'est pas possible*, כְּדַאי **kēday** *cela vaut la peine* et son contraire לֹא כְּדַאי **lo-kēday** *il est déconseillé*. Ex. :

Il est permis de fumer dans la rue. **moutar lē'ashēn ba-rē<u>h</u>ov.** מוּתָּר לְעַשֵּׁן בָּרְחוֹב.
Il est impossible d'étudier ici ! **i-ēfshar lilmod po!** אִי אֶפְשָׁר לִלְמוֹד פֹּה!
Cela vaut la peine de visiter Jérusalem. **kēday lēvaker bi-yroushalayim.**
כְּדַאי לְבַקֵּר בִּירוּשָׁלַיִם.

NOTE CULTURELLE

לַעֲלוֹת לְיִשְׂרָאֵל **la'alot lē-iSra'ēl** *immigrer (pour les juifs) en Israël* litt. "monter vers Israël" et aussi "escalader". L'utilisation de ce verbe et des autres mots de la même famille, comme הָעֲלִיָּיה **ha-aliya** *l'immigration (des juifs) en Israël* litt. "la montée", "l'escalade" et עוֹלִים חֲדָשִׁים **olim hadashim** *des nouveaux immigrés (juifs)* litt. "nouveaux escaladeurs", sont des termes essentiels dans l'existence et la pensée juive, et dans le mouvement sioniste. Ils expriment l'arrivée des juifs en terre d'Israël pour y vivre. L'origine de ces mots se trouve pour la première fois dans la Bible, dans le livre de la Genèse. L'action inverse, le départ des Israéliens hors du pays, est appelée יְרִידָה **yērida** *émigration* litt. "[une] descente" et est considérée comme péjorative. Le verbe לַעֲלוֹת **la'alot** *monter* se conjugue au présent comme le verbe לַעֲשׂוֹת **la'aSot** *faire* (Module 1).

◆ GRAMMAIRE
LA PARTICULE DE POSSESSION *DE, À*

La particule שֶׁל **shēl** *de, à* est la manière la plus fréquente en langage parlé de marquer la possession. Elle apparaît entre deux noms. Très souvent, l'article défini הַ... **ha-** *le/la/les* accompagne les deux noms, cela signifie que les deux sont précis. C'est un groupe nominal. Ex. :

nom (possesseur) הַ... + שֶׁל + nom (possédé) הַ...
Le chien de la grand-mère   **ha-kēlēv shēl ha-savta**   הַכֶּלֶב שֶׁל הַסָּבְתָא

Nous trouvons cette particule dans des phrases nominales. Dans ce cas, le sujet peut aussi bien être un pronom personnel qu'un pronom démonstratif. Ex. :

Il [est] à la grand-mère   **hou shēl ha-savta**   הוּא שֶׁל הַסָּבְתָא
Celui-ci [est] à la famille   **zē shēl ha-mishpaha**   זֶה שֶׁל הַמִּשְׁפָּחָה

LES ADJECTIFS POSSESSIFS

Comme nous l'avons étudié au Module 4, toute préposition est déclinée dès qu'elle est suivie d'un pronom personnel. Ainsi, la particule שֶׁל **shēl** *de, à* se décline et devient un adjectif possessif. L'adjectif se réfère uniquement au possesseur, le genre et le nombre du sujet (possédé) sont sans conséquence.

mon, ma, mes *le mien, la mienne, les miens/nes, à moi* (m. ou f.)	shēli	שֶׁלִּי	אֲנִי
ton, ta, tes *le tien, la tienne, les tiens... à toi*	shēlkha	שֶׁלְךָ	אַתָּה
	shēlakh	שֶׁלָךְ	אַתְ
son, sa, ses *le sien, la sienne... à lui/à elle*	shēlo	שֶׁלוֹ	הוּא
	shēla	שֶׁלָּה	הִיא
notre, nos *le/s nôtre/s... à nous* (m. ou f.)	shēlanou	שֶׁלָּנוּ	אֲנַחְנוּ
votre, vos *le/s votre/s... à vous*	shēlakhēm	שֶׁלָּכֶם	אַתֶּם
	shēlakhēn	שֶׁלָּכֶן	אַתֶּן
leur, leurs *le/s leur/s... à eux/à elles*	shēlahēm	שֶׁלָּהֶם	הֵם
	shēlahēn	שֶׁלָּהֶן	הֵן

Comme déjà dit, la présence de l'article défini est presque toujours requise puisque la particule שֶׁל **shēl** *de, à* indique la possession. Néanmoins, elle peut donner des indications autres que la possession, comme la matière d'un objet, sa contenance, son utilité, etc. Dans ce cas, l'article défini n'est pas utile.

Notez que, dans le langage parlé, certains noms ne vont pas être définis dans des combinaisons de possession. Parmi eux, on retrouve certains noms de membres de la famille : אִמָּא **ima** *maman*, אַבָּא **aba** *papa*, אָח **ah** *frère*, אָחוֹת **ahot** *sœur*, סַבְתָּא **savta** *grand-mère*, סַבָּא **saba** *grand-père*, (דּוֹד(ה) (בֶּן/בַּת) **(bēn/bat) dod(a)** *oncle, tante, cousin/e*, le nom חָבֵר(ה/ים/ות) **havēr (a, im, ot)** *ami/e/s/es* et quelques mots affectifs tels que חָמוּד(ה/ים/ות) **hamoud (a/im/ot)** *chéri/e/s/es*. Ex. :

Mon père va au Canada. **aba shēli noSēa lē-kanada.** אַבָּא שֶׁלִּי נוֹסֵעַ לְקָנָדָה.

חֲמוּדָה שֶׁלִּי, אַתְּ יְכוֹלָה לַעֲזוֹר לְסַבָּא?
Ma chérie, tu peux aider papi ? **hamouda shēli, at yakhola la'azor lē-saba?**

LES NOMBRES CARDINAUX AU MASCULIN

Comme déjà évoqué au Module 4, les nombres de 1 à 19 ont deux formes lorsqu'ils indiquent une quantité. Ils prennent le même genre que le nom qu'ils accompagnent. Voici les nombres de 1 à 19 à la forme du masculin :

1	ēhad	אֶחָד	6	shisha	שִׁשָּׁה
2	shnayim	שְׁנַיִם	7	shiv'a	שִׁבְעָה
3	shalosha	שְׁלוֹשָׁה	8	shmona	שְׁמוֹנָה
4	arba'a	אַרְבָּעָה	9	tish'a	תִּשְׁעָה
5	hamisha	חֲמִישָׁה	10	aSara	עֲשָׂרָה

Attention ! Les chiffres au masculin de 3 à 10 ont tous un suffixe : ה~ **-a**, qui est habituellement le suffixe du genre féminin.

Notez que les nombres de 11 à 19 commencent par l'unité et se terminent par le mot עָשָׂר **-aSar** *dix*.

11	ēhad-aSar	אַחַד-עָשָׂר	16	shisha-aSar	שִׁשָּׁה-עָשָׂר
12	shnēm-aSar	שְׁנֵים-עָשָׂר	17	shiv'a-aSar	שִׁבְעָה-עָשָׂר
13	shlosha-aSar	שְׁלוֹשָׁה-עָשָׂר	18	shmona-aSar	שְׁמוֹנָה-עָשָׂר
14	arba'a-aSar	אַרְבָּעָה-עָשָׂר	19	tish'a-aSar	תִּשְׁעָה-עָשָׂר
15	hamisha-aSar	חֲמִישָּׁה-עָשָׂר			

Les règles à respecter pour obtenir des combinaisons justes entre le nombre et le nom sont les suivantes :

1. Tous les nombres précèdent le nom auquel ils se rapportent.
Seul le chiffre 1 אַחַת / אֶחָד ēhad / ahat (masc. / fém.) suit le nom.
2. Le chiffre 2 (masc. et fém.) subit un changement de prononciation quand ils accompagnent le nom :

forme au fém. + un nom (f.)	forme au fém. employée seule	forme au masc. + un nom (m.)	forme au masc. employée seule
stēy שְׁתֵּי	stayim שְׁתַּיִם	snēy שְׁנֵי	shnayim שְׁנַיִם

3. Dans les nombres supérieurs à 20 qui contiennent des unités, les chiffres indiquant ces dernières s'accordent avec le nom et sont précédés de ...וְ **vē-** / **ou-** *et*.

Ex. :

1 frère/1 sœur	ah ēhad/ahot ahat	אָח אֶחָד/אָחוֹת אַחַת
2 amis/2 amies	shnēy havērim/shtēy havērot	שְׁנֵי חֲבֵרִים/שְׁתֵּי חֲבֵרוֹת
54 chiens	hamishim vē-arba'a klavim	חֲמִישִׁים וְאַרְבָּעָה כְּלָבִים
72 familles	shiv'im ou-shtayim mishpahot	שִׁבְעִים וּשְׁתַּיִם מִשְׁפָּחוֹת

▲ CONJUGAISON
LE VERBE *VIVRE*

Le verbe לִחְיוֹת lihyot *vivre* est de la même famille que les mots חַיִּים hayim *vie*, לְחַיִּים lē-hayim *santé*, *tchin* litt. "pour vie" et se conjugue ainsi :

אֲנִי, אַתְּ, הִיא	אֲנִי, אַתָּה, הוּא	אֲנַחְנוּ, אַתֶּן, הֵן	אֲנַחְנוּ, אַתֶּם, הֵם
חַיָּה	חַי	חַיוֹת	חַיִּים
haya	hay	hayot	hayim
	vis (t)		vivons, ez, ent

Notons par ailleurs la forme nominale : חַיָּה/~וֹת **haya/-ot** *animal/animaux*.

● EXERCICES

1. LISEZ CES PHRASES. COCHEZ נָכוֹן (VRAI) SI CETTE AFFIRMATION EST JUSTE PAR RAPPORT AU DIALOGUE OU לֹא נָכוֹן (FAUX) SI ELLE EST FAUSSE.

lo nakhon לֹא נָכוֹן	nakhon נָכוֹן	
		א. אוֹתָר לְשֵׁישׁ אֶת כְּלָבִים גְּלֵי חֲשׁוֹרָה.
		ב. הַכֶּלֶב שֶׁל סָבְתָאוֹ שֶׁל מִסוּכָּן.
		ג. כְּתָחוֹת הַגְּדוֹלָה שֶׁל חֲיָה בְּיִשְׂרָאֵל.
		ד. יֵשׁ בַּמִּשְׁפָּחָה שֶׁל תֵּעָא בָּנוֹת.
		ה. הַהוֹרִים שֶׁל רוֹצִים לַעֲלוֹת לָאָרֶץ.

VOCABULAIRE

מִשְׁפָּחָה נ׳ mishpaha *famille*

בְּרוּכִים הַבָּאִים! broukhim ha-ba'im! *bienvenus !*

שֶׁל shēl *à, de*

כֶּלֶב ז׳ / כְּלָבִים ר׳ kēlēv/klavim *chien/s*

סָבְתָא נ׳ / סָבְתוֹת ר׳ Savta/Savtot *grand-mère(s)*

אָסוּר ≠ מוּתָּר aSour ≠ moutar *il est interdit ≠ il est permis*

בְּלִי bli *sans*

חֲגוֹרָה נ׳ hagora *laisse, ceinture*

אַל תִּדְאַגִי, לִדְאוֹג al tid'agi, lid'og *ne t'inquiète pas (fem.) s'inquiéter*

מְסוּכָּן / מְסוּכֶּנֶת mēSoukan/mēsoukēnēt *dangereux/se*

בִּיקוּר ז׳ blkour *visite*

מְבַקֵּר, לְבַקֵּר mēvakēr, lēvakēr *(rend) visite(s), visiter/rendre visite*

אֵצֶל ētsēl *chez*

דוֹד ז׳ / דוֹדִים ז׳ ר׳ dod/dodim *oncle(s)*

בֶּן-דוֹד ז׳ / בְּנֵי-דוֹדִים ר׳ ben-dod/bney-dodim *cousin(s)*

אֲפִילוּ afilou *même*

כִּמְעַט kim'at *presque*

קָרוֹב ז׳ / קְרוֹבִים ר׳ karov/krovim *proche/proches*

חַי, לִחְיוֹת hay, lihyot *vie(s), vivre*

אֶרֶץ נ׳ arēts *terre, Israël*

אֶרֶץ נ׳ / אֲרָצוֹת ר׳ ērēts/aratsot *pays (sing./pl.)*

הוֹרֶה ז׳ / הוֹרִים ר׳ horē/horim *parent(s)*

קָנָדָה kanada *Canada*

עוֹלֶה, לַעֲלוֹת olē, la'alot *monte(s)/immigre(s), monter/immigrer*

בְּקָרוֹב bē-karov *prochainement*

אָח ז׳ / אַחִים ר׳ ah/ahim *frère/s*

אָחוֹת נ׳ / אֲחָיוֹת ר׳ ahot/ahayot *sœur/s*

כַּמָּה? kama? *combien ?*

יֶלֶד ז׳ / יְלָדִים ר׳ yēlēd/yēladim *enfant/s*

אֶפְשָׁר ≠ אִי אֶפְשָׁר ēfshar ≠ i-ēfshar *il est possible ≠ il n'est pas possible*

כְּדַאי ≠ לֹא כְּדַאי kēday ≠ lo kēday *cela vaut la peine ≠ il est déconseillé*

מְעַשֵּׁן, לְעַשֵּׁן mē'ashēn, lē'ashēn *fume(s), fumer*

עֲלִיָּיה נ׳ aliya *immigration, montée*

עוֹלִים חֲדָשִׁים ז׳ ר׳ olim hadashim *nouveaux immigrés*

יְרִידָה נ׳ yērida *émigration, descente*

אִמָּא נ׳ / אִמָּהוֹת ר׳ ima/imahot *maman(s)*

אַבָּא ז׳ / אָבוֹת ר׳ aba/avot *papa(s)*

סַבָּא ז׳ / סָבִים ר׳ Saba/Savim *grand-père(s)*

חָמוּד / חֲמוּדָה hamoud/hamouda *chéri(e), mignon(ne)*

2. COMPLÉTEZ AVEC LA PARTICULE שֶׁל OU L'ADJECTIF POSSESSIF QUI CONVIENT ET TRADUISEZ LES PHRASES.

א. אֲנַחְנוּ מְבַקְרִים אֵצֶל .... הַקְּרוֹבִים.
ב. הַהוֹרִים .... גָּרִים חַיִּים בְּבֶלְגִּיָה.
ג. - נוּגָה, אֵיפֹה הַדּוֹדִים? - הַדּוֹדִים .... גָּרִים בְּטוּלוּז.
ד. הוּא כּוֹתֵב לְיִשְׂרָאֵל אֶת כָּל הַמִּשְׁפָּחָה ....

3. ÉCRIVEZ LE NOMBRE AU MASCULIN/FÉMININ ET METTEZ LE NOM AU PLURIEL SI NÉCESSAIRE.

Exemple :   (16) חֲבֵרָה ← 99 תִּשְׁעִים תֵּשַׁע חֲבֵרוֹת

א. (1) סָבְתָא ← ....
ב. (2) בֶּן-דּוֹד ← ....
ג. (31) בִּיקוּר ← ....
ד. (75) גֵּל ← ....
ה. (29) מִשְׁפָּחָה ← ....

4. ÉCOUTEZ L'ENREGISTREMENT PUIS COMPLÉTEZ CES PHRASES AVEC LES PRÉPOSITIONS OU LES PARTICULES PROPOSÉES CI-DESSOUS. LISEZ ENSUITE CHAQUE PHRASE À VOIX HAUTE.

07

כּוֹל, כָּל, בְּ..., בַּ..., בָּ..., לְ..., לִ..., לַ..., אֶל, מִן, את, אֶת, שֶׁ

א. עַכְשָׁו אֲנַחְנוּ חַיִּים .... צָרְפַת, בְּקָרוֹב אֲנַחְנוּ עוֹלִים .... אָרֶץ.
ב. פִּלְפִּין מְבַקֶּרֶת .... צָרְפַת .... הַמִּשְׁפָּחָה שֶׁלָּהּ.
ג. אֲנִי כּוֹתֵב .... לִפְתּוֹחַ חֶשְׁבּוֹן בַּנְק .... כְּתוֹבֶת וּמִסְפָּר סֵלוּלָר.
ד. כֻּלָּם הוֹלְכִים .... יוֹם-הַהֻלֶּדֶת .... חֲבֵרִים.
ה. .... תִּכְבַּד אֲנִי יוֹצֵא .... הַקּוֹלְנוֹעַ נִמְצָא .... הַכִּכָּר.

70   5. La famille

6. AU CAFÉ

בְּבֵית-קָפֶה

BÈ-VÈYT KAFÈ

OBJECTIFS	NOTIONS

- DIALOGUER AVEC UN SERVEUR DE CAFÉ
- COMMANDER DANS UN CAFÉ
- EXPRIMER DES PRÉFÉRENCES

- L'EXPRESSION DU VERBE *"AVOIR"* AU PRÉSENT
- L'ÉTAT CONSTRUIT
- DÉCLINAISONS DES PRÉPOSITIONS *"CHEZ"* ET *"POUR"*
- GROUPES VERBAUX (*BINYANIM*) ET FORMES

PETIT DÉJEUNER

– Bonjour, vous avez [une] table disponible ?

– Je vérifie, vous êtes seul ?

– Non, [une] table pour deux s'il vous plaît, ma copine arrive tout de suite.

– Vous préférez [vous] asseoir à l'intérieur ou dehors ?

– [Il fait] extrêmement chaud aujourd'hui, je préfère à l'intérieur, vous avez la climatisation ?

– Bien sûr ! Comment [est-ce] possible sans clim à Tel-Aviv ? Nous avons [une] table libre pour deux à côté de la fenêtre avec vue *(vers)* [sur la] mer.

– Merveilleux, [est-il] possible d'avoir *(recevoir)* [un] menu ? Nous n'avons [pas] beaucoup de temps, nous [sommes] très pressés.

– Voici le menu, je reviens tout de suite [pour] prendre [la] commande.

– [Un] instant, j'ai [une] question, vous servez encore [le] petit déjeuner ?

– Oui, chez nous [il est] possible de commander [un] bon petit déjeuner toute la journée, même en soirée.

– Je veux [un] petit déjeuner végétalien, [un] jus [d']orange et [un] café sans lait, vous avez [du] pain sans gluten ?

– Oui, nous avons même [une] omelette sans œufs ! Qu'est-ce que je peux proposer à *(quoi pour)* votre amie ?

– Pour elle seulement [un] gâteau [au] chocolat, [un] grand crème et… [l']addition s'il vous plaît !

אֲרוּחַת בּוֹקֶר
arouhat bokēr

– שָׁלוֹם, יֵשׁ לָכֶם שׁוּלְחָן פָּנוּי?
– shalom, yēsh lakhēm shoulhan panouy?

– אֲנִי בּוֹדֶקֶת, אַתָּה לְבַד?
– ani bodēkēt, ata lēvad?

– לֹא, שׁוּלְחָן לִשְׁנַיִים בְּבַקָּשָׁה, הַחֲבֵרָה שֶׁלִּי כְּבָר מַגִּיעָה.
– lo, shoulhan li-shnayim bē-vakasha, ha-havēra shēli kvar magui'a.

– אַתָּה מַעֲדִיף לָשֶׁבֶת בִּפְנִים אוֹ בַּחוּץ?
– ata ma'adif lashēvēt bi-fnim o ba-houts?

– נוֹרָא חַם הַיּוֹם, אֲנִי מַעֲדִיף בִּפְנִים, יֵשׁ לָכֶם מִיזוּג אֲוִויר?
– nora ham ha-yom, ani ma'adif bi-fnim, yēsh lakhēm mizoug avir?

– בֶּטַח! אֵיךְ אֶפְשָׁר בְּלִי מַזְגָן בְּתֵל־אָבִיב? יֵשׁ לָנוּ שׁוּלְחָן פָּנוּי עַל־יַד הַחַלּוֹן, עִם נוֹף לַיָּם.
– bētah! ēykh ēfshar bli mazgan bē-tel-aviv? yēsh lanou shoulhan panouy al-yad ha-halon im nof la-yam.

– נִפְלָא! אֶפְשָׁר לְקַבֵּל תַּפְרִיט? אֵין לָנוּ הַרְבֵּה זְמַן, אֲנַחְנוּ נוֹרָא מְמַהֲרִים.
– nifla! ēfshar lēkabēl tafrit? ēyn lanou harbē zman, anahnou nora mēmaharim.

– הִנֵּה הַתַּפְרִיט. אֲנִי תֵּיכֶף חוֹזֶרֶת לָקַחַת הַזְמָנָה.
– hinē ha-tafrit. ani tēkhēf hozērēt lakahat hazmana.

– רַק רֶגַע, יֵשׁ לִי שְׁאֵלָה, אַתֶּם מַגִּישִׁים עֲדַיִין אֲרוּחַת בּוֹקֶר?
– rak rēga, yēsh li shē'ēla, atēm magishim adayin arouhat bokēr?

– כֵּן, אֶצְלֵנוּ אֶפְשָׁר לְהַזְמִין אֲרוּחַת בּוֹקֶר טְעִימָה כֹּל הַיּוֹם אֲפִילוּ בָּעֶרֶב...
– kēn, ētslēnou ēfshar lēhazmin arouhat bokēr tē'ima kol ha-yom afilou ba-ērev...

– אֲנִי רוֹצָה אֲרוּחַת בּוֹקֶר טִבְעוֹנִית, מִיץ תַּפּוּזִים וְקָפֶה בְּלִי חָלָב. יֵשׁ לָכֶם לֶחֶם לְלֹא גְּלוּטֵן?
– ani rotsē arouhat bokēr tiv'onit, mits tapouzim vē-kafē bli halav. yēsh lakhēm lēhēm lē-lo gloutēn?

– כֵּן, יֵשׁ לָנוּ אֲפִילוּ חֲבִיתָה בְּלִי בֵּיצִים. מָה בִּשְׁבִיל הַחֲבֵרָה שֶׁלְּךָ?
– kēn, yēsh lanou afilou havita bli bēytsim. ma bishvil ha-havēra shēlkha ?

– בִּשְׁבִילָהּ רַק עוּגַת שׁוֹקוֹלָד, הָפוּךְ גָּדוֹל ו... חֶשְׁבּוֹן בְּבַקָּשָׁה!
– bishvila rak ougat shokolad, hafoukh gadol... vē-hēshbon bē-vakasha.

COMPRENDRE LE DIALOGUE
QUELQUES FORMULES ET EXPRESSIONS

→ Le nom בַּיִת **bayit** *maison* est un mot qui se trouve dans beaucoup de groupes nominaux – appelés "états construits" dont nous parlerons plus en détail dans ce Module – pour désigner un lieu ou une institution dans lequel on exerce des activités spécifiques. Dans ces groupes nominaux, il se prononce בֵּית **bēyt** et est suivi par un deuxième nom qui vient le caractériser, tel un adjectif. Les deux mots ne sont séparés par aucun élément et le tiret est optionnel :
café litt. "maison [de] café" **bēyt-kafē**   בֵּית-קָפֶה
→ *pharmacie* litt. "maison [de] mixture de produits" **bēyt-mirkahat**   בֵּית-מִרְקַחַת
→ *hôpital* litt. "maison [de] malades" **bēyt-holim**   בֵּית-חוֹלִים
→ כְּבָר **kvar** : selon le contexte, cet adverbe signifie soit *déjà* soit *tout de suite*. Le temps ou le verbe dans la phrase peuvent orienter le sens. Dans le second sens, à savoir *tout de suite*, il peut être remplacé par תֵּיכֶף **tēkhēf**. Ex. :
J'étudie déjà l'hébreu.   **ani kvar lomdēt ivrit.**   אֲנִי כְּבָר לוֹמֶדֶת עִבְרִית.
→ *Elle arrive tout de suite.*   **hi kvar/tēkhēf megui'a.**   הִיא כְּבָר/תֵּיכֶף מַגִּיעָה.
→ נוֹרָא **nora** *extrêmement* litt. "terriblement" est fréquemment utilisé dans le langage courant, il s'emploie aussi pour exprimer le positif. Il est l'équivalent de *trop*.
→ הָפוּךְ **hafoukh** *tourné*, *renversé* et aussi *contraire*, *inverse* est utilisé pour désigner un *café crème*. Le mot "café" est facultatif. D'autres mots sont également utilisés afin de préciser quel café est souhaité comme קָצָר **katsar** *court* pour un café serré, אָרוֹךְ **arokh** *long*, שָׁחוֹר **shahor** *noir* ou טוּרְקִי **tourki** *turc* pour un "café à la turque", une boisson à base de café en décoction, servie dans les restaurants orientaux ou populaires.
→ חֶשְׁבּוֹן **hēshbon** *[l']addition*, *[la] note* que l'on demande après une consommation dans un café ou un restaurant. Nous avons déjà rencontré ce nom (Module 4) avec le sens *un compte* (bancaire). Il signifie également *le calcul*.

NOTE CULTURELLE

En Israël, on mange partout et à toute heure. On mange quand on en a envie, il n'y a pas de règle ni d'horaire défini. Les restaurants, les cafés, les bars et les nombreux kiosques que l'on peut trouver à tous les coins de rue sont prêts à nourrir et à satisfaire leurs clients du matin au soir, et pour certains jusque tard dans la nuit. Le petit déjeuner israélien est une vraie coutume. Il est très copieux et on peut trouver un large choix de plats chauds ou froids, rarement carnés, mais les fromages, les poissons fumés ou salés, les œufs et les salades composées sont au rendez-vous. Depuis quelques années déjà, pratiquement partout, les végétariens et les végétaliens profitent aussi d'une offre non négligeable de plats qui correspondent parfaitement à leur régime. Important à savoir : en règle générale, l'addition en Israël ne comprend pas le service. Il est de rigueur de laisser un pourboire de 12 % à 15 % de la somme totale.

◆ GRAMMAIRE
L'EXPRESSION DU VERBE *"AVOIR"* AU PRÉSENT

L'hébreu ne possède pas de verbe équivalent au verbe *avoir*. Pour l'exprimer, nous utilisons au présent le mot יֵשׁ **yēsh** *il y a* et son contraire אֵין **ēyn** *il n'y a pas* (voir Module 3) qui sont complétés par la préposition ...לְ **lē-** *à*. Ainsi, ...לְ יֵשׁ **yēsh lē-** signifie *avoir* et אֵין ...לְ **ēyn lē-** signifie *ne pas avoir*. Les deux peuvent précéder ou suivre la préposition si cette dernière précède un nom. Ex. :

Grand-mère a un chien.	lē-savta yēsh kēlēv.	לְסַבְתָּא יֵשׁ כֶּלֶב
Yossi n'a pas le temps.	ēyn lē-yoSi zman.	אֵין לְיוֹסִי זְמַן

Lorsque le complément est un pronom personnel, la préposition ...לְ **lē-** *à* est déclinée et suit obligatoirement יֵשׁ **yēsh** / אֵין **ēyn**.

Voici la déclinaison complète pour exprimer le verbe *avoir* au présent :

nous avons	yēsh lanou	יֵשׁ לָנוּ	j'ai	yēsh li	יֵשׁ לִי
vous (m.) avez	yēsh lakhēm	יֵשׁ לָכֶם	tu (m.) as	yēsh lēkha	יֵשׁ לְךָ
vous (f.) avez	yēsh lakhēn	יֵשׁ לָכֶן	tu (f.) as	yēsh lakh	יֵשׁ לָךְ
ils ont	yēsh lahēm	יֵשׁ לָהֶם	il a	yēsh lo	יֵשׁ לוֹ
elles ont	yēsh lahēn	יֵשׁ לָהֶן	elle a	yēsh la	יֵשׁ לָהּ

Pour obtenir la forme négative, remplacez יֵשׁ **yēsh** par אֵין **ēyn**. Ex. :
Nous avons/n'avons pas de la/de patience. **yēsh/ēyn lanou savlanout.** יֵשׁ/אֵין לָנוּ סַבְלָנוּת.

L'ÉTAT CONSTRUIT סְמִיכוּת

Le mot סְמִיכוּת **smikhout** *proximité* est utilisé en grammaire pour décrire une construction spéciale d'un groupe nominal, appelée "état construit". Dans cette construction, nous trouvons deux – parfois même trois – noms juxtaposés sans qu'aucun élément – la préposition שֶׁל **shēl** *de* ou d'autres mots – les relie. Le premier nom, le noyau du groupe, définit la conjugaison du verbe ou l'accord des adjectifs. Le second a pour rôle d'ajouter des spécifications sur le premier, tel un adjectif qualificatif. Il peut être un nom commun ou un nom propre. Le genre et le nombre de chaque élément sont indépendants, contrairement à un groupe nominal dans lequel l'adjectif doit s'accorder avec le nom qu'il qualifie (voir Module 2).

Ces constructions sont très courantes et peuvent être créées facilement par chaque usager. Elles remplacent dans certains cas des phrases entières !
Prenons l'exemple de אֲרוּחַת בּוֹקֶר **arouḥat bokēr** *petit déjeuner* litt. "repas matin" : nous n'avons que deux mots au lieu de la phrase "un repas que l'on mange le matin".
Quelques règles à connaître pour bien construire les "états construits" :
• La prononciation de la plupart des noms au singulier ne change pas. Ex. : מִיזוּג **mizoug** *conditionnement*, מִיזוּג אֲוִויר **mizoug avir** *climatisation* litt. "conditionnement de l'air".
Cependant, certains noms vont perdre une voyelle ou changer de voyelle quand ils prennent la place du noyau de l'état construit afin d'en faciliter la prononciation (voir l'exemple du nom בַּיִת **bayit** *maison* dans "Comprendre le dialogue"). Au fur et à mesure de l'apprentissage, nous indiquerons ces changements.
• Le suffixe ה~ **-a**, qui indique en général le féminin singulier, se transforme dans l'état construit en ת~ **-at**. Ex. :
אֲרוּחָה **arouḥa** *repas* → אֲרוּחַת בּוֹקֶר **arouḥat bokēr** *petit déjeuner*.
עוּגָה **ouga** *gâteau* → עוּגַת שׁוֹקוֹלָד **ougat shokolad** *gâteau au chocolat*.
• Le suffixe ים~ **-im**, qui indique en général le masculin pluriel, mais que l'on retrouve aussi au féminin pluriel, se transforme dans l'état construit en י~ **-ēy**. Ex. :
כַּרְטִיסִים **kartiSim** *billets/cartes* → כַּרְטִיסֵי אַשְׁרַאי **kartisēy ashray** *cartes de crédit*
חֲתוּלִים **ḥatoulim** *chats* → חֲתוּלֵי רְחוֹב **ḥatoulēy rēḥov** *chats de gouttière* litt. "chats rue".
En revanche, le suffixe וֹת~ **-ot** ne change pas.
• Comme déjà indiqué, chaque nom est indépendant, et c'est le premier nom qui définit la conjugaison et/ou l'accord des adjectifs. Ex. :

Un bon jus de pamplemousse	mits ēshkoliyot ta'im	טָעִים	אֶשְׁכּוֹלִיּוּת	מִיץ
		masc. sing	fem. pl.	masc. sing.

Dans le prochain module, nous verrons comment l'article défini se comporte dans ce type de structure.

DÉCLINAISONS DES PRÉPOSITIONS *CHEZ* ET *POUR*

• La déclinaison de la préposition אֵצֶל **ētsēl** *chez* :

chez nous	ētslēnou	אֶצְלֵנוּ	chez moi	ētsli	אֶצְלִי
chez vous (m.)	ētslēkhēm	אֶצְלְכֶם	chez toi (m.)	ētslēkha	אֶצְלְךָ
chez vous (f.)	ētslēkhēn	אֶצְלְכֶן	chez toi (f.)	ētslēkh	אֶצְלֵךְ
chez eux	ētslam	אֶצְלָם	chez lui	ētslo	אֶצְלוֹ
chez elles	ētslan	אֶצְלָן	chez elle	ētsla	אֶצְלָהּ

Ex. : *Ma sœur habite chez moi.* **aḥoti gara ētsli.** אֲחוֹתִי גָּרָה אֶצְלִי.

• La déclinaison de la préposition בִּשְׁבִיל **bishvil** *pour* :

pour nous	bishvilēnou	בִּשְׁבִילֵנוּ	pour moi	bishvili	בִּשְׁבִילִי
pour vous (m.)	bishvilkhēm	בִּשְׁבִילְכֶם	pour toi (m.)	bishvilkha	בִּשְׁבִילְךָ
pour vous (f.)	bishvilkhēn	בִּשְׁבִילְכֶן	pour toi (f.)	bishvilēkh	בִּשְׁבִילֵךְ
pour eux	bishvilam	בִּשְׁבִילָם	pour lui	bishvilo	בִּשְׁבִילוֹ
pour elles	bishvilan	בִּשְׁבִילָן	pour elle	bishvila	בִּשְׁבִילָה

Ex. :

yēsh lakhēm shoulḥan bishvilēnou?
Avez-vous une table pour nous ?

יֵשׁ לָכֶם שׁוּלְחָן בִּשְׁבִילֵנוּ?

kēn, yēsh lanou shoulḥan bishvilkhēn.
Oui, nous avons une table pour vous (f.).

כֵּן, יֵשׁ לָנוּ שׁוּלְחָן בִּשְׁבִילְכֶן.

▲ CONJUGAISON

Tout au long de cette première partie, vous avez appris à conjuguer de nombreux verbes. Ces premiers pas vous ont permis de vous familiariser avec la conjugaison en hébreu et de conjuguer au présent masculin, féminin, singulier et pluriel. Il est temps de passer à l'étape suivante et de donner à chaque groupe verbal (**binyan**) un nom et des traits de caractère.

GROUPES VERBAUX *(BINYANIM)* ET FORMES

Comme tous les autres mots, les verbes en hébreu sont composés d'une racine – de 3 consonnes, en général. Chaque **binyan** (groupe verbal) – 7 au total – impose son "style" de conjugaison représentée par une forme. Les consonnes gutturales א ה ח ע ר, les lettres "voyelles" ו et י et la consonne נ peuvent exiger des modifications de la forme initiale entraînant la création de petits sous-groupes.

Voici quelques *groupes verbaux* (**binyanim**) avec leurs noms et leurs formes respectives. Les verbes de ce dialogue nous servent d'exemples de conjugaison. Attention : dans les formes, les lettres-racines sont présentées par la lettre ם :

Les verbes לַחֲזוֹר la**h**zor *revenir*, לָשֶׁבֶת lashēvēt *s'asseoir* et לִבְדּוֹק livdok *vérifier/examiner/contrôler* se conjuguent comme le verbe לִלְמוֹד lilmod *étudier* (Module 1) et appartiennent au **binyan** פָּעַל **pa'al** :
לוֹמֵד → סוֹמֵם lomēd חוֹזֵר **h**ozēr יוֹשֵׁב yoshēv בּוֹדֵק bodēk
Notez que dans le **binyan** פָּעַל **pa'al**, la conjugaison ne comprend aucun préfixe, contrairement à la conjugaison des autres **binyanim**.

Le verbe לָקַחַת laka**h**at *prendre* est aussi du **binyan** פָּעַל **pa'al**, mais la présence de la consonne gutturale ח à la position finale de la racine entraîne une modification de la formule et il se conjugue comme le verbe לִנְסוֹעַ linSo'a. La conjugaison du féminin singulier se modifie aussi légèrement : לוֹקַחַת loka**h**at (voir Module 3).
נוֹסֵעַ → סוֹמֵם noSē'a לוֹקֵחַ lokē'a**h**

Les verbes לְקַבֵּל lēkabēl *recevoir* et לְמַהֵר lēmahēr *se dépêcher* appartiennent au **binyan** פִּיעֵל **pi'ēl**, de même que le verbe לְטַיֵּיל lētayēl *se promener* (voir Module 1). Dans la conjugaison de ce groupe au présent, nous trouvons le préfixe מְ~ **mē-** :
מְטַיֵּיל → מְסַמֵּם mētayēl מְקַבֵּל mēkabēl מְמַהֵר mēmahēr

Le verbe לְהַעֲדִיף lēha'adif *préférer* ainsi que les verbes לְהַגִּיעַ lēhagui'a *arriver* et לְהַגִּישׁ lehaguish *servir* appartiennent au **binyan** הִפְעִיל **hif'il**, comme le verbe לְהַזְמִין lēhazmin *commander/inviter/réserver* (voir Module 4). Néanmoins, des petites modifications dues aux présences de consonnes particulières apparaissent et entraînent la création de sous-groupes. Notez qu'au présent le préfixe מַ~ **ma-** caractérise ce **binyan** ainsi que la voyelle י [i] qui se trouve avant la dernière lettre de la racine :
מַזְמִין → מַסְמִים mazmin
מַעֲדִיף → מַסְמִים ma'adif
*מַגִּיעַ → מַסְמִים magi'a מַגִּישׁ maguish
*Une lettre de racine manque et la lettre עַ à la fin est accompagnée d'une voyelle !

Les autres **binyanim** que nous avons déjà rencontrés vont être présentés aux prochains modules.

VOCABULAIRE

בֵּית־קָפֶה ז׳ bēyt-kafē bar/café
אֲרוּחָה נ׳ arou_h_a repas
בּוֹקֶר ז׳ bokēr matin
אֲרוּחַת בּוֹקֶר ז׳ arou_h_at bokēr petit déjeuner
שׁוּלְחָן ז׳ shoul_h_an table
פָּנוּי / פְּנוּיָה panouy/pnouya disponible/libre
בּוֹדֵק, לִבְדּוֹק bodēk, livdok vérifie(s), vérifier/examiner
לְבַד lēvad seul(e)
כְּבָר kvar déjà/tout de suite
מַגִּיעַ, לְהַגִּיעַ magui'a, lehagui'a arrive(s), arriver
מַעֲדִיף, לְהַעֲדִיף ma'adif, lēha'adif préfère(s), préférer
יוֹשֵׁב, לָשֶׁבֶת yoshēv, lashēvet assis(e), s'asseoir
בִּפְנִים bi-fnim à l'intérieur
בַּחוּץ ba-_h_outs à l'extérieur/dehors
נוֹרָא nora terriblement/trop
חַם / חַמָּה _h_am/_h_ama chaud(e)
מִיזוּג אֲוִיר ז׳ mizoug avir climatisation
אֵיךְ? ēkh comment ?
מַזְגָּן ז׳ mazgan climatiseur
חַלּוֹן ז׳ _h_alon fenêtre
נוֹף ז׳ nof vue/paysage
נִפְלָא / נִפְלָאָה nifla/nifla'a merveilleux/se
מְקַבֵּל, לְקַבֵּל mēkabēl, lēkabēl reçois/t, recevoir
תַּפְרִיט ז׳ tafrit menu
הַרְבֵּה harbē beaucoup
זְמַן ז׳ zman temps
מְמַהֵר, לְמַהֵר mēmahēr, lēmahēr me/te/se dépêche(s), se dépêcher
תֵּיכֶף tēkhēf tout de suite
חוֹזֵר, לַחֲזוֹר _h_ozēr, la_h_zor reviens/t, revenir
לוֹקֵחַ, לָקַחַת lokēa_h_, laka_h_at prend(s), prendre
הַזְמָנָה נ׳ hazmana commande/réservation/invitation
רֶגַע ז׳ rēga instant
שְׁאֵלָה נ׳ shē'ēla question
מַגִּישׁ, לְהַגִּישׁ maguish, lehaguish sers/t, servir
טָעִים / טְעִימָה ta'im/tē'ima goûteux/se
עֶרֶב ז׳ ērēv soir
טִבְעוֹנִי / טִבְעוֹנִית tiv'oni/tiv'onit végétalien(ne)
מִיץ ז׳ mits jus
תַּפּוּז ז׳, תַּפּוּזִים ר׳ tapouz, tapouzim orange/s
חָלָב ז׳ _h_alav lait
לֶחֶם ז׳ lē_h_ēm pain
לְלֹא lē-lo sans
גְּלוּטֶן glouten gluten
חֲבִיתָה נ׳ havita omelette
בֵּיצָה נ׳, בֵּיצִים ר׳ bēytsa, bēytsim œuf/s
בִּשְׁבִיל bishvil pour
עוּגָה נ׳ ouga gâteau
שׁוֹקוֹלָד ז׳ shokolad chocolat
הָפוּךְ ז׳ hafoukh café crème
בַּיִת ז׳, בָּתִּים ר׳ bayit, batim maison/s
בֵּית־מִרְקַחַת ז׳ bēyt-mirka_h_at pharmacie
בֵּית־חוֹלִים ז׳ bēyt-_h_olim hôpital
קָצָר → אָרוֹךְ katsar ≠ arokh court ≠ long
שָׁחוֹר shahor noir
טוּרְקִי tourki turc
סַבְלָנוּת נ׳ Savlanout patience
אֶשְׁכּוֹלִית נ׳, אֶשְׁכּוֹלִיּוֹת ר׳ ēshkolit, ēshkoliyot pamplemousse(s)

● EXERCICES

1. COMPLÉTEZ LES PHRASES SUIVANTES EN DÉCLINANT LES PRÉPOSITIONS SELON LE PRONOM PERSONNEL INDIQUÉ ET TRADUISEZ-LES.

Ex. : הַהַזְמָנָה כְּבָר מַגִּיעָה. (שֶׁל + אַתֶּן) ← הַהַזְמָנָה שֶׁלָּכֶן כְּבָר מַגִּיעָה.
Votre commande arrive de suite.

א הַמֶּלְצַר מֵבִיא _____ מִיץ תַּפּוּזִים. (לְ + אֲנִי)

ב הַחֲבֵרָה אֲחֶרֶת _____ כָּאן. (שֶׁל + הוּא) (לְ + הִיא)

ג - בַּתַּפְרִיט _____ יֵשׁ אֲרוּחַת בֹּקֶר לִטְבְעוֹנִיִּים? (שֶׁל + אַתֶּם) - כֵּן, יֵשׁ גַּם לֶחֶם לְלֹא גְּלוּטֵן _____. (לְ + אֲנַחְנוּ)

ד דָּוִד מַזְמִין _____ קָפֶה וְעוּגָה. (בִּשְׁבִיל + הֵן)

ה הַיּוֹם אֲנִי פְּנוּיָה, אֲנִי יְכוֹלָה לְבַקֵּר _____. (אֵצֶל + אַתְּ)

2. CLASSEZ LES GROUPES NOMINAUX SUIVANTS DANS LA COLONNE "NOM + ADJECTIF" OU "ÉTAT CONSTRUIT" ET TRADUISEZ-LES. PUIS ÉCOUTEZ L'ENREGISTREMENT.

🔊 08

לֶחֶם טוֹב, מִסְפַּר טֶלֶפוֹן, מֶרְכָּז תֵּל-אָבִיב, מִסְעָדָה טִבְעוֹנִית, חוֹף יָם, מִסְעֶדֶת כָּכָר, חֲבִיתָה חַמָּה, מִיץ תַּפּוּזִים, חֶשְׁבּוֹן בָּנְק, אֲרוּחָה נִפְלָאָה

état construit		nom + adjectif	
jus d'orange	מִיץ תַּפּוּזִים	un bon gâteau	עוּגָה טְעִימָה

3. CONJUGUEZ LES VERBES ENTRE PARENTHÈSES À LA BONNE FORME OU TRANSFORMEZ-LES EN INFINITIF.

Exemple : שִׂירָה רוֹצָה _____ קָפֶה. (מַזְמִין) ← שִׂירָה רוֹצָה לְהַזְמִין קָפֶה.

א אֲנַחְנוּ מַצְבִּיעוֹת _____ בַּחוּץ. (יוֹשֵׁב)

ב - יֵשׁ לָכֶם כָּאן _____ לְקִינּוּחַ? צּוּגְלָה - לֹא, אֲנַחְנוּ אוֹכֵל _____. (מֵבִיא, מְמַהֵר)

ג אֶסְתֵּר _____ חֶשְׁבּוֹן בַּבַּקָּשָׁה? (מְקַבֵּל)

ד הַדּוֹדָה שֶׁלָּהֶם _____ לָהֶם אֲרוּחוֹת טְעִימוֹת. (מֵבִיא)

ה הַמֶּלְצַר תֵּכֶף _____ הַזְמָנָה. (חוֹזֵר, לוֹקֵחַ)

II LA VIE QUOTIDIENNE

7. UNE CHAMBRE À LOUER

חֶדֶר לְהַשְׂכִּיר

H̲ÉDÉR LÉHASKIR

OBJECTIFS

- CHERCHER UNE COLOCATION
- DEMANDER PAR TÉLÉPHONE DES RENSEIGNEMENTS CONCERNANT UNE ANNONCE
- LES PIÈCES DE LA MAISON ET LE MOBILIER
- LE COÛT D'UN LOGEMENT

NOTIONS

- LE GENRE ET LE NOMBRE DU NOM
- L'ÉTAT CONSTRUIT - SUITE : L'ARTICLE DÉFINI
- LA DÉCLINAISON DE LA PRÉPOSITION *"DANS"*, *"EN"*
- GROUPES VERBAUX *(BINYANIM)* ET FORMULES - SUITE

UNE NOUVELLE COLOCATAIRE !

— Bonjour, j'appelle au sujet de l'annonce, peux-tu me donner d'autres détails s'il te plaît ?

— Oui, notre colocataire s'en va et nous cherchons une nouvelle colocataire.

— Combien de colocataires y a-t-il dans l'appartement ?

— C'est un appartement pour quatre colocataires, il y a *(dedans)* **quatre chambres [à] coucher** *(sommeil)*, **une grande salle de bain** *(chambre baignoire)* **avec douche, des toilettes séparées, une petite cuisine, une salle** *(coin)* **à manger, un salon et un balcon. Il est au dernier étage mais il y a un ascenseur et, le plus important, les colocataires sont vraiment charmants !**

— C'est vraiment très important ! Dis-moi, l'appartement est meublé ?

— Oui, dans la chambre *(chambre à sommeil)* il y a un lit et une armoire, la cuisine est entièrement équipée, dans la salle à manger il y a une table et six chaises et dans le salon il y a un canapé. Il y a aussi un lave-linge et même... un chat !

— Je suis folle *(meurs sur les)* [des] chats ! Et vous payez combien de loyer ?

— Chaque colocataire paye 2 200 shekels. Nous partageons la taxe d'habitation, les charges et les factures d'électricité, d'eau et de gaz. Qu'[en] dis-tu ?

— Quand est-il possible de le visiter ?

שׁוּתָּפָה חֲדָשָׁה
shoutafa ḥadasha

– שָׁלוֹם, אֲנִי מִתְקַשֶּׁרֶת בְּעִנְיַין הַמּוֹדָעָה, אַתָּה יָכוֹל לָתֵת לִי עוֹד פְּרָטִים בְּבַקָּשָׁה?
— shalom, ani mitkashērēt bē'inyan ha-moda'a, ata yakhol latēt li od pratim bē-vakasha?

– כֵּן, הַשּׁוּתָּפָה שֶׁלָּנוּ עוֹזֶבֶת וַאֲנַחְנוּ מְחַפְּשִׂים שׁוּתָּפָה חֲדָשָׁה.
— kēn, ha-shoutafa shēlanou ozēvēt va-anaḥnou mēḥapSim shoutafa ḥadasha.

– כַּמָּה שׁוּתָּפִים יֵשׁ בַּדִּירָה?
— kama shoutafim yēsh ba-dira?

– זֹאת דִּירָה לְאַרְבָּעָה שׁוּתָּפִים. יֵשׁ בָּהּ אַרְבָּעָה חַדְרֵי שֵׁינָה, חֶדֶר אַמְבַּטְיָה גָּדוֹל עִם מִקְלַחַת, שֵׁירוּתִים נִפְרָדִים, מִטְבָּח קָטָן, פִּינַּת אוֹכֶל, סָלוֹן וּמִרְפֶּסֶת. הִיא בַּקּוֹמָה הָאַחֲרוֹנָה אֲבָל יֵשׁ מַעֲלִית וַהֲכִי חָשׁוּב... הַשּׁוּתָּפִים מַמָּשׁ מַקְסִימִים!
— zot dira lē-arba'a shoutafim. yēsh ba arba'a hadrēy shēna, hadar ambatya gadol im miklaḥat, shēroutim nifradim, mitbaḥ katan, pinat okhēl, Salon ou-mirpēSēt. hi ba-koma ha-aḥrona, aval yēsh ma'alit va-hakhi ḥashouv... ha-shoutafim mamash makSimim!

– זֶה בֶּאֱמֶת מְאוֹד חָשׁוּב! תַּגִּיד לִי, הַדִּירָה מְרוֹהֶטֶת?
— zē bē'ēmēt me'od ḥashouv! tagid li, ha-dira mērohōtēt?

– כֵּן, בְּחֲדַר הַשֵּׁינָה יֵשׁ מִיטָה וַאֲרוֹן בְּגָדִים, בַּמִּטְבָּח יֵשׁ הַכֹּל, בְּפִינַּת הָאוֹכֶל שׁוּלְחָן וְשִׁישָּׁה כִּסְאוֹת, בַּסָּלוֹן יֵשׁ סַפָּה, יֵשׁ גַּם מְכוֹנַת כְּבִיסָה וַאֲפִילוּ... חָתוּל!
— kēn, bē-hadar ha-shēna yēsh mita va-aron bgadim, ba-mitbaḥ yēsh ha-kol, bē-finat ha-okhēl shoulḥan vē-shisha kiS'ot, ba-Salon yēsh Sapa, yēsh gam mēkhonat kviSa va-afilou... hatoul!

– אֲנִי מֵתָה עַל חֲתוּלִים! וּשְׂכַר הַדִּירָה, כַּמָּה אַתֶּם מְשַׁלְּמִים?
— ani mēta al ḥatoulim! ou-Skhar ha-dira, kama atēm mēshalmim?

– כָּל שׁוּתָּף מְשַׁלֵּם אַלְפַּיִים וּמָאתַיִים שֶׁקֶל. אֲנַחְנוּ מִתְחַלְּקִים בָּאַרְנוֹנָה, בְּוַעַד-בַּיִת וּבְחֶשְׁבּוֹנוֹת הַחַשְׁמַל, הַמַּיִם וְהַגָּז. מָה אַתְּ אוֹמֶרֶת?
— kol shoutaf mēshalēm alpayim ou-matayim shēkēl. anaḥnou mitḥalkim ba-arnona bē-va'ad bayit ou-vē-ḥēshbonot ha-ḥashmal, ha-mayim vē-ha-gaz. ma at omērēt?

– מָתַי אֶפְשָׁר לְבַקֵּר בָּהּ?
— matay ēfshar lēvakēr ba?

COMPRENDRE LE DIALOGUE
QUELQUES FORMULES ET EXPRESSIONS

→ לִי **taguid li** *dis* (m.) *moi* litt. "[tu] diras à moi". Forme verbale conjuguée au futur (comme תַּכִּיר **takir** voir module 2), elle est variable et peut donc changer selon le genre et le nombre de nos interlocuteurs. Les deux autres formes sont : תַּגִּידִי לִי **tagidi** *dis* (f.) *moi* et תַּגִּידוּ לִי **taguidou li** *dites* (m.) *moi*. Ces formes conjuguées toujours au futur à la deuxième personne remplacent l'impératif afin d'atténuer son sens autoritaire. En revanche, la préposition לְ... **lē-** peut être déclinée selon l'objet : תַּגִּיד לָנוּ **taguid lanou** *dis nous*, תַּגִּידוּ לָהּ **taguidou la** *dites lui* (f.) etc.

→ Attention ! Le verbe לְהַגִּיד **lehaguid** *dire* n'est conjugué qu'au futur.

→ Pour le présent ou le passé nous employons son synonyme אוֹמֵר **omēr** *dis/t* (voir module 3).

→ הֲכִי חָשׁוּב **hakhi hashouv** *le plus important*, הֲכִי **hakhi** *le plus* placé devant ou après un adjectif ou certains verbes est l'adverbe le plus employé en langue parlée pour exprimer le superlatif. Ex. : אֲנִי הֲכִי רוֹצָה עוּגַת בָּנָנוֹת **ani hakhi rotsa ougat bananot**. [Ce que] *je veux le plus* [est] *un gâteau aux bananes*.

→ L'adverbe בְּיוֹתֵר **bē-yotēr** est le variant normatif de הֲכִי **hakhi** mais est utilisé davantage dans les discours ou à l'écrit.

→ אֲנִי מֵתָה עַל חֲתוּלִים! **ani mēta al hatoulim !** *je suis folle des chats* litt. "je meurs sur chats". Le verbe לָמוּת **lamout** *mourir* est employé au sens propre avec la préposition בְּ... **bē** *en, dans*. Avec la préposition עַל **al** *sur* il prend le sens figuré *être fou de*.

→ אַרְנוֹנָה **arnona** l'équivalent de la taxe d'habitation en France. Cette taxe municipale est redevable en principe tous les deux mois.

→ וַעַד־בַּיִת **va'ad bayit** est un terme utilisé à la fois pour désigner le syndic d'un immeuble résidentiel et le prélèvement mensuel redevable par chaque locataire, l'équivalent des charges en France.

NOTE CULTURELLE

Se loger en Israël coûte cher ! Ces dernières années, la hausse des prix de l'immobilier est manifeste, et pas seulement dans les grandes villes. Devenir propriétaire est très souvent réservé aux classes sociales privilégiées.
Les étudiants et les jeunes sont souvent obligés de prendre plusieurs petits boulots ou de se faire aider par leur famille pour pouvoir s'installer dans un appartement, la plupart du temps en colocation.

◆ GRAMMAIRE
LE GENRE ET LE NOMBRE DU NOM

Dans la première partie, nous avons évoqué à plusieurs reprises les notions de genre et de nombre. Nous avons appris à bien accorder l'adjectif avec le nom et à conjuguer les verbes au présent en utilisant des suffixes aux masculin, féminin et pluriel. Afin de reconnaître le genre et le nombre des noms, il suffit d'observer leurs terminaisons. Elles sont identiques à celles des adjectifs et des verbes.
Pour simplifier l'apprentissage, voici quelques généralités :
À noter : des nombreuses exceptions existent pour les noms.

Le singulier féminin
• Les noms se terminant en ה~ -a, sont pratiquement toujours du genre féminin. Ex. :
דִּירָה dira *appartement*, מוֹדָעָה moda'a *annonce*
Les exceptions sont très peu nombreuses. Ex. : לַיְלָה layla *nuit*.
• Les noms se terminant en ת~ -t (-at, -ēt, -it, -out et rarement -ot) sont également presque toujours du genre féminin. Attention ! Ne pas confondre avec la lettre ט~ qui a la même prononciation mais qui n'indique pas le féminin. Ex. :
מִקְלַחַת miklahat *douche*, מִרְפֶּסֶת mirpēsēt *balcon, terrasse*.
Les exceptions sont très peu nombreuses. Ex. : בַּיִת bayit *maison*.
• Tous les noms de villes et quasiment tous les noms de pays sont féminins.
• La plupart des noms désignant les parties du corps qui vont par paires sont féminins. Ex. : יָד yad *main*, רֶגֶל rēguel *jambe*.

• Une trentaine de mots ne répondent pas aux généralités mentionnées précédemment et sont malgré tout du genre féminin. אֵשׁ ēsh *feu*, דֶּרֶךְ dērēkh *chemin* ou encore אֶבֶן ēvēn *pierre*.

LE SINGULIER MASCULIN

Par défaut, les noms qui ne sont pas féminins sont masculins : חוֹדֵשׁ hodēsh *mois*, חֶדֶר hēdēr *chambre*, מִטְבָּח mitbah *cuisine*, אוֹכֶל okhel *nourriture*.

LE MASCULIN PLURIEL

• Le suffixe ים~ -im marque le pluriel de la plupart des noms masculins. Ex. :
שׁוּתָף shoutaf *colocataire* → שׁוּתָפִים shoutafim *colocataires*

87

- Il existe cependant une longue liste de noms masculins qui obtiennent le suffixe ~וֹת -ot quand ils sont au pluriel. Ex. :

armoires **aronot** אֲרוֹנוֹת ← *armoire* **aron** אָרוֹן
chaises **kiS'ot** כִּיסְאוֹת ← *chaise* **kiSē** כִּיסֵא

LE FÉMININ PLURIEL

- Le suffixe ~וֹת -ot marque le pluriel de la plupart de noms féminins. Ex. :

שׁוּתָּפָה **shoutafa** *colocataire* → שׁוּתָּפוֹת **shoutaf**ot *colocataires*.

- Il existe également une liste de noms féminins qui se terminent par le suffixe ~ים -im au pluriel. Ex. :

œufs **bēytsim** בֵּיצִים ← *œuf* **bēytsa** בֵּיצָה
mots **milim** מִילִים ← *mot* **mila** מִילָה

Conseil : puisque l'adjectif est accordé avec le nom en genre et en nombre, il suffit de bien l'observer pour savoir si le nom est masculin ou féminin. Il est recommandé d'apprendre ces noms associés à un adjectif :

רְחוֹבוֹת גְּדוֹלִים **r**e**h**ovot **gdolim** *des grandes rues* : le suffixe de l'adjectif au pluriel ~ים -im nous apprend que le nom est du genre masculin malgré son suffixe ~וֹת -ot !

עִיר יָפָה **ir yafa** *une belle ville* : le suffixe féminin ~ה -a qui se trouve sur l'adjectif indique que le nom עִיר est du genre féminin bien qu'aucun suffixe féminin n'apparaisse sur le nom lui-même.

Attention : le genre d'un nom est propre à sa langue. Le choix du genre des noms est arbitraire. N'essayez jamais d'appliquer le genre d'un nom français sur son homologue hébraïque !

L'ÉTAT CONSTRUIT - SUITE
L'ARTICLE DÉFINI

Comme déjà mentionné, l'adjectif est précédé de l'article défini si le nom qu'il qualifie est défini (voir Module 2). Par contre, dans l'état construit (voir Module 6) l'article défini n'apparaît qu'une seule fois. Selon la règle, l'article défini se positionne devant le deuxième nom de l'état construit. Cependant, dans le langage parlé, il est de plus en plus fréquent de déplacer cet article devant le premier nom – le noyau. Ainsi, il définit l'état construit comme s'il s'agissait d'une seule entité. Ex. :

| Selon la règle → *le loyer* | **Skhar ha-dira** | שְׂכַר הַדִּירָה |
| Langage parlé → *le loyer* | **ha-Skhar dira** | הַשְּׂכַר דִּירָה |

LA DÉCLINAISON DE LA PROPOSITION *DANS, EN*

• La déclinaison de la préposition ...בְּ **bē-** *dans, en* :

dans, en nous	banou	בָּנוּ	dans, en moi	bi	בִּי
dans, en vous (m.)	bakhēm	בָּכֶם	dans, en toi (m.)	bēkha	בְּךָ
dans, en vous (f.)	bakhēn	בָּכֶן	dans, en toi (f.)	bakh	בָּךְ
dans, en eux	bahēm	בָּהֶם	dans, en lui (m.)	bo	בּוֹ
dans, en elles	bahēn	בָּהֶן	dans, en elle (f.)	ba	בָּה

Ex. : בַּדִּירָה יֵשׁ סָלוֹן, יֵשׁ בָּהּ גַם מִרְפֶּסֶת.
ba-dira yēsh Salon, yēsh ba gam mirpēSēt.
Dans l'appartement il y a un salon, il y a "dedans" aussi un balcon.

▲ CONJUGAISON
GROUPES VERBAUX (BINYANIM) ET FORMULES – SUITE

• Le **binyan** הִתְפַּעֵל **hitpa'ēl** :
Ce module contient deux verbes, לְהִתְקַשֵּׁר **lēhitkashēr** *appeler* et לְהִתְחַלֵּק **lēhithalēk** *se partager,* d'un nouveau **binyan** nommé הִתְפַּעֵל **hitpa'ēl**. Voici sa forme :
מִתְחַסֵּם → מִתְקַשֵּׁר **mitkashēr,** מִתְחַלֵּק **mithalēk.**
Au féminin, on ajoute le suffixe ת~ **-ēt** : מִתְקַשֶּׁרֶת **mitkashērēt,** מִתְחַלֶּקֶת **mithalēkēt.**
Au pluriel, on ajoute les suffixes ים~ **-im** et וֹת~ **-ot** avec une suppression de la voyelle **ē** qui est toutefois présente entre la 2ᵉ et la 3ᵉ lettre-racine :
מִתְקַשְּׁרִים/וֹת **mitkashrim/ot** מִתְחַלְּקִים/וֹת **mithalkim/ot.**

• Un sous-groupe du **binyan** פָּעַל **pa'al**
Le **binyan** פָּעַל **pa'al** a d'autres formes de conjugaison irrégulières qui sont imposées par la nature des lettres-racines. L'une d'elles regroupe tous les verbes qui comportent ו ou י (ces lettres sont à la fois consonnes et voyelles) en 2ᵉ lettre-racine. Ex. : לָגוּר **lagour** *habiter* (lettres-racines : ג.ו.ר) et לָבוֹא **lavo** *venir* (lettres-racines : ב.ו.א) (voir Module 2) appartiennent à ce sous-groupe. À l'infinitif, ils sont caractérisés par le préfixe לָ... **la-**. Une fois conjuguée, la 2ᵉ lettre ו/י disparaît.

סָם → גָּר **gar** בָּא **ba**
Au féminin, comme déjà démontré au Module 2, la terminaison est ה~ **-a** : גָּרָה **gara** בָּאָה **ba'a.**

Bien que le verbe לָמוּת **lamout** *mourir* comporte aussi la voyelle ו à la 2ᵉ position de la racine, il a une conjugaison unique : מֵתוּ, מֵתִים, מֵתָה, מֵת **mēt, mēta, mētim, mētot**.

• Les autres verbes du module :
לַעֲזוֹב **la'azov** *s'en aller, quitter, laisser* et לָתֵת **latēt** *donner* du **binyan** פָּעַל **pa'al** :
עוֹזֵב → סוֹמֵם **ozēv**   נוֹתֵן **notēn**

לְחַפֵּשׂ **lēhapēS** *chercher* et לְשַׁלֵּם **lēshalēm** *payer* du **binyan** פִּיעֵל **pi'ēl** :
מְחַפֵּשׂ → מְסַמֵּם **mēhapēS**   מְשַׁלֵּם **mēshalēm**

לְהַשְׂכִּיר **lēhaSkir** *louer* du **binyan** הִפְעִיל **hif'il** :
מַשְׂכִּיר → מַסְמִים **maSkir**

Le dernier et 5e **binyan** actif sera présenté dans le Module 9.

● VOCABULAIRE

חֶדֶר ז' / חֲדָרִים ז"ר, **hēdēr/hadarim**, *chambre(s), pièce(s)*

מַשְׂכִּיר, לְהַשְׂכִּיר, **maSkir, lēhaSkir**, *loue/s, louer*

שׁוּתָּף ז' / שׁוּתָּפָה נ', **shoutaf/shoutafa**, *colocataire*

חָדָשׁ / חֲדָשָׁה, **hadash/hadasha**, *nouveau/elle*

מִתְקַשֵּׁר, לְהִתְקַשֵּׁר, **mitkashēr, lēhitkashēr**, *appelle(s), appeler*

עִנְיָין ז', **inyan**, *intétêt, sujet*

מוֹדָעָה נ', **moda'a**, *annonce*

נוֹתֵן, לָתֵת, **notēn, latēt**, *donne(s), donner*

עוֹד, **od**, *encore*

פְּרָט ז' / פְּרָטִים ז"ר, **prat/pratim**, *détail(s)*

עוֹזֵב, לַעֲזוֹב, ozēv, la'azov, quitte(s), quitter/s'en aller/laisser

מְחַפֵּשׂ, לְחַפֵּשׂ, mēhpēS, lēhapēS, cherche(s), chercher

דִּירָה נ׳, dira, appartement

חַדְרֵי שֵׁינָה ז׳ ר׳ נ׳, hadrēy shēna, chambres à coucher

חֲדַר אַמְבַּטְיָה ז׳ נ׳, hadar ambatya, salle de bain

מִקְלַחַת נ׳, miklahat, douche

שֵׁירוּתִים ז׳ ר׳, shēroutim, toilettes

נִפְרָד / נִפְרָדִים, nifrad/nifradim, séparé/e

מִטְבָּח ז׳, mitbah, cuisine

קָטָן / קְטַנָּה, katan/ktana, petit/e

פִּינַת אוֹכֶל ז׳ נ׳, pinat okhēl, salle à manger

סָלוֹן ז׳, Salon, salon

מִרְפֶּסֶת נ׳ / מִרְפָּסוֹת ז׳ ר׳, mirpēSēt/ mirpaSot, balcon, terrasse

קוֹמָה נ׳, koma, étage

אַחֲרוֹן / אַחֲרוֹנָה, aharon/ahrona, dernier/ère

מַעֲלִית נ׳ / מַעֲלִיּוֹת ז׳ ר׳, ma'alit/ ma'aliyot, ascenseur/s

הֲכִי, hakhi, le plus

חָשׁוּב / חֲשׁוּבָה, hashouv/hashouva, important/e

מַקְסִים / מַקְסִימִים, makSim/ makSimim, charmant/s

תַּגִּיד, לְהַגִּיד, tagid/lēhagid, dis, dire

מְרוֹהָט / מְרוֹהֶטֶת, mērohat/ mērohētēt, meublé/e

מִיטָּה נ׳, mita, lit

אָרוֹן ז׳ / אֲרוֹנוֹת ז׳ ר׳, aron/aronot, armoire/s

הַכֹּל, ha-kol, tout

כִּיסֵּא ז׳ / כִּיסְאוֹת ז׳ ר׳, kiSē/kiS'ot, chaise/s

סַפָּה נ׳, Sapa, canapé

מְכוֹנַת כְּבִיסָה נ׳, mēkhonat kviSa, lave-linge

חָתוּל ז׳, hatoul, chat

מֵת עַל, לָמוּת עַל, mēt al, lamout al, fou de, être fou de

שְׂכַר דִּירָה ז׳ נ׳, Skhar dira, loyer

מְשַׁלֵּם, לְשַׁלֵּם, mēshalēm, lēshalēm, paye(s), payer

אַלְפַּיִים, alpayim, deux mille

מָאתַיִים, matayim, deux cents

שֶׁקֶל ז׳ / שְׁקָלִים ז׳ ר׳, shēkēl/shkalim, shekel/s

מִתְחַלֵּק, לְהִתְחַלֵּק, mithalēk, lēhithalēk, partage(s), partager

אַרְנוֹנָה נ׳, arnona, taxe d'habitation

וַעַד־בַּיִת ז׳, va'ad bayit, charges

חַשְׁמַל ז׳, hashmal, électricité

מַיִם ז׳ ר׳, mayim, eau

גַּז ז׳, gaz, gaz

מָתַי?, matay?, quand ?

בֶּאֱמֶת, bē'emēt, vraiment

◆ EXERCICES

1. ÉCOUTEZ L'ENREGISTREMENT. CLASSEZ LES GROUPES NOMINAUX SUIVANTS DANS LA COLONNE APPROPRIÉE SELON LE GENRE ET LE NOMBRE. TRADUISEZ-LES.

שִׁלְחָנוֹת פְּנוּיִים, סֵרֶט חָשׁוּב, בַּיִ3ים טְעִימוֹת, קוֹלְנוֹעַ חָדָשׁ, דִּירָה מְרוּהֶטֶת, שֵׁירוּתִים נִפְרָדִים, שׁוֹתָפוֹת
אַקְסִיסְיוֹת, ~~אַמְעַלִית קְטַנָּה~~

fém. pl. רַבּוֹת	fém. sing. יְחִידָה	masc. pl. רַבִּים	masc. sing. יָחִיד
	אַמְעַלִית קְטַנָּה un petit ascenseur		

2. PLACEZ L'ARTICLE DÉFINI ...הַ DANS LES GROUPES NOMINAUX UNIQUEMENT LORSQUE CELA EST NÉCESSAIRE.

Exemple : הַשֵׁרוּחַת הַבּוֹקֶר הַטְּעִימָה ← שֵׁרוּחַת ... בּוֹקֶר ... טְעִימָה

א. חֶשְׁבּוֹנוֹת ... חָשׁוּב.   ב. שֵׁרוּתִים ... נְפְרָדִים ... קְטַנִּים.
ב. קוֹמָה ... תַחְתּוֹנָה.   ד. מְכוֹנַת ... כְּבִיסָה ... שְׁלֵמָה.
ה. כִּכְּרוֹת ... פְּנוּיִים ... טוֹבוֹת.   ו. סָלוֹן ... אָרוּךְ.

3. CHOISISSEZ LE VERBE QUI CONVIENT ET CONGUGUEZ-LE SI NÉCESSAIRE, PUIS ÉCOUTER L'ENREGISTREMENT POUR VÉRIFIER VOS RÉPONSES. TRADUISEZ ENSUITE VOS RÉPONSES.

א. הוּא .... חֶבֶר בְּדִירָה עִם שׁוּתָפִים. (לָשֶׁבֶת, לְדַבֵּר, לְטַיֵּיל)
ב. אֲנַחְנוּ .... בָּעִנְיָין בְּאוּבְצָה. (לָתֵת, לְבַקֵּר, לְהִתְקַשֵּׁר)
ג. אַתְּ יְכוֹלָה .... לִי כָּרְטִיס עַל הַדִּירָה? (לָקַחַת, לְדַבֵּר, לָתֵת)
ד. לֹא, כָּאן אֵין .... אֹכֶל. הַחֲדָרִים עַל .... תּוֹנְדָ גַם. (לַעֲשׂוֹת, לָדַעַת)
ה. הַפְּטוּעִים שֶׁלָּכֶם וְהֵם .... שׁוּ פַּעֲמַיִם חֲצָצָה. (לָתֵת, לְסַפֵּר, לָשֶׁבֶת)
ו. הֵם .... בַּקָּרוֹנוּעַ וּבְאַחַר-כָּךְ בַּבָּיִת. (לְסַפֵּר, לְהִתְקַשֵּׁר, לְבַקֵּר)

7. Une chambre à louer

8. LES JOURS DE LA SEMAINE

יְמֵי הַשָׁבוּעַ

YĒMĒY HASHAVOU'A

OBJECTIFS

- PROPOSER UNE ACTIVITÉ
- LES JOURS DE LA SEMAINE
- EXPRIMER SON ACCORD
- AVOIR/NE PAS AVOIR RAISON

NOTIONS

- LA PARTICULE DU COMPLÉMENT D'OBJET DIRECT
- LA DÉCLINAISON DE LA PRÉPOSITION *"AVEC"*
- AUTRES SOUS-GROUPES VERBAUX – LE CAS DE LA LETTRE ה

ON ATTEND LE WEEK-END !

— As-tu envie [d']aller avec moi à Jérusalem dimanche ? Il y a une excellente exposition au musée d'Israël.

— J'ai envie [de] voir cette exposition avec toi, mais dimanche je ne peux pas. Peut-être lundi ?

— Je suis occupé, j'emmène *(prends)* mon chien *(à)* [chez] le vétérinaire. Ça te va d'[y] aller mardi ?

— Ça me va mais je pense que le musée est fermé le mardi *(les mardis)*.

— C'est exact, tu as raison. Es-tu disponible mercredi ?

— Non, je suis aussi occupée le mercredi et le jeudi *(les mercredis et les jeudis)*, vendredi alors ?

— Sur *(dans)* le site du musée, il est écrit qu'il est ouvert le vendredi seulement jusqu'à *(deux)* 14 h.

— Dommage… et samedi ?

— Le samedi, il n'y a pas de transports en commun et je n'ai pas de voiture. Comment veux-tu arriver là-bas ? À pied ?

— J'ai une idée, je peux demander à mon père sa voiture et au lieu d'aller au musée, on peut aller vers le nord, faire un pique-nique dans la nature ! Ton chien peut aussi venir avec nous !

— Je suis d'accord avec toi, c'est une magnifique idée ! J'attends déjà le week-end !

מְחַכִּים לְסוֹף הַשָּׁבוּעַ!
mēhakim le-sof ha-shaou'a !

— בָּא לָךְ לִנְסוֹעַ אִתִּי לִירוּשָׁלַיִם בְּיוֹם רִאשׁוֹן? יֵשׁ תַּעֲרוּכָה מְצוּיֶּנֶת בְּמוּזֵיאוֹן יִשְׂרָאֵל.
— ba lakh linSo'a iti li-yroushalayim bē-yom rishon? yēsh ta'aroukha mētsouyēnēt bē-mouzē'on iSra'ēl.

— בָּא לִי לִרְאוֹת אֶת הַתַּעֲרוּכָה הַזֹּאת אִתְּךָ אֲבָל בְּיוֹם רִאשׁוֹן אֲנִי לֹא יְכוֹלָה. אוּלַי בְּיוֹם שֵׁנִי?
— ba li lir'ot ēt ha-ta'aroukha ha-zot itkha aval bē-yom rishon ani lo yēkhola. oulay bē-yom shēni?

— אֲנִי עָסוּק, אֲנִי לוֹקֵחַ אֶת הַכֶּלֶב שֶׁלִּי לַוֶּטֶרִינָר. מַתְאִים לָךְ לִנְסוֹעַ בְּיוֹם שְׁלִישִׁי?
— ani aSouk, ani lokē'ah ēt ha-kēlēv shēli la-vētērinar. mat'im lakh linSo'a bē-yom shlishi?

— מַתְאִים לִי, אֲבָל אֲנִי חוֹשֶׁבֶת שֶׁבִּימֵי שְׁלִישִׁי הַמּוּזֵיאוֹן סָגוּר.
— mat'im li, aval ani hoshēvēt shē-bi-ymey shlishi ha-mouzē'on Sagour.

— נָכוֹן, אַתְּ צוֹדֶקֶת. בְּיוֹם רְבִיעִי אַתְּ פְּנוּיָה?
— nakhon, at tsodēkēt. bē-yom rēvi'i at pnouya?

— לֹא, גַּם בִּימֵי רְבִיעִי וַחֲמִישִׁי אֲנִי עֲסוּקָה. אָז בְּיוֹם שִׁישִׁי?
— lo, gam bi-ymēmēy rēvi'i va-hamishi ani aSouka. az bē-yom shishi?

— בָּאַתַר שֶׁל הַמּוּזֵיאוֹן כָּתוּב שֶׁבְּיוֹם שִׁישִׁי הוּא פָּתוּחַ רַק עַד שְׁתַּיִם.
— ba-atar shēl ha-mouzē'on katouv shē- bē-yom shishi hou patou'ah rak ad shtayim.

— חֲבָל... וּבְשַׁבָּת?
— haval…ou-vē-shabat?

— בְּשַׁבָּת אֵין תַּחְבּוּרָה צִיבּוּרִית וְאֵין לִי מְכוֹנִית. אֵיךְ אַתְּ רוֹצָה לְהַגִּיעַ לְשָׁם? בָּרֶגֶל?
— bē-shabat ēyn tahboura tsibourit vē-ēyn li mēkhonit. ēykh at rotsa lē-hagui'a lē-sham? ba-rēguel ?

— יֵשׁ לִי רַעְיוֹן, אֲנִי יְכוֹלָה לְבַקֵּשׁ מֵאַבָּא שֶׁלִּי אֶת הַמְּכוֹנִית שֶׁלּוֹ וּבִמְקוֹם לִנְסוֹעַ לַמּוּזֵיאוֹן אֶפְשָׁר לִנְסוֹעַ לַצָּפוֹן וְלַעֲשׂוֹת פִּיקְנִיק בַּטֶּבַע! גַּם הַכֶּלֶב שֶׁלְּךָ יָכוֹל לָבוֹא אִתָּנוּ!
— yēsh li ra'ayon, ani yēkhola lēvakēsh mē-aba shēli ēt ha-mēkhonit shēlo ou-vi-mkom linSo'a la-mouzē'on ēfshar linSo'a la-tsafon vē-la'aSot piknik ba-tēva! gam ha-kēlēv shēlkha yakhol lavo itanou!

— אֲנִי מַסְכִּים אִתָּךְ, זֶה רַעְיוֹן נֶהְדָּר! אֲנִי כְּבָר מְחַכֶּה לְסוֹף הַשָּׁבוּעַ!
— ani maSkim itakh, zē ra'ayon nēhēdar! ani kvar mēhakē lē-sof ha-shavou'a!

COMPRENDRE LE DIALOGUE
QUELQUES FORMULES ET EXPRESSIONS

→ ‎...לְ בָּא **ba lē** – *avoir envie* litt. "vient à…" et ‎...לְ מַתְאִים **mat'im lē** – *convient à* (du verbe ‎לְהַתְאִים **lēhat'im** *convenir, être adapté à,* (**binyan hif'il**) sont des formules invariables très courantes pour exprimer l'envie de faire quelque chose. La seconde est utilisée également pour confirmer la disponibilité. Elles sont complétées par un infinitif et/ou par un nom. La préposition ‎...לְ peut se décliner (voir Module 4). Pour exprimer le contraire, il suffit de rajouter la négation. Ex. :

| Je (n')ai (pas) envie [de] (boire) [du] jus. | **(lo) ba li (lishtot) mits.** | ‎(לֹא) בָּא לִי (לִשְׁתּוֹת) מִיץ. |
| Ça (ne) nous va (pas) [d'] aller à la mer mercredi. | **(lo) mat'im lanou lalēkhēt la-yam bē-yom rēvi'i.** | ‎(לֹא) מַתְאִים לָנוּ לָלֶכֶת לַיָּם בְּיוֹם רְבִיעִי. |

→ Dans ce dialogue, trois formes différentes sont employées pour exprimer l'accord : ‎נָכוֹן **nakhon** *exact, juste.* ‎אַתְּ צוֹדֶקֶת **at tsodēkēt** *tu* (f.) *as raison,* litt. "tu es juste", la forme de l'infinitif ‎לִצְדוֹק **litsdok** *avoir raison* (**binyan pa'al**) est très peu utilisée. ‎אֲנִי מַסְכִּים **ani maSkim** *je suis d'accord* et ‎לְהַסְכִּים **lēhaskim** *consentir* (**binyan hif'il**). Dans les trois cas, pour exprimer le désaccord, ajoutez le mot de négation ‎לֹא **lo** *non.*

→ Pour dire l'heure en hébreu, on se base sur 12 heures et non pas sur 24 heures. Pour plus de détails, voir le Module 9.

→ ‎...לְבַקֵּשׁ מִ **lēvakēsh mi-/mē-** *demander* (**binyan pi'el**) : nous le distinguons du verbe ‎לִשְׁאוֹל **lish'ol** *questionner* (**binyan pa'al**).

LES JOURS DE LA SEMAINE

En Israël, la semaine commence le dimanche et se termine le samedi. Bien qu'il s'agisse d'une tradition juive, on la respecte en dehors du monde cultuel. On travaille du dimanche matin au vendredi après-midi. Le jour du repos est donc le samedi. Les noms des jours sont liés à leur ordre d'apparition :

יוֹם שִׁישִׁי	יוֹם חֲמִישִׁי	יוֹם רְבִיעִי	יוֹם שְׁלִישִׁי	יוֹם שֵׁנִי	יוֹם רִאשׁוֹן
yom shishi	**yom hamishi**	**yom rēvi'i**	**yom shlishi**	**yom shēni**	**yom rishon**
vendredi	*jeudi*	*mercredi*	*mardi*	*lundi*	*dimanche*
litt. (de droite à gauche) "jour premier/deuxième/troisième/quatrième/cinquième/sixième"					

Dans tous les groupes nominaux, le 1ᵉʳ mot est toujours יוֹם **yom** *jour*. Le 2ᵉ mot est un nombre ordinal. À l'oral, il est possible de ne pas prononcer le mot יוֹם **yom** *jour* s'il est évident qu'il s'agit bien d'un jour. Au pluriel, ce nom devient יָמִים **yamim** *jours* et יְמֵי **yēmēy** quand il est suivi d'un nom selon la règle de l'état construit (voir Module 6). Autres mots à connaître : הַיּוֹם **ha-yom** *aujourd'hui* litt. "le jour" et יוֹמַיִים **yomayim** *deux jours*. Ex. :

Les mardis	**yēmēy shlishi**	יְמֵי שְׁלִישִׁי
Aujourd'hui [c'est] lundi.	**ha-yom yom shēni.**	הַיּוֹם יוֹם שֵׁנִי.
Il travaille deux jours par semaine.	**hou ovēd yomayim bē-shavou'a.**	הוּא עוֹבֵד יוֹמַיִים בְּשָׁבוּעַ.

Notez que, contrairement au français, il ne faut jamais rajouter l'article défini dans ces constructions car les jours de la semaine sont des noms propres, donc déjà définis. De plus, ils sont précédés par la préposition …בְּ **bē–** *en, à*. Ex. :

Je suis occupée le vendredi.	**ani aSouka bē-yom shishi**	אֲנִי עֲסוּקָה בְּיוֹם שִׁישִׁי.

Le 7ᵉ jour est nommé יוֹם שַׁבָּת (m.) **yom shabat** ou שַׁבָּת (f.) **shabat** *samedi*. Ce mot provient de la racine ש.ב.ת. qui signifie *chômer, se reposer*.

NOTE CULTURELLE

סוֹף שָׁבוּעַ **sof shavou'a** *week-end*, litt. "fin semaine", aussi écrit en un seul mot : סוֹפְשָׁבוּעַ, ou en raccourci : סוֹפ"ש. En Israël, le week-end est composé de deux jours consécutifs – le vendredi et le samedi.

Pour les communautés juive et musulmane, la fin de la semaine est consacrée aux rites cultuels. Les musulmans pratiquants vont à la prière du vendredi. Les juifs pratiquants préservent le 7ᵉ jour de la semaine pour ce faire. En effet, שַׁבָּת **shabat** *samedi*, constitue l'un des éléments fondamentaux du judaïsme. Dès la tombée de la nuit du vendredi soir, et ce jusqu'à l'apparition de trois étoiles dans le ciel le lendemain, toutes les activités extérieures sont limitées pour laisser place à la famille, au repos et aux prières. Durant cette période, les lois juives comportent un certain nombre de restrictions vis-à-vis des activités quotidiennes comme par exemple écrire, cuisiner, utiliser des appareils électriques, dépenser de l'argent, répondre au téléphone ou encore voyager.

Depuis la création de l'État d'Israël, cette dernière restriction touche aussi les citoyens non pratiquants qui attendent le week-end afin de se reposer, se divertir, faire du sport, aller à la plage… Cette restriction gêne particulièrement les jeunes urbains laïcs puisque les transports en commun (תַחְבּוּרָה צִיבּוּרִית **tahboura tsibourit**, litt. "transport public") ne fonctionnent pas durant cette journée (hormis dans les communes où un service associatif spécial est organisé). Cette restriction est à l'origine d'un débat qui dépasse la simple question sur la liberté de mouvement. Il touche à la fois à la justice sociale et à la laïcité, mais aussi à la définition de l'État israélien.

◆ **GRAMMAIRE**

LA PARTICULE DU COMPLÉMENT D'OBJET DIRECT אֶת

Lorsqu'un verbe est transitif, il est suivi d'un complément d'objet direct. Ce complément peut être un groupe nominal ou, avec certains verbes, un infinitif. Ex. :

Nous cherchons un nouvel appartement.	anakhnou mēhapSim dira hadasha.	אֲנַחְנוּ מְחַפְּשִׂים דִּירָה חֲדָשָׁה.
Elle préfère se promener dans la nature.	hi ma'adifa lētayēl ba-tēva.	הִיא מַעֲדִיפָה לְטַיֵּיל בַּטֶּבַע.

Si ce complément se rapporte à un objet ou un être vivant spécifique, il est défini et précédé par l'article défini ...הַ **ha –** (voir Module 2). Dans ce cas, le complément d'objet est introduit obligatoirement par une particule אֶת **ēt** qui n'a pas d'équivalent en français. Ex. :

Je veux voir cette exposition.	ani rotsa lir'ot ēt ha-ta'aroukha.	אֲנִי רוֹצָה לִרְאוֹת אֶת הַתַּעֲרוּכָה הַזֹּאת.
J'emmène mon chien chez le vétérinaire.	ani lokē'ah ēt ha-kēlēv shēli la-vētērinar.	אֲנִי לוֹקַחַ אֶת הַכֶּלֶב שֶׁלִּי לַוֶּטֶרִינָר.

Mais attention ! Le complément d'objet peut aussi être un nom propre qui n'a pas besoin d'être défini, dans ce cas l'article défini n'apparaît pas. Ex. :

Je veux voir Yossi.	ani rotsa lir'ot ēt ha-yoSi.	אֲנִי רוֹצָה לִרְאוֹת אֶת הַיּוֹסִי.
J'aime Tel-Aviv.	ani ohēvēt ēt ha-tēl-aviv.	אֲנִי אוהבת אֶת הַתֵּל-אָבִיב.

DÉCLINAISONS DES PRÉPOSITIONS

• La déclinaison de la préposition עִם **im** *avec*

Cette préposition a 2 formes de déclinaison. La première, la plus ancienne des deux, est désuète. Elle est utilisée essentiellement en langue littéraire et se décline avec le mot עִם **im**. Ex. : ...עִמִּי, עִמְּךָ, עִמֵּךְ, עִמּוֹ, עִמָּה, עִמָּנוּ.

La seconde, qui est la plus utilisée, ne se forme pas à partir de la préposition elle-même comme c'est habituellement le cas. Elle s'appuie sur la particule את, avec une prononciation spécifique :

avec nous	itanou	אִיתָּנוּ
avec vous (m.)	itkhēm	אִיתְּכֶם
avec vous (f.)	itkhēn	אִיתְּכֶן
avec eux	itam	אִיתָּם
avec elles	itan	אִיתָּן

avec moi	iti	אִיתִּי
avec toi (m.)	itkha	אִיתְּךָ
avec toi (f.)	itakh	אִיתָּךְ
avec lui (m.)	ito	אִיתּוֹ
avec elle (f.)	ita	אִיתָּה

Ex. : *Je suis d'accord avec toi* (f.). **ani maSkim itakh.** אֲנִי מַסְכִּים אִיתָּךְ.

▲ CONJUGAISON
AUTRES SOUS-GROUPES VERBAUX – LE CAS DE LA LETTRE ה

Dans le Module 7, nous avons appris à distinguer les sous-groupes des groupes verbaux à partir de la composition de lettres-racines. Nous avons évoqué les verbes dont la 2ᵉ lettre-racine est ו/י. Dans le dialogue de ce module, nous rencontrons deux verbes, לַעֲשׂוֹת **la'aSot** *faire* et le nouveau verbe לְחַכּוֹת **lēhakot** *attendre*, qui présentent des traits communs bien qu'ils n'appartiennent pas au même **binyan**. En effet, ces deux verbes se terminent par la lettre-racine ה (consonne gutturale). Chacun d'entre eux fait partie d'un sous-groupe dans son **binyan** respectif mais tous les deux ont les mêmes caractéristiques. À l'infinitif, ils se terminent par le suffixe ~וֹת **-ot** et, toujours à la forme conjuguée du féminin singulier, leur suffixe est ~ה **-a**.

Voici les formes des sous-groupes du **binyan pa'al** et du **binyan pi'ēl** :

• Un sous-groupe du **binyan** פָּעַל **pa'al** – avec des lettres-racines se terminant par la lettre ה. Prenons comme représentant de ce sous-groupe le verbe לִרְצוֹת **lirtsot** *vouloir* (lettres-racines : ר.צ.ה.) (voir Module 3). רוֹצָה ← רוֹצֶה **rotsē** masc. sing.

Comparez cette forme de conjugaison avec la forme de conjugaison du **binyan pa'al**.

Au masculin singulier, elle ressemble à la forme initiale (לוֹמֵד **lomēd** *étudie(s)*) ! En revanche, la forme du féminin singulier est différente de la forme initiale (לוֹמֶדֶת **lomēdēt** *étudie(s)*) et, au pluriel, la dernière lettre-racine ה disparaît. Ex. :

pluriel	fém. sing.	masc. sing.	infinitif	racine
רוֹצִים/וֹת ro**ts**im/ot	רוֹצָה ro**ts**a	רוֹצֶה ro**ts**ē	*vouloir* **lirtsot** לִרְצוֹת (Module 1)	ר.צ.ה
עוֹשִׂים/וֹת o**S**im/ot	עוֹשָׂה o**S**a	עוֹשֶׂה o**S**ē	*faire* **la'aSot** לַעֲשׂוֹת (Module 1)	ע.ש.ה
רוֹאִים/וֹת ro'im/ot	רוֹאָה ro'a	רוֹאֶה ro'ē	*voir* **lir'ot** לִרְאוֹת (Module 3)	ר.א.ה
עוֹלִים/וֹת olim/ot	עוֹלָה ola	עוֹלֶה olē	*monter* **la'alot** לַעֲלוֹת (Module 5)	ע.ל.ה

Rappel : les consonnes ע et א n'ont pas de présentation phonétique au début du mot puisqu'elles sont quasiment muettes !

• Un sous-groupe du **binyan** פִּיעֵל **pi'ēl** – avec des lettres-racines se terminant par la lettre ה.
Le verbe לְחַכּוֹת **lē<u>h</u>akot** *attendre* (lettres-racine : ח.כ.ה) et tous les autres verbes avec la lettre ה à la dernière place ont le préfixe de base ~מְ **mē–** du **binyan** פִּיעֵל **pi'el** au présent. Au masculin singulier, la forme reste similaire :
מְסַסֶה → מְחַכֶּה **mē<u>h</u>akē** masc. sing.

Comparez cette forme de conjugaison avec la forme de conjugaison du **binyan pi'el**. Au masculin singulier, elle est comme à la forme initiale (מְקַבֵּל **mēkabēl** *reçois(t)*) ! En revanche, la forme du féminin singulier est différente de la forme initiale (מְקַבֶּלֶת **mēkabēlēt** *reçoit(s)*), elle se termine par ה~ -a et, au pluriel, la dernière lettre de racine ה disparaît.

pluriel	fém. sing.
מְחַכִּים/וֹת mē<u>h</u>akim/ot	מְחַכָּה mē<u>h</u>aka

Les mêmes caractéristiques se retrouvent aussi dans tous les autres **binyanim** dès que la lettre ה compose la dernière lettre-racine.

VOCABULAIRE

יְמֵי ז׳ ר׳ הַשָּׁבוּעַ ז׳, yēmēy ha-shavou'a, *les jours de la semaine*

יוֹם ז׳ / יָמִים ז׳ ר׳, yom/yamim, *jour/s*

יוֹמַיִים ז׳ ר׳, yoma'im, *deux jours*

יוֹם רִאשׁוֹן ז׳, yom rishon, *dimanche*

יוֹם שֵׁנִי ז׳, yom sheni, *lundi*

יוֹם שְׁלִישִׁי ז׳, yom shlishi, *mardi*

יוֹם רְבִיעִי ז׳, yom rēvi'i, *mercredi*

יוֹם חֲמִישִׁי ז׳, yom hamishi, *jeudi*

יוֹם שִׁשִּׁי ז׳, yom shishi, *vendredi*

שַׁבָּת, shabat, *samedi*

מְחַכֶּה, לְחַכּוֹת לְ-, mēhakē, lēhakot lē-, *attend(s), attendre*

בָּא לְ..., ba lē-, *avoir envie*

תַּעֲרוּכָה נ׳, ta'aroukha, *exposition*

מוּזֵיאוֹן ז׳, mouzē'on, *musée*

עָסוּק / עֲסוּקָה, aSouk/aSouka, *occupé(e)*

וֶטֶרִינָר ז׳, vētērinar, *vétérinaire*

מַתְאִים, לְהַתְאִים לְ-, mat'im, lēhat'im lē-, *convient, convenir à*

סָגוּר / סְגוּרָה, Sagour, Sgoura, *fermé(e)*

נָכוֹן / נְכוֹנָה, nakhon/nēkhona, *exact(e), juste*

צוֹדֵק, לִצְדוֹק, tsodēk, litsdok, *a raison, avoir raison*

כָּתוּב / כְּתוּבָה, katouv/ktouva, *écrit(e)*

אֲתָר ז׳, atar, *site*

פָּתוּחַ / פְּתוּחָה, patou'ah/ptouha, *ouvert(e)*

חֲבָל, haval, *dommage*

תַּחְבּוּרָה נ׳ צִיבּוּרִית, tahboura tsibourit, *transports en commun*

צִיבּוּרִי / צִיבּוּרִית, tsibouri/tsibourit, *public/publique*

בָּרֶגֶל, ba-rēguēl, *à pied*

מְכוֹנִית נ׳ / מְכוֹנִיּוֹת נ׳ ר׳, mēkhonit/mēkhoniyot, *voiture(s)*

בִּמְקוֹם, bi-mkom, *à la place de*

צָפוֹן ז׳, tsafon, *nord*

פִּיקְנִיק ז׳, piknik, *pique-nique*

טֶבַע ז׳, tēva, *nature*

מַסְכִּים, לְהַסְכִּים, maSkim, lehaSkim, *accepte(s), accepter, être d'accord*

נֶהְדָּר / נֶהְדָּרִים, nēhēdar/nēhēdarim, *superbe/s, magnifique/s*

◆ EXERCICES

1. LISEZ CES PHRASES. COCHEZ נכון (VRAI) SI CETTE AFFIRMATION EST JUSTE PAR RAPPORT AU DIALOGUE OU לא נכון (FAUX) SI ELLE EST FAUSSE.

lo nakhon לא נכון	nakhon נכון	
		א. אוּבִישׁוֹן יִשְׂרָאֵל נִגְמָר בִּירוּשָׁלַיִם.
		ב. הָאוּבִישׁוֹן סָגוּר בְּיוֹם רְבִיעִי וַחֲמִישִׁי.
		ג. הוּא לוֹקֵחַ אֶת הַכֶּלֶב אִתּוֹ לָאוּבִישׁוֹן.
		ד. בְּיוֹם שַׁבָּת אֵין תַּחְבּוּרָה צִיבּוּרִית.
		ה. הֵם נוֹסְעִים לְכָל הָאוּבוּסִים.

🔊 2. COMPLÉTEZ AVEC LA PARTICULE אֶת À L'ENDROIT QUI CONVIENT. PUIS ÉCOUTEZ
10 L'ENREGISTREMENT ET TRADUISEZ LES PHRASES.

Exemple : הוּא מְבַקֵּשׁ ___ תַּפְרִיט מֵהַמֶּלְצָרִית. הִיא נוֹתֶנֶת לוֹ ___ הַתַּפְרִיט.

← הוּא מְבַקֵּשׁ **X** תַּפְרִיט מֵהַמֶּלְצָרִית. הִיא נוֹתֶנֶת לוֹ **אֶת** הַתַּפְרִיט.

Il demande un menu à la serveuse. Elle lui donne le menu.

א. נוֹתְנוּ וּמִתְחַמֵּם ___ חֶשְׁבּוֹן בְּנֵק ___ סְטוּדֶנְטִים ___ הַחֶשְׁבּוֹן וּמַתְאִימִים ___ מִסְּךָ לְקָק.

ב. דָּנִי וַאֲנִי אוֹהֲבִים ___ שָׂרָה אֲבָל חַם ___ הוּא חוֹשֵׁב שֶׁהִיא רַק אוֹהֶבֶת ___ אַצְבָּעוֹ.

ג. יוֹסִי אָמַר לָנוּ ___ שִׁירָה הַם הָיוּ רוֹצִים לִרְאוֹת אוֹתִי ___ שֶׁרִי. הִיא מַסְכִּימָה אֲבָל לַפְנֵי כֵן ___ הַסֵּפֶר שֶׁלִּי בַּמְּקוֹם שׁוּק בַּדְפוּת.

ד. הַהוֹרִים לוֹקְחִים ___ הַיְלָדִים שֶׁלָּהֶם לְטַיֵּל בַּיָּם בַּשַּׁבָּת. הֵם מְבַקְשִׁים מֵהַדוּרִים ___ אִיזֶה תַּפּוּחִים.

3. COMPLÉTEZ LES PHRASES SUIVANTES EN DÉCLINANT LES PRÉPOSITIONS SELON LE PRONOM PERSONNEL INDIQUÉ.

Exemple : אֶת שָׂרָה ___ (אִם + הֵן) בְּדִירְךָ? ← אֶת שָׂרָה **אִיתָן** בְּדִירְךָ.

א. כַּבָּה ___ (אִם + לוֹ) אַתֶּם ___ (אִם) וְעוֹנִים ___ (אִם + הֵן) עִבְרִית?

ב. הֵם מַסְכִּימִים ___ (הוּא) וְחוֹשְׁבִים שֶׁהוּא צוֹדֵק.

ג. הַחֲבֵרִים שֶׁלִּי + אוֹתָהּ) ___ מְחַכִּים לְ (לִי + אוֹתָהּ) ___ בַּבַּיִת (אִם + הִיא) ___.

ד. אֲנִי אוֹכֶלֶת אֲרוּחָה עַתּוּקָה בְּיוֹם שֵׁנִי, נִתְרָאִים (לְ + אַתֶּם) ___ לְלֶכֶת (אִם + אוֹתָן) ___ לְאַשְׁדּוֹד.

🔊 4. ÉCOUTEZ L'ENREGISTREMENT. ÉCRIVEZ LES JOURS DE LA SEMAINE EN FRANÇAIS
10 DANS L'ORDRE DE L'ENREGISTREMENT.

a. _____ b. _____ c. _____ d. _____ e. _____ f. _____ g. _____

9. L'HEURE

הַשָּׁעָה

HA-SHA'A

OBJECTIFS

- DEMANDER/DIRE L'HEURE
- LES MOMENTS DE LA JOURNÉE
- LES ACTIVITÉS DU MATIN

NOTIONS

- LES PRONOMS PERSONNELS COMPLÉMENTS D'OBJET DIRECT
- LES MOTS INTERROGATIFS
- GROUPES VERBAUX (*BINYANIM*) ET FORMES
- LE PASSÉ DU VERBE "*ÊTRE*"

UNE LEÇON DE CONDUITE

– Yoni, ton réveil sonne toutes les cinq minutes depuis déjà à peu près une demi-heure, dois-tu te lever ?

– [Quelle] *(que la)* heure [est-il] ?

– Il est dix heures et quart.

– Oh là là ! [Il est] déjà dix heures et quart ! J'aurais dû me lever tôt !

– Un instant, tu ne peux pas sortir de la maison en pyjama ! D'abord tu dois te laver et t'habiller, manger quelque chose et te brosser les dents et ensuite tu pourras *(peux)* aller où tu veux.

– Maman, je n'ai vraiment pas le temps !

– Mais où cours-tu ?

– J'ai un cours de conduite dans quelques minutes ! Je ne veux pas le rater.

– À quelle heure exactement tu as cours de conduite ?

– Il commence à dix [heures] et demi précisément et se termine à midi moins dix *(dix à douze)*.

– Es-tu sûr ?

– Pourquoi me demandes-tu [ça] ? J'ai toujours un cours le dimanche avant *(le)* midi.

– Mais aujourd'hui c'est samedi...

שִׁיעוּר נְהִיגָה
shi'our nēhiga

– יוֹנִי! הַשָּׁעוֹן שֶׁלְּךָ מְצַלְצֵל כָּל חָמֵשׁ דַּקּוֹת כְּבָר בְּעֵרֶךְ חֲצִי שָׁעָה, אַתָּה צָרִיךְ לָקוּם?
– Yoni, ha-sha'on shēlkha mētsaltsēl kol hamēsh dakot kvar bē-ērēkh hatsi sha'a, ata tsarikh lakoum?

– מָה הַשָּׁעָה?
– ma ha-sha'a?

– הַשָּׁעָה עֶשֶׂר וָרֶבַע.
– ha-sha'a ēSēr va-rēva!

– אוֹי וַאֲבוֹי! כְּבָר עֶשֶׂר וָרֶבַע...הָיִיתִי צָרִיךְ לָקוּם מוּקְדָּם!
– oy va-avoy! kvar ēSēr va-rēva hayiti tsarikh lakoum moukdam!

– רֶגַע! אַתָּה לֹא יָכוֹל לָצֵאת מֵהַבַּיִת בְּפִּיגָ'מָה! קוֹדֶם אַתָּה צָרִיךְ לְהִתְרַחֵץ וּלְהִתְלַבֵּשׁ, לֶאֱכוֹל מַשֶּׁהוּ, לְצַחְצֵחַ שִׁינַּיִים וְאַחַר-כָּךְ אַתָּה יָכוֹל לָלֶכֶת לְאָן שֶׁאַתָּה רוֹצֶה.
– rēga! ata lo yakhol latsēt me-ha-bayit bē-pijama! kodēm ata tsarikh lehitrahēts ou-lēhitlabēsh, lē'ekhol mashēhou, lētsahtsē'ah shina'yim vē-ahar-kakh ata yakhol lalēkhēt lē'an shē-ata rotsē.

– אִימָּא, מַמָּשׁ אֵין לִי זְמַן!
– ima, mamash ēyn li zman!

– אֲבָל לְאָן אַתָּה רָץ?
– aval lē'an ata rats?

– יֵשׁ לִי שִׁיעוּר נְהִיגָה בְּעוֹד כַּמָּה דַּקּוֹת! אֲנִי לֹא רוֹצֶה לְפַסְפֵּס אוֹתוֹ.
– yēsh li shi'our nēhiga bē-od kama dakot! ani lo rotsē lēfaSfēS oto.

– בְּאֵיזוֹ שָׁעָה בְּדִיּוּק יֵשׁ לְךָ שִׁיעוּר נְהִיגָה?
– bē'ēyzo sha'a bē-diyouk yēsh lēkha shiour nēhiga?

– הוּא מַתְחִיל בְּעֶשֶׂר וָחֵצִי בְּדִיּוּק וְנִגְמָר בַּעֲשָׂרָה לִשְׁתֵּים עֶשְׂרֵה!
– hou mathil bē-ēSēr va-hētsi bē-diyouk vē-nigmar ba-aSara li-shtēm ēSrē!

– אַתָּה בָּטוּחַ?
– ata batou'ah?

– לָמָה אַתְּ שׁוֹאֶלֶת אוֹתִי? יֵשׁ לִי תָּמִיד שִׁיעוּר בְּיוֹם רִאשׁוֹן לִפְנֵי הַצׇּהֳרַיִים.
– lama at sho'ēlēt oti? yēsh li tamid shi'our bē-yom rishon lifnēy ha-tsohorayim.

– אֲבָל הַיּוֹם שַׁבָּת!
– aval ha-yom shabat!

COMPRENDRE LE DIALOGUE
QUELQUES FORMULES ET EXPRESSIONS

→ !אוֹי וַאֲבוֹי **oy va-avoy!** *mince alors !, oh là là !* litt. "mince et mince…" : combinaison de deux mots synonymes אוֹי **oy** et אֲבוֹי **avoy** qui expriment tous deux l'inquiétude ou le chagrin. C'est une expression très courante dans le langage parlé qui n'est pas pour autant familière puisque ces mots proviennent de la Bible. Cette formule est aussi utilisée comme représailles au moment d'une mise en garde. Ex. :

Gare à toi (masc. sing.) si…! **oy va-avoy lēkha im…!** !…אוֹי וַאֲבוֹי לְךָ אִם

→ …הָיִיתִי צָרִיךְ לָקוּם **hayiti tsarikh lakoum…** *j'aurais dû me lever…* litt. "j'ai été dois se lever…" : cette forme composée de deux verbes conjugués suivie d'un infinitif exprime un reproche ou un regret de ne pas avoir fait quelque chose. Le verbe *être* agit comme un auxiliaire et est conjugué au passé tandis que le verbe *devoir* reste au présent. Tous les deux s'accordent avec le sujet. Ex. :

Nous aurions dû venir… **hayinou tsrikhim lavo…** …הָיִינוּ צְרִיכִים לָבוֹא
litt. "nous devons venir…".

→ צוֹהֳרַיִים **tsohorayim** : période de la journée qui commence vers midi et qui se termine vers 16 h. לִפְנֵי הַצוֹהֳרַיִים **lifnēy ha-tsohorayim** *l'avant midi* et אַחֲרֵי **aharēy ha-tsohorayim** *l'après-midi.*

L'HEURE

• Rappelons que l'horloge de 24 heures est utilisée uniquement pour indiquer des horaires officiels de départ de train, d'avion, etc. Dans le langage parlé, on indique l'heure de 1 à 12. הַשָּׁעָה שֶׁבַע **ha-sha'a shēva** peut donc signifier 7 h ou 19 h. Le moment de la journée n'est précisé que si le contexte ne permet pas de le comprendre.

• Pour demander l'heure :
מָה הַשָּׁעָה? **ma ha-sha'a?** *Quelle heure est-il ?* litt. "quoi/que l'heure ?"

• Pour dire l'heure, nous utilisons la particule …וְ **vē-/va-** *et* de l'heure pile à la demie et לְ… **lē-** *de* de la demie à l'heure suivante. Les mots הַשָּׁעָה **ha-sha'a** *l'heure* et דַקוֹת **dakot** *minutes* sont facultatifs. Voici quelques exemples :

8 h : (בַּבּוֹקֶר) שְׁמוֹנֶה (הַשָּׁעָה) **(ha-sha'a) shmonē (ba-bokēr)** litt. "(l'heure) huit (au matin)"
8 h 15 : שְׁמוֹנֶה וָרֶבַע **shmonē va-rēva** litt. "huit et quart"
8 h 30 : שְׁמוֹנֶה וָחֵצִי **shmonē va-hētsi** litt. "huit et demi"
8 h 45 : רֶבַע לְתֵשַׁע **rēva lē-tēsha** litt. "quart à neuf"

12 h : (בַּצׇהֳרַיִם) שְׁתֵּים עֶשְׂרֵה shtēm-ēSrē (ba-tsohorayim) litt. "douze (à midi)"

12 h 40 :לְאַחַת עֶשְׂרִים ēSrim lē-a<u>h</u>at litt. "vingt à une" soit la version la plus longue (דַּקּוֹת) אַרְבָּעִים (וְ) שְׁתֵּים עֶשְׂרֵה shtēm-ēSrē (vē) arba'im (dakot) litt. "douze (et) quarante (minutes)"

12 h 50 :לְאַחַת עֲשָׂרָה aSara lē-a<u>h</u>at litt. "dix à une"

12 h 55 :לְאַחַת חֲמִשָּׁה <u>h</u>amisha lē-a<u>h</u>at litt. "cinq à une"

16 h 45 : (אַחֲרֵי-הַצׇהֳרַיִם) רֶבַע לְחָמֵשׁ rēva lē-<u>h</u>amēsh (a<u>h</u>arēy-ha-tsohorayim) litt. "quart à cinq (après-midi)"

19 h 05 : (בָּעֶרֶב) שֶׁבַע וְחָמֵשׁ דַּקּוֹת shēva vē-<u>h</u>amēsh dakot litt. "sept et cinq minutes (au soir)" ou bien la version la plus employée – שֶׁבַע וַחֲמִישָּׁה shēva va-<u>h</u>amisha litt. "sept et cinq"

19 h 10 : שֶׁבַע וְעֶשֶׂר דַּקּוֹת shēva vē-ēSēr dakot ou שֶׁבַע וַעֲשָׂרָה sēva va-aSara litt. "sept et dix"

19 h 20 : (דַּקּוֹת) שֶׁבַע וְעֶשְׂרִים shēva vē-ēSrim (dakot) litt. "sept et vingt (minutes)"

22 h 25 : (בַּלַּיְלָה) עֶשֶׂר וְחָמֵשׁ עֶשְׂרִים ēSēr vē-ēSrim vē- <u>h</u>amēsh (ba-layla) litt. "dix vingt et cinq (à la nuit)"

00 h 00 : חֲצוֹת <u>h</u>atsot ou (בַּלַּיְלָה) שְׁתֵּים עֶשְׂרֵה shtēm-ēSrē (ba-layla) litt. "minuit" ou "douze (à-la-nuit) "

NOTE CULTURELLE

Le permis de conduire en Israël correspond au permis européen. Un examen théorique est préalable à la pratique. On peut passer son permis à partir de 16 ans et 9 mois. En cas de réussite à l'examen, si on est âgé de moins de 24 ans, on est soumis à une période de probation de 6 mois pendant laquelle on n'est autorisé à conduire qu'en présence d'une personne âgée d'au moins 24 ans et titulaire du permis depuis au moins 5 ans ou d'une personne âgée de plus de 30 ans et titulaire du permis depuis au moins 3 ans. Un touriste titulaire d'un permis depuis au moins 5 ans peut conduire en Israël durant 12 mois sans se soucier de passer des équivalences.

◆ GRAMMAIRE
LES PRONOMS PERSONNELS COMPLÉMENTS D'OBJET DIRECT

• La déclinaison de la particule אֶת ēt

Dans le Module 8, nous avons vu que la préposition עִם im *avec* s'appuie sur la particule אֶת ēt pour former une déclinaison. La 2ᵉ déclinaison à partir de cette particule représente les pronoms personnels compléments d'objet direct. Notez que la prononciation de la plupart de pronoms est ~אוֹת ot-. Seuls les pronoms 2ᵉ personne du pluriel sont basés sur ~אֶת ēt- :

nous	otanou	אוֹתָנוּ	me	oti	אוֹתִי
vous (m.)	ētkhēm	אֶתְכֶם	te (m.)	otkha	אוֹתְךָ
vous (f.)	ētkhēn	אֶתְכֶן	te (f.)	otakh	אוֹתָךְ
les (m.)	otam	אוֹתָם	le (m.)	oto	אוֹתוֹ
les (f.)	otan	אוֹתָן	la (f.)	ota	אוֹתָהּ

Ex. :   יֵשׁ לִי שִׁיעוּר נְהִיגָה. אֲנִי לֹא רוֹצֶה לְפַסְפֵס אוֹתוֹ.

yēsh li shi'our nēhiga. ani lo rotsē lēfaSfēS oto.

J'ai un cours de conduite. Je ne veux pas le rater.

אֲנִי מַזְמִינָה אֶת הַחֲבֵרִים שֶׁלִי. אֲנִי מַזְמִינָה אוֹתָם בְּשָׁעָה שְׁמוֹנֶה.

ani mazmina ēt ha-havērim shēli. ani mazmina otam be-sha'a shmonē.

J'invite mes amis. Je les invite à 8 heures.

LES MOTS INTERROGATIFS

En hébreu, la plupart des mots interrogatifs sont invariables. Cependant, il existe des mots interrogatifs variables qui s'accordent en genre et en nombre avec l'objet ou le sujet sur lequel porte la question. Ils peuvent être précédés d'une préposition. Ex. :

pluriel (masc. ou fém.)	fém. sing.	masc. sing.
quels/quelles ēylou אֵילוּ	*quelle* ēyzo אֵיזוֹ	*quel* ēyzē אֵיזֶה
אֵילוּ אוֹטוֹבּוּסִים מַגִּיעִים לְמֶרְכַּז הָעִיר?	בְּאֵיזוֹ שָׁעָה הַשִּׁיעוּר שֶׁלָּךְ?	אֵיזֶה יוֹם הַיּוֹם?
ēylou otobouSim magui'im lē-mērkaz ha-ir?	**bē-ēyzo sha'a ha-shi'our shēlakh ?**	**ēyzē yom ha-yom ?**
Quels autobus arrivent en centre-ville ?	À quelle heure est ton cours ?	Quel jour [sommes-nous] aujourd'hui ?

Remarque importante : à l'oral, on emploie le plus souvent אֵיזֶה **ēyzē** *quel* sans tenir compte de l'accord avec le nom qui suit !

▲ CONJUGAISON
GROUPES VERBAUX (BINYANIM) ET FORMES

Dans le dialogue de ce module, se trouve le verbe לְהִיגָּמֵר **lēhigamēr** *être terminé*. Nous avons déjà vu précédemment un autre verbe du même **binyan** : לְהִימָּצֵא **lēhimatsē** *se trouver* (voir Module 3). Ils appartiennent à un nouveau **binyan** dont la conjugaison est caractérisée par le préfixe ‎נִ~ **ni-** :

נִגְמַר ← נִסְסַם **ni**gma**r**   *נִמְצָא **ni**mts**a**

Au présent, que ce soit au féminin ou au pluriel, ces verbes se conjuguent ainsi :

pluriel	fém. sing.
נִגְמָרִים/וֹת נִמְצָאִים/וֹת*	נִגְמֶרֶת נִמְצֵאת*
nimts**a**'im/ot **ni**gm**a**rim/ot	**ni**mts**ēt ni**gm**ē**r**ēt**

* Au féminin et au pluriel, la présence de la consonne gutturale א à la fin de la racine entraîne toujours certaines petites modifications par rapport à la forme initiale.

Trois nouveaux verbes de ce dialogue ont 4 lettres-racines au lieu de 3 !
Très souvent, les verbes avec 4 lettres-racines sont composés d'une répétition de 2 mêmes lettres. Ces trois verbes se conjuguent au **binyan** פִּיעֵל **pi'ēl**. La conjugaison initiale n'est pas modifiée pour autant. Vous pouvez la comparer avec celle du verbe לְקַבֵּל **lēkabēl** *recevoir* (voir Module 6) :

pluriel	fém. sing.	masc. sing.	infinitif	racine
מְצַלְצְלִים/וֹת **mē**tsalts**ē**lim/ot	מְצַלְצֶלֶת **mē**tsalts**ē**let	מְצַלְצֵל **mē**tsalts**ē**l	לְצַלְצֵל **lē**tsalts**ē**l *sonner*	צ.ל.צ.ל
מְצַחְצְחִים/וֹת **mē**tsa**h**ts**ē**ḥim/ot	מְצַחְצַחַת **mē**tsa**h**tsa**h**at	מְצַחְצֵחַ **mē**tsa**h**tsē'a**h**	לְצַחְצֵחַ **lē**tsa**h**tsē'a**h** *brosser*	צ.ח.צ.ח*
מְפַסְפְּסִים/וֹת **mē**fasf**ē**sim/ot	מְפַסְפֶּסֶת **mē**fasf**ē**set	מְפַסְפֵּס **mē**fasf**ē**s	לְפַסְפֵּס **lē**fasf**ē**s *rater*	פ.ס.פ.ס

* La consonne gutturale ח à la fin de la racine entraîne toujours de légères modifications de vocalisation.

LE PASSÉ DU VERBE *ÊTRE* לִהְיוֹת

Comme précisé au début du manuel, le verbe לִהְיוֹת lihyot *être* ne se conjugue pas au présent, mais au passé et au futur. Nous employons le verbe לִהְיוֹת lihyot *être* pour exprimer la présence, mais nous verrons qu'il est aussi employé dans le sens du verbe *avoir* et qu'il fonctionne comme un auxiliaire dans certaines circonstances. Voici sa conjugaison au passé :

הֵם/הֵן	*(אַתֶּן)	*(אַתֶּם)	*(אֲנַחְנוּ)	הִיא	הוּא	*(אַתְּ)	*(אַתָּה)	*(אֲנִי)
הָיוּ	הֱיִיתֶן	הֱיִיתֶם	הָיִינוּ	הָיְתָה	הָיָה	הָיִית	הָיִיתָ	הָיִיתִי
hayou	hayitēn	hayitēm	hayinou	hayta	haya	hayit	hayita	hayiti

En hébreu, le passé est unique et exprime les différents temps qui existent en français (passé composé, passé simple, imparfait…).

* Les parenthèses signifient que la présence du pronom personnel sujet n'est pas obligatoire pour la 1re et la 2e personne du singulier et du pluriel. En revanche, elle est obligatoire à la 3e personne. Ex. :

| *Le film a été formidable !* | **ha-Sērēt haya nēhēdar!** | הַסֶּרֶט הָיָה נֶהֱדָר! |
| *Étiez-vous à la mer samedi ?* | **hayitēm ba-yam bē-shabat?** | הֱיִיתֶם בַּיָּם בְּשַׁבָּת? |

VOCABULAIRE

שָׁעָה נ' / שָׁעוֹת נ' ר', sha'a/sha'ot, heure(s)

שִׁיעוּר ז' נְהִיגָה נ', shi'our nēhiga, cours de conduite

שָׁעוֹן ז', sha'on, montre, réveil, horloge

מְצַלְצֵל, לְצַלְצֵל, mētsaltsēl, lētsaltsēl, sonne(s), sonner

דַּקָּה נ' / דַּקּוֹת נ' ר', daka/dakot, minute(s)

בְּעֵרֶךְ ≠ בְּדִיּוּק, bē-ērēkh ≠ bē-diyouk, à peu près ≠ précisément

חֵצִי / חֲצִי ז', hētsi/hatsi, moitié, demi

קָם, לָקוּם, kam, lakoum, me/te/se lève(s), se lever

מָה הַשָּׁעָה?, ma ha-sha'a?, Quelle heure est-il ?

רֶבַע ז', rēva, quart

הָיִיתִי, לִהְיוֹת, hayiti, lihyot, j'étais, être

אוֹי וַאֲבוֹי!, oy va'avoy, mince ! oh là là !

מוּקְדָּם, moukdam, tôt

יוֹצֵא, לָצֵאת, yotsē, latsēt, sors(t), sortir

פִּיגָ'מָה נ', pidjama, pyjama

קוֹדֶם...אַחַר-כָּךְ..., kodēm...ahar-kakh, d'abord… ensuite…

מִתְרַחֵץ, לְהִתְרַחֵץ, mitrahēts, lēhitrahēts, me/te/se lave(s), se laver

מִתְלַבֵּשׁ, לְהִתְלַבֵּשׁ, mitlabēsh, lēhitlabēsh, me/te/s'habille(s), s'habiller

מַשֶּׁהוּ, mashēhou, quelque chose

מְצַחְצֵחַ, לְצַחְצֵחַ, mētsahtsē'ah, lētsahtsē'ah, brosse(s), brosser

שֵׁן נ' / שִׁינַיִים נ' ר', shēn/shinayim, dent(s)

רָץ, לָרוּץ, rats, larouts, cours/t, courir

בְּעוֹד, bē-od, dans (temps)

מְפַסְפֵס, לְפַסְפֵס, mēfasfēs, lēfasfēs, rate(s), rater

אֵיזֶה / אֵיזוֹ / אֵילוּ?, ēyzē/ēyzo/eylou?, quel/quelle/quels/quelles

מַתְחִיל, לְהַתְחִיל, mathil, lēhathil, commence(s), commencer

נִגְמַר, לְהִיגָּמֵר, nigmar, lēhigamēr, finis/t, finir

בָּטוּחַ / בְּטוּחָה, batou'ah/bētouha, certain(e)

שׁוֹאֵל, לִשְׁאוֹל, sho'ēl, lish'ol, demande(s), demander/questionner

לִפְנֵי ≠ אַחֲרֵי, lifnēy≠akharēy, avant ≠ après

צוֹהֳרַיִים ז' ר', tsohorayim, midi

לַיְלָה ז' / לֵילוֹת ז' ר', layla, lēylot, nuit(s)

חֲצוֹת נ', hatsot, minuit

● EXERCICES

1. INDIQUEZ L'HEURE EN PRÉCISANT DE QUEL MOMENT DE LA JOURNÉE IL S'AGIT : בּוֹקֶר, צוֹהֳרַיִים, אַחֲרֵי הַצוֹהֳרַיִים, עֶרֶב OU לַיְלָה. **PUIS ÉCOUTER L'ENREGISTREMENT POUR VÉRIFIER.**

a. הַשָּׁעָה (17 h 20) _____   ב. הַשָּׁעָה (9 h 05) _____

ב. הַשָּׁעָה (7 h 10) _____   ה. הַשָּׁעָה (12 h 30) _____

ג. הַשָּׁעָה (1 h 35) _____   ו. הַשָּׁעָה (19 h 45) _____

2. COMPLÉTEZ AVEC LE PRONOM PERSONNEL COMPLÉMENT D'OBJET DIRECT EN DÉCLINANT LA PARTICULE אֶת ET TRADUISEZ LES PHRASES.

Exemple : יוֹסִי מְחַפֵּשׂ אֶת נוֹעַ ← הוּא מְחַפֵּשׂ אוֹתָהּ כְּבָר חֲצִי שָׁעָה.

Yossi cherche No'a. Il la cherche depuis une demi-heure.

a. אַתֶּן יוֹדְעוֹת אֶת הַתְּשׁוּבָה? – כֵּן, אֲנַחְנוּ יוֹדְעוֹת _____ טַחַר-כָּךְ.

b. יוֹנִי אוֹהֵב אֶת הַשְּׁכֵנִים. הוּא אוֹהֵב _____ בַּבּוֹקֶר וּבָעֶרֶב.

c. אָנֹכִי, אַתָּה אוֹהֵב אוֹתִי? – (שׁוּב)? – כֵּן יוֹנִי, אֲנִי אוֹהֶבֶת (אוֹתְךָ) אוֹתָהּ.

d. אֲנַחְנוּ מְחַפְּשִׂים אֶת יוֹנִי וְנוֹעַ כְּבָר שָׁעָה. הָיָה פֹּה פִגּוּשׁ שֶׁלָּנוּ _____ אֲבָל הֵם לֹא בָּאוּ וְאֵין לָנוּ מֵהֶם שׁוּם יְדִיעָה.

3. CHOISSISSEZ PARMI אֵיזֶה/אֵיזוֹ/אֵילוּ POUR CHACUNE DES QUESTIONS SUIVANTES :

Exemple : _____ אֵיזֶה נַעַר הַכֶּסֶף? ← בִּשְׁבִיל אֵיזֶה נַעַר הַכֶּסֶף?

a. _____ רָחוֹב נִמְצָא הַמּוּזֵיאוֹן?

b. _____ בְּגָדִים אַתָּה אוֹהֵב, קְטַנִּים אוֹ גְּדוֹלִים?

c. _____ חוּג אַתֶּם הוֹלְכִים הַשָּׁנָה?

d. _____ אַתֶּם רוֹצִים לְהַזְמִין?

4. CHOISSISSEZ LA FORME CORRECTE DE VERBE ÊTRE לִהְיוֹת AU PASSÉ :

a. אֲנִי _____ בַּבַּנְק – הָיִיתִי בַּבַּנְק לִפְנֵי הַצָּהֳרַיִים. (הָיִיתִי / הָיוּ / הָיִיתָן)

b. צְרִיכִים לְהִתְקַשֵּׁר לְסַבָּא שֶׁלֹא _____ אִתּוֹ מִזְּמַן הַיּוֹם. (הָיִיתָ / הָיְתָה / הָיִינוּ)

c. הַם _____ אִיתָךְ בְּשִׁיעוּר עִבְרִית? (הָיִיתִי / הָיוּ / הָיוּ)

d. אוֹרֵחַ _____ בָּאָרֶץ לֹא מִזְּמַן. (הָיִיתָ / הָיִינוּ / הָיִיתֶן)

e. בָּאוֹנִיבֶרְסִיטָה _____ תַּעֲרוּכוֹת מְעַנְיְנוֹת. (הָיִיתֶם / הָיוּ / הָיִיתִי)

10. J'AI MAL...

‫כּוֹאֵב לִי...‬

KO'ĒV LI...

OBJECTIFS

- DEMANDER DES NOUVELLES
- DÉCRIRE SON ÉTAT PHYSIQUE ET NOMMER QUELQUES PARTIES DU CORPS
- DESCRIPTIONS AU PASSÉ AVEC LE VERBE *ÊTRE*
- EXPRIMER SON AVIS, DONNER DES CONSEILS

NOTIONS

- LE VERBE "ÊTRE" AU PASSÉ – SUITE
- *YĒSH* "IL Y A" ET *ĒYN* "IL N'Y A PAS" AU PASSÉ
- LE VERBE "AVOIR" AU PASSÉ
- DÉCLINAISON DE LA PRÉPOSITION "À MON/TON/SON... AVIS", "SELON"
- SOUS-GROUPES VERBAUX (*BINYANIM*)

UN COUP DE SOLEIL ?

— Comment ça va Yossi ? Tu as l'air d'aller *(parais)* vraiment mal ! Es-tu malade ?

— Je ne sais pas… J'ai très mal à la tête et j'ai une nausée terrible.

— As-tu mal au ventre ? As-tu de la fièvre ?

— Non, mais j'ai envie de vomir ! Je dois selon toi prendre *(fixer)* un rendez-vous chez le médecin ?

— Ça vaut la peine de prendre un rendez-vous… Un instant, dis-moi, où étais-tu hier ? N'étais-tu pas au travail ?

— Non, j'avais un jour de congé, j'étais à la mer avec des amis.

— Mais hier c'était la canicule !

— C'est vrai, mais à la mer il faisait bon *(agréable)*. Ensuite nous étions à une fête. C'était l'anniversaire de mon cousin.

— Comment était la fête ?

— C'était top ! Il y avait beaucoup de gens, il y avait de la bonne musique et il y avait plein de bières et de gâteaux. Nous étions là-bas jusqu'au milieu de la nuit.

— Je ne suis pas médecin mais maintenant je comprends pourquoi tu as la nausée et mal à la tête. À mon avis, au lieu de prendre rendez-vous chez le médecin, tu devrais *(dois)* simplement rentrer à la maison, boire beaucoup d'eau, aller au lit et dormir jusqu'à demain !

מַכַּת שֶׁמֶשׁ?
makat shēmēsh?

– מָה נִשְׁמַע יוֹסִי? אַתָּה נִרְאֶה מַמָּשׁ לֹא טוֹב! אַתָּה חוֹלֶה?

– ma nishma yoSi? ata nir'ē mamash lo tov! ata holē?

– אֲנִי לֹא יוֹדֵעַ... מְאוֹד כּוֹאֵב לִי הָרֹאשׁ וְיֵשׁ לִי בְּחִילָה נוֹרָאִית.

– ani lo yodē'a... mē'od ko'ēv li ha-rosh vē-yēsh li bhila nora'it.

– כּוֹאֶבֶת לְךָ הַבֶּטֶן? יֵשׁ לְךָ חוֹם?

– ko'ēvēt lekha ha-bētēn? yēsh lēkha hom?

– לֹא, אֲבָל בָּא לִי לְהָקִיא! אֲנִי צָרִיךְ לְדַעְתֵּךְ לִקְבּוֹעַ תּוֹר לָרוֹפֵא?

– lo, aval ba li lēhaki! ani tsarikh lē-da'atekh likbo'a tor la-rofē?

– כְּדַאי לְךָ לִקְבּוֹעַ תּוֹר...רֶגַע, תַּגִּיד, אֵיפֹה הָיִיתָ אֶתְמוֹל? לֹא הָיִיתָ בַּעֲבוֹדָה?

– kēday lēkha likbo'a tor...rēga, tagid, ēyfo hayita ētmol? lo hayita ba-avoda?

– לֹא, הָיָה לִי יוֹם חוֹפֶשׁ, הָיִיתִי בַּיָּם עִם חֲבֵרִים.

– lo, haya li yom hofēsh, hayiti ba-yam im havērim.

– אֲבָל אֶתְמוֹל הָיָה חַמְסִין!

– aval ētmol haya hamSin!

– נָכוֹן, אֲבָל בַּחוֹף הָיָה נָעִים! אַחַר כָּךְ הָיִינוּ בִּמְסִיבָּה. לְבֶן הַדּוֹד שֶׁלִּי הָיָה יוֹם-הוּלֶדֶת.

– nakhon, aval ba-hof haya na'im! ahar-kakh hayinou bi-mSiba. lē-vēn-ha-dod shēli haya yom-houlēdēt.

– אֵיךְ הָיָה בַּמְּסִיבָּה?

– ēykh haya ba-mēSiba?

– הָיָה עֶשֶׂר! הָיוּ הַרְבֵּה אֲנָשִׁים, הַמּוּזִיקָה הָיְתָה מְצוּיֶּנֶת וְהָיוּ גַּם הֲמוֹן בִּירוֹת וְעוּגוֹת. הָיִינוּ שָׁם עַד אֶמְצַע הַלַּיְלָה.

– haya ēSēr! hayou harbē anashim, ha-mouzika hayta mētsouyēnēt vē-hayou gam hamon birot vē-ougout. hayinou sham ad ēmtsa ha-layla.

– אֲנִי לֹא רוֹפְאָה אֲבָל עַכְשָׁיו אֲנִי מְבִינָה לָמָּה יֵשׁ לְךָ בְּחִילָה וּכְאֵב רֹאשׁ. לְדַעְתִּי, בִּמְקוֹם לִקְבּוֹעַ תּוֹר לָרוֹפֵא אַתָּה פָּשׁוּט צָרִיךְ לַחֲזוֹר הַבַּיְתָה, לִשְׁתּוֹת הַרְבֵּה מַיִם, לְהִכָּנֵס לַמִּטָּה וְלִישׁוֹן עַד מָחָר!

– ani lo rof'a aval akhshav ani mēvina lama yēsh lēkha bhila ou-khe'ēv-rosh. lēda'ati, bimkom likbo'a tor la-rofē ata pashout tsarikh lahzor ha-bayta, lishtot harbē mayim, lēhikanēS la-mita vē-lishon ad mahar!

■ QUELQUES FORMULES ET EXPRESSIONS

→ מָה נִשְׁמַע? **ma nishma?** *comment ça va ?* litt. "quoi (nous) entendrons ?" est la forme la plus courante pour demander des nouvelles d'autrui. En voici quelques autres plus familières : מָה קוֹרֶה? **ma korē?** litt. "quoi se produit ?", מָה חָדָשׁ? **ma hadash?** litt. "quoi neuf ?", מָה הָעִנְיָינִים? **ma ha-inyanim?** litt. "quoi les affaires ?".

→ Pour parler de la douleur, nous avons le choix entre deux constructions. La racine כ.א.ב apparaît dans chacune d'entre elles. Dans la première, on emploie le verbe לִכְאוֹב **likh'ov** *avoir mal* tandis que, dans la seconde, on emploie le nom כְּאֵב **kē'ēv** *douleur* ou -כְּאֵבֵי **kē'ēvey-** *douleurs* [de…] (dans un état construit).

Il n'y a aucune différence en termes de sens ou de registre, nous employons ces deux formules indifféremment. Ex. :

Avec le verbe : *avoir mal* **likh'ov** לִכְאוֹב	Avec le nom : *douleur(s)* **kē'ēv/ēy** כאב/י
כּוֹאֵב לִי הָרֹאשׁ/הָרֹאשׁ כּוֹאֵב לִי. **ha-rosh ko'ēv li/ ko'ēv li ha-rosh.** *J'ai mal à la tête.* litt. "La tête a mal à moi"/"a mal à moi la tête".	יֵשׁ לִי כְּאֵב רֹאשׁ. **yēsh li kē'ēv rosh.** *J'ai un mal de tête.*
כּוֹאֶבֶת לְךָ הַבֶּטֶן?/הַבֶּטֶן כּוֹאֶבֶת לָךְ? **ha-bētēn ko'ēvēt lekha?/ ko'ēvēt lakh ha-bētēn ?** *As-tu mal au ventre ?* litt. "Le ventre a mal à toi ?"/"a mal à toi le ventre ?".	יֵשׁ לְךָ כְּאֵב בֶּטֶן? **yēsh lēkha kē'ēv bētēn ?** litt. "As-tu un mal de ventre ?"
כּוֹאֲבוֹת לְאַבָּא הַשִׁינַיִים/הַשִׁינַיִים כּוֹאֲבוֹת לְאַבָּא. **ko'avot lē-aba ha-shinayim/hashinayim ko'avot lē-aba.** *Papa a mal aux dents.* litt. "Les dents ont mal à Papa"/"ont mal à Papa les dents".	לְאַבָּא יֵשׁ/יֵשׁ לְאַבָּא כְּאֵבֵי-שִׁינַיִים. **lē-aba yēsh/yēsh lē-aba kē'ēvēy shinayim.** *Papa a des maux de dents.*

Dans la première formule, le verbe se conjugue avec son sujet qui peut se positionner à la fin. Le sujet désigne l'endroit où l'on a mal. Dans la seconde formule, le nom est le noyau d'un "état construit" et peut être au singulier ou au pluriel.

Voici quelques mots de vocabulaire relatifs aux parties du corps, utiles pour exprimer la douleur : גַב (masc.) **gav** *dos*, גָרוֹן (masc.) **garon** *gorge*, אוֹזֶן (fém.) **ozēn** *oreille*, רֶגֶל (fém.) **reguel** *jambe*

→ ...לְ תּוֹר לִקְבּוֹעַ **likb'oa tor lē-** *prendre un rendez-vous chez…* litt. "fixer un tour" est utilisé exclusivement lorsque l'on prend un rendez-vous pour une consultation, un soin, un contrôle (médical ou administratif). Le mot תּוֹר **tor** *tour, rangée, file* s'interprète différemment dans d'autres constructions courantes qu'on découvrira au Module 11.

→ עֶשֶׂר! **ēSēr!** *Top !* litt. "dix". Le nombre 10 est utilisé dans le langage familier pour exprimer l'entière satisfaction.

→ הַבַּיְתָה **ha-bayta** *à, vers la maison* (sous-entendu "sa propre maison") est employé en tant que complément pour des verbes de déplacement comme לָלֶכֶת **lalēkhēt** *aller,* לָבוֹא **lavo** *venir* ou לַחֲזוֹר **lahzor** *revenir*. La particule ~ה **-a** s'accole au nom בַּיִת **bayit** *maison* et remplace la préposition ...לְ **lē-** *à, vers*. L'utilisation de cette particule sur d'autres noms est très limitée. Attention ! Ne le mélangez pas avec le suffixe qui marque le genre féminin :

Quand viens-tu à la maison ? **matay at ba'a ha-bayta ?** מָתַי אַתְּ בָּאָה הַבַּיְתָה?

NOTE SUR LE CLIMAT

En Israël, le climat est caractérisé par un hiver doux, plus ou moins pluvieux, et par un été long, chaud et ensoleillé, de mai à septembre. L'automne et le printemps sont de courtes périodes de transition. Ces saisons sont accompagnées, comme dans les autres pays de la partie sud du Moyen-Orient, par un phénomène climatique particulier appelé שָׁרָב **sharav** *canicule*. C'est un phénomène climatique extrême qui se distingue par de fortes vagues de chaleur et de sècheresse. Celui-ci est fréquent au moment du passage de l'hiver au printemps, du printemps à l'été ou de l'été à l'automne. La plupart du temps, ce sont des périodes assez courtes. Le mot familier חַמְסִין **hamSin** (issu de l'arabe égyptien) est fréquemment employé par les Israéliens pour parler de ces vagues de chaleur. En réalité, il s'agit d'un autre phénomène climatique qui se caractérise par de forts vents chauds venus du sud-est.

◆ GRAMMAIRE
AU PASSÉ

• Le verbe être au passé - suite

Comme évoqué dans le Module 9, nous allons voir que l'utilisation du verbe *être* va au-delà de son sens premier. En plus de son rôle d'auxiliaire, il remplace au passé le יֵשׁ **yēsh** *il y a*. Complété par la préposition ...לְ **lē…** *à,* le verbe *être* remplace le verbe *avoir* (qui n'existe pas en hébreu).

• יֵשׁ **yēsh** *il y a* et son contraire אֵין **ēyn** *il n'y a pas* au passé

Au présent, יֵשׁ **yēsh** *il y a* et son contraire אֵין **ēyn** *il n'y a pas* sont invariables (voir

Module 3). Au passé, le genre et le nombre du nom commandent la conjugaison du verbe *être*. Ainsi, הָיָה **haya** (masc. sing), הָיְיתָה **hayta** (fém. sing.) et הָיוּ **hayou** (pl.) sont employés pour désigner la présence. Pour l'absence, il suffit de rajouter le mot de négation לֹא **lo** *non* devant le verbe. Ex. :

	passé	présent
nom masc. sing.	בְּמֶרְכַּז הָעִיר (לֹא) הָיָה קוֹלְנוֹעַ. **bē-mērkaz ha-ir (lo) haya kolno'a.** *Dans le centre-ville,* *il (n')y avait (pas de) un cinéma.*	בְּמֶרְכַּז הָעִיר יֵשׁ/אֵין קוֹלְנוֹעַ. **bē-mērkaz ha-ir yēsh/ēyn kolno'a.** *Dans le centre-ville,* *il (n')y a (pas de) un cinéma.*
nom fém. sing.	(לֹא) הָיְתָה מוּזִיקָה בַּמְסִיבָּה. **(lo) hayta mouzika ba- mēSiba.** *Il (n')y avait (pas de) de la musique à la fête.*	יֵשׁ/אֵין מוּזִיקָה בַּמְסִיבָּה. **yēsh/ēyn mouzika ba-mēSiba.** *Il (n')y a (pas de) de la musique à la fête.*
nom pl.	בָּרְחוֹב (לֹא) הָיוּ חֲתוּלִים. **ba-rēhov (lo) hayou <u>h</u>atoulim.** *Dans la rue, il (n')y avait (pas de) des chats.*	בָּרְחוֹב יֵשׁ/אֵין חֲתוּלִים. **ba-rēhov yēsh/ēyn <u>h</u>atoulim.** *Dans la rue, il (n')y a (pas de) des chats.*

• La représentation du verbe *avoir* au passé :

Au présent, nous avons vu (Module 6) que יֵשׁ **yēsh** *il y a* et son contraire אֵין **ēyn** *il n'y a pas* complétés par la préposition ל... **lē...** à représentent le verbe *avoir*. Au passé, il faut rajouter cette dernière préposition aux trois conjugaisons הָיָה **haya** (masc. sing.) הָיְתָה **hayta** (fém. sing.) הָיוּ **hayou** (pl.). Notez que dans ces phrases, c'est toujours le possédé (et non pas le possesseur) qui commande la forme de la conjugaison ! Ex. :

	passé	présent
nom masc. sing.	(לֹא) הָיָה לָהּ* תּוֹר לָרוֹפֵא אֶתְמוֹל. **(lo) haya la tor la-rofē ētmol.** *Elle (n')avait (pas de) un rendez-vous chez le médecin hier.*	יֵשׁ/אֵין לְנוֹעָה תּוֹר לָרוֹפֵא הַיּוֹם. **yēsh/ēyn lē-no'a tor la-rofē ha-yom.** *Noa (n')a (pas de) un rendez-vous chez le médecin aujourd'hui.*
nom fém. sing.	(לֹא) הָיְתָה לוֹ* סַבְלָנוּת. **(lo) hayta lo Savlanout.** *Il (n')y avait (pas) de (la) patience.*	יֵשׁ/אֵין לְיוֹסִי סַבְלָנוּת. **yēsh/ēyn lē-yoSi Savlanout.** *Yossi (n')a (pas de) de la patience.*
nom pl.	(לֹא) הָיוּ לָהֶם* קְרוֹבִים בְּקָנָדָה. **(lo) hatou lahēm kro-vim bē-kanada.** *Mes parents (n')avaient (pas de) des proches au Canada.*	לַהוֹרִים שֶׁלִּי יֵשׁ/אֵין קְרוֹבִים בְּקָנָדָה. **la-horim shēli yēsh/ēyn krovim bē-kanada.** *Mes parents (n')ont (pas de) des proches au Canada.*

* Lorsque le complément est un pronom personnel, la préposition ...לְ lē- est déclinée et suit obligatoirement le verbe *être*.

DÉCLINAISONS DES PRÉPOSITIONS

• Déclinaison du nom דֵּעָה dē'a *avis* précédé par la préposition ...לְ lē- *à* :
Pour exprimer son avis, nous utilisons la préposition ...לְ lē- *à* qui se préfixe au nom דֵּעָה dē'a *avis*. Dans le cas où cette construction est suivie par un nom, nous obtenons un état construit. Alors, le premier nom subit un changement et devient ...לְדַעַת lē-da'at... *selon ("à l'avis [de]")*. En revanche, lorsqu'un pronom personnel remplace le nom, nous obtenons une déclinaison.

selon nous / *à notre avis*	lē-da'atēnou	לְדַעְתֵּנוּ	*selon moi /* *à mon avis*	lē-da'ati	לְדַעְתִּי
selon vous (m.) / *à votre* (m.) *avis*	lē-da'atkhēm	לְדַעְתְּכֶם	*selon toi* (m.) / *à ton* (m.) *avis*	lē-da'atkha	לְדַעְתְּךָ
selon vous (f.) / *à votre* (f.) *avis*	lē-da'atkhēn	לְדַעְתְּכֶן	*selon toi* (f.) / *à ton* (f.) *avis*	lē-da'atēkh	לְדַעְתֵּךְ
selon eux / *à leur* (m.) *avis*	lē-da'atam	לְדַעְתָּם	*selon lui* (m.) / *à son* (m.) *avis*	lē-da'ato	לַדְעַתוֹ
selon elles / *à leur* (f.) *avis*	lē-da'atan	לְדעְתָן	*selon elle* (f.) / *à son* (f.) *avis*	lē-da'ata	לְדַעְתָהּ

Ex. :

Selon ("à l'avis d'") elle, Yossi doit aller chez le médecin.   lē-da'ata, yoSi tsarix lalēkhēt la-rofē.   לְדַעְתָהּ, יוֹסִי צָרִיךְ לָלֶכֶת לָרוֹפֵא.

Selon ("à l'avis de") No'a, Yossi doit aller chez le médecin.   lē-da'at no'a, yoSi tsarix lalēkhēt la-rofē.   לְדַעַת נֹעָה, יוֹסִי צָרִיךְ לָלֶכֶת לָרוֹפֵא.

▲ CONJUGAISON
GROUPES VERBAUX (BINYANIM)

• Le cas des verbes d'état du **binyan** פָּעַל **pa'al** → פָּעֵל **pa'ēl** :
Le verbe לִישׁוֹן **lishon** *dormir* appartient au **binyan** פָּעַל **pa'al**. Au présent, il forme avec quelques autres verbes un sous-groupe à part, qu'on nomme, selon sa forme, פָּעֵל **pa'ēl**. Tous les verbes de ce petit groupe décrivent un état, il ne s'agit pas de verbes d'action. Leur conjugaison est légèrement différente : יָשֵׁן → יָשֵׁן **yashēn**

Voici les conjugaisons au féminin et au pluriel :

pluriel	fém. sing.
yēshēnim/-ot יְשֵׁנִים/-וֹת	yēshēna יְשֵׁנָה

• Un sous-groupe du **binyan** נִפְעַל **nif'al** – avec des racines se terminant par la lettre ה : Dans le dialogue de ce module se trouve le verbe לְהֵירָאוֹת **lēhēr'ot** *être vu, apparaître* (lettres-racines : * ה.א.ר). La lettre ה à la dernière place de la racine transforme la conjugaison par rapport à la forme initiale. Néanmoins, la conjugaison est toujours caractérisée par le préfixe ~נ **ni-** : נִרְאֶה → נִסְגָּה **nir'ē**

* La racine ה.א.ר, comme toute autre racine, peut se conjuguer dans plusieurs **binyanim**. Ex. : לִרְאוֹת **lir'ot** *voir*, **binyan pa'al**.

Voici les conjugaisons au féminin et au pluriel :

pluriel	fém. sing.
nir'im/-ot נִרְאִים/-וֹת	nir'ēt נִרְאֵית

• Un sous-groupe du **binyan** הִפְעִיל **hif'il** – avec des lettres-racine composées de ו ou de י à la 2ᵉ place :
Comme nous avons vu dans le Module 7, les verbes de ce groupe perdent la 2ᵉ lettre-racine lorsqu'ils sont conjugués. Bien qu'on emploie souvent la formule initiale, le préfixe ~מַ **ma-** caractéristique de ce **binyan** devient ~מֵ **mē-**. Les deux nouveaux verbes de ce module לְהָבִין **mēvin** *comprendre* (racine ב.י.ן) et לְהָקִיא **lēhaki** *vomir* (racine ק.י.א) font partie de ce sous-groupe. Ex. :

מֵסִים → מֵבִין **mēvin** מֵקִיא **mēki**

Voici les conjugaisons au féminin et au pluriel :

pluriel		fém. sing.	
מְקִיאִים/וֹת	מְבִינִים/וֹת	מְקִיאָה	מְבִינָה
mēki'im/-ot	**mēvinim/-ot**	**mēki'a**	**mēvina**

VOCABULAIRE

מַכַּת שֶׁמֶשׁ ז', makat shēmēsh, coup de soleil/insolation

מָה נִשְׁמַע?, ma nishma?, comment ça va ?

מָה קוֹרֶה?, ma korē?, comment ça va ?

מָה חָדָשׁ?, ma hadash?, quoi de neuf ?

מָה הָעִנְיָנִים?, ma ha-inyanim?, comment ça va ?

נִרְאֶה, לְהֵירָאוֹת, nir'ē, lēhēra'ot, suis/es(t) vu(e), être vu/ avoir l'air

חוֹלֶה ז' / חוֹלָה נ', holē/hola, malade

כּוֹאֵב, לִכְאוֹב, ko'ēv, likh'ov, avoir mal

כְּאֵב ז' / כְּאֵבִים ז' ר', kē'ēv/kē'ēvim, douleur/s

רֹאשׁ ז', rosh, tête

בְּחִילָה נ', bhila, nausée

נוֹרָאִי / נוֹרָאִית, nora'i/nora'it, terrible

בֶּטֶן נ', bētēn, ventre

חוֹם ז', hom, fievre, chaleur

מֵקִיא, לְהָקִיא, mēki, lēhaki, vomis/t, vomir

לָדַעַת, לְדַעְתֵּךְ..., lē-da'at.../ lē-da'atēkh, selon.../selon toi (fem.)

קוֹבֵעַ, לִקְבּוֹעַ, kovē'a, likbo'a, fixe(s)/fixer

לִקְבּוֹעַ תּוֹר, likbo'a tor, prendre un rendez-vous

רוֹפֵא ז' / רוֹפְאָה נ', rofē/rof'a, médecin

אֶתְמוֹל, ētmol, hier

עֲבוֹדָה נ', avoda, travail

שָׁרָב ז', חַמְסִין ז', sharav, hamSin, canicule

נָעִים / נְעִימָה, na'im/nē'ima, agréable

מְסִיבָּה נ', mēSiba, fête, réunion amicale

יוֹם-הֻלֶּדֶת ז', yom-houlēdēt, anniversaire

הָמוֹן, hamon, plein, beaucoup

אִישׁ ז' / אֲנָשִׁים ז' ר', ish/anashim, personne/s, gens

בִּירָה נ' / בִּירוֹת נ' ר', bira/birot, bière/s

אֶמְצַע, ēmtsa, milieu

מֵבִין, לְהָבִין, mēvin, lēhavin, comprend(s), comprendre

פָּשׁוּט, pashout, simplement

הַבַּיְתָה, ha-bayta, à la maison

הַרְבֵּה, harbē, beaucoup

נִכְנָס, לְהִיכָּנֵס, nikhnaS, lēhikanēS, entre(s), entrer

יָשֵׁן, לִישׁוֹן, yashēn, lishon, dors/t, dormir

מָחָר, mahar, demain

שֵׁן נ' / שִׁינַּיִם נ' ר', shēn/shinayim, dent/s

גַּב ז', gav, dos

גָּרוֹן ז', garon, gorge

אֹזֶן נ' / אוֹזְנַיִים נ' ר', ozēn/oznayim, oreille/s

רֶגֶל נ' / רַגְלַיִים נ' ר', rēguēl/raglayim, jambe/s

●EXERCICES

1. COMPLÉTEZ LE TABLEAU SUIVANT COMME DANS L'EXEMPLE. ÉCOUTEZ L'ENREGISTREMENT ET RÉPÉTEZ.

Avec le verbe : *avoir mal* **likh'ov**/לִכְאוֹב	Avec le nom : *douleur(s)* **kē'ēv/ēy**/כְּאֵב
Exp. : כּוֹאֶבֶת לִי הַבֶּטֶן.	יֵשׁ לִי כְּאֵב בֶּטֶן.
	1. יֵשׁ לוֹ כְּאֵב גַּב.
2. כּוֹאֲבוֹת לָנוּ הָרַגְלַיִים.	
	3. יֵשׁ לָנוּ כְּאֵבֵי שִׁינַיִים.
4. כּוֹאֵב לְךָ הַגָּרוֹן?	

2. TRANSFORMEZ LES PHRASES AU PASSÉ.

Exemple : יֵשׁ מְכוֹנִית עַל-יַד הַבַּנְק. ← הָיְיתָה מְכוֹנִית עַל-יַד הַבַּנְק.

1. אֵין תַּחְבּוּרָה צִיבּוּרִית בְּצָפַת.
2. יֵשׁ אוֹטוֹבּוּס עַל-יַד הַחַלּוֹן.
3. בַּפִּינָה הָאוֹכֶלֶת יֵשׁ אַגְרָטָל וְכוֹרְבָרוֹת כְּסוּפוֹת.
4. בַּדִּירָה הַזֹּאת יֵשׁ שְׁתֵּי מְרְפָּסוֹת.
5. בְּאָסְיָה אֵין בִּירוֹת.

3. METTEZ LES PHRASES AU PASSÉ ET TRANSFORMEZ LES ÉLÉMENTS SOULIGNÉS EN PRONOMS PERSONNELS. PUIS TRADUISEZ-LES.

Exemple : Il avait une belle voiture. לְכֹבִי יֵשׁ מְכוֹנִית יָפָה. ← הָיְיתָה לוֹ מְכוֹנִית יָפָה.

1. לְגִיוּרִית הַצְּעִירָה אֵין חוּפָה.
2. יֵשׁ לַסְטוּדֶנְטִים שִׁיעוּרִים חֲשׁוּבִים.
3. לְפֶלִיקְס וְלִי יֵשׁ מְסִיבַת יוֹם-הוּלֶדֶת.
4. לְיוֹסִי אֵין חוּם.
5. לְסַבְתָא שֶׁלִּי יֵשׁ כּוֹבַע רוּחַ.

4. CHOISISSEZ LE VERBE QUI CONVIENT ET CONJUGUEZ-LE SI NÉCESSAIRE. PUIS TRADUISEZ LES PHRASES.

1. דָּוִד חוֹלֶה, הוּא .... טוֹב. (לְצַלְצֵל, לְהַרְגִּישׁ, לִרְקוֹד)
2. סָבְתָּא אוֹהֶבֶת כָּל הַיָּלְדִים ו- .... בְּיוֹם. (לְהָבִין, לְהִתְכַּנֵּס, לִשְׁאוֹל)
3. לְפֶקֶר אוֹמְרִים: תּוֹדָה .... רוּחַ, הוּא אוֹהֵב כַּדוּר. (לְקַבֵּל, לָקַחַת, לִכְתּוֹב)
4. בְּאֵיזוֹ שָׁעָה אַתְּ הַבַּיְתָה .... הַבַּיְתָה? (לַחֲזוֹר, לַעֲבוֹר, לָשׁוּב)
5. אַתָּה .... מַה הַשִּׁיעוּר הַחֲדָשׁ? (לְהַרְגִּישׁ, לְקַבֵּל, לְהָבִין)

11. FAIRE LES COURSES

לַעֲרוֹךְ קְנִיּוֹת

LA'AROKH KNIYOT

OBJECTIFS	NOTIONS
• DEMANDER/INDIQUER L'EMPLACEMENT • LES NOMS DES DENRÉES ALIMENTAIRES • LES MOYENS DE PAIEMENT	• L'EXPRESSION DU TEMPS : CONNECTEURS ET ADVERBES • LA PHRASE IMPERSONNELLE (2) • LA FORMATION DES ADJECTIFS *(MISHKALIM)* • GROUPES VERBAUX *(BINYANIM)* ET FORMES

AU SUPERMARCHÉ

— Excusez-moi, madame, savez-vous où je peux trouver du sucre ?

— Le sucre se trouve sur l'étagère du milieu à droite, à côté de la farine.

— Merci beaucoup, je tourne [en rond] depuis dix minutes et ne trouve rien.

— Est-ce la première fois que vous faites les courses dans ce supermarché ?

— Oui, en général j'achète dans l'épicerie du quartier, mais il n'y a pas grand choix. Savez-vous si on peut trouver ici de l'huile de sésame ?

— À *(de)* gauche de *(à)* l'entrée, il y a un rayon bio avec un grand choix de produits.

— [C'est] bon à savoir, juste une dernière question si cela ne vous ennuie pas, où se trouvent les produits laitiers ?

— En face du rayon des fruits et légumes. Vous voyez ? Après les boissons et les snacks.

— Ah, maintenant je vois les réfrigérateurs ! Merci !

— Vous avez déjà beaucoup d'articles, pourquoi ne prenez-vous pas un chariot ou un panier ?

— Je ne pense jamais à prendre un chariot car, en général dans ma liste de courses, il n'y a pas beaucoup de choses, mais lorsque je passe entre les rayons *(étagères)*, je me rappelle toujours de quelque chose qui me manque à la maison… Surtout *(Spécialement)* quand j'ai faim…

— Ça m'arrive aussi parfois, il vaut mieux faire les courses lorsqu'on est rassasié, on économise de l'argent !

— Mince, je vois que les caisses sont très encombrées !

— Si vous avez jusqu'à dix articles, vous pouvez faire la queue en caisse rapide, mais il [n']est possible de payer que *(seulement)* par carte de crédit, ni chèque ni espèces !

— Encore *(de nouveau)* merci pour *(sur)* tous les bons conseils, vous avez beaucoup de patience !

בַּסוּפֶּרְמַרְקֶט
ba-soupērmarkēt

– סְלִיחָה גְּבֶרֶת, אַתְּ יוֹדַעַת אֵיפֹה אֲנִי יָכוֹל לִמְצוֹא סוּכָּר?
– Sliha gēvērēt, at yoda'at ēyfo ani yakhol limtso Soukar?

– הַסּוּכָּר נִמְצָא עַל הַמַּדָּף הָאֶמְצָעִי מִיָּמִין, עַל-יַד הַקֶּמַח.
– ha-Soukar nimtsa al ha-madaf ha-ēmtsa'i mi-yamin, al-yad ha-kēmah.

– תּוֹדָה רַבָּה, אֲנִי מִסְתּוֹבֵב כְּבָר עֶשֶׂר דַּקּוֹת וְלֹא מוֹצֵא כְּלוּם.
– toda raba, ani miStovēv kvar ēSēr dakot vē-lo motsē kloum.

– זֹאת הַפַּעַם הָרִאשׁוֹנָה שֶׁאַתָּה עוֹשֶׂה קְנִיּוֹת בַּסּוּפֶּר הַזֶּה?
– zot ha-pa'am ha-rishona shē-ata oSē kniyot ba-Soupēr ha-zē?

– כֵּן, בְּדֶרֶךְ-כְּלָל אֲנִי קוֹנֶה בַּמַּכֹּלֶת הַשְּׁכוּנָתִית, אֲבָל אֵין שָׁם מִבְחָר גָּדוֹל. אַתְּ יוֹדַעַת אִם אֶפְשָׁר לִמְצוֹא פֹּה שֶׁמֶן שׁוּמְשׁוּם?
– kēn, bē-dērēkh-klal ani konē ba-makolēt ha-shkhounatit, aval ēyn sham mivhar gadol. at yoda'at im ēfshar limtso po shēmēn SoumSoum?

– מִשְּׂמֹאל לַכְּנִיסָה יֵשׁ מַחְלָקָה אוֹרְגָּנִית עִם מִבְחָר גָּדוֹל שֶׁל מוּצָרִים.
– mi-Smol la-kniSa yēsh mahlaka organit im mivhar gadol shēl moutsarim.

– טוֹב לָדַעַת, רַק עוֹד שְׁאֵלָה אַחֲרוֹנָה אִם לֹא אִכְפַּת לָךְ, אֵיפֹה מוּצְרֵי הֶחָלָב?
– tov lad'at, rak od shē'ēla ahrona im lo ikhpat lakh, ēyfo moutsarēy hē-halav?

– מוּל מַחְלֶקֶת הַפֵּרוֹת וְהַיְרָקוֹת, אַתָּה רוֹאֶה? אַחֲרֵי הַמַּשְׁקָאוֹת וְהַחֲטִיפִים.
– moul mahlekēt ha-pērot vē-ha-yērakot, ata ro'ē? aharēy ha-mashka'ot vō-ha-hatifim.

– אָה! עַכְשָׁיו אֲנִי רוֹאֶה אֶת הַמְּקָרְרִים! תּוֹדָה!
– ahh! akhshav ani ro'ē ēt ha-mkarērim! toda!

– יֵשׁ לְךָ כְּבָר הַרְבֵּה מִצְרָכִים, לָמָּה אַתָּה לֹא לוֹקֵחַ עֲגָלָה אוֹ סַל?
– yēsh lēkha kvar harbē mitsrakhim, lama ata lo lokē'ah agala o Sal?

– אֲנִי אַף-פַּעַם לֹא חוֹשֵׁב לָקַחַת עֲגָלָה כִּי בְּדֶרֶךְ-כְּלָל בִּרְשִׁימַת הַקְּנִיּוֹת שֶׁלִּי אֵין הַרְבֵּה דְּבָרִים, אֲבָל כְּשֶׁאֲנִי עוֹבֵר בֵּין הַמַּדָּפִים אֲנִי תָּמִיד נִזְכָּר בְּעוֹד מַשֶּׁהוּ שֶׁחָסֵר לִי בַּבַּיִת... בִּמְיוּחָד כַּאֲשֶׁר אֲנִי רָעֵב...
– ani af-pa'am lo hoshēv lakahat agala ki bē-dērēkh klal bi-rshimat ha-kniyot shēli ēyn harbē dvarim, aval kshē-ani ovēr bēyn ha-madafim ani tamid nizkar bē-od mashēhou shē-haSēr li ba-bayit... bimyouhad ka'ashēr ani ra'ēv...

– גַּם לִי זֶה קוֹרֶה לִפְעָמִים, כְּדַאי לַעֲשׂוֹת קְנִיּוֹת כְּשֶׁשְּׂבֵעִים, חוֹסְכִים כֶּסֶף!
– gam li zē korē lif'amim, kēday la'aSot kniyot kshē-Svē'im, hoSkhim kēSēf!

– אוֹי, אֲנִי רוֹאֶה שֶׁהַקֻּפּוֹת מְאֹד עֲמוּסוֹת!
– oy, ani ro'ē shē-ha-koupot mē'od amouSot!

– אִם יֵשׁ לְךָ עַד עֲשָׂרָה מִצְרָכִים, אַתָּה יָכוֹל לַעֲמוֹד בַּתּוֹר בַּקֻּפָּה הַמְּהִירָה, אֲבָל אֶפְשָׁר לְשַׁלֵּם בָּהּ רַק בְּכַרְטִיס אַשְׁרַאי, לֹא בְּצֵ'ק וְלֹא בִּמְזוּמָּן!
– im yēsh lēkha ad aSara mitsrakhim, ata yakhol la'amod ba-tor ba-koupa ha-mēhira, aval ēfshar lēshalēm ba rak bē-khartis ashray, lo bē-tshēk vē-lo bi-mzouman!

– שׁוּב תּוֹדָה עַל כָּל הָעֵצוֹת הַטּוֹבוֹת, יֵשׁ לָךְ הַרְבֵּה סַבְלָנוּת.
– shouv toda al kol ha-ētsot ha-tovot, yēsh lakh harbē Savlanout.

◼ COMPRENDRE LE DIALOGUE
QUELQUES FORMULES ET EXPRESSIONS

→ לַעֲרוֹךְ קְנִיּוֹת **la'arokh kniyot** *organiser des courses* est une construction normative. Dans le langage oral, nous employons plutôt לַעֲשׂוֹת קְנִיּוֹת **la'aSot kniyot** *faire des courses*.

→ גְּבֶרֶת **gēvērēt** *madame* est une formule de politesse employée lorsqu'on souhaite interpeler une personne de genre féminin dont on ignore le nom. Cependant, elle reste facultative et peut être remplacée par la formule de politesse סְלִיחָה **sliha** *pardon*. Pour une personne de genre masculin, on peut employer le mot אָדוֹן/אֲדוֹנִי **adon/adoni** *monsieur*. Les deux mots sont également employés dans des circonstances très officielles ou lorsqu'il s'agit de personnes très distinguées.

→ כְּלוּם **kloum** *rien* et אַף-פַּעַם **af pa'am** *jamais* nécessitent l'emploi d'un mot de négation supplémentaire dans la phrase. Ce mot peut être לֹא **lo** *non*, אֵין **ēyn** *il n'y a pas*, אַל **al** *ne* (interdiction) ou bien un autre mot de négation.

→ סוּפֶּר **Soupēr** *supermarché* : un raccourci de סוּפֶּרְמַרְקֶט **Soupermarkēt**.

→ אִם לֹא אִכְפַּת לָךְ **im lo ikhpat lakh** *si cela ne vous ennuie pas* est une formule de politesse. Cependant,....לֹא אִכְפַּת לְ **lo ikhpat lē…** *peu importe* exprime l'indifférence tandis que אִכְפַּת **ikhpat** *il importe* exprime l'intérêt.

→ לַעֲמוֹד בַּתּוֹר **la'amod ba-tor** *faire la queue* litt. "tenir debout dans la file/la rangée". Le mot תּוֹר **tor** est utilisé dans la construction לִקְבּוֹעַ תּוֹר **likbo'a tor** *prendre un rendez-vous* (voir Module 10). Les Israéliens n'hésitent pas à rappeler quelqu'un à l'ordre si on ose prendre leur place dans la file d'attente.

NOTE CULTURELLE

Les moyens de paiement en Israël ressemblent à ceux que nous utilisons en Europe. Les cartes bancaires sont acceptées dans la plupart des commerces. Ces derniers proposent presque automatiquement d'étaler le paiement sur plusieurs mois. Le mot employé pour indiquer cela est תַּשְׁלוּמִים **tashloumin** *paiements en différé*. Cela est valable au supermarché, dans les boutiques, les grandes enseignes et pour presque tous les types de consommation. En effet, les compagnies de cartes de crédit ainsi que les banques permettent à leurs clients cet arrangement sans avoir besoin de justifier/monter un dossier, et sans frais.

Pour les petites sommes, les petits commerçants vont apprécier le paiement en מְזוּמָן **mēzouman** *espèces*. Enfin, les chèques sont, comme en France, de moins en moins acceptés. Une pièce d'identité est systématiquement exigée… Un petit panneau de signalisation accroché dans le magasin l'indique : לֹא מְקַבְּלִים צֵ׳קִים/הַמְחָאוֹת **lo mēkablim tchēkim/hamha'ot** *on n'accepte pas les chèques*.

Quelques mots à connaître : כֶּסֶף קָטָן **kēSēf katan** *la monnaie* litt. "petit argent", עוֹדֶף **odēf** *la monnaie rendue* litt. "en excédent", שְׁטָר **shtar** *billet* (d'argent), מַטְבֵּעַ **matbē'a** *pièce de monnaie*, שֶׁקֶל **shēkēl** *shekel* et אֲגוֹרָה **agora** *centime*.

◆ GRAMMAIRE
L'EXPRESSION DU TEMPS

• Les propositions subordonnées circonstancielles de temps :
Le connecteur כַּאֲשֶׁר **ka'ashēr** *quand, lorsque, en même temps que* ou sa variante courte כְּשֶׁ... **kshē-** s'emploient pour lier des propositions exprimant des activités/actions qui se déroulent en même temps ou pour répondre à la question מָתַי? **matay?** *quand ?*

Attention ! Le mot interrogatif מָתַי? **matay?** *quand ?* s'emploie uniquement dans les phrases interrogatives. Ex. :

– מָתַי אַתְּ אוֹכֶלֶת? – אֲנִי אוֹכֶלֶת כַּאֲשֶׁר/ כְּשֶׁאֲנִי רְעֵבָה.
– **matay at okhēlēt? – ani okoēlēt ka'ashēr/ kshē-ani rē'ēva.**
– *Quand manges-tu ? – Je mange quand j'ai faim.*

• Pour exprimer la fréquence :
Lorsque nous parlons de la fréquence à laquelle nous avons l'habitude de faire une action, nous employons le plus souvent les adverbes suivants :

→ אַף פַּעַם **af pa'am** *jamais*
→ בְּדֶרֶךְ-כְּלָל **bē-dērēkh-klal** *en général*
→ תָּמִיד **tamid** *toujours*
→ לִפְעָמִים **lifa'amim** *parfois*

LA PHRASE IMPERSONNELLE (2)

Au Module 5, nous avons appris à construire des phrases impersonnelles à partir d'un prédicat (adjectif ou adverbe) suivi d'un infinitif. Un autre moyen d'exprimer l'impersonnel est l'emploi d'une phrase dans laquelle le sujet est absent et le verbe conjugué à la 3ᵉ personne du pluriel masculin. Nous ne précisons pas qui fait l'action, nous exprimons une généralité. Cette construction est très fréquente dans une forme interrogative. Ex. :

כְּשֶׁרוֹצִים לִמְצוֹא מִבְחָר גָּדוֹל, הוֹלְכִים לַסּוּפֶּרְמַרְקֶט.
kshē-rotsim limtso mivḥar gadol, holkhim la-Soupērmarkēt.
Lorsqu'on veut trouver un grand choix, on va au supermarché.

אֵיךְ מַגִּיעִים לִרְחוֹב דִּיזֶנְגּוֹף?
ēkh magui'im li-rhov dizēngof ? *Comment arrive-t-on à la rue Dizengoff ?*

LES ADJECTIFS

Comme les verbes, les adjectifs – mais aussi les noms – se regroupent par catégories appelées מִשְׁקָלִים **mishkalim**. La classification est fonction de la façon dont ils ont été construits. Ci-dessous deux exemples de **mishkalim** :

• Les adjectifs construits à partir de la forme au présent d'un verbe exprimant un état :
Au Module 10, nous avons évoqué la conjugaison spéciale des verbes du **binyan pa'al** exprimant un état. Ex. :

יָשֵׁן ← חָכָם **ya**sh**ēn** du verbe לִישׁוֹן **lishon** *dormir*
Dans ce module, רָעֵב **ra'ēv** *affamé* ≠ שָׂבֵעַ **Savē'a** *rassasié* et חָסֵר **haSēr** *manque, absent* sont des adjectifs formés à partir de cette même forme. On peut employer ces mots comme des verbes. Effectivement, ils possèdent un infinitif (respectivement : לִרְ־עוֹב **lir'ov** *avoir faim* et לִשְׂבּוֹעַ **liSbo'a** *être rassasié* לַחְסוֹר **lahSor** *manquer*) et peuvent être conjugués au passé et au futur. Cependant, beaucoup d'autres adjectifs courants appartenant à cette catégorie ne peuvent avoir qu'une seule nature, ce sont uniquement des adjectifs. Ex. :

masc./fém. pl.	fém. sing.	masc. sing.
beaux/belles **yafim/ot** יָפִים/וֹת	*belle* **yafa** יָפָה	*beau* **yafē** יָפֶה
vieux/vieilles **zkēnim/ot** זְקֵנִים/וֹת	*vieille* **zkēna** זְקֵנָה	*vieux* **zakēn** זָקֵן
gros/ses **shmēnim/ot** שְׁמֵנִים/וֹת	*grosse* **shmēna** שְׁמֵנָה	*gros* **shamēn** שָׁמֵן

• Les adjectifs construits à partir d'un nom par le rajout du suffixe י~ **-i** (au masc. sing.) sur lequel on rajoute les suffixes marquant le genre féminin et/ou le pluriel :
Voici quelques exemples :

adjectifs			nom
masc./fém. pl.	fém. sing	masc. sing	
אֶמְצָעִיִּים/יוֹת **ēmtsa'iyim/iyot** *intermédiaires*	אֶמְצָעִית **ēmtsa'it** *intermédiaire*	אֶמְצָעִי **ēmtsa'i** *intermédiaire*	אֶמְצַע **ēmtsa** *milieu*

מֶרְכָּזִיִּים/יוֹת mērkazi'im/yot *centraux/ales*	מֶרְכָּזִית mērkazit *centrale*	מֶרְכָּזִי mērkazi *central*	מֶרְכָּז mērkaz *centre*

Lorsque le nom est féminin et se termine par le suffixe ה~ **–a**, la lettre ת remplace le ה avant le rajout du suffixe ~י **-i** :

adjectifs			nom
masc./fém. pl.	fém. sing	masc. sing	
שְׁכוּנָתִיִּים/יוֹת shkhounatiyim/iyot *de quartier*	שְׁכוּנָתִית shkhounatit *de quartier*	שְׁכוּנָתִי shkhounati *de quartier*	שְׁכוּנָה shkhouna *quartier*
מִשְׁפַּחְתִּיִּים/יוֹת mishpahtiyim/yot *familiaux/ales*	מִשְׁפַּחְתִּית mishpahtit *familiale*	מִשְׁפַּחְתִּי mishpahti *familial*	מִשְׁפָּחָה mishpaha *famille*

D'autres catégories d'adjectifs seront présentées dans les prochains modules.

▲ CONJUGAISON
GROUPES VERBAUX (BINYANIM) ET FORMES

• Un sous-groupe du **binyan** הִתְפַּעֵל **hitpa'ēl** – avec des racines qui comportent une consonne dite "sifflante" שׁ / שׂ / צ / ס / ז à la 1re lettre de la racine :

Comme nous l'avons vu au Module 7, le **binyan** הִתְפַּעֵל **hitpa'ēl** se caractérise par le préfixe לְהִתְ~ à l'infinitif et מִתְ~ à la forme conjuguée du présent. Cependant, nous trouvons dans ce module le verbe לְהִסְתּוֹבֵב **lēhiStovēv** *tourner en rond*, circuler où la 1re lettre-racine ס sépare les lettres du préfixe. C'est pour des raisons de prononciation que ce processus d'inversement a lieu. En effet, cette consonne change de place avec la consonne ת du préfixe : מִסְתּוֹבֵב **miStovēv**

Au féminin, on ajoute comme d'habitude le suffixe ת~ **-ēt** et, au pluriel, on ajoute les suffixes ים~ **-im** et וֹת~ **-ot** :

מִסְתּוֹבֶבֶת **miStovēvēt** מִסְתּוֹבְבִים/וֹת **miStovēvim/ot**

Le même processus a lieu pour les racines contenant les "sifflantes" שׁ ou שׂ.

En revanche, lorsque la 1re lettre-racine est la consonne ז ou la consonne צ, le suffixe ת va se transformer respectivement en ד et ט. Ex. :

pluriel	fém. sing.	masc. sing.	infinitif	racine
מִשְׁתַּמְּשִׁים/וֹת mishtamshim/ot	מִשְׁתַּמֶּשֶׁת mishtamēshēt	מִשְׁתַּמֵּשׁ mishtamēsh	לְהִשְׁתַּמֵּשׁ lēhishtamēsh *utiliser*	שׁ.מ.שׁ
מִזְדַּקְנִים/וֹת mizdaknim/ot	מִזְדַּקֶּנֶת mizdakēnēt	מִזְדַּקֵּן mizdakēn	לְהִזְדַּקֵּן lēhizdakēn *vieillir*	ז.ק.נ
מִצְטַעֲרִים/וֹת mitsta'arim/ot	מִצְטַעֶרֶת mitsta'ērēt	מִצְטַעֵר mitsta'ēr	לְהִצְטַעֵר lēhitsta'ēr *regretter*	צ.ע.ר

● VOCABULAIRE

עוֹרֵךְ, לַעֲרוֹךְ, orēkh, la'arokh, fais/t, faire (organiser)

קְנִיָּה נ׳ / קְנִיּוֹת נ׳ ר׳, kniya/kniyot, achat(s)

סוּפֶּרְמַרְקֵט ז׳ (סוּפֶּר), soupērmarkēt (soupēr), supermarché

גְּבֶרֶת נ׳ / אָדוֹן ז׳, gvērēt/adon, madame, monsieur

מוֹצֵא, לִמְצוֹא, motsē, limtso, trouve(s), trouver

סוּכָּר ז׳, Soukar, sucre

מַדָּף ז׳ / מַדָּפִים ז׳ ר׳, madaf/madafim, étagère(s)

אֶמְצָעִי / אֶמְצָעִית, ēmtsa'i/ēmtsa'i, du milieu / intermédiaire

יָמִין ז׳ ≠ שְׂמֹאל ז׳, yamin ≠ Smol, droite ≠ gauche

קֶמַח ז׳, kēmah, farine

מִסְתּוֹבֵב, לְהִסְתּוֹבֵב, miStovēv, lēhiStovēv, tourne(s), tourner

כְּלוּם, kloum, rien

פַּעַם נ׳ / פְּעָמִים נ׳ ר׳, pa'am/pē'amim, fois

רִאשׁוֹן / רִאשׁוֹנָה, rishon/rishona, premier/première

בְּדֶרֶךְ-כְּלָל, bē-dērēkh-klal, en général

קוֹנֶה, לִקְנוֹת, konē, liknot, achète(s), acheter

מַכּוֹלֶת נ׳, makolēt, épicerie

שְׁכוּנָתִי / שְׁכוּנָתִית, shkhounati/shkhounatit, du quartier

מִבְחָר ז׳, mivhar, choix

שֶׁמֶן ז׳, shēmēn, huile

שׁוּמְשׁוּם ז׳, SoumSoum, sésame

מַחְלָקָה נ׳ / מַחְלֵקֵת…, mahlaka/mahlēkēt…, section, rayon

אוֹרְגָּנִי / אוֹרְגָּנִית, organi/organit, organique, bio

מוּצָרִים ז׳ ר׳ / מוּצְרֵי..., moutsarim/moutsrey..., produits, produits de...

(לֹא) אִכְפַּת לְ... (lō), (lo) ikhpat lē..., (ne) importe à

פְּרִי ז׳ / פֵּירוֹת ז׳ ר׳, pri/pērot, fruit(s)

יֶרֶק ז׳ / יְרָקוֹת ז׳ ר׳, yērēk/yērakot, légume(s)

מַשְׁקֶה ז׳ / מַשְׁקָאוֹת ז׳ ר׳, mashkē/mashka'ot, boisson(s)

חָטִיף ז׳ / חֲטִיפִים ז׳ ר׳, hatif/hatifim, snack(s)

מְקָרֵר ז׳ / מְקָרְרִים ז׳ ר׳, mēkarēr/mēkarērim, réfrigérateur(s)

מִצְרָכִים ז׳ ר׳, mitsrakhim, articles

לָמָה? כִּי..., lama? ki..., pourquoi ? parce que...

עֲגָלָה נ׳, agala, chariot

סַל ז׳, Sal, panier

אַף-פַּעַם, af-pa'am, jamais

רְשִׁימָה נ׳ / רְשִׁימַת..., rēshima/rēshimat..., liste, liste de...

דָּבָר ז׳ / דְּבָרִים ז׳ ר׳, davar/dvarim, chose(s)

עוֹבֵר, לַעֲבוֹר, ovēr, la'avor, passe(s), passer

בֵּין, bēyn, entre

נִזְכָּר, לְהִיזָּכֵר, nizkar, lēhizakhēr, me/te/se rappelle(s), se rappeler

חָסֵר / חֲסֵרָה, haSēr/haSēra, manque, absent(e)

בִּמְיוּחָד, bimyouhad, spécialement, surtout

כַּאֲשֶׁר / כְּשֶׁ..., ka'ashēr/kshē..., lorsque

רָעֵב / רְעֵבָה, ra'ēv/rē'ēva, affamé(e)

קוֹרֶה, לִקְרוֹת, korē, likrot, se passe, se passer

לִפְעָמִים, lif'amim, parfois

שָׂבֵעַ / שְׂבֵעָה, Savē'a/Svē'a, rassasié(e)

חוֹסֵךְ, לַחְסוֹךְ, hoSēkh, lahSokh, économise(s), économiser

קוּפָּה נ׳ / קוּפּוֹת נ׳ ר׳, koupa/koupot, caisse(s)

עָמוּס / עֲמוּסָה, amouS/amouSa, chargé(e)

עוֹמֵד, לַעֲמוֹד (בַּתּוֹר), omēd, la'amod (ba-tor), fais/t la queue, faire la queue

מָהִיר / מְהִירָה, mahir/mēhira, rapide

תַּשְׁלוּמִים, tashloumim, paiements différés

מְזוּמָּן, mēzouman, espèce

שׁוּב, shouv, de nouveau

עֵצָה נ׳ / עֵצוֹת נ׳ ר׳, ētsa/ētsot, conseil(s)

עוֹדֶף ז׳, odēf, la monnaie (rendu)

שְׁטָר ז׳ / שְׁטָרוֹת ז׳ ר׳, shtar/shtarot, billet(s) d'argent

מַטְבֵּעַ ז׳ / מַטְבְּעוֹת ז׳ ר׳, matbē'a/matbē'ot, pièce(s) d'argent

אֲגוֹרָה נ׳, agora, centime

הַמְחָאָה נ׳ / הַמְחָאוֹת נ׳ ר׳, hamha'a/hamha'ot, chèque(s)

יָפֶה / יָפָה, yafē/yafa, beau/belle

זָקֵן / זְקֵנָה, zakēn/zkēna, vieux/vieille

שָׁמֵן / שְׁמֵנָה, shamēn/shmēna, gros(se)

מִשְׁתַּמֵּשׁ, לְהִשְׁתַּמֵּשׁ, mishtamēsh, lēhishtamēsh, utilise(s), utiliser

מִזְדַּקֵּן, לְהִזְדַּקֵּן, mizdakēn, lēhizdakēn, vieillis/t, vieillir

● EXERCICES

1. ÉCOUTEZ L'ENREGISTREMENT, PUIS COMPLÉTEZ LE TEXTE PAR RAPPORT AU DIALOGUE AVEC LE CONNECTEUR (כְּשֶׁ... / כַּאֲשֶׁר) OU LES ADVERBES ADAPTÉS (לִפְעָמִים / אַף פַּעַם+לֹא / תָּמִיד / בְּדֶרֶךְ־כְּלָל).
LISEZ ENSUITE À HAUTE VOIX. PUIS RÉÉCOUTEZ L'ENREGISTREMENT.

הוּא עוֹשֶׂה קְנִיּוֹת בַּמַּכֹּלֶת הַשְּׁכוּנָתִית. כָּךְ .... הוּא הוֹלֵךְ לַסּוּפֶּר. הוּא – חוֹפֶשׁ

לָקַחַת אִתּוֹ בַּצָּד כִּי .... אֵין הַרְבֵּה דְּבָרִים בְּרְשִׁימַת הַקְּנִיּוֹת שֶׁלּוֹ. הוּא אוֹכֵר בֵּין הָאֲנָשִׁים הוּא ....

נִזְכָּר בְּעוֹד מַשֶּׁהוּ שֶׁחָסֵר לוֹ בַּבַּיִת. גַּם שָׁם יֵשׁ לוֹ מָה קוֹרֶה .... הִיא רַבָּה.

2. COMPLÉTEZ LES PHRASES AVEC LES VERBES PROPOSÉS EN LES CONJUGUANT À LA FORME IMPERSONNELLE (AU MASC. PL.), VOUS POUVEZ VOUS AIDER DE LA TRADUCTION.
לְהִסְתּוֹבֵב – לִמְצוֹא – לִקְנוֹת – לִפְתּוֹחַ - לַחֲכּוֹת – לַעֲמוֹד בַּתּוֹר – לְשַׁלֵּם

א - סְלִיחָה, מָתַי יוֹדֵעַ אַתָּה .... אֵת הַסּוּפֶּרְמַרְקֵט?
– Monsieur, savez-vous quand ouvre le supermarché ?

ב - אֲנִי חוֹשֵׁב שֶׁהַיּוֹם .... בְּשָׁעָה תֵּשַׁע.
– Je pense qu'aujourd'hui on ouvre à neuf heures.

ג - בְּיִשְׂרָאֵל .... הַרְבֵּה פֵּירוֹת וִירָקוֹת.
– En Israël, on achète beaucoup de fruits et légumes.

ד - עַד עֲשָׂרָה מוּצְרִים .... בַּתּוֹר בַּקּוּפָּה מְהִירָה וְלֹא .... הַרְבֵּה זְמַן.
Jusqu'à dix articles, on fait la queue à la caisse rapide et on n'attend pas longtemps.

ה - בְּסוּפֶּר גָּדוֹל .... לִפְעָמִים הַרְבֵּה זְמַן בֵּין הָאֲנָשִׁים עַד שֶׁ .... מָה שֶׁ
Dans un grand supermarché, on tourne parfois longtemps en rond entre les rayons jusqu'à ce que l'on trouve ce que l'on cherche.

ו - סְלִיחָה, טוֹיְטָה ....? - בְּקוּפָּה, מִיָּמִין לַכְּנִיסָה.
– Excusez-moi, où est-ce qu'on paie ? – À la caisse, à droite de l'entrée.

3. CHOISISSEZ L'ADJECTIF APPROPRIÉ POUR CHACUNE DES PHRASES SUIVANTES PUIS TRADUISEZ-LES :

א פַּעַם סוֹכֵר .... כְּבָבָיו תָּמִיד לֶאֱכוֹל מַשֶּׁהוּ בַּבּוֹקֶר. יָמִים / צְּעִיר / רְעֵבִים

ב סָבְתָא שֶׁלִּי אוֹפָה עוּגַּת תְּאֵנִים וְתוֹאַחַת, הִיא אִשָּׁה .... אַחְנָה / צְּנוּעָה / צָבָא

ג הֵם גָּרִים בִּרְחוֹב .... רִאשׁוֹן / אַצְלִי / אֶרְכָּבִי

ד יֵשׁ הַרְבֵּה דְּבָרִים עַל הַמַּדָּפִים, הֵם מָלֵא .... אוֹמְסִים / מְחִירִים / חֲסֵרִים

ה בַּמַּכֹּלֶת הַזֹאת יֵשׁ רַק פְּעָלִים בְּלַחֵים .... אַחֲרוֹנָה / שְׁכוּנָתִית / אֶרְכָּבִית

11. Faire les courses

12. CHOSES À FAIRE

סִידּוּרִים

SIDOURIM

OBJECTIFS	NOTIONS
• PARLER DU/AU PASSÉ • DÉCRIRE LE DÉROULEMENT DES ACTIVITÉS	• L'EXPRESSION DU TEMPS : CONNECTEURS ET ADVERBES – SUITE • LES PROPOSITIONS SUBORDONNÉES CIRCONSTANCIELLES (CAUSE / CONSÉQUENCE / BUT) • LE PASSÉ – INTRODUCTION • LE PASSÉ – *BINYAN PA'AL*

COMME D'HABITUDE...

— N'étiez[-vous] pas à la maison hier ?

— [J]'ai étudié jusqu'à tard et Yossi [a] rendu visite *(visité)* [à] ses parents qui [sont] rentrés avant-hier de l'étranger, [nous sommes] rentrés vers 10 [heures] *(dix heures de la nuit)*. Pourquoi demandes-tu ?

— Car [nous] étions en *(dans la)* ville et [nous avons] pensé vous rendre visite *(visiter)*.

— Pourquoi ne nous [avez-vous pas] envoyé un message ?

— Shira m'[a] dit qu'elle [avait] envoyé un message à Yossi mais qu'il ne lui [avait pas] répondu, il ne l'[a pas] reçu ?

— Il [a] sûrement oublié son portable à la maison, comme d'habitude *(toujours)*... Pourquoi [êtes-vous] venus en ville ?

— [Nous sommes] venus car [nous] avions beaucoup de choses à faire. Tout d'abord, Shira devait *(était doit)* essayer une robe qu'elle [avait] commandée il y a un mois chez une styliste *(de mode)*. Ensuite [nous sommes] allés à la préfecture *(ministère de l'Intérieur)* afin de renouveler [les] passeports. Après la préfecture, [nous avons] mangé dans un restaurant et enfin, [nous sommes] allés chez une copine qui [s'y] connaît *(comprends)* en informatique *(ordinateurs)*.

— Que [s'est-il] passé ? As-tu un souci avec ton ordinateur ?

— Il est tombé en panne *(s'est abimé)* la semaine dernière !

— [A]-t-elle réussi à le réparer ?

— Elle m'[a] dit qu'elle pensait que cela ne vaut pas la peine de le réparer parce qu'il est vieux et m'[a] conseillé d'acheter un nouvel ordinateur... C'est pour cela que mardi prochain *(qui vient)* nous viendrons *(arrivons)* de nouveau en ville. [J'ai] appelé pour savoir si vous [serez] disponibles.

כְּמוֹ תָּמִיד...
kmo tamid...

– לֹא הֱיִיתֶם אֶתְמוֹל בַּבַּיִת?
– lo hayitēm ētmol ba-bayit?

– לָמַדְתִּי עַד מְאוּחָר וְיוֹסִי בִּיקֵּר אֶת הַהוֹרִים שֶׁלּוֹ שֶׁחָזְרוּ שִׁלְשׁוֹם מֵחוּ"ל, חָזַרְנוּ הַבַּיְתָה בְּעֶרֶךְ בְּעֶשֶׂר בַּלַּיְלָה. לָמָּה אַתָּה שׁוֹאֵל?
– lamadēti ad mēou<u>h</u>ar vē-yoSi bikēr ēt ha-horim shelo shē-<u>h</u>azrou shilshom mē-<u>h</u>oul, hazarnou ha-bayta bē-ērēkh bē-ēSēr ba-layla, lama ata sho'ēl?

– כִּי הָיִינוּ בָּעִיר וְחָשַׁבְנוּ לְבַקֵּר אֶתְכֶם.
– ki hayinou ba-ir vē-<u>h</u>ashavnou lēvakēr ētkhēm.

– לָמָּה לֹא שְׁלַחְתֶּם לָנוּ הוֹדָעָה?
– lama lo shala<u>h</u>tēm lanou hoda'a?

– שִׁירָה אָמְרָה לִי שֶׁהִיא שָׁלְחָה לְיוֹסִי הוֹדָעָה אֲבָל הוּא לֹא עָנָה לָהּ, הוּא לֹא קִיבֵּל אוֹתָהּ?
– Shira amra li shē-hi shal<u>h</u>a lē-yoSi hoda'a aval hou lo ana la, hou lo kibēl ota?

– הוּא בֶּטַח שָׁכַח אֶת הַנַּיָּד שֶׁלּוֹ בַּבַּיִת כְּמוֹ תָּמִיד..., לָמָּה בָּאתֶם הָעִירָה?
– hou bēta<u>h</u> shaka<u>h</u> ēt ha-nayad shēlo ba-bayit kmo tamid..., lama batēm ha-ira?

– בָּאנוּ מִפְּנֵי שֶׁהָיוּ לָנוּ הַרְבֵּה סִידּוּרִים. קוֹדֶם כֹּל שִׁירָה הָיְתָה צְרִיכָה לִמְדּוֹד שִׂמְלָה שֶׁהִיא הִזְמִינָה לִפְנֵי חוֹדֶשׁ אֵצֶל מְעַצֶּבֶת אוֹפְנָה. אַחַר-כָּךְ הָלַכְנוּ לְמִשְׂרַד הַפְּנִים כְּדֵי לְחַדֵּשׁ דַּרְכּוֹנִים. אַחֲרֵי מִשְׂרַד-הַפְּנִים, אָכַלְנוּ מִסְעָדָה וּלְבַסּוֹף הָלַכְנוּ לַחֲבֵרָה שֶׁמְּבִינָה בְּמַחְשְׁבִים.
– banou mipnēy shē-hayou lanou harbē Sidourim. Kodēm kol Shira hayta tsrikha limdod Simla shē-hi hizmina lifnēy <u>h</u>odēsh etsēl mē'atsēvēt ofna. a<u>h</u>ar-kakh halakhnou lē-miSrad ha-pnim kēdēy lē<u>h</u>adēsh darkonim. a<u>h</u>arēy miSrad ha-pnim, akhalnou be-miS'ada ou-le-va-Sof halakhnou lē-<u>h</u>avēra shē-mēvina bē-ma<u>h</u>shēvim.

– מָה קָרָה? יֵשׁ בְּעָיָה עִם הַמַּחְשֵׁב שֶׁלָּךְ?
– ma kara ? yēsh bē'aya im ha-ma<u>h</u>shēv shēlkha ?

– הוּא הִתְקַלְקֵל בַּשָּׁבוּעַ שֶׁעָבַר.
– hou hitkalkēl ba-shavou'a shē-avar.

– הִיא הִצְלִיחָה לְתַקֵּן אוֹתוֹ?
– hi hitsli'<u>h</u>a lētakēn oto?

– הִיא אָמְרָה לִי שֶׁלְּדַעְתָּהּ לֹא כְּדַאי לְתַקֵּן אֶת הַמַּחְשֵׁב מִפְּנֵי שֶׁהוּא יָשָׁן וְהִמְלִיצָה לִי לִקְנוֹת מַחְשֵׁב חָדָשׁ... לָכֵן בְּיוֹם שְׁלִישִׁי הַבָּא אֲנַחְנוּ שׁוּב מַגִּיעִים הָעִירָה. הִתְקַשַּׁרְתִּי כְּדֵי לָדַעַת אִם אַתֶּם פְּנוּיִים.
– hi amra li shē-lēda'ata lo kēday lētakēn ēt ha-ma<u>h</u>shēv mipnēy shē-hou yashan vē-himlitsa li liknot ma<u>h</u>shēv <u>h</u>adash... lakhēn bē-yom shlishi ha-ba ana<u>h</u>nou shouv magui'im ha-ira. hitkasharti kēdēy lada'at im atēm pnouyim.

COMPRENDRE LE DIALOGUE
QUELQUES FORMULES ET EXPRESSIONS

→ סִידוּרִים **Sidourim** *choses à faire* litt. "arrangements, organisations" : ce nom est employé en général au pluriel avec ...לְ יֵשׁ **yēsh lē...** *avoir* pour évoquer l'ensemble des tâches à effectuer.
→ חו"ל **houl** *l'étranger (lieu)* est une forme abrégée de חוּץ לָאָרֶץ **houts-la'arets** litt. "extérieur du Pays". L'abréviation est couramment employée par tous les Israéliens. Notez qu'on associe ici les deux premières lettres du premier mot et la première lettre du second.
→ הַבַּיְתָה **ha-bayta** *à, vers la maison* et הָעִירָה **ha-ira** *à, vers la ville* sont deux exemples où on remplace la préposition ...לְ **lē...** *à, vers* par un suffixe ה~ **–a** s'accolant à un nom. Ce suffixe est associé à très peu de mots qui, généralement, indiquent des directions ou des lieux. Ex. : צָפוֹנָה = לַצָּפוֹן **la-tsafon** = **tsafona** *au nord*. Il est très fréquent, mais pas systématique. Cependant, avec le nom בַּיִת **bayit** *maison*, il s'applique automatiquement lorsqu'il s'agit d'aller/rentrer/venir chez soi. Ex. :

אֲנִי חוֹזֶרֶת לַבַּיִת / הַבַּיְתָה.
Je rentre à la maison/chez moi. **ani hozēret la-bayit ha-bayta.**

→ נַיָּיד **nayad** *portable* litt. "mobile, ambulant" se réfère à un appareil tel que le téléphone (voir module 4) ou l'ordinateur.
→ יָשָׁן **yashan** *vieux* accompagne uniquement des noms d'objets. Pour exprimer la vieillesse des êtres vivants on utilise l'adjectif זָקֵן **zakēn** *vieux*.

L'EXPRESSION DU TEMPS

Ce dialogue contient des marqueurs temporels qui s'ajoutent à ceux déjà étudiés dans le Module 9. Il s'agit d'adverbes de temps employés pour décrire une succession d'actions exécutées les unes après les autres.

• Pour exprimer l'antériorité et la postériorité :
→ Les adverbes (כֹּל) קוֹדֶם **kodēm (kol)** *(tout) d'abord ou bien* et בַּהַתְחָלָה **ba-hathala** *au début* sont employés pour commencer une description. אַחַר-כָּךְ **ahar-kakh** *ensuite* s'emploie à la suite. לְבַסּוֹף **lē-va-Sof** *finalement, à la fin* ou la forme plus parlée בַּסוֹף **ba-Sof** s'utilisent pour indiquer la fin du déroulement de faits/d'actions.

• La préposition suivie de la particule introduisant une proposition subordonnée dans une phrase complexe ...שֶׁ לִפְנֵי **lifnēy shē**... *avant de...* et son contraire ...שֶׁ אַחֲרֵי **aharēy shē**... *après avoir...* expriment l'antériorité/postériorité par rapport à l'action mentionnée dans la proposition principale. Cependant, comme vu dans le dialogue, la préposition subordonnée peut précéder la principale.

• Les prépositions ...הַ לִפְנֵי **lifnēy ha-** *avant (le)* et son contraire ...הַ אַחֲרֵי **aharēy ha-** *après (le)* s'emploient devant un substantif. Elles sont également utilisées pour indiquer un positionnement dans l'espace.

LES PROPOSITIONS CIRCONSTANCIELLES

• De cause :
Ces propositions sont le plus souvent introduites par le connecteur כִּי **ki** *car* ou par la préposition + la particule ...שֶׁ מִפְּנֵי **mipnēy shē**... *parce que*. Tous les deux sont employés sans distinction pour répondre à la question לָמָּה? **lama?** *pourquoi ?*

• De conséquence :
Elles sont introduites par לָכֵן **lakhēn** *c'est pourquoi, donc, c'est la raison*. Ex. :
נָסַעְנוּ הָעִירָה כִּי / מִפְּנֵי שֶׁהָיוּ לָנוּ הַרְבֵּה סִידוּרִים.
naSanou ha-ira ki/mipnēy shē-hayou lanou harbē Sidourim.
Nous sommes allés en ville car/parce que nous avions beaucoup de choses à faire.
הָיוּ לָנוּ הַרְבֵּה סִידוּרִים, לָכֵן נָסַעְנוּ הָעִירָה.
hayou lanou harbē Sidourim, lakhēn naSanou ha-ira.
Nous avions beaucoup de choses à faire, c'est pourquoi nous sommes allés en ville.

• De but :
Ces propositions sont introduites par la préposition כְּדֵי **kēdēy** *afin de, pour,* suivi d'un infinitif. La préposition répond aux questions לְאֵיזוֹ מַטָּרָה? **lē-ēyzo matara?** *dans quel but ?,* לְשֵׁם מָה? **lē-shēm ma?** *au nom de quoi ?* ou plus fréquemment בִּשְׁבִיל מָה? **bishvil ma?** *pourquoi ?* (litt. "pour quoi"). Ex. :
– בִּשְׁבִיל מָה / לְאֵיזוֹ מַטָּרָה / לְשֵׁם מָה אַתָּה לוֹמֵד עִבְרִית?
– **bishvil ma/lē-ēyzo matara/lē-shēm ma ata lomēd ivrit?**
– *Pourquoi/dans quel but/au nom de quoi apprends-tu l'hébreu ?*

– אֲנִי לוֹמֵד עִבְרִית כְּדֵי לְדַבֵּר עִם הַדּוֹדִים שֶׁלִּי שֶׁחַיִּים בְּיִשְׂרָאֵל.
– **ani lomēd ivrit kēdēy lēdabēr im ha-dodim shēli shē-ḥayim bē-iSra'ēl.**
– *J'apprends l'hébreu afin de parler avec mes oncles qui vivent en Israël.*

NOTE CULTURELLE

Pour un séjour touristique de moins de 3 mois en Israël, les ressortissants français, belges, suisses et canadiens, n'ont besoin d'aucun visa. Néanmoins, la législation israélienne en matière d'immigration impose une durée de validité du passeport supérieure à six mois à la date d'entrée dans le pays. À l'arrivée, la police israélienne qui contrôle les passeports à l'aéroport délivre un reçu papier avec photo et coordonnées, plutôt que de tamponner le passeport. Ce reçu sera réclamé dans les hôtels au moment de l'enregistrement, et à la sortie du territoire. Pour rester plus de 3 mois sur le territoire israélien, il faut déposer une demande de visa (payant) auprès du *ministère* israélien *de l'Intérieur* מִשְׂרַד-הַפְּנִים **miSrad ha-pnim**, l'équivalent de la préfecture en France. Cette demande pourra être acceptée si elle est justifiée. Par exemple, un visa d'un an peut être accordé aux étudiants sur production d'un certificat de scolarité (renouvelable chaque année).

▲ CONJUGAISON
LE PASSÉ - INTRODUCTION

Au Module 9, nous avons déjà appris à conjuguer au passé le verbe לִהְיוֹת **lihyot** *être*. Nous avons mentionné le fait que l'hébreu possède une seule et unique forme qui exprime les différents temps du passé existent en français. Nous avons aussi appris que la présence du pronom personnel sujet n'est pas obligatoire pour les 1re et la 2e personnes du singulier et du pluriel. En revanche, elle l'est à la 3e personne. À partir de ce module, nous allons approfondir nos connaissances et apprendre comment se conjuguent les verbes au passé selon leurs appartenances aux différents groupes verbaux - **binyanim**.

• Quelques mots indispensables pour s'exprimer au passé :
→ Les adverbes : אֶתְמוֹל **ētmol** *hier*, שִׁלְשׁוֹם **shilshom** *avant-hier*
→ La préposition ...לִפְנֵי **lifnēy**... *il y a...* litt. "avant..." suivi d'un nom exprimant le temps comme שָׁעָה **sha'a** *heure*, שָׁבוּעַ **shavou'a** *semaine*, שָׁנָה **shana** *année*, etc. Ex. :

הוּא קִיבֵּל הוֹדָעָה מֵאִימָא שֶׁלּוֹ לִפְנֵי שָׁעָה.

hou kibēl hoda'a mē-ima shēlo lifnēy sha'a.
Il a reçu un message de sa mère il y a une heure.

• La construction :

Le mois dernier	ba-<u>h</u>odēsh shē-avar	בַּחוֹדֶשׁ שֶׁעָבַר
Le mois dernier	ba-<u>h</u>odēsh shē-avar	בַּחוֹדֶשׁ שֶׁעָבַר
L'année dernière	ba-shana shē-avra	בַּשָּׁנָה שֶׁעָבְרָה

Notez que le verbe לַעֲבוֹר **la'avor** *passer* est conjugué au passé avec le nom qui le précède.

• Le radical :

Il est déterminé par le nom de chaque **binyan** (groupe verbal). C'est aussi la forme de la conjugaison de la 3ᵉ personne du masculin singulier הוא **hou** *il*.
Comme déjà vu pour le présent, les lettres פ.ע.ל désignent les 3 lettres-racines. Pour former le radical, nous remplaçons ces 3 lettres par des cases vides en gardant la vocalisation et les préfixes de chaque nom du **binyan**. Nous insérons ensuite les lettres racines de chaque verbe dans les cases vides :

הִתְפַּעֵל	נִפְעַל	הִפְעִיל	פִּעֵל	פָּעַל	binyan
הִתְחַסֵּם	נִסְחַם	הִסְחִים	סִחֵם	סָחַם	forme de base
ק.ש.ר	ר.נ.ס	ת.ח.ל	ק.ב.ל	ל.מ.ד	racine
הִתְקַשֵּׁר **hitkashēr** *a appelé*	נִכְנַס **nikhnaS** *est entré*	הִתְחִיל **hithil** *a commencé*	קִבֵּל **kibēl** *a reçu*	לָמַד **lamad** *a étudié*	הוא **hou** *il*
לְהִתְקַשֵּׁר **lēhitkashēr**	לְהִיכָּנֵס **lēhikanēS**	לְהַתְחִיל **lēhathil**	לְקַבֵּל **lēkabēl**	לִלְמוֹד **lilmod**	infinitif

• Les suffixes du passé :

Chaque suffixe est lié à un pronom personnel. Le seul qui n'a aucun suffixe est le pronom הוא **hou** *il*.

~נוּ -nou	אֲנַחְנוּ	~תִי -ti	אֲנִי
~תֶם -tēm	אַתֶּם	~תָ -ta	אַתָּה
~תֶן -tēn	אַתֶּן	~ת -t	אַתְּ
~וּ -ou	הֵם		הוא
	הֵן	~ָה -a	הִיא

▲ CONJUGAISON
LE PASSÉ DU BINYAN PA'AL

La formation du passé = un radical + un suffixe

À l'instar du présent, les verbes appartenant au même sous-groupe ont la même conjugaison au passé. Voici quelques exemples :
• Les verbes comportant ו ou י à la 2ᵉ lettre - racine :
Comme au présent (voir Module 7) la 2ᵉ lettre-racine, étant une lettre-voyelle, n'apparaît pas à la forme de base. Ex. :
Les verbes לָבוֹא **lavo** *venir* (lettres-racines ב.ו.א) et לָגוּר **lagour** *habiter* (lettres-racines ג.ו.ר).

הֵם/הֵן	אַתֶּם/אַתֶּן	אֲנַחְנוּ	הִיא	הוּא	אַתְּ	אַתָּה	אֲנִי
בָּא+וּ	בָּא+תֶם/תֶן	בָּא+נוּ	בָּא+ה	בָּא	בָּא+תְּ	בָּא+תָ	בָּא+תִי
ba+ou	ba+tēm/tēn	ba+nou	ba+a	ba	ba+t	ba+ta	ba+ti
גָּר+וּ	גָּר+תֶם/תֶן	גָּר+נוּ	גָּר+ה	גָּר	גָּר+תְּ	גָּר+תָ	גָּר+תִי
gar+ou	gar+tēm/tēn	gar+nou	gar+a	gar	gar+t	gar+ta	gar+ti

• Les verbes comportant une lettre gutturale (א, ה, ח, ע) à la 2ᵉ place de la racine. Ex. :
Les verbes לִשְׁאוֹל **lish'ol** *demander* (lettres de racines ש.א.ל) et לֶאֱהוֹב **lè'ëhov** *aimer* (lettres de racines א.ה.ב) :

הֵם/הֵן	אַתֶּם/אַתֶּן	אֲנַחְנוּ	הִיא	הוּא	אַתְּ	אַתָּה	אֲנִי
שָׁאֲל+וּ	שְׁאַל+תֶם/תֶן*	שָׁאַל+נוּ	שָׁאֲל+ה	שָׁאַל	שָׁאַל+תְּ	שָׁאַל+תָ	שָׁאַל+תִי
sha'al+ou	sh'al+tēm/tēn	sha'al+nou	sha'al+a	sha'al	sha'al+t	sha'al+ta	sha'al+ti
אָהֲב+וּ	אֲהַב+תֶם/תֶן	אָהַב+נוּ	אָהֲב+ה	אָהַב	אָהַב+תְּ	אָהַב+תָ	אָהַב+תִי
ahav+ou	ahav+tēm/tēn	ahav+nou	ahav+a	ahav	ahav+t	ahav+ta	ahav+ti

* À l'oral, on prononce plutôt שְׁאַלְתֶּם/תֶן **sha'altēm/tēn**.

• La conjugaison des autres verbes du **binyan pa'al** est légèrement différente. En effet, on supprime la voyelle de la 2ᵉ lettre-racine à la 3ᵉ personne du singulier féminin et à la 3ᵉ personne du pluriel. Toutes les autres formes sont identiques.

Ex. : Les verbes לִלְמוֹד **lilmod** *étudier* (lettres-racines ל.מ.ד) et לִשְׁלוֹחַ **lishlo'ah** *envoyer* (lettres-racines ש.ל.ח) :

הֵם/הֵן	אַתֶּם/אַתֶּן	אֲנַחְנוּ	הִיא	הוּא	אַתְּ	אַתָּה	אֲנִי
לָמְד+וּ	לְמַד+תֶּם/תֶּן*	לָמַד+נוּ	לָמְד+ָה	לָמַד	לָמַד+ְתְּ	לָמַד+ְתָּ	לָמַד+ְתִּי
lamd+ou	lmad+tēm/tēn	lamad+nou	lamd+a	lamad	lamad+t	lamad+ta	lamad+ti
שָׁלְח+וּ	שְׁלַח+תֶּם/תֶּן*	שָׁלַח+נוּ	שָׁלְח+ָה	שָׁלַח	שָׁלַח+ְתְּ	שָׁלַח+ְתָּ	שָׁלַח+ְתִּי
shalh+ou	shlah+tēm/tēn	shalah+nou	shalh+a	shalah	shalah+t	shalah+ta	shalah+ti

* À l'oral, on prononce plutôt לָמַדְתֶּם/תֶּן **lamadtēm/tēn** et שָׁלַחְתֶּם/תֶּן **shalahtēm/tēn**.

Pour conclure, les formes se modifient selon la nature des lettres-racines afin de faciliter la prononciation. Ces modifications n'apparaissent que dans la forme de base. Les suffixes ne changent jamais. Dans les prochains modules, nous découvrirons d'autres formes de conjugaison des autres **binyanim**.

◆ EXERCICES

1. COMPLÉTEZ AVEC לְכֵן OU כִּי/מִפְּנֵי שֶׁ... . CHANGEZ ENSUITE L'ORDRE DES PROPOSITIONS ET LE MOT QUI INTRODUIT LA SUBORDONNÉE.

Exemple :   בַּאֲחָאָב שֶׁל הִתְקַלְקֵל .... שְׁנֵי יָצָרִיךְ לִקְנוֹת מְחָשֵׁב חָדָשׁ.

← בַּאֲחָאָב שֶׁל הִתְקַלְקֵל, לָכֵן שְׁנֵי יָצָרִיךְ לִקְנוֹת מְחָשֵׁב חָדָשׁ.

← שְׁנֵי יָצָרִיךְ לִקְנוֹת מְחָשֵׁב חָדָשׁ כִּי/מִפְּנֵי שֶׁהַמַּחְשֵׁב שֶׁל הִתְקַלְקֵל.

א. הוּא כּוֹעֵס אֶת הַשְּׁכֵנִים שֶׁלּוֹ בַּבַּיִת, ... הוּא לֹא יָכוֹל לִישֹׁן אֶת הַצָּהֳרַיִם.
   הוּא לֹא יָכוֹל לִישֹׁן אֶת הַצָּהֳרַיִם ....

ב. הִיא צְרִיכָה הַסְּעוֹת בַּאוֹטוֹבּוּס .... שֶׁאֵין לָהּ מְכוֹנִית.
   שֶׁאֵין לָהּ מְכוֹנִית ....

ג. הֵם אוֹכְלִים קִנּוּחַ בַּבַּיִת, ... הַיְּרָקוֹת וְהַפֵּירוֹת פַּה טוֹבִים.
   הַיְּרָקוֹת וְהַפֵּירוֹת פַּה טוֹבִים ....

ד. שָׁלַחְנוּ רוֹזֶל טוֹעֲלֵט לִיגַלֵיךָ, ... שָׁלַחְנוּ עַכְבָרִים מְבַטֵּל בַּכְּפוֹר.
   שָׁלַחְנוּ עַכְבָרִים מְבַטֵּל בַּכְּפוֹר ....

2. ÉCOUTEZ L'ENREGISTREMENT PUIS LIEZ LES RÉPONSES AUX QUESTIONS.

א. לְגַבֵּי מָה קַמְתֶּם הַיּוֹם מוּקְדָּם?   1. כִּי לָקַחְתִּי אֶת הַכַּרְטִיסִים שֶׁלִּי.
ב. פַּעַם מָה זֹאת אוֹמֶרֶת כָּל-כָּךְ הַרְבֵּה?   2. כִּי לָבַשְׁתִּי בֶּגֶד לְשָׁעוּר הַנְּהִיגָה.
ג. לְאֵיזוֹ מִשְׂרָה נָסַעְתְּ הַצִּירָה?   3. כִּי נָסַעְתִּי שָׁם וְהִיא רָצְתָה לִמְכֹּל לָסֵפֶל.
ד. לְגַבֵּי מָה הוּא פָּעַל עַל הַצָּצָה?   4. כִּי לָתַתִּי אֶת הָאַחַת שָׁף.
ה. פַּעַם מָה הֵם הָלְכוּ וְרָבוּ לִשְׁאֹל פְּנִים?   5. כִּי לִקְנוֹת מְכוֹנִית חֲדָשָׁה.

3. COMPLÉTEZ LE TABLEAU SUIVANT SELON L'EXEMPLE :

binyan	traduction	infinitif	forme conjuguée au passé	pronom personnel
pa'al פעל	penser	לַחְשֹׁב	חָשַׁבְנוּ	אֲנַחְנוּ
			הִתְקַלַּקְלוּ	
			הִצְלִיחָה	
			נִזְכַּרְתֶּם	
			אָצַעְתְּ	
			פָּכַחְתִּי	

4. ÉCOUTEZ L'ENREGISTREMENT. COMPLÉTEZ CES PHRASES AVEC LA FORME CORRECTE DU PASSÉ ET TRADUISEZ-LES.

א. שָׁלֵם _____ (לָקוּם – שׁוֹכֵן/קוּם) מוּקְדָּם בַּבֹּקֶר.
ב. בַּשָּׁנָה שֶׁעָבְרָה הֵם _____ (לָגוּר) בְּעִבְרִית שְׁוֶה.
ג. הֳרַגְלַיִם _____ (לִכְאוֹב) לִי אַחֲרֵי רִקּוּד שָׁעָה.
ד. לְכֹל _____ (לָרוּץ – רוּץ) בְּיוֹם חֲמִישִׁי שֶׁעָבַר?
ה. סָתוּ, _____ (לָטוּס – לָטוּס) בַּתּוֹר לַקּוּפָה בְּדֶרֶךְ חָג צָפָה.

VOCABULAIRE

סִידּוּרִים ז׳ ר׳, **Sidourim,** *choses à faire*

שִׁלְשׁוֹם, **shilshom,** *avant-hier*

חוּ״ל, חוּץ לָאָרֶץ, **houl, houts la-arēts,** *l'étranger (hors du pays)*

שׁוֹלֵחַ, שָׁלַח, לִשְׁלוֹחַ, **sholē'ah, shalah, lishlo'ah,** *envoie(s), a envoyé, envoyer*

הוֹדָעָה נ׳, **hoda'a,** *message*

עוֹנֶה, עָנָה, לַעֲנוֹת, **onē, ana, la'anot,** *répond(s), a répondu, répondre*

שׁוֹכֵחַ, שָׁכַח, לִשְׁכּוֹחַ, **shokhē'ah, shakhah, lishko'ah,** *oublie(s), a oublié, oublier*

נַיָּד, **nayad,** *mobile/portable (téléphone/ordinateur)*

מִפְּנֵי שֶׁ..., **mipnēy shē...,** *parce que*

מוֹדֵד, מָדַד, לִמְדוֹד, **modēd, madad, limdod,** *mesurer/essayer (des vêtements/chaussures)*

שִׂמְלָה נ׳ / שְׂמָלוֹת נ׳ ר׳, **Simla/Smalot,** *robe(s))*

חוֹדֶשׁ ז׳ / חוֹדָשִׁים ז׳ ר׳, **hodēsh/hodashim,** *mois*

מְעַצֵּב / מְעַצֶּבֶת נ׳, **mē'atsēv/mē'atsēvēt,** *designer/styliste*

אוֹפְנָה נ׳, **ofna,** *mode*

מִשְׂרַד-הַפְּנִים, **miSrad-ha-pnim,** *ministère de l'Intérieur*

כְּדֵי, **kēdēy,** *afin de*

מְחַדֵּשׁ, חִידֵּשׁ, לְחַדֵּשׁ, **mēhadēsh, hidēsh, lēhadēsh,** *renouvelle(s), a renouvelé, renouveler*

לְבַסּוֹף / בַּסּוֹף, **lē-va-Sof/ba-Sof,** *enfin/à la fin*

מַחְשֵׁב ז׳ / מַחְשְׁבִים ז׳ ר׳, **mahshēv/mahshēvim,** *ordinateur(s)*

מִתְקַלְקֵל, הִתְקַלְקֵל, לְהִתְקַלְקֵל, **mitkalkēl, hitkalkēl, lēhitkalkēl,** *tombe(s), est tombé/tomber en panne, se détériorer*

שָׁבוּעַ ז׳ / שָׁבוּעוֹת ז׳ ר׳, **shavou'a/shavou'ot,** *semaine(s)*

מְתַקֵּן, תִּיקֵּן, לְתַקֵּן, **mētakēn, tikēn, lētakēn,** *répare(s), a réparé, réparer*

יָשָׁן / יְשָׁנָה, **yashan/yēshana,** *vieux/vieille (objets)*

מַמְלִיץ, הִמְלִיץ לְהַמְלִיץ, **mamlits, himlits, lēhamlits,** *recommande(s), a recommandé, recommander*

מַצְלִיחַ, הִצְלִיחַ לְהַצְלִיחַ, **matsli'ah, hitsli'ah, lēhatsli'ah,** *réussie(s), a réussi, réussir*

לָכֵן, **lakhēn,** *c'est pour cela/donc*

מַטָּרָה, **matara,** *but*

בְּהַתְחָלָה, **bē-hathala,** *au début*

שָׁנָה נ׳ / שָׁנִים נ׳ ר׳, **shana/shanim,** *année(s)*

תָּמִיד, **tamid,** *toujours*

III

EN

VILLE

13.
S'ORIENTER EN VILLE

הִתְמַצְּאוּת בָּעִיר

HITMATS'OUT BA'IR

OBJECTIFS

- DEMANDER SON CHEMIN
- LES MOYENS DE TRANSPORT
- LE PRIX D'UNE COURSE EN TAXI
- L'ÉTAT DU TRAFIC ROUTIER

NOTIONS

- L'ADVERBE
- LA FORME DU *PA'OUL*, LE PARTICIPE PASSÉ
- DÉCLINAISON DE LA PRÉPOSITION "EN FACE DE"
- LE PASSÉ – AUTRES *BINYANIM*
- LE FUTUR – INTRODUCTION
- LA FORMATION DU FUTUR

EN TAXI

— Oui *(s'il te plaît)*, besoin d'un taxi ? Où vas-tu ? Place Dizengoff ? Monte *(entre)* ! Avec compteur ? Comme ça, tu payeras le prix indiqué. Sans compteur, la course *(le voyage)* [te] coûtera 50 shekels.

— Bon, comme tu veux. À cette heure-ci il va y avoir beaucoup de bouchons. Tu peux rouler *(voyager)* un peu plus vite ?

— Je veux bien, mais les automobilistes conduisent vraiment n'importe comment *(avec négligence)* !

— Oh… je suis vraiment confuse, en fait je dois aller au théâtre Habima. Tu peux continuer la course *(le voyage, le trajet)*, s'il te plaît ? J'aurais dû le dire avant.

— Il y a des travaux en ce moment et la route [du théâtre] *(vers là)* est barrée *(bloquée)*.

— Au fait, peux-tu me dire comment m'y rendre *(comment on y va)* à pied ?

— Bien sûr, je vais t'expliquer tout de suite. Va tout droit, au feu tourne à droite et marche *(va)* jusqu'au carrefour. Au carrefour, tourne à gauche et le théâtre sera juste devant toi.

— Merci *(je te remercie)* de ton aide.

בַּמּוֹנִית
ba-monit

– כֵּן, בְּבַקָּשָׁה! צְרִיכָה שֵׁרוּת? לְאָן זֶה? לְכִכַּר דִּיזֶנְגּוֹף? תִּכָּנְסִי!... עִם מוֹנֶה? כָּךְ תְּשַׁלְּמִי אֶת הַמְּחִיר הָרָשׁוּם, בְּלִי מוֹנֶה הַנְּסִיעָה תַּעֲלֶה 50 שְׁקָלִים.
— kēn, bē-vakasha! tsrikha shērout? lē'an zē? le-khikar dizēngof? tikansi!... im monē? kakh tēshalmi ēt ha-mēhir ha-rashoum, bli monē ha-nēSi'a ta'alē ḥamishim shkalim.

– טוֹב, אֵיךְ שֶׁבָּא לָךְ. בְּשָׁעָה זוֹ יִהְיוּ הַרְבֵּה פְּקָקִים. אַתָּה יָכוֹל לִנְסוֹעַ קְצָת יוֹתֵר מַהֵר?
— tov, ēykh shēba lēkha! bē-sha'a zo yihyou harbē pkakim. ata yakhol linso'a ktsat yotēr mahēr?

– אֲנִי מַמָּשׁ רוֹצֶה. אֲבָל, הַנֶּהָגִים נוֹהֲגִים בְּרַשְׁלָנוּת.
— ani mamash rotsē. aval ha-nēhaguim nohaguim bē-rashlanout.

– אוֹי, אֲנִי מַמָּשׁ מְבוּלְבֶּלֶת. לְמַעֲשֶׂה, אֲנִי צְרִיכָה לָלֶכֶת לְתֵאַטְרוֹן "הַבִּימָה". תּוּכַל לְהַמְשִׁיךְ בַּנְּסִיעָה בְּבַקָּשָׁה? הָיִיתִי צְרִיכָה לוֹמַר קוֹדֶם.
— oy, ani mamash mēvoulbēlēt. lē-ma'aSē, ani tsrikha lalēkhēt lē-tēatron "habima". toukhal lēhamshikh ba-nSi'a bēvakasha? hayiti tsrikha lomar kodēm.

– יֵשׁ עֲבוֹדוֹת כָּרֶגַע וְהַכְּבִישׁ לְשָׁם חָסוּם.
— yēsh avodot ka-rēga' vē-ha-kvish lē-sham ḥasoum.

– דֶּרֶךְ אַגַּב, תּוּכַל לוֹמַר לִי, אֵיךְ הוֹלְכִים לְשָׁם בָּרֶגֶל?
— derekh agav, toukhal lomar li, ēykh holkhim lē-sham ba-rēguēl?

– בְּוַודַּאי, אֲנִי כְּבָר מַסְבִּיר לָךְ. לְכִי יָשָׁר, בָּרַמְזוֹר תִּפְנִי יָמִינָה, לְכִי עַד הַצּוֹמֶת, בַּצּוֹמֶת תִּפְנִי שְׂמֹאלָה וְהַתֵּאַטְרוֹן יִהְיֶה מַמָּשׁ מוּלֵךְ.
— bē-vaday, ani kvar maSbir lakh. lēkhi yashar, ba-ramzor tifni yamina, lēkhi ad ha-tsomēt, ba-tsomēt tifni Smola vē-ha-tē'atron yihyē mamash moulēkh.

– אֲנִי מוֹדָה לְךָ עַל הָעֶזְרָה!
— ani moda lēkha al ha-ēzra!

■ COMPRENDRE LE DIALOGUE
QUELQUES FORMULES ET EXPRESSIONS

→ En hébreu, on emploie souvent un verbe au futur pour exprimer un impératif. Ex. : תִּכָּנֵס **tikanēS** *entre* à la 2ᵉ personne du masculin singulier, תִּכָּנְסִי **tikanSi** *entre* à la 2ᵉ personne du féminin singulier, תִּכָּנְסוּ **tikanSou** *entrez* à la 2ᵉ personne du masculin et féminin pluriel. Nous verrons également תִּרְאֶה **tir'ē** *regarde* (m. sing.) תִּרְאִי **tir'i** *regarde* (f. sing.), תִּרְאוּ **tir'ou** *regardez* (m./f. pl.) et תִּפְנֶה **tifnē** *tourne* (m. sing.), תִּפְנִי **tifni** *tourne* (f. sing.), תִּפְנוּ **tifnou** *tournez* (m./f. pl.).

→ La formule de politesse תּוּכַל לוֹמַר לִי **toukhal lomar li** *pourrais-tu me dire* emploie le verbe *pouvoir* au futur pour nuancer une approche trop directe de l'impératif. Cette formule est également employée dans des locutions telles que ? אוּכַל לָבוֹא אֵלֶיךָ **oukhal lavo ēlēkha?** *Puis-je venir chez toi* (m. s.) ? ; תּוּכְלוּ לָשֶׁבֶת כָּאן כַּמָּה רְגָעִים **toukhlou lashēvēt kan kama rēga'im**. *Vous pourrez vous asseoir ici quelques instants*. Nous verrons par la suite, en module 15, la formation du verbe pouvoir.

→ La formule מוֹדֶה לְ... **modē lē...** *je (te) remercie...* est une autre façon de dire *merci* en employant le verbe *remercier* לְהוֹדוֹת **lēhodot** (le verbe *remercier* à l'infinitif), suivi de la préposition לְ... **lē-** qui se décline en fonction de la personne à laquelle on adresse le remerciement, se conjugue : מוֹדֶה **modē** *remercier* (m. s.), מוֹדָה **moda** (f. s.), מוֹדִים **modim** (m. pl.), מוֹדוֹת **modot** (f. pl.). La déclinaison de la préposition לְ... est déjà connue (voir module 4). Ex. : אֲנִי מוֹדֶה לָכֶם מְאוֹד **ani modē lakhēm mē'od** *Je vous remercie beaucoup*.

→ כַּמָּה זֶה עוֹלֶה **kama zē olē** *combien ça coûte* (litt. "à combien cela monte"). En hébreu, on peut demander le prix sans préciser de quel objet on parle. Si toutefois on le mentionne, il faut accorder le verbe de l'expression עוֹלֶה **olē** en genre et en nombre avec cet objet. Ex. :

combien coûte la robe ?	kama ola ha-Simla ?	כַּמָּה עוֹלָה הַשִּׂימְלָה?
combien coûtent les robes ?	kama olot ha-Smalot ?	כַּמָּה עוֹלוֹת הַשְּׂמָלוֹת?
combien coûte le livre ?	kama olē ha-Sēfēr ?	כַּמָּה עוֹלֶה הַסֵּפֶר?
combien coûtent les livres ?	kama olim ha-Sfarim ?	כַּמָּה עוֹלִים הַסְּפָרִים?

NOTE CULTURELLE

En Israël, le réseau routier est peu développé, ce qui crée de gros problèmes d'embouteillages (litt. "bouchons") פְּקָקִים **pkakim**. Les grandes villes manquent désespérément de places de stationnement. Les transports interurbains se font grâce à un réseau de cars très complet et par le train. Actuellement, le chemin de fer se développe : la liaison entre Tel-Aviv et Jérusalem a été ouverte en 2019, ainsi qu'une liaison entre le centre du pays et la Galilée du centre vers le nord du pays.

À Jérusalem, les transports intra-urbains se font en *tramway* הָרַכֶּבֶת הַקַּלָּה **ha-rakēvt ha-kala** depuis 2011. D'ici fin 2022, Tel-Aviv devrait également être doté d'un tramway. Le *taxi* מוֹנִית **monit**, est également très populaire : soit un taxi « spécial » (trajet réservé pour un seul passager), soit le שֵׁרוּת **shērout** (plusieurs passagers groupés au même tarif que le bus). Pour calculer le prix d'une course, le chauffeur du taxi peut activer le *compteur* מוֹנֶה **monē**. Le conducteur connaît également le prix d'un trajet et peut l'annoncer au passager.

כִּיכָּר **kikar** *place* ou *rond-point*. La célèbre Kikar Dizengoff, à Tel-Aviv, porte le nom du premier maire de la ville. Elle est ornée d'une fontaine du célèbre artiste israélien Ya'akov Agam : הַמִּזְרָקָה **ha-mizraka** *la fontaine*. Un projet d'aménagement de la place vise à lui rendre sa configuration d'antan, au moment de sa création en 1938.

Le théâtre הַתֵאַטְרוֹן **ha-tē'atron** הַבִּימָה **ha-bima** (litt. "la scène") a vu le jour en Union soviétique en 1917, au lendemain de la révolution d'Octobre. Un groupe de jeunes juifs décide alors de former une troupe de théâtre dont le répertoire serait uniquement en hébreu et en yiddish. Elle s'installe à Tel-Aviv en 1928. Depuis, sa renommée ne s'est pas démentie, aussi bien pour ses adaptations des œuvres des grands auteurs de la littérature étrangère que pour ses mises en scène. Le **tē'atron ha-bima** a été déclaré Théâtre National d'Israël en 1958.

◆ GRAMMAIRE
L'ADVERBE

Les expressions qui décrivent l'action sont rattachées au verbe. Leur emplacement dans la phrase est mobile. Bien qu'elles suivent très souvent le verbe, elles peuvent apparaître après le complément mais on peut en employer certaines devant le verbe. Elles décrivent la façon, la manière ou le moyen par lequel une action est exécutée. Elles répondent d'une manière générale à la question « comment ? ». Nous distinguons plusieurs groupes d'adverbes selon leur formation. Voici 3 de ces groupes :

— Les mots invariables qui sont exclusivement des adverbes :

מַהֵר **mahēr** *vite*, לְאַט **lē'at** *lentement*, הַרְבֵּה **harbē** *beaucoup*, הֵיטֵב **hēytēv** *bien / attentivement*, פִּתְאוֹם **pit'om** *soudain*, יַחַד **yahad** *ensemble*, סוֹף-סוֹף **Sof-Sof** *enfin*, מְאוֹד **mē'od** *très*, etc. Ex. :

הוּא מִסְתַּכֵּל הֵיטֵב בְּכָל הַתְּמוּנוֹת בַּתַּעֲרוּכָה.

hou miStakēl hēytēv bēkhol ha-tmounot ba-ta'aroukha
Il regarde attentivement tous les tableaux à l'exposition.

הֵם סוֹף-סוֹף הִתְחִילוּ לֶאֱכֹל.
hēm Sof-Sof hithilou lē'ēkhol.
Ils ont enfin commencé à manger.

— Les adverbes qui sont à la fois des adjectifs qualificatifs :

L'adverbe dérivé d'un adjectif est toujours au masculin singulier, Il est invariable. Ex. :
קָשֶׁה **kashē** *difficilement*, יָפֶה **yafē** *joliment*, טוֹב **tov** *bien*. Ex.

אֲנִי מַרְגִּישָׁה טוֹב.
ani marguisha tov.
Je (fem.sing.) me sens bien.

הֵם מְדַבְּרִים עִבְרִית יָפֶה.
hēm mēdabrim ivrit yafē
Ils parlent l'hébreu joliment.

— Les adverbes formés à partir d'un nom précédé par la préposition בְּ... **bē...** *(dans, avec, en...)* :

Ex. בְּרַשְׁלָנוּת **bē-rashlanout** *négligemment*, בִּידִידוּת **bi-ydidouth** *amicalement*, בִּמְהִירוּת **bi-mhirout** *rapidement*, בִּרְצִינוּת **bi-rtsinout** *sérieusement*, בְּשֶׁקֶט **bē-shēkēt** *calmement*, בְּמִקְרֶה **bē-mikrē** *par hasard*, בַּהֲבָנָה **bē-havana** *avec compréhension*, בְּאַהֲבָה **bē-ahava** *avec amour*, בְּסַבְלָנוּת **bē-Savlanout** *avec patience*, בְּצַעַר **bē-tsa'ar** *avec chagrin*, בְּשִׂמְחָה **bē-Simha** *avec joie*, בִּזְהִירוּת **bi-zhirout** *prudemment*, בְּעַצְבָּנוּת **bē-atsbanout** *nerveusement*, etc. Ex. :

הַנֶּהָגִים נוֹהֲגִים בִּזְהִירוּת בִּרְחוֹבוֹת הָעִיר.
hanēhaguim nohaguim bi-zhirout bi-rhovot ha-ir.
Les conducteurs conduisent prudemment dans les rues de la ville.

LA FORME DU פָּעוּל *PA'OUL* - LE PARTICIPE PASSÉ

Le participe passé sans auxiliaire, qui s'utilise comme un adjectif qualificatif en français, est dérivé du **pa'al** et place le son **[ou]** après la seconde lettre de racine :
Ex. : שָׁמוּר **shamour** *est gardé* ; חָסוּם **haSoum** *est bloqué* ; סָגוּר **Sagour** *est fermé*.
Cette forme s'accorde en genre et en nombre. Elle suit la même règle d'accord que celle des verbes et des adjectifs, qui est propre à l'hébreu et que nous avons déjà étudiée dans les modules précédents.

pa'oul – participe passé			verbe
masc./fém./pl.	fém. sing.	masc. sing.	binyan pa'al au présent
סְגוּרִים / סְגוּרוֹת Sgourim/Sgourot *sont fermés/-es*	סְגוּרָה Sgoura *est fermée*	סָגוּר Sagour *est fermé*	סוֹגֵר Soger *ferme*
פְּתוּחִים / פְּתוּחוֹת ptouhim/ptouhot *sont ouverts/-tes*	פְּתוּחָה ptouha *est ouverte*	פָּתוּחַ patou'ah *est ouvert*	פּוֹתֵחַ potē'ah *ouvre*
חֲסוּמִים / חֲסוּמוֹת haSoumim/haSoumot *sont bloqués/-es*	חֲסוּמָה haSouma *est bloquée*	חָסוּם haSoum *est bloqué*	חוֹסֵם hoSēm *bloque*
רְשׁוּמִים / רְשׁוּמוֹת rēshoumim/rēshoumot *sont notés/-es*	רְשׁוּמָה rēshouma *est notée*	רָשׁוּם rashoum *est noté*	רוֹשֵׁם roshēm *note/inscris(t)*

Ex. :

אֲנַחְנוּ סוֹגְרִים אֶת הַחַלּוֹנוֹת. הַחַלּוֹנוֹת סְגוּרִים.

anahnou Sogrim et ha-halonot. ha-halonot Sgourim.
Nous fermons les fenêtres. Les fenêtres sont fermées.

הֵם פּוֹתְחִים אֶת הַחֲנוּיּוֹת. הַחֲנוּיּוֹת פְּתוּחוֹת.

hēm pothim et ha-hanouyot. ha-hanouyot ptouhot.
Ils ouvrent les magasins. Les magasins sont ouverts.

הַמִּשְׁטָרָה חוֹסֶמֶת אֶת הַכְּבִישׁ. הַכְּבִישׁ עַכְשָׁיו חָסוּם.

ha-mishtara hoSēmēt et ha-kvish. ha-kvish akhshav haSoum.
La police bloque la route. La route est maintenant bloquée.

אֲנִי רוֹשֵׁם אֶת הַכְּתוֹבֶת עַל הַמִּכְתָּב. הַכְּתוֹבֶת רְשׁוּמָה עַל הַמִּכְתָּב.

ani roshēm ēt ha-ktovēt al ha-mikhtav. ha-ktovēt rēshouma al ha-mikhtav.
Je note l'adresse sur la lettre. L'adresse est notée sur la lettre.

Le פָּעוּל **pa'oul** représente en effet une nouvelle catégorie מִשְׁקָל **mishkal** (voir module 11). Ainsi, beaucoup d'autres adjectifs comme עָסוּק **aSouk** *occupé*, חָשׁוּב **hashouv** *important* sont formés à partir de cette construction : סָמוּם.

Notez que les formes au **pa'oul**, au passé ou au futur, exigent l'usage du verbe להיות
lihyot * *être* conjugué et accordé au temps demandé. Ex. :

הַחַלוֹנוֹת הָיוּ / יִהְיוּ סְגוּרִים.
ha-halonot hayou/yihyou Sgourim. *Les fenêtres étaient/seront fermées.*

הַחֲנוּיוֹת הָיוּ / יִהְיוּ פְּתוּחוֹת.
ha-hanouyot hayou/yihyou ptouhot. *Les magasins étaient/seront ouverts.*

הַכְּבִישׁ הָיָה / יִהְיֶה חָסוּם.
ha-kvish haya/yihyē haSoum. *La route était/sera bloquée.*

הַכְּתוֹבֶת הָיְתָה / תִּהְיֶה רְשׁוּמָה עַל הַמִּכְתָּב.
ha-ktovēt hayta/tihyē ktouva al ha-mikhtav. *L'adresse était/sera écrite sur la lettre.*

* Vous trouverez la conjugaison complète du verbe להיות **lihyot** *être* à la fin de ce module.

DÉCLINAISON DES PRÉPOSITIONS

- La déclinaison de la préposition מול **moul** *en face de* :

en face de nous	moul**ēnou**	מוּלֵנוּ	en face de moi	moul**i**	מוּלִי
en face de vous (m.)	moul**khēm**	מוּלְכֶם	en face toi (m.)	moul**kha**	מוּלְךָ
en face de vous (f.)	moul**khēn**	מוּלְכֶן	en face de toi (f.)	moul**ēkh**	מוּלֵךְ
en face d'eux	moul**am**	מוּלָם	en face de lui	moul**o**	מוּלוֹ
en face d'elles	moul**an**	מוּלָן	en face d'elle	moul**a**	מוּלָה

▲ CONJUGAISON
LE PASSÉ DE PI'ĒL, HIF'IL, NIF'AL, HITPA'ĒL

Au module 12 nous avons découvert la formation du passé (radical + suffixe) et nous avons appris à conjuguer au passé quelques verbes du **binyan pa'al**.
Voici le tableau qui présente les formes de conjugaison de 4 autres **binyanim**. Il s'agit ici des verbes qui sont conjugués "normalement", sans modification de voyelles et sans suppression de lettres-racines.

הִתְפַּעֵל	נִפְעַל	הִפְעִיל	פִּיעֵל	פָּעַל	binyan
הִתְסַמֵּם	נִסְסַם	הִסְסִים	סִימֵם	סָסַם	forme de base
ק.ש.ר.	כ.נ.ס.	ת.ח.ל.	ק.ב.ל.	ס.ג.ר.	racine
לְהִתְקַשֵּׁר lēhitkashēr *appeler*	לְהִיכָּנֵס lēhikanēs *entrer*	לְהַתְחִיל lēhathil *commencer*	לְקַבֵּל lēkabēl *recevoir*	לִסְגּוֹר liSgor *fermer*	infinitif
הִתְקַשַּׁרְתִּי hitkasharti	נִכְנַסְתִּי nikhnaSti	הִתְחַלְתִּי hithalti	קִיבַּלְתִּי kibalti	סָגַרְ+תִּי Sagarti	(אֲנִי)
הִתְקַשַּׁרְתָּ hitkasharta	נִכְנַסְתָּ nikhnaSta	הִתְחַלְתָּ hithalta	קִיבַּלְתָּ kibalta	סָגַרְ+תָּ Sagarta	(אַתָּה)
הִתְקַשַּׁרְתְּ hitkashart	נִכְנַסְתְּ nikhnaSt	הִתְחַלְתְּ hithalt	קִיבַּלְתְּ kibalt	סָגַרְ+תְּ Sagart	(אַתְּ)
הִתְקַשֵּׁר hitkashēr	נִכְנַס nikhnaS	הִתְחִיל hithil	קִיבֵּל kibēl	סָגַר Sagar	הוּא
הִתְקַשְּׁרָה hitkashra	נִכְנְסָה nikhnēsa	הִתְחִילָה hithila	קִיבְּלָה kibla	סָגְרָ+ה Sagra	הִיא
הִתְקַשַּׁרְנוּ hitkasharnou	נִכְנַסְנוּ nikhnaSnou	הִתְחַלְנוּ hithalnou	קִיבַּלְנוּ kibalnou	סָגַרְ+נוּ Sagarnou	(אֲנַחְנוּ)
הִתְקַשַּׁרְתֶּם / תֶּן hitkashartēm/-tēn	נִכְנַסְתֶּם / תֶּן nikhnaStēm/-tēn	הִתְחַלְתֶּם/תֶּן hithaltēm/-tēn	קִיבַּלְתֶּם/תֶּן kibaltēm/-tēn	סָגַרְ+תֶּם/תֶּן Sagartēm/-tēn	(אַתֶּם)/ (אַתֶּן)
הִתְקַשְּׁרוּ hitkashrou	נִכְנְסוּ nikhnēSou	הִתְחִילוּ hithilou	קִיבְּלוּ kiblou	סָגְרְ+וּ Sagrou	

LE FUTUR – INTRODUCTION

En hébreu, il n'existe qu'un seul temps du futur, qui indique une action qui reste à accomplir et exprime les différents temps qui existent en français (futur simple, futur antérieur). De plus, nous verrons dans les prochains modules que le futur et pourrait aussi remplacer dans certains cas l'impératif.

• Quelques expressions indispensables pour s'exprimer au futur :
– מָחָר **mahar** *demain,* מָחֳרָתַיִם **mo<u>h</u>orotaim** *après-demain.*
– La préposition בְּעוֹד... **bē-od**... litt. "dans encore…" suivi d'un nom exprimant le temps comme שָׁעָה **sha'a** *heure,* שָׁבוּעַ **shavou'a** *semaine,* שָׁנָה **shana** *année,* etc.

• La construction :

Le mois prochain	**ba-hodēsh ha-ba**	בַּחוֹדֶשׁ הַבָּא
L'année prochaine	**ba-shana ha-ba'a**	בַּשָׁנָה הַבָּאָה

Notez que le verbe לָבוֹא **lavo** *venir* est conjugué au présent et précédé de l'article défini ...הַ **ha-**.
La formation du futur est caractérisée par la présence des préfixes ou par la combinaison des préfixes et des suffixes afin d'indiquer les différents pronoms personnels. Les préfixes, au nombre de 4, sont notés par des lettres qu'on retient sous la forme : אית"ן (**ēytan**). Les suffixes, au nombre de 2, ne s'ajoutent qu'à la 2ᵉ personne du singulier féminin et aux 2ᵉ et 3ᵉ personnes du pluriel. (Voir le tableau ci-dessous).

• Futur : préfixes et suffixes selon le pronom personnel :

Préfixes et suffixes	Pronoms personnels	Préfixes	Pronoms personnels
		א	אֲנִי
ת---י	אַתְּ	ת	אַתָּה
ת---וּ	אַתֶּם/אַתֶּן	י	הוּא
י---וּ	הֵם/הֵן	ת	הִיא
		נ	אֲנַחְנוּ

Notons que, dans ce tableau, les préfixes ne sont pas porteurs de vocalisation. En effet, la vocalisation des préfixes est régie par certaines règles.

Chaque groupe verbal בִּנְיָן **binyan** a une structure différente qui est calquée sur l'infinitif. La vocalisation des préfixes du futur est déterminée, en règle générale, par la voyelle qui se trouve sous le préfixe de l'infinitif : ל.... / לה..... Notons que :
• À l'instar du passé, la présence du pronom personnel sujet n'est pas obligatoire pour la 1ʳᵉ et la 2ᵉ personnes du singulier et du pluriel. En revanche, elle est obligatoire à la 3ᵉ personne.
• La 2ᵉ personne du masculin singulier et la 3ᵉ personne du féminin singulier se conjuguent de la même façon.

LA FORMATION DU FUTUR

• **binyan pa'al** - sous groupe עו"י 2ᵉ lettre de racine **vav** ou **youd**
Les préfixes dans cette conjugaison sont vocalisés avec la voyelle [a] qui caractérise le préfixe de l'infinitif des tous les verbes de ce sous-groupe : לָסוּם / לָסִים. Pour les

conjuguer au futur, il suffit de remplacer le préfixe ל de l'infinitif par les préfixes de chaque pronom et ajouter les suffixes à la 2ᵉ personne du singulier féminin et aux 2ᵉ et 3ᵉ personnes du pluriel. Le centre de la structure ne change pas : לָגוּר **lagour** *habiter*

Préfixes et affixes	Pronoms personnels	Préfixes	Pronoms personnels
		אָגוּר	אֲנִי
תָּגוּרִי	אַתְּ	תָּגוּר*	אַתָּה
תָּגוּרוּ	אַתֶּם/ אַתֶּן	יָגוּר	הוּא
יָגוּרוּ	הֵם/ הֵן	תָּגוּר*	הִיא
		נָגוּר	אֲנַחְנוּ

* Comme indiqué plus haut, la 2ᵉ personne du masculin singulier et la 3ᵉ personne du féminin singulier se conjuguent de la même façon : תָּגוּר **tagour** *tu (m.) habiteras / elle habitera*.

Rappelons quelques verbes du sous-groupe au **binyan pa'al** : לָבוֹא **lavo** *venir*, לָקוּם **lakoum** *se lever*, לָרוּץ **larouts** *courir*, לָטוּס **latouS** *voyager (en avion)*, לָשִׁיר **lashir** *chanter*. Ex. :

בְּעוֹד שָׁנָה הוּא יָגוּר בְּיִשְׂרָאֵל.
bē-od shana hou yagour bē-iSra'ēl. *Dans un an il habitera en Israël.*

הַחֲבֵרִים יָבוֹאוּ לַמְּסִיבָּה בְּעוֹד שְׁעָתַיִם.
ha-ḥavavērim yavo'ou la-mSiba bē-od sha'atayim.
Les amis viendront à la fête dans 2 heures.

נָרוּץ מַהֵר כְּדֵי לֹא לְפַסְפֵס אֶת הָאוֹטוֹבּוּס.
narouts mahēr kdēy lo lēfaSfēS ēt ha-otobouS.
Nous courrons vite pour ne pas rater le bus.

מָתַי תָּטוּסוּ לְיִשְׂרָאֵל?
matay tatouSou lē-iSra'ēl ? *Quand voyagerez-vous (en avion) en Israël ?*

מָחָר שִׁירָה תָּשִׁיר בַּקּוֹנְצֶרְט.
maḥar shira tashir ba-kontsērt. *Demain, Shira chantera au concert.*

• **Le futur du verbe** *être* לִהְיוֹת

A l'instar du passé, au futur nous employons le verbe לִהְיוֹת **lihyot** *être* pour exprimer la présence, ainsi que dans le sens du verbe *avoir*. Il sera également employé comme un auxiliaire devant les adjectifs. Voici sa conjugaison au futur :

הֵם/הֵן	(אַתֶּם/אַתֶּן) *	(אַתְּ) *	אֲנַחְנוּ	הִיא	הוּא	(אַתָּה)*	(אֲנִי)*
יִ+הְיוּ	תִּ+הְיוּ	תִּ+הְיִי	נִ+הְיֶה	תִּ+הְיֶה	יִ+הְיֶה	תִּ+הְיֶה	אֶ+הְיֶה
yihyou	tihyou	tihyi	nihyē	tihyē	yihyē	tihyē	ēhyē

* Les parenthèses signifient que la présence du pronom personnel sujet n'est pas obligatoire pour la 1re et la 2e personne du singulier et du pluriel. En revanche, elle est obligatoire à la 3e personne.

Notez que dans les tableaux du futur l'ordre de pronoms personnels est modifié : nous présentons d'abord les conjugaisons des formes sans suffixe. Ex. :

הַמְּסִיבָּה תִּהְיֶה נֶהְדֶּרֶת.
ha-mēSiba tihyē nēhēdērēt ! *La soirée sera formidable !*

תִּהְיוּ בַּיָּם בְּשַׁבָּת הַבָּאָה?
tihyou ba-yam bē-shabat ha-ba'a? *Irez-vous ("serez-vous") à la mer samedi prochain ?*

מִי יִהְיֶה בַּכִּתָּה בְּעוֹד שָׁעָה?
mi yihyē ba-kita bē-od sha'a? *Qui sera en classe dans une heure ?*

מָחֳרָתַיִם, נִהְיֶה בְּתֵל אָבִיב.
mo<u>h</u>oratayim, nihyē bē-Tel-Aviv. *Après demain nous serons à Tel-Aviv.*

VOCABULAIRE

orientation	hitmats'out	התְמַצְּאוּת נ'
ville/s	ir/arim	עִיר נ' / עָרִים נ' ר'
compteur (taxi)	monē	מוֹנֶה ז'
bouchon/s (de la circulation)	pkak/pkakim	פְּקָק ז' / פְּקָקִים ז' ר'
taxi	monit	מוֹנִית נ'
conducteur	nahag	נַהָג ז'
conduis/-t, a conduit, conduire	nohēg, nahag, linhog	נוֹהֵג, נָהַג, לִנְהוֹג
négligemment	bē-rashlanout	בְּרַשְׁלָנוּת
prudent/e	zahir/zēhira	זָהִיר / זְהִירָה
confus/e	mēvoulbal/mēvoulbēlēt	מְבוּלְבָּל / מְבוּלְבֶּלֶת
en fait	lē-ma'aSē	לְמַעֲשֶׂה
bloqué/e	haSoum/haSouma	חָסוּם / חֲסוּמָה
à propos	dērēkh agav	דֶּרֶךְ אַגַּב
(tu) pourras	toukhal	תּוּכַל
explique/s, a expliqué, expliquer	maSbir, hiSbir, lēhaSbir	מַסְבִּיר, הִסְבִּיר, לְהַסְבִּיר
va !, aller	lēkhi, lalēkhēt	לְכִי, לָלֶכֶת
feu de croisement	ramzor	רַמְזוֹר ז'
tourne, a tourné, tourneras, tourner	ponē, pana, tifnē, lifnot	פּוֹנֶה, פָּנָה, תִּפְנֶה, לִפְנוֹת
carrefour/s	tsomēt/tsmatim	צוֹמֶת ז' / צְמָתִים ז' ר'
vers la droite	yamina	יְמִינָה
vers la gauche	Smola	שְׂמֹאלָה
remercie, a remercié, remercier	modē, hoda, lēhodot l..	מוֹדֶה, הוֹדָה, לְהוֹדוֹת ל ...
aide	ēzra	עֶזְרָה נ'
fontaine	mizraka	מִזְרָקָה נ'
tramway	rakēvēt kala	רַכֶּבֶת קַלָּה נ'
léger/légère	kal/kala	קַל / קַלָּה

● EXERCICES

1. CHOISISSEZ LA FORME CORRECTE DU VERBE "ÊTRE" לִהְיוֹת AU FUTUR :

תִּהְיֶה / תִּהְיֶה / יִהְיֶה / נִהְיֶה / תִּהְיִי / תִּהְיוּ / יִהְיוּ

א. אָתָּה (תִּהְיֶה) .... בַּבַּיִת? – אֲנִי (אֶהְיֶה) .... בַּבַּיִת.
ב. הַכְּבִישִׁים .... חֲסוּמִים בִּגְלַל צַעַד הַכְּבָדִים שֶׁל הָעֲבוֹדוֹת.
ג. בְּעוֹד יוֹמַיִים (אֲנַחְנוּ) .... בָּעִיר לְסִיּוּרִים.
ד. אָחֳרָתַיִים הִיא .... בַּת עֶשְׂרִים.

2. ACCORDEZ LE VERBE "COÛTER" EN FONCTION DE SON SUJET, PUIS TRADUISEZ LES PHRASES.

Ex. : כַּמָּה .... הַקָּפֶה? ← כַּמָּה *עוֹלֶה* הַקָּפֶה?

א. אֲנִי רוֹצֶה לִשְׁלֹם עֲבוּר הַשִּׂמְלָה. כַּמָּה הִיא .... ?
ב. כַּמָּה .... הָעַגְבָנִיּוֹת?
ג. כַּמָּה .... הַסֵּפֶר הַזֶּה?
ד. אֲנִי רוֹצֶה לִקְנוֹת כַּרְטִיס נְסִיעָה כַּמָּה .... הַכַּרְטִיס?

🔊 3. CONJUGUEZ LES VERBES AU FUTUR, PUIS ÉCOUTEZ L'ENREGISTREMENT POUR VÉRIFIER VOS RÉPONSES ET TRADUISEZ LES PHRASES.
15

א. הָאוֹרְחִים .... בְּכִיתָה. (לְשִׁיר)
ב. דָּוִד .... בַּשָּׁנָה הַבָּאָה בִּירוּשָׁלַיִם. (לָשִׁיר)
ג. אַתְּ .... לְבִיקוּר בְּיָרַח. (לָבוֹא)
ד. הֵם .... אֶת הַסֵּפֶר עַל שֻׁלְחָן. (לָשִׂים)
ה. בַּשָּׁנָה הַבָּאָה אֲנַחְנוּ .... לְאָמֶרִיקָה. (לָטוּס)
ו. מָתַי אַתָּה .... אָחָר הַבֹּקֶר? (לָקוּם)
ז. אַתֶּן .... עַל חוֹל הַיָּם. (לָרוּץ)

🔊 4. CHOISISSEZ L'ADVERBE QUI CONVIENT PUIS ÉCOUTEZ L'ENREGISTREMENT POUR VÉRIFIER VOS RÉPONSES.
15

א. הוּא קוֹרֵא .... (בְּשֶׁקֶט/בְּמַהֵרוּת) אֶת הַצִּיּוּרִים.
ב. הוּא שׁוֹתֶה אֶת הַקָּפֶה .... (בִּמְהִירוּת/בְּרֹגַע).
ג. אַחֲרֵי שֶׁהוּא אָכַל אֲרוּחַת אֹנִי .... (בִּצְלִיחוּת/בְּצַעַר) בַּפָּקָקִים, הוּא מַגִּיעַ .... (הַרְבֵּה/לְאַט-לְאַט) לַמִּשְׂרָד.
ד. בָּאֲרוּחָה הוּא שׁוֹתֶה .... (לְאַט/בִּרְצִינוּת) אֶת הַקָּפֶה.
ה. הוּא נִכְנָס .... (בִּמְהִירוּת/בִּצְלִיחוּת) לַמִּשְׂרָדוֹ אַחֲרֵי סִיּוּרָיו.
ו. אַחֲרֵי שֶׁהוּא עוֹנֶה אוֹתוֹ אֲבָל .... (הֵא/בְּמַהֵרוּת) הוּא יוֹצֵא מֵן הַמִּשְׂרָד.
ז. הוּא אֹנִי שֶׁמַּגִּיעַ בַּפָּקָק שֶׁמִּתְקַדֵּם .... (בְּטִיפוּת/בְּרָגַע).

14.
LES COURSES

קְנִיּוֹת

KNIYOT

OBJECTIFS

- DÉSIGNER UN MAGASIN
- NOMMER FRUITS, LÉGUMES ET PRODUITS LAITIERS
- EXPRESSIONS UTILES POUR FAIRE SES COURSES

NOTIONS

- LES PROPOSITIONS SUBORDONNÉES CIRCONSTANTIELLES DE CONCESSION (RENONCIATION)
- LE PASSÉ – 3ᵉ LETTRE-RACINE *HÉ*
- LE *PA'OUL* – PARTICIPE PASSÉ – 3ᵉ LETTRE-RACINE *HÉ*
- LE FUTUR – LES VERBES RÉGULIERS DE 5 *BINYANIM*

À L'ÉPICERIE

— Le réfrigérateur est vide, il n'y a plus rien à manger. Je dois aller faire des courses au supermarché.

— [Eh] bien, je vais t'accompagner. Cela m'intéresse *(il est intéressant)* de voir ce qu'on mange ici, en Israël *(dans-le-pays)*.

— En général, je vais faire les courses le vendredi matin pour Shabbat. Ainsi, je peux préparer de bons petits plats *(mets)* pour régaler la famille qui vient [me] rendre visite.

— Et moi, je vais faire *(je ferai)* la liste des produits nécessaires : pain, fruits et légumes, viande et poisson, [un] kilo de tomates et de concombres [ainsi qu'un kilo de] pommes et d'oranges. [Il faut] aussi de la farine et du sucre, tu vas sûrement préparer *(tu prépareras)* ton fameux gâteau au fromage blanc !

— Super, pourquoi pas ! Mais tu sais, je crois qu'aujourd'hui il y aura trop de monde *(de gens)* au supermarché. Je préfère aller à l'épicerie du coin *(locale)*. Bien que ce soit une petite épicerie du coin, il y a beaucoup de *(un-grand)* choix. Rien qu'en produits laitiers, on peut trouver du fromage blanc, toutes sortes de fromages à pâte cuite *(jaunes)* et un grand choix de yaourts.

— Et qu'en est-il avec la viande ? Tu achètes la viande fraîche ou congelée ? Moi, je préfère la viande fraîche. C'est plus savoureux ! N'est-ce pas *(vrai)* ?

בַּמַּכֹּלֶת
ba-makolēt

– הַמְקָרֵר רֵיק אֵין יוֹתֵר מָה לֶאֱכֹל. אֲנִי צְרִיכָה לָלֶכֶת לִקְנִיּוֹת בַּסּוּפֶּר־מַרְקֵט.

– ha-mēkarēr rēk, ēyn yotēr ma lē'ēkhol. ani tsrikha lalēkhēt lē-kniyot ba-Soupērmarkēt.

– טוֹב, אֲנִי יָכוֹל לְלַוּוֹת אוֹתָךְ. מְעַנְיֵן לִרְאוֹת מָה אוֹכְלִים כָּאן בָּאָרֶץ.

– tov, ani yakhol lēlavot otakh. mē'anyēn lir'ot ma okhlim kan ba-arēts.

– בְּדֶרֶךְ־כְּלָל, אֲנִי הוֹלֶכֶת בְּיוֹם שִׁשִּׁי בַּבֹּקֶר לַעֲרֹךְ קְנִיּוֹת לְשַׁבָּת. כָּךְ, אֲנִי יְכוֹלָה לְהָכִין מַטְעַמִּים וּלְפַנֵּק אֶת הַמִּשְׁפָּחָה שֶׁבָּאָה לְבִיקּוּר.

– bē-dērēkh-klal, ani holēkhēt bē-yom shishi ba-bokēr la'arokh kniyot lē-shabat. kakh, ani yēkhola lēhakhin mat'amim ou-lēfanēk ēt ha-mishpaha shē-ba'a lē-vikour.

– וַאֲנִי אֶעֱשֶׂה אֶת רְשִׁימַת הַמּוּצָרִים הַנְּחוּצִים: לֶחֶם, פֵּירוֹת וִירָקוֹת, בָּשָׂר וְדָגִים, קִילוֹ עַגְבָנִיּוֹת וּמְלָפְפוֹנִים, תַּפּוּחִים וְתַפּוּזִים. וְגַם קֶמַח וְסוּכָּר, אַתְּ בֶּטַח תָּכִינִי אֶת עוּגַת־הַגְּבִינָה הַמְפוּרְסֶמֶת שֶׁלָּךְ.

– va-ani ē'ēSē ēt rēshimat ha-moutsarim ha-nēhoutsim : lēhēm, pērot vi-yrakot, baSar vē-dagim, kilo agvaniyot ou-mēlafēfonim tapouhim vē-tapouzim. vē-gam kēmah vē-Soukar, at bētah takhini ēt ougat-ha-gvina ha-mēfourSemet shēlakh.

– מְצוּיָּן, לָמָּה לֹא. אֲבָל אַתָּה יוֹדֵעַ שֶׁהַיּוֹם יֵשׁ יוֹתֵר מִדַּי אֲנָשִׁים בַּסּוּפֶּר, אֲנִי מַעֲדִיפָה לָלֶכֶת לַמַּכֹּלֶת הַשְּׁכוּנָתִית. לַמְרוֹת שֶׁזֹּאת מַכֹּלֶת שְׁכוּנָתִית, יֵשׁ בָּהּ מִבְחָר גָּדוֹל. רַק בְּמוּצְרֵי־חָלָב אֶפְשָׁר לִמְצֹא גְּבִינָה לְבָנָה, כָּל מִינֵי סוּגִים שֶׁל גְּבִינוֹת צְהוּבּוֹת, וּמִבְחָר גָּדוֹל שֶׁל יוֹגוּרְטִים.

– mētsouyan, lama lo. aval ata yodē'a shē-ha-yom yēsh yotēr miday anashim ba-Souper, ani ma'adifa lalēkhēt la-makolēt ha-shkhounatit. lamarot shē-zot makolēt shkhounatit, yēsh ba mivhar gadol. rak bē-motsrēy halav ēfshar limtso gvina lēvana, kol minēy Souguim shēl gvinot tsēhoubot ou-mivhar gadol shēl yogourtim.

– וּמָה עִם הַבָּשָׂר? אַתְּ קוֹנָה בָּשָׂר טָרִי אוֹ קָפוּא? אֲנִי מַעֲדִיף בָּשָׂר טָרִי. זֶה טָעִים יוֹתֵר! נָכוֹן?

– ou-ma im ha-baSar? at kona baSar tari o kafou? ani ma'adif baSar tari. zē ta'im yotēr! nakhon?

COMPRENDRE LE DIALOGUE
QUELQUES FORMULES ET EXPRESSIONS

→ מְעַנְיֵן לִרְאוֹת **mē'anyēn lir'ot** *Il est intéressant de voir.* Cette expression peut être utilisée avec plusieurs verbes à l'infinitif. Ex. : מְעַנְיֵן לָדַעַת **mē'anyēn lada'at** *il est intéressant de savoir.* מְעַנְיֵן לְהַכִּיר **mē'anyēn lēhakir** *il est intéressant de connaître.*

→ On peut aussi exprimer le passé ou le futur (avec valeur de conditionnel en français) avec le verbe être à la 3ᵉ personne du masculin singulier. Ex. : Passé : הָיָה מְעַנְיֵן לִרְאוֹת **haya mē'anyēn lir'ot** *il était intéressant de voir.* Futur : יִהְיֶה מְעַנְיֵן לָדַעַת **yihyē mē'anyēn lada'at** *il serait intéressant de savoir.*

→ יוֹתֵר מִידַי **yotēr miday** *beaucoup trop,* litt. "plus trop", combinaison de deux mots pour exprimer la démesure, l'exagération. Il est possible de supprimer le premier mot יוֹתֵר **yotēr** en gardant le même sens. Pour exprimer le contraire, il suffit de remplacer יוֹתֵר **yotēr** *plus* par פָּחוֹת **pahot** *moins* : פָּחוֹת מִידַי **pahot miday** *moins qu'il ne faut,* litt. "moins trop". Cette expression peut précéder ou suivre le nom. Ex. :

הָעוּגָה הַזֹּאת (יוֹתֵר) מִידַי גְּדוֹלָה.
ha-ouga ha-zot (yotēr) miday gdola. *Ce gâteau est trop grand.*

הַבַּיִת הַזֶּה קָטָן (יוֹתֵר) מִידַי.
ha-bayit ha-zē katan (yotēr) miday. *Cette maison est trop petite.*

→ לַמְרוֹת שֶׁ... **lamrot shē-** *bien que, cependant, malgré,* cette expression s'emploie en hébreu courant, tandis que l'usage correct doit être plutôt ... לַמְרוֹת הַ **lamrot ha-** *(voir section grammaire ci-dessous).* Ex. :

לַמְרוֹת שֶׁזֹּאת מַכֹּלֶת שְׁכוּנָתִית יֵשׁ בָּהּ מִבְחָר גָּדוֹל.
lamrot shē-zot makolēlēt shkhounatit, yēsh ba mivhar gadol. *Bien que ce soit une petite épicerie du coin, il y a beaucoup de (un-grand) choix.*

NOTE CULTURELLE

En Israël, il existe des supermarchés tels que nous les connaissons en France, mais on peut aussi trouver, dans chaque quartier, une *épicerie du coin* מַכֹּלֶת **makolēt** dans laquelle on peut trouver tout le nécessaire, y compris des cigarettes et des journaux. Il y a aussi le *marché* שׁוּק **shouk**, ouvert ou couvert, aux étalages bariolés, où l'on trouve des produits variés. Les **shouk** les plus connus sont celui de Jérusalem שׁוּק מַחֲנֵה יְהוּדָה **shouk mahanē yēhouda**, et *le grand marché de Tel-Aviv* שׁוּק הַכַּרְמֶל **shouk ha-karmēl**. On trouve enfin de grands centres commerciaux קַנְיוֹנִים **kanyonim** qui regroupent à la fois des boutiques חֲנוּיוֹת **hanouyot** de différentes marques, des cafés et des restaurants, ainsi que des salles de cinéma. Les Israéliens ont l'habitude d'y aller tous les vendredis matins pour prendre un brunch en famille et pour faire leurs achats pour le week-end ou des achats de produits de première consommation.

◆ GRAMMAIRE
LES PROPOSITIONS CIRCONSTANCIELLES

• La concession

En hébreu, il existe plusieurs locutions de concession. En voici quatre :
לַמְרוֹת הַ-... **lamrot ha-**... suivie du nom, אַף עַל פִּי שֶׁ-... **af al pi shē**... suivie d'une phrase, לַמְרוֹת זֹאת **lamrot zot** ou בְּכָל זֹאת **bē-khol zot** suivies d'une phrase. On peut les traduire par *bien que..., malgré le fait que..., malgré cela, cependant...* (Notez que dans le dialogue on emploie l'expression לַמְרוֹת שֶׁ-... **lamrot shē-** : en effet cette expression est largement employée dans la langue parlée bien qu'elle soit erronée !) Ex. :

אַף עַל פִּי שֶׁהִיא מַעֲדִיפָה לִקְנוֹת בַּקַּנְיוֹן, הִיא הוֹלֶכֶת לַמַּכּוֹלֶת הַמְּקוֹמִית.
af al pi shē-hi ma'adifa liknot ba-kanyon, hi holēkhēt la-makolēt ha-mēkomit.
Bien qu'elle préfère acheter au centre commercial, elle va à l'épicerie du coin.

לַמְרוֹת הַמִּבְחָר הַגָּדוֹל הוּא לֹא יוֹדֵעַ מָה לִקְנוֹת.
lamrot ha-mivhar ha-gadol hou lo yodē'a ma liknot.
Malgré le grand choix, il ne sait pas quoi acheter.

הִיא מַעֲדִיפָה לִקְנוֹת בַּקַּנְיוֹן וְלַמְרוֹת זֹאת הִיא הוֹלֶכֶת לַמַּכּוֹלֶת.
hi ma'adifa liknot ba-kanyon vē lamrot zot hi holēkhēt la-makolēt.
Elle préfère acheter au centre commercial, et cependant, elle va à l'épicerie du coin.

▲ CONJUGAISON
LE PASSÉ

• Le cas de la lettre ה à la 3ᵉ lettre-racine – sous-groupe ל"ה

Au module 8 nous avons vu le cas particulier de la lettre-racine ה. En effet, toutes les racines se terminant par cette lettre forment un sous-groupe particulier. Dorénavant nous appellerons ce sous-groupe ל"ה. En effet, l'emplacement de la lettre ל regroupe tous les verbes dont la 3ᵉ lettre-racine est la lettre ה qui occupe pour ce sous-groupe la 3ᵉ place. Nous avons observé les modifications diverses dans toutes les conjugaisons ainsi que dans la formation des noms et adjectifs. Pour rappel, les infinitifs dans le sous-groupe ל"ה sont caractérisés par la terminaison ~וֹת -**ot**. Ex. : לִרְצוֹת, לְחַכּוֹת, etc. Au passé, nous observons plusieurs modifications :

– La lettre-racine ה est remplacée par la lettre י à la 1ʳᵉ et à la 2ᵉ personne du singulier et du pluriel : רָצִיתִי **ratsiti** *(j')ai voulu,* רָצִיתָ **ratsita** *(tu)* (masc.) *as voulu…*
– A la 3ᵉ personne du singulier féminin la lettre ה devient ת suivie de la terminaison relative à cette personne. Ex. הִיא רָצְתָה **hi ratsta** *(elle) a voulu.*
– A la 3ᵉ personne du pluriel (invariable) la lettre ה disparait. On conserve les 2 premières lettres-racines avec la terminaison relative à la personne concernée. Ex. : הֵם/הֵן רָצוּ **hēm/hēn ratsou** *ils/elles ont voulu.*
– Seul le radical (la 3ᵉ personne du singulier masculin) conserve la lettre-racine ה. Ex. הוּא רָצָה **hou ratsa** *il a voulu.*
Tous ces modifications concernent l'ensemble des **binyanim**, cependant une modification vocalique interne peut quant à elle subsister.

• **La conjugaison des verbes appartenant au sous-groupe** ל"ה **dans les 5 binyanim**

הִתְפַּעֵל	נִפְעַל	הִפְעִיל	פִּעֵל	פָּעַל	biniyan
לְהִתְרָאוֹת **lēhitra'ot** *se revoir*	לְהִיבָּנוֹת **lēhibanot** *être construit*	לְהַפְנוֹת **lēhafnot** *adresser (qqch. à qqn)*	לְחַכּוֹת **lēhakot** *attendre*	לִרְצוֹת **lirtsot** *vouloir*	infinitif
ר.א.ה.	ב.נ.ה.	פ.נ.ה.	ח.כ.ה.	ר.צ.ה.	racine
הִתְרָאֵיתִי **hitra'ēti**	נִבְנֵיתִי **nivnēti**	הִפְנֵיתִי **hifnēti**	חִכִּיתִי **hikiti**	רָצִיתִי **ratsiti**	(אֲנִי)
הִתְרָאֵיתָ **hitra'ēta**	נִבְנֵיתָ **nivnēta**	הִפְנֵיתָ **hifnēta**	חִכִּיתָ **hikita**	רָצִיתָ **ratsita**	(אַתָּה)
הִתְרָאֵית **hitra'ēt**	נִבְנֵית **nivnēt**	הִפְנֵית **hifnēt**	חִכִּית **hikit**	רָצִית **ratsit**	(אַתְּ)
הִתְרָאָה **hitra'a**	נִבְנָה **nivna**	הִפְנָה **hifna**	חִכָּה **hika**	רָצָה **ratsa**	הוּא
הִתְרָאֲתָה **hitra'ata**	נִבְנְתָה **nivnēta**	הִפְנְתָה **hifnēta**	חִכְּתָה **hikta**	רָצְתָה **ratsta**	הִיא
הִתְרָאֵינוּ **hitra'ēnou**	נִבְנֵינוּ **nivnēnou**	הִפְנֵינוּ **hifnēnou**	חִכִּינוּ **hikinou**	רָצִינוּ **ratsinou**	(אֲנַחְנוּ)
הִתְרָאֵיתֶם/תֶן **hitra'ētēm/-tēn**	נִבְנֵיתֶם/תֶן **nivnētēm/-tēn**	הִפְנֵיתֶם/תֶן **hifnētēm/-tēn**	חִכִּיתֶם/תֶן **hikitēm/-tēn**	רְצִיתֶם/תֶן * **rētsitēm/-tēn**	(אַתֶּם)/(אַתֶּן)
הִתְרָאוּ **hitra'ou**	נִבְנוּ **nivnou**	הִפְנוּ **hifnou**	חִכּוּ **hikou**	רָצוּ **ratsou**	הֵם/הֵן

* Notons que pour la 2ᵉ personne du pluriel, dans la conversation courante, on prononce plutôt **ratsitēm/-tēn**.

Ex. :

רָצִינוּ לְבַקֵּר אֶתְכֶם אֶתְמוֹל, כִּי לֹא הִתְרָאֵינוּ כְּבָר הַרְבֵּה שָׁנִים.

ratsinou lēvakēr ētkhēm ētmol, ki lo hitra'ēnou kvar harbē shanim.

Nous voulions vous rendre visite hier, car nous ne nous étions pas revus depuis beaucoup d'années.

בְּיוֹם שְׁלִישִׁי שֶׁעָבַר הִיא חִכְּתָה לוֹ כָּל הָעֶרֶב.

bē-yom shlishi shē-avar hi hikta lo kol ha-ērēv.

Mardi dernier elle l'a attendu toute la soirée.

הַשּׁוֹטֵר הִפְנָה אֶת הַתַּחְבּוּרָה יָמִינָה.

ha-shotēr hifna ēt ha-tahboura yamina.

Le policier a détourné la circulation vers la droite.

הַבִּנְיָנִים נִבְנוּ מַהֵר.

ha-binyanim nivnou mahēr. *Les bâtiments ont été construits rapidement.*

LE FORME DU פָּעוּל PA'OUL, LE PARTICIPE PASSÉ DU SOUS-GROUPE ל"ה

Comme nous l'avons déjà vu au module 13 le participe passé qui s'utilise comme un adjectif qualificatif en français, est dérivé du **pa'al**. Pour les racines du sous-groupe ל"ה la lettre ה devient י. Les mots se forment à partir de סָעוּי.

Notons ces transformations dans le tableau ci-dessous :

pa'oul – participe passé			verbe **binyan** pa'al au passé
masc./fém./pl.	fém. sing.	masc. sing.	
קְנוּיִים/קְנוּיוֹת **knouyim/knouyot** sont acheté/-ées	קְנוּיָה **knouya** est achetée	קָנוּי **kanouy** est acheté	קָנָה **kana** a acheté
רְצוּיִים/רְצוּיוֹת **rētsouyim/rētsouyot** sont voulues/-es	רְצוּיָה **rētsouya** est voulue	רָצוּי **ratsouy** est voulu	רָצָה **ratsa** a voulu
עֲשׂוּיִים/עֲשׂוּיוֹת **aSouyim/aSouyot** sont faits/-es	עֲשׂוּיָה **aSouya** est faite	עָשׂוּי **aSouy** est fait	עָשָׂה **aSa** a fait

Ex. :

הוּא קָנָה אֶת הַבַּיִת. הַבַּיִת קָנוּי.
hou kana ēt ha-bayit. ha-bayit kanouy. *Il a acheté la maison. La maison est achetée.*

הֵם רָצוּ לְהַגִּיעַ בָּעֶרֶב. אָמְרוּ לָהֶם שֶׁרָצוּי לְהַגִּיעַ בָּעֶרֶב.
hēm ratsou lēhaguia ba-ērēv. amrou lahēm shē-ratSouy lēhaguia ba-ērēv. *Ils voulaient arriver le soir. On leur avait dit qu'il était souhaitable ("est voulu") d'arriver le soir.*

הֵם עָשׂוּ אֶת הָעוּגָה מִגְּבִינָה. הָעוּגָה עֲשׂוּיָה מִגְּבִינָה.
hēm aSou ēt ha-ouga mi-gvina. ha-ouga aSouya mi-gvina. *Ils ont fait le gâteau au ("à partir de") fromage. Le gâteau est fait avec du ("à partir de") fromage.*

Ainsi, d'autres adjectifs de la même catégorie מִשְׁקָל **mishkal** existent. Toutefois, leur sens est un peu éloigné de la forme verbale. Ex. :

הַבָּחוּר הַזֶּה פָּנוּי. הוּא מְחַפֵּשׂ אִשָּׁה פְּנוּיָה כְּדֵי לְהִתְחַתֵּן אִיתָּהּ.
ha-bahour ha-zé panouy hou mēhapēS isha pnouya kēdēy lēhithatēn ita. *Ce jeune homme est célibataire ("libre"), il cherche une femme célibataire ("libre") afin de l'épouser ("se marier avec elle").*

הַצְּעִירִים שָׁתוּ הַרְבֵּה יַיִן, הֵם לְגַמְרֵי שְׁתוּיִים.
ha-tsēirim shatou harbé yayin, hēm lēgamrey shtouyim. *Les jeunes ont bu beaucoup de vin, ils sont complètement ivres.*

LE FUTUR – LES VERBES RÉGULIEURS DE 5 *BINYANIM*

Comme nous l'avons déjà mentionné, chaque **binyan** a une structure différente calquée sur la forme de l'infinitif du verbe. Pour rappel, la vocalisation des préfixes est déterminée par la vocalisation qui se trouve soit sous la lettre ל de l'infinitif (pour les verbes du **binyan pa'al** et **pi'ēl**), soit sous la lettre ה qui suit la lettre ל (pour les verbes des **binyanim hif'il, nif'al** et **hitpa'ēl**). Cependant, le préfixe ~א qui indique la 1ʳᵉ personne du singulier exigera une vocalisation plus prononcée à cause de son caractère "muet". Lorsque la voyelle du préfixe de l'infinitif est לְ/לְהִי... (**pa'al, nif'al** et **hitpa'ēl**) le préfixe du futur sera vocalisé אֶ.... En revanche, lorsque la voyelle du préfixe est ...לִ (**pa'al**), le préfixe sera vocalisé אֶ....
Nous vous présentons un tableau des 5 groupes de verbes réguliers et leurs conjugaisons respectives au futur.

• Futur : conjugaison des verbes réguliers dans les 5 **binyanim**

הִתְפַּעֵל	נִפְעַל	הִפְעִיל	פִּיעֵל	פָּעַל	biniyan
לְהִתְקַשֵּׁר lēhitkashēr appeler	לְהִיכָּנֵס lēhikanēS entrer	לְהַתְחִיל lēhathil commencer	לְקַבֵּל lēkabēl recevoir	לִסְגּוֹר liSgor fermer	infinitif
ק.ש.ר.	כ.נ.ס.	ת.ח.ל.	ק.ב.ל.	ס.ג.ר.	racine
אֶ+תְקַשֵּׁר ētkashēr	אֶ+כָּנֵס ēkanēS	אַ+תְחִיל athil	אֲ+קַבֵּל akabēl	אֶ+סְגּוֹר ēSgor	(אֲנִי)
תִּ+תְקַשֵּׁר titkashēr	תִּי+כָּנֵס tikanēS	תַּ+תְחִיל tathil	תְּ+קַבֵּל tēkabēl	תִּ+סְגּוֹר tiSgor	(אַתָּה)/ הִיא
יִ+תְקַשֵּׁר yitkashēr	יִי+כָּנֵס yikanēS	יַ+תְחִיל yathil	יְ+קַבֵּל yēkabēl	יִ+סְגּוֹר yiSgor	הוּא
נִ+תְקַשֵּׁר nitkashēr	נִי+כָּנֵס nikanēS	נַ+תְחִיל nathil	נְ+קַבֵּל nēkabēl	נִ+סְגּוֹר niSgor	(אֲנַחְנוּ)
תִּ+תְקַשְּׁר+י titkashri	תִּי+כָּנְס+י tikanSi	תַּ+תְחִיל+י tathili	תְּ+קַבְּל+י tēkabli	תִּ+סְגְּר+י tiSgēri	(אַתְּ)
תִּ+תְקַשְּׁר+וּ titkashrou	תִּי+כָּנְס+וּ tikanSou	תַּ+תְחִיל+וּ tathilou	תְּ+קַבְּל+וּ tēkablou	תִּ+סְגְּרוּ tiSgērou	(אַתֶּם)/ (אַתֶּן)
יִ+תְקַשְּׁר+וּ yitkashrou	יִי+כָּנְס+וּ yikanSou	יַ+תְחִיל+וּ yathilou	יְ+קַבְּל+וּ yēkablou	יִ+סְגְּר+וּ yiSgērou	הֵם/ הֵן

Notons qu'il existe un autre modèle de conjugaison pour le פָּעַל **pa'al**. Nous y reviendrons en détail dans le module 16.

Ex. :

בְּעוֹד שָׁעָה הוּא יִסְגּוֹר אֶת הַחֲנוּת.

bē-od sha'a hou yiSgor ēt ha-hanout.
Dans une heure il fermera le magasin.

הֵם יְקַבְּלוּ אֲרוּחָה חַמָּה בָּעֶרֶב.

hēm yēkablou arouha hama ba-ērēv.
Ils recevront un repas chaud le soir.

הַלִּימּוּדִים יַתְחִילוּ אַחֲרֵי הַחוּפְשָׁה.

ha-limoudim yathilou aharēy ha-houfsha.
Les études commenceront après le congé.

אֶכָּנֵס לַדִּירָה וְאֶתְקַשֵּׁר אֲלֵיכֶם.

ēkanēS la-dira vē-ētkashēr alēkhēm.
Je rentrerai dans l'appartement et je vous appellerai.

● EXERCICES

1. COCHEZ נָכוֹן (VRAI) SI CETTE INFORMATION EST JUSTE PAR RAPPORT AU DIALOGUE OU לֹא נָכוֹן (FAUX) SI ELLE EST FAUSSE.

lֹא נָכוֹן lo nakhon	נָכוֹן nakhon	
		א. בַּמָּקָרֵר יֵשׁ הַרְבֵּה אוֹכֶל.
		ב. הֶחָבֵר רוֹצֶה לָלֶכֶת אִיתָהּ.
		ג. בְּדֶרֶךְ כְּלָל הִיא הוֹלֶכֶת כָּל יוֹם לִקְנִיּוֹת.
		ד. לַאֲרוּחוֹת שַׁבָּת אֲכוֹלֶת מְקוֹמִית אֵין בָּהּ מִבְחָר גָּדוֹל.
		ה. הֵם הוֹלְכִים לַקְנִיּוֹת לִלֹא רְשִׁימָה.

2. CONJUGUEZ LES VERBES AU PASSÉ.

א. - מָה לֹא (לִרְאוֹת – רָאִיתָה) .... לְקִוּוֹת אוֹתִי לַאֲכוֹלֶת הַשְּׁכוּנָתִית? - כִּי לֹא (לִהְיוֹת – הָיִיתִי) .... לִי כְּאַן.

ב. (לַחְכוֹת – חִכִּינוּ) .... לָכֶם כִּמְעַט שָׁעָתַיִים אוּלְו בַּתִּיָטַטְרוֹן. מָה לֹא (לָבוֹא – בָּאתֶם – בָּאתֶן) .... ?

ג. (לְהַפְנוֹת – פָּנִי) .... אֶת הַכָּנִפַיִם שֶׁלָּהֶן (לִרְאוֹת) .... לִקְנוֹת כַּרְטִיסִים לַקֹּפַת הַתִּיָטַטְרוֹן.

ד. הַצֵּיר תֵּל-סַבִיב (לְהִיפָּנוֹת – הִיא) .... עַל-יַד הֶחוֹל.

ה. הֵם (לְהִתְרַחֵצוֹות) .... לִפְנֵי חוּף בִּאַסִצָּדָה הַחַדָּשָׁה.

3. CLASSEZ LES FORMES VERBALES CONJUGUÉES AU FUTUR DANS LA LIGNE APPROPRIÉE SELON LA PERSONNE, PUIS TRADUISEZ-LES.

תַּצְלִיחִי, יֹאבְדוּ, תַּתְחִילוּ, נִפָּנֵק, תִּתְקַלְקֵל, יֵשָׁאֵר, יָקוּם, נִסְטוֹר, תָּקַבֵּל, סָקוֹר, תִּנָּדְּאוּ, יִשָּׁלְאוּ, סָכוּנֵּס, תָּכִינִי, תִּתָּקֵן

				אֲנִי
		tu t'abîmeras/ elle s'abîmera	תִּתְקַלְקֵל	אַתָּה / הִיא
				אַתְּ
				הוּא
				אֲנַחְנוּ
				אַתֶּם–אַתֶּן
				הֵם–הֵן

170   14. Les courses

● VOCABULAIRE

vide (m./f.)	rēk/rēka	רֵיק ז׳ / רֵיקָה
il n'y a plus	ēyn yotēr	אֵין יוֹתֵר
accompagne(s), accompagner	mēlavē, liva, lēlavot	מְלַוֶּוה, לִיוָּוה, לְלַוּוֹת
intéressant	mē'anyēn/mē'anyēnēt	מְעַנְיֵין ז׳ / מְעַנְיֶינֶת
ainsi	kakh	כָּךְ
prépare(s), préparer	mēkhin, hēkhin, yakhin lēhakhin	מֵכִין, הֵכִין, יָכִין, לְהָכִין
met/s / plat/s	mat'am/mat'amim	מַטְעָם ז׳ / מַטְעַמִּים ז׳ר׳
gâte(s), gâter	mēfanēk, pinēk, yēfanēk, lēfanēk	מְפַנֵּק, פִּינֵּק, יְפַנֵּק, לְפַנֵּק
visite/s	bikour/bikourim	בִּיקּוּר ז׳ / בִּיקּוּרִים ז׳ר׳
je ferai(s), faire	ē'aSē, la'aSot	אֶעֱשֶׂה, לַעֲשׂוֹת
nécessaire/s	nahouts/nēhoutsa	נָחוּץ / נְחוּצָה
beaucoup trop	yotēr miday	יוֹתֵר מִידַּי
viande	baSar	בָּשָׂר ז׳
poisson/s	dag/dagim	דָּג ז׳ / דָּגִים ז׳ר׳
cependant…/ malgré le fait que…/ bien que…	lamrot shē…	לַמְרוֹת שֶׁ…
fromage/s	gvina/gvinot	גְּבִינָה נ׳ / גְּבִינוֹת נ׳ר׳
blanc/blanche	lavan/lēvana	לָבָן / לְבָנָה
toutes sortes de	kol-minēy	כָּל-מִינֵי
espèce/s	Soug/Souguim	סוּג ז׳ / סוּגִים ז׳ר׳
jaune	tsahov/tsēhouba	צָהוֹב / צְהוּבָּה
yaourt	yogort	יוֹגוּרְט ז׳
frais/fraîche	tari/triya	טָרִי / טְרִיָּיה
congelé/e	kafou/kfoua	קָפוּא / קְפוּאָה
kilo(gramme)	kilo	קִילוֹ
tomate/s	agvaniya/agvaniyot	עַגְבְנִיָּה נ׳ / עַגְבְנִיּוֹת נ׳ר׳
concombre/s	mēlafēfon/mēlafēfonim	מְלָפְפוֹן ז׳ / מְלָפְפוֹנִים ז׳ר׳
pomme/s	tapou'ah/tapouhim	תַּפּוּחַ ז׳ / תַּפּוּחִים ז׳ר׳

15.
AU CENTRE COMMERCIAL

בַּקַּנְיוֹן

BA-KANYON

OBJECTIFS	NOTIONS
• LES CENTRES COMMERCIAUX • LES VÊTEMENTS • LES TAILLES • L'EXPRESSION "CELA ME PLAÎT"	• LA FORMATION DES ADJECTIFS – LES COULEURS • LA FORME DÉCLINÉE DU NOM – SUITE • L'IMPÉRATIF • L'INJONCTION NÉGATIVE • LE FUTUR – SUITE • LE PASSÉ ET LE FUTUR DU VERBE "POUVOIR" • LA FORME DU *PA'OUL* – LE PARTICIPE PASSÉ – SUITE

LES SOLDES

— Allons au centre commercial ! Nous ferons des achats. Nous achèterons des produits alimentaires, des vêtements, des chaussures. Nous pourrions également manger au restaurant ou nous asseoir dans un café. Si tu veux *(voudras)*, nous pourrions même voir un film.

— Super ! Volontiers *(en volonté)* ! Tu dis toujours que tu n'as jamais rien à te mettre *(quoi porter)* ! C'est la fin de la saison. Les soldes commencent aujourd'hui. Tu voudras certainement te trouver un manteau ou une belle robe longue de soirée. Regarde, [cette] robe est vraiment belle. Ça vaut la peine *(pour toi)* de l'essayer *(mesurer)*. Qu'en penses-tu *(quel est ton avis)* ?

— Pourquoi pas ! Bonjour, je voudrais *(j'aurais voulu)* essayer cette robe de soirée noire. En taille 40 *(la taille de-moi est 40)*. C'est vrai, elle me plaît. Et toi ? Tu ne t'achètes rien ? Les prix sont vraiment bas *(bon marché)*, alors profite de l'occasion.

— Je m'achèterais bien des chaussures de sport [et] une chemise blanche. Ici, en Israël *(au pays)* vous ne portez pas de costumes. C'est le pays de la "décontraction" : un short *(pantalon court)*, des sandales, [des] jean[s] et un T-shirt sont devenus votre légende.

מְכִירוֹת סוֹף־הָעוֹנָה
mēkhirot Sof ha-ona

– בּוֹא נֵלֵךְ לַקַּנְיוֹן! נַעֲשֶׂה שָׁם קְנִיּוֹת. נִקְנֶה מוּצְרֵי־מָזוֹן, בְּגָדִים, נַעֲלַיִם. נוּכַל גַּם לֶאֱכֹל בְּמִסְעָדָה אוֹ לָשֶׁבֶת בְּבֵית־קָפֶה. אִם תִּרְצֶה, נוּכַל אֲפִילוּ לִרְאוֹת סֶרֶט.
– bo nēlēkh la-kanyon! na'aSē sham kniyot. niknē moutsrēy-mazon, bgadim, na'alayim. noukhal gam lē'ēkhol bē-miS'ada o lashēvēt bē-vēyt kafē. im tirtsē, noukhal afilou lir'ot Sērēt.

– יוֹפִי! בְּרָצוֹן! אַתְּ תָּמִיד אוֹמֶרֶת שֶׁאַף־פַּעַם אֵין לָךְ מָה לִלְבּוֹשׁ. זוֹ סוֹף־הָעוֹנָה, "הַמְּכִירוֹת" מַתְחִילוֹת הַיּוֹם. בֶּטַח הָיִיתָ רוֹצָה לִמְצֹא לָךְ מְעִיל, אוֹ שִׂמְלַת־עֶרֶב אֲרוּכָּה. תִּסְתַּכְּלִי, שִׂמְלָה מַמָּשׁ יָפָה! כְּדַאי לָךְ לִמְדֹד אוֹתָהּ. מָה דַעְתֵּךְ?
– yofi! bē-ratson! at tamid omērēt shē-af-pa'am ēyn lakh ma lilbosh. zo Sof ha-ona, "ha-mēkhirot" mathilot ha-yom. bētah hayit rotsa limtso lakh mē'il, o Simlat ērēv arouka. tiStakli, Simla mamash yafa! kēday lakh limdod ota! ma da'atēkh?

– לָמָּה לֹא! שָׁלוֹם, הָיִיתִי רוֹצָה לִמְדֹד אֶת שִׂמְלַת הָעֶרֶב הַשְּׁחוֹרָה הַזֹּאת. הַמִּידָה שֶׁלִּי הִיא אַרְבָּעִים. נָכוֹן, הִיא מוֹצֵאת חֵן בְּעֵינַי. וּמָה אִתְּךָ? אַתָּה לֹא קוֹנֶה לְעַצְמְךָ שׁוּם דָּבָר? הַמְחִירִים בֶּאֱמֶת זוֹלִים. אָז תְּנַצֵּל אֶת הַהִזְדַּמְּנוּת.
– lama lo! shalom, hayiti rotsa limdod ēt Simlat ha-ērēv ha-sh<u>h</u>ora ha-zot. ha-mida shēli hi arba'im. nakhon, hi motsēt <u>h</u>ēn bē-ēynay. ou-ma itkha? ata lo konē le-atsmēkha shoum davar? ha-m<u>h</u>irim bē'ēmēt zolim. az, tēnatsēl ēt ha-hizdamnout.

אֶקְנֶה לִי נַעֲלֵי־סְפּוֹרְט, חוּלְצָה לְבָנָה. כָּאן בָּאָרֶץ אַתֶּם לֹא לוֹבְשִׁים חֲלִיפוֹת. מְדִינַת הַ"קֶז'וּאָל": מִכְנָסַיִם קְצָרִים, סַנְדָּלִים, גִ'ינְס וְטִישִׁירְט הָפְכוּ לָאַגָּדָה שֶׁלָּכֶם.
– ēknē li na'alēy Sport, <u>h</u>oultsa lēvana. kan ba-arēts, atēm lo lovshim <u>h</u>alifot. mēdinat ha-"kējoual". mikhnaSayim ktsarim, Sandalim, djinS, vē-tishērt hafkhou la-agada shēlakhēm.

■ COMPRENDRE LE DIALOGUE
QUELQUES FORMULES ET EXPRESSIONS

→ מָה עִם...? **ma im...?** *qu'en est-il de...?* Ex. : מָה עִם הַיְלָדִים? **ma im ha-yēladim?** *Qu'en est-il des enfants?*

→ זֶה מוֹצֵא חֵן בְּעֵינַי **zē motsē ẖen bē-ēynay** *ça me plaît* (litt. "cela trouve grâce à mes yeux"). Cette formulation convient dans une phrase neutre. Dans le cas où cette construction est suivie par un nom, nous obtenons un état construit. Alors, le premier nom subit un changement et devient …בְּעֵינֵי **bē-ēynēy…** *aux yeux de…* Ex. : זֶה מוֹצֵא חֵן בְּעֵינֵי אִימָא **ze motsē ẖēn bē-ēnēy ima**. En revanche, lorsqu'un pronom personnel remplace le nom nous obtenons une déclinaison. Ex. : הַשִּׂמְלָה מוֹצֵאת חֵן בְּעֵינַי **ha-Simla motsēt ẖēn bē-ēynay** *la robe me plaît* ("trouve grâce à mes yeux"), הַשִּׂמְלָה מוֹצֵאת חֵן בְּעֵינֵינוּ **ha-Simla motsēt ẖēn bē-ēynēnou** *La robe nous plaît* ("trouve grâce à nos yeux"). Le verbe לִמְצוֹא **limtso** *trouver* se conjugue avec la chose qui plaît. Le seul élément invariable de cette expression est le mot חֵן **ẖēn** *grâce*. (voir la déclinaison complète de בְּעֵינֵי **bē-ēynēy…** *aux yeux de* dans la section grammaire). Ex. :

הַמִּכְנָסַיִים מוֹצְאִים חֵן בְּעֵינֵי אִימָא שֶׁלִי אֲבָל הֵם לֹא מוֹצְאִים חֵן בְּעֵינַיי.
ha-mikhnaSayim mots'im ẖēn bē-ēynēy ima shēli aval hēm lo mots'im ẖēn bē-ēynay, *le pantalon plaît à ma mère* ("trouvent grâce aux yeux de ma mère") *mais il ne me plaît pas.* ("ne trouvent pas grâce à mes yeux").

הַנַּעֲלַיִים הָאֲדוּמוֹת מוֹצְאוֹת חֵן בְּעֵינֵינוּ.
ha-na'alayim ha-adoumot mots'ot ẖēn bē-ēynēnou, *les chaussures rouges nous plaisent.*

NOTE CULTURELLE

Les Israéliens fréquentent les *centres commerciaux* קַנְיוֹנִים **kanyonim** pour faire leurs achats, mais aussi pour certains loisirs. On peut également y trouver des centres médicaux ou des cliniques privées. D'aspects luxueux, les **kanyonim** abritent des magasins de grandes chaînes. Les Israéliens peuvent confier leurs enfants à des ateliers ou des garderies le temps de faire leurs courses ou leurs démarches. Les familles s'y retrouvent le vendredi en fin de matinée dans l'un des nombreux restaurants pour prendre le fameux "brunch" qui dure jusque dans l'après-midi, marquant ainsi le début du week-end.

◆ GRAMMAIRE
LES ADJECTIFS DES COULEURS

Les adjectifs exprimant les couleurs se forment à partir de la catégorie מִשְׁקָל **mi-shkal** : סָםוֹם **pa'ol**. Ils s'accordent en genre et en nombre. Au singulier féminin et au pluriel la vocalisation [o] deviendra [ou] sauf pour les couleurs אָפוֹר **afor** *gris* et שָׁחוֹר **shahor** *noir* qui garderont la vocalisation [o] pour tous les accords en genre et en nombre en raison de la présence d'une consonne gutturale à la 3ᵉ lettre-racine.

masc./fém. pl.		fém. sing.		masc. sing.	
adoumim/-ot *rouges*	אֲדוּמִים / אֲדוּמוֹת	**adouma** *rouge*	אֲדוּמָה	**adom** *rouge*	אָדוֹם
aforim/-ot *gris(e)s*	אֲפוֹרִים / אֲפוֹרוֹת	**afora** *grise*	אֲפוֹרָה	**afor** *gris*	אָפוֹר*
vroudim/-ot *roses*	וְרוּדִים / וְרוּדוֹת	**vrouda** *rose*	וְרוּדָה	**varod** *rose*	וָרוֹד
yēroukim/-ot *vert(e)ss*	יְרוּקִים / יְרוּקוֹת	**yērouka** *verte*	יְרוּקָה	**yarok** *vert*	יָרוֹק
khoulim/-ot *bleu(e)s*	כְּחוּלִים / כְּחוּלוֹת	**khoula** *bleue*	כְּחוּלָה	**kahol** *bleu*	כָּחוֹל
ktoumim/-ot *orange*	כְּתוּמִים / כְּתוּמוֹת	**ktouma** *orange*	כְּתוּמָה	**katom** *orange*	כָּתוֹם
Sgoulim/-ot *violets/-ètes*	סְגוּלִים / סְגוּלוֹת	**Sgoula** *violète*	סְגוּלָה	**Sagol** *violet*	סָגוֹל
tshēoubim/-ot *jaunes*	צְהוּבִּים / צְהוּבּוֹת	**tshēouba** *jaune*	צְהוּבָּה	**tsahov** *jaune*	צָהוֹב
shhorim/-ot *noir(e)s*	שְׁחוֹרִים / שְׁחוֹרוֹת	**shhora** *noire*	שְׁחוֹרָה	**shahor** *noir*	שָׁחוֹר*

Cependant, quelques adjectifs de couleurs ne se forment pas à partir de ce מִשְׁקָל **mi-shkal** comme par exemple le *blanc* לָבָן **lavan** / לְבָנָה **lēvana** / לְבָנִים **lēvanim** / לְבָנוֹת **lēvanot** ou encore le *marron* חוּם **houm** / חוּמָה **houma** / חוּמִים **houmim** / חוּמוֹת **hou-mot**.

Notons que d'autres adjectifs qualificatifs n'exprimant pas la couleur se forment à partir de ce סָםוֹם : מִשְׁקָל **pa'ol**. Ex. : אָרוֹךְ **arokh** *long* / אֲרוּכָּה **arouka** *longue* ; מָתוֹק **matok** *doux* / מְתוּקָה **mētouka** *douce*.

LA FORME DÉCLINÉE DU NOM - SUITE

Dans le module 4, nous avons déjà évoqué la "forme déclinée du nom". En effet, nous ajoutons à la fin du nom un suffixe qui indique le possesseur (je, tu, il…). Rappelons que cette déclinaison est employée presque exclusivement à l'écrit ou dans les discours formels. Cependant, certains noms, surtout des noms de membres de la famille comme : אָח **ah** *frère*, אָחוֹת **ahot** *sœur*, בַּעַל **ba'al** *mari*, אִישָׁה **isha**, *femme* etc. sont employés couramment dans leur état décliné (voir module 5). Les changements que subissent les noms suffixés ressemblent aux changements dans l'état construit du nom (voir module 6) :

– Le suffixe ה~ **–a** qui indique en général le féminin singulier, se transforme dans la déclinaison en ת~ **–t**. Ex. : דּוֹדָה **doda** *tante* devient …דּוֹדַת **dodat**…

– Le suffixe ים~ **–im**, qui indique en général le masculin pluriel se transforme dans la déclinaison en י~ **–ēy/-ay**. Ex. : דּוֹדִים **dodim** *oncles*, … דּוֹדֵי **dodēy**… / …דּוֹדַי **doday**…

La terminaison וֹת~ **–ot** du féminin pluriel ne change pas.

Dans les tableaux suivants nous allons découvrir les différentes déclinaisons qui s'appliquent selon le genre et le nombre du nom.

	דּוֹדִים **dodim** *oncles* → …דּוֹדֵי **dodēy/ay**…			דּוֹד **dod** *oncle*		
mes oncles	**doday**	דּוֹדַי	*mon oncle*	**dodi**	דּוֹדִי	אֲנִי
tes oncles	**dodēykha**	דּוֹדֶיךָ	*ton oncle*	**dodkha**	דּוֹדְךָ	אַתָּה
	dodayikh	דּוֹדַיִךְ		**dodēkh**	דּוֹדֵךְ	אַתְּ
ses oncles	**dodav**	דּוֹדָיו	*son oncle*	**dodo**	דּוֹדוֹ	הוּא
	dodēyha	דּוֹדֶיהָ		**doda**	דּוֹדָהּ	הִיא
nos oncles	**dodēynou**	דּוֹדֵינוּ	*notre oncle*	**dodēnou**	דּוֹדֵנוּ	אֲנַחְנוּ
vos oncles	**dodēykhēm**	דּוֹדֵיכֶם	*votre oncle*	**dodkhēm**	דּוֹדְכֶם	אַתֶּם
	dodēykhēn	דּוֹדֵיכֶן		**dodkhēn**	דּוֹדְכֶן	אַתֶּן
leurs oncles	**dodēyhēm**	דּוֹדֵיהֶם	*leur oncle*	**dodam**	דּוֹדָם	הֵם
	dodēyhēn	דּוֹדֵיהֶן		**dodan**	דּוֹדָן	הֵן

	דּוֹדוֹת dodot tantes			הַדּוֹד doda tante → תַדּוֹד...dodat...		
mes tantes	dodotay	דּוֹדוֹתַי	ma tante	dodati	דּוֹדָתִי	אֲנִי
tes tantes	dodotēkha	דּוֹדוֹתֶיךָ	ta tante	dodatkha	דּוֹדָתְךָ	אַתָּה
	dodotayikh	דּוֹדוֹתַיִךְ		dodatēkh	דּוֹדָתֵךְ	אַתְּ
ses tantes	dodotav	דּוֹדוֹתָיו	sa tante	dodato	דּוֹדָתוֹ	הוּא
	dodotēyha	דּוֹדוֹתֶיהָ		dodata	דּוֹדָתָהּ	הִיא
nos tantes	dodotēynou	דּוֹדוֹתֵינוּ	notre tante	do-datēnou	דּוֹדָתֵנוּ	אֲנַחְנוּ
vos tantes	do-dotēykhēm	דּוֹדוֹתֵיכֶם	votre tante	do-datkhēm	דּוֹדַתְכֶם	אַתֶּם
	do-dotēykhēn	דּוֹדוֹתֵיכֶן		do-datkhēn	דּוֹדַתְכֶן	אַתֶּן
leurs tantes	do-dotēyhēm	דּוֹדוֹתֵיהֶם	leur tante	dodatam	דּוֹדָתָם	הֵם
	do-dotēyhēn	דּוֹדוֹתֵיהֶן		dodatan	דּוֹדָתָן	הֵן

Voici à présent les formes déclinées du nom עֵינַיִים ēynayim *yeux* précédé par la préposition בְּ... bē- *à*. Cette déclinaison est utilisée également dans l'expression *cela me plaît*, litt. "cela trouve grâce à mes yeux" mentionnée plus haut (déclinée selon la structure du nom au masculin pluriel, voir le tableau précédent).

à nos yeux	bē-ēynēynou	בְּעֵינֵינוּ	אֲנַחְנוּ	à mes yeux	bē-ēnay	בְּעֵינַי	אֲנִי
à vos yeux	bē-ēynēykhēm	בְּעֵינֵיכֶם	אַתֶּם	à tes yeux	bē-ēnēkha	בְּעֵינֶיךָ	אַתָּה
	bē-ēynēykhēn	בְּעֵינֵיכֶן	אַתֶּן		bē-ēnayikh	בְּעֵינַיִךְ	אַתְּ
à leurs yeux	bē-ēynēyhēm	בְּעֵינֵיהֶם	הֵם	à ses yeux	bē-ēnav	בְּעֵינָיו	הוּא
	bē-ēynēyhēn	בְּעֵינֵיהֶן	הֵן		bē-ēnēyha	בְּעֵינֶיהָ	הִיא

Ex. :

הַתַּעֲרוּכָה בְּמוּזֵיאוֹן יְרוּשָׁלַיִם חֲשׁוּבָה וּמְעַנְיֶנֶת מְאוֹד בְּעֵינֵינוּ.

ha-ta'aroukha bē-mouzēon yēroushalayim ḥashouva ou-mē'anyēnēt mē'od bē'ēynēyou.

L'exposition au musée de Jérusalem est importante et très intéressante à nos yeux.

▲ CONJUGAISON
L'IMPÉRATIF

En hébreu, comme en français, l'impératif est utilisé à la 2ᵉ personne du masculin et féminin singulier et pluriel. L'utilisation de l'impératif est restreinte dans la langue parlée. En effet, pour la plupart des verbes nous emploierons le futur afin de donner des ordres. Cependant, quelques verbes, généralement des verbes exprimant des ordres "courants", sont conjugués à la forme de l'impératif.

Voici les verbes fréquemment utilisés dans le langage parlé à l'impératif :

m. et f. pluriel		féminin singulier		masculin singulier		Infinitif	
bo'ou venez	בּוֹאוּ	**bo'i** viens	בּוֹאִי	**bo** viens	בּוֹא	**lavo** venir	לָבוֹא
koumou levez-vous	קוּמוּ	**koumi** lève-toi	קוּמִי	**koum** lève-toi	קוּם	**lakoum** se lever	לָקוּם
zouzou poussez-vous	זוּזוּ	**zouzi** pousse-toi	זוּזִי	**zouz** pousse-toi	זוּז	**lazouz** bouger/pousser	לָזוּז
Simou mettez	שִׂימוּ	**Simi** mets	שִׂימִי	**Sim** mets	שִׂים	**laSim** mettre	לָשִׂים
lēkhou allez	לְכוּ	**lēkhi** va	לְכִי	**lēkh** va	לֵךְ	**lalēkhēt** (à pied) aller	לָלֶכֶת
ts'ou sortez	צְאוּ	**ts'i** sors	צְאִי	**tsē** sors	צֵא	**latsēt** sortir	לָצֵאת
shvou asseyez-vous	שְׁבוּ	**shvi** assieds-toi	שְׁבִי	**shēv** assieds-toi	שֵׁב	**lashēvēt** s'asseoir	לָשֶׁבֶת
rēdou descendez	רְדוּ	**rēdi** descends	רְדִי	**rēd** descends	רֵד	**larēdēt** descendre	לָרֶדֶת
khou prenez	קְחוּ	**khi** prends	קְחִי	**kah** prends	קַח	**lakahat** prendre	לָקַחַת
S'ou allez/roulez	סְעוּ	**S'i** va/roule	סְעִי	**Sa** va/roule	סַע	**linSo'a** aller/rouler	לִנְסוֹעַ
tnou donnez	תְּנוּ	**tni** donne	תְּנִי	**tēn** donne	תֵּן	**latēt** donner	לָתֵת
hakou attendez	חַכּוּ	**haki** attends	חַכִּי	**hakē** attends	חַכֵּה	**lēhakot** attendre	לְחַכּוֹת

• L'impératif d'invitation

בּוֹא נִרְשֹׁם **bo nirshom** *allons* ("venons") *inscrire/noter* ("notons").

Cette formule suggère une activité tout en invitant l'interlocuteur à y participer : en hébreu, l'activité est exprimée par un verbe au futur à la 1ʳᵉ personne du pluriel et l'invitation par le verbe *venir* à l'impératif simple. Ex. :

בּוֹאִי נֵלֵךְ **bo'i nēlēkh** *allons* ("viens on y va") en s'adressant à une personne au féminin.
בּוֹא נִשְׁתֶּה **bo nishtē** *buvons* ("allons buvons") en s'adressant à une personne au masculin singulier.

• L'injonction négative

Comme nous l'avons déjà mentionné au module 5, l'injonction négative nécessitera toujours l'emploi du futur. Elle se construit avec l'adverbe אַל **al**, litt. "ne pas" suivi du verbe conjugué au futur à la 2ᵉ personne du singulier masculin ou féminin, ainsi qu'à la 2ᵉ personne du pluriel (invariable). Ex. : אַל תָּקוּם! **al takoum!** *ne te lève pas !* (masc. sing.), אַל תָּבוֹאִי! **al tavo'i!** *ne viens pas !* (fém. sing.), אַל תָּרוּצוּ! **al taroutsou!** *ne courrez pas !*

LE FUTUR – SUITE

• **pa'al**, 3ᵉ lettre-racine ה – sous-groupe ל"ה

Les verbes ayant pour 3ᵉ lettre-racine ה se conjuguent au futur selon le modèle suivant : לִקְנוֹת **liknot** *acheter* (lettres-racines ק.נ.ה)

(אֲנִי)	(אַתָּה)/ הִיא *	אַתְּ	הוּא	אֲנַחְנוּ	(אַתְּ)	(אַתֶּם/ אַתֶּן)	הֵם/ הֵן
אֶקְנֶה	תִּקְנֶה	יִקְנֶה	נִקְנֶה	תִּקְנִי	תִּקְנוּ	יִקְנוּ
ēknē	**tiknē**	**yiknē**	**niknē**	**tikni**	**tiknou**	**yikou**

* Pour rappel – La 2ᵉ personne du masculin singulier et la 3ᵉ personne du féminin singulier se conjuguent de la même façon.

Notons la disparition de la lettre aspirée ה pour les pronoms personnels qui comportent des suffixes.

• **pa'al**, 1ʳᵉ lettre-racine ע, ח, ה – sous-groupe פ"ג

Lorsque la 1ʳᵉ lettre-racine est une de lettres : ע, ח, ה, le ל... de l'infinitif et la 1ᵉ lettre-racine sont vocalisés en **[a]**. Ex. לַעֲבוֹד **la'avod** *travailler*, לַחֲשֹׁוב **la<u>h</u>ashov** (ou la<u>h</u>shov en langage courant, voir remarque page 47) *penser*, לַהֲרֹג **laharog** *tuer*. Les préfixes dans cette conjugaison sont vocalisés avec la voyelle [a] qui caractérise le préfixe de l'infinitif : לַחְסֹם hormis pour le préfixe א qui suit la forme : אֶחְסֹם (voir tableau).

Ex. לַעֲבֹד **la'avod** *travailler*

(אֲנִי)	(אַתָּה)/ הִיא	(אַתָּה)	הוּא	אֲנַחְנוּ	(אַתְּ)	(אַתֶּם/ אַתֶּן)	הֵם/ הֵן
אֶעֱבֹד	תַּעֲבֹד	יַעֲבֹד	יַעֲבֹד	נַעֲבֹד	תַּעַבְדִי	תַּעַבְדוּ	יַעַבְדוּ
ē'ēvod	ta'avod	ya'avod	ya'avod	na'avod	ta'avdi	ta'avdou	ya'avdou

Lorsque la 1ʳᵉ lettre-racine est une de lettres gutturales/aspirées ע, ח, ה et la 3ᵉ lettre-racine est la lettre ה, la conjugaison associe deux règles : celle de la 1ʳᵉ lettre-racine gutturale פ"ג et celle de la 3ᵉ lettre ל"ה. Ex. : לַעֲשׂוֹת **la'aSot** *faire*, לַעֲלוֹת **la'alot** *monter, immigrer* :

(אֲנִי)	(אַתָּה) / הִיא	(אַתָּה)	הוּא	אֲנַחְנוּ	(אַתְּ)	(אַתֶּם/ אַתֶּן)	הֵם/ הֵן
אֶעֱשֶׂה	תַּעֲשֶׂה	יַעֲשֶׂה	יַעֲשֶׂה	נַעֲשֶׂה	תַּעֲשִׂי	תַּעֲשׂוּ	יַעֲשׂוּ
ē'ēSē	ta'aSē	ya'aSē	ya'aSē	na'aSē	ta'aSi	ta'aSou	ya'aSou

• le futur – du verbe לָלֶכֶת **lalēkhēt** *aller*

La conjugaison de ce verbe (lettres-racine ה.ל.ך.) est très particulière au futur. En effet, à l'instar de l'infinitif, sa 1ʳᵉ lettre-racine ה disparaît. Voici la conjugaison complète :

(אֲנִי)	(אַתָּה) / הִיא	(אַתָּה)	הוּא	אֲנַחְנוּ	(אַתְּ)	(אַתֶּם/ אַתֶּן)	הֵם/ הֵן
אֵלֵךְ	תֵּלֵךְ	יֵלֵךְ	יֵלֵךְ	נֵלֵךְ	תֵּלְכִי	תֵּלְכוּ	יֵלְכוּ
ēlēkh	tēlēkh	yēlēkh	yēlēkh	nēlēkh	tēlkhi	tēlkhou	yēlkhou

Nous verrons dans les modules suivants d'autres verbes qui se comportent selon la même structure.

בַּשָּׁבוּעַ הַבָּא מְכִירוֹת סוֹף-הָעוֹנָה מַתְחִילוֹת, נֵלֵךְ לַקַּנְיוֹן לִקְנוֹת בְּגָדִים חֲדָשִׁים.

ba-shavou'a ha-ba mēkhirot Sof ha-ona mat<u>h</u>ilot, nēlēkh la-kanyon liknot bgadim <u>h</u>adashim. *La semaine prochaine les soldes ("ventes de fin de saison") commencent, nous irons au centre commercial pour acheter de nouveaux vêtements.*

LE VERBE יָכוֹל *YAKHOL* "POUVOIR" AU PASSÉ ET AU FUTUR

En effet, ce verbe יָכוֹל **yakhol** *pouvoir* est particulier. Tout d'abord, il n'existe pas de forme à l'infinitif pour ce verbe. De plus, bien qu'il soit classé dans le **binyan pa'al**, sa conjugaison est différente au passé et au futur.

– Au passé, certaines formes prendront appui sur le radical יָכוֹל (calqué sur la forme conjuguée du masculin singulier du présent) et certaines autres sur la forme du **binyan pa'al → yakhal** :

הֵם/ הֵן	(אַתֶּם/ אַתֶּן)	(אֲנַחְנוּ)	הִיא	הוּא	(אַתְּ)	(אַתָּה)	(אֲנִי)
יָכְלוּ	יְכוֹלְתֶּם/ תֶּן *	יָכוֹלְנוּ	יָכְלָה	יָכוֹל	יָכוֹלְתְּ	יָכוֹלְתָּ	יָכוֹלְתִּי
yakhlou	yēkholtēm/-tēn	yakholnou	yakhla	yakhol	yakholt	yakholta	yakolti

* Remarque importante : la 2ᵉ personne du pluriel est vocalisée **yēkholtēm/-tēn,** mais l'usage courant lui préfère la prononciation **yakholtēm/-tēn.** Ex. :

לֹא יָכוֹלְתִּי לָבוֹא אֲלֵיכֶם כִּי הָיִיתִי מֵחוּץ לָעִיר.

lo yakholti lavo alēkhēm ki hayiti mē-houts la-ir.
Je ne pouvais pas venir chez vous car j'étais en dehors de la ville.

– Au futur, la conjugaison de ce verbe est particulière :

הֵם/ הֵן	(אַתֶּם/ אַתֶּן)	(אַתְּ)	אֲנַחְנוּ	הוּא	הִיא / (אַתָּה)	(אֲנִי)
יוּכְלוּ	תּוּכְלוּ	תּוּכְלִי	נוּכַל	יוּכַל	תּוּכַל	אוּכַל
youkhlou	toukhlou	toukhli	noukhal	youkhal	toukhal	oukhal

Ex. :

אוּכַל לְדַבֵּר עִם הַמְּנַהֵל?

oukhal lēdabēr im ha-mēnahēl?
Pourrais-je parler au directeur ? (litt. "je pourrai parler avec le directeur ?").

● EXERCICES

1. CLASSEZ LES NOMS DÉCLINÉS DANS LA COLONNE APPROPRIÉE SELON LE PRONOM PERSONNEL PUIS RAJOUTEZ LA PRÉPOSITION POSSESSIVE ET TRADUISEZ. SUIVEZ L'EXEMPLE.

אִשְׁתִּי, אַחְיוֹתֵנוּ, בַּעְלָהּ, יִרְקָתָן, אוֹטְלִיכֶן, בְּגָדַי, סַנְדְּלָיו, אֲחֵירֵיהֶם, שִׂמְלָתֵך, טַחִי, דּוֹדוֹתַיִך, חֲבֵרְך, חֲלִיפוֹתֵיכֶם

הֵן	הֵם	אַתֶּן	אַתֶּם	אֲנַחְנוּ	הִיא	הוּא	אַתְּ	אַתָּה	אֲנִי
			חֲלִיפוֹתֵיכֶם						
			הַחֲלִיפוֹת שֶׁלָּכֶם						
			vos costumes						

2. TRADUISEZ LES PHRASES EN HÉBREU EN UTILISANT L'IMPÉRATIF.

a. Asseyez-vous, je vous en prie. ....
b. David, donne-moi de l'eau s'il te plaît. ....
c. Dina, prends ton livre ! ....
d. David, va jouer dehors ! ....
e. Levez-vous, il est tard ! ....

🔊 3. CONJUGUEZ LES VERBES SELON L'INJONCTION NÉGATIVE, PUIS ÉCOUTEZ L'ENREGISTREMENT POUR VÉRIFIER VOS RÉPONSES ET TRADUISEZ LES PHRASES.

17

א. אַל דָּוִיד אַל .... שֶׁל בֵּית-הַסֵּפֶר (לָבוֹא)
ב. אַל חַנָּה אַל .... שֶׁל רֶפֶת אַל הַשּׁוּלְחָן (לְשִׂים)
ג. אַל יְלָדִים אַל .... מְאוּחָר. (לָקוּם) אַתֶּם צְרִיכִים לָלֶכֶת לְבֵית הַסֵּפֶר
ד. אַל אָנוֹש, אַל .... בַּחֲנוּת צַעֲצוּעִים. הַכֹּל אֵצֶל נַעֲשׂוּ (לַעֲשׂוֹת)
ה. אַל דָּנִיאֵל, אַל .... שֶׁל הַכְּבִישׁוּ (לָרוּץ)
ו. אַל בָּנוֹת, אַל .... בַּצָּבַע הַכֶּה, אֵין טִיסוֹתוּ (לִלְבּוֹשׁ)

184 15. Au centre commercial

VOCABULAIRE

nourriture	mazon / mēzonot	מָזוֹן ז׳ / מְזוֹנוֹת ז׳ ר׳
chaussures	na'al / na'alayim	נַעַל נ׳ / נַעֲלַיִם נ׳ ר׳
volontiers	bē-ratson	בְּרָצוֹן
porte (un vêtement), a porté, porter	lovēsh, lavash, lilbosh	לוֹבֵשׁ, לָבַשׁ, לִלְבּוֹשׁ
saison	ona	עוֹנָה נ׳
fin de saison	Sof ha-ona	סוֹף-הָעוֹנָה
vente/s	mēkhira/mēkhirot	מְכִירָה נ׳ / מְכִירוֹת נ׳ ר׳
manteau	mē'il	מְעִיל ז׳
long/longue	arokh/arouka	אָרוֹךְ / אֲרוּכָּה
regarde ! (m./f. sing.), regardez ! (pl.)	tiStakēl, tiStakli, tiStaklou	תִּסְתַּכֵּל, תִּסְתַּכְּלִי, תִּסְתַּכְּלוּ
à ton avis ?	ma da'atkha/da'atkh	מָה דַּעְתְּךָ / דַּעְתֵּךְ?
couleur/s	tsēv'a/tsva'im	צֶבַע ז׳ / צְבָעִים ז׳ ר׳
noir/e	shahor/shhora	שָׁחוֹר / שְׁחוֹרָה
taille	mida	מִידָה נ׳
profitera (m./f.), profitez (m./f./pl.) !	tēnatsēl, tēnatsli, tēnatslou	תְּנַצֵּל, תְּנַצְּלִי, תְּנַצְּלוּ
occasion	hizdamnout	הִזְדַּמְּנוּת נ׳
achètera (m./f.), acheterez (m.f.pl.)	tiknē, tikni, tiknou	תִּקְנֶה, תִּקְנִי, תִּקְנוּ
pour toi-même	lē-atsmēkha	לְעַצְמְךָ
prix	mēhir	מְחִיר ז׳
chaussures de sport	na'alēy-Sport	נַעֲלֵי-סְפּוֹרְט
chemise	houltsa	חוּלְצָה נ׳
costume	halifa	חֲלִיפָה נ׳
légende	agada	אַגָּדָה נ׳

4. TRANSFORMEZ CES PHRASES DU PASSÉ AU FUTUR.

א. לא יכולתי להציע לטייסטורון בחנן כי צבדתי צע מאוחר.

ב. לפני שבוע הם צע אפו קניות בשוק וקנו דגים ובשר טרי.

ג. - למה הלכת לקניון אתמול? - הלכתי כי רציתי לקנות שמלה חדשה.

ד. הנסיעה במכונית לא עלתה הרבה כסף.

ה. אחרי שראיתם את המחירים חשבתם שכדאי להכות למכירת סוף-העונה.

🔊 5. COMPLÉTEZ AVEC L'EXPRESSION "CELA TROUVE GRÂCE À MES YEUX / CELA ME PLAÎT" 17 ET ACCORDEZ L'ADJECTIF DE COULEUR, PUIS ÉCOUTEZ L'ENREGISTREMENT POUR VÉRIFIER VOS RÉPONSES.

א. - חנה, השמלה כ_____ (כתום) הכחות _____ (מוצא) חן _____ (בעיני)?

ב. - כל, דויד, היא לא _____ (מוצא) חן _____ (בעיני), השמלה כ_____ (שחור)_____ (מוצא) חן _____ (בעיני...).

ג. - למה לא קניתם את החולצות כ_____ (לבן) כאלה? - הן פשוט לא _____ (מוצא) חן _____ (בעיני...).

ד. - דויד, המכנסיים כ_____ (כחול)_____ (מוצא) חן _____ (בעיני)? - כן, הם _____ (מוצא) חן _____ (בעיני...).

16. LES DÉMARCHES ADMINISTRATIVES

הֲלִיכִים מִנְהָלִיִּים

HALIKHIM MINHALIYIM

OBJECTIFS

- FAIRE DES DÉMARCHES ADMINISTRATIVES
- SE RENSEIGNER SUR LES ÉQUIVALENCES DE DIPLÔMES
- COMPTE BANCAIRE ET MODE DE PAIEMENT

NOTIONS

- LE CONDITIONNEL PRÉSENT
- LE SUBJONCTIF PRÉSENT
- DÉCLINAISON DE *ÈL* "VERS"
- LE FUTUR – *BINYAN PA'AL*
- LE FUTUR DU VERBE "ÊTRE" – SUITE : "IL Y A" ET "IL N'Y A PAS" ET LA REPRÉSENTATION DU VERBE "AVOIR"
- LE VERBE "DEVOIR"

DIPLÔME UNIVERSITAIRE

— Je voudrais *(veux)* savoir si au Ministère de l'immigration et de l'intégration, on peut me donner des informations sur la poursuite de mes études.

— Oui volontiers, pourrais-tu remplir ces documents *(formulaires)* avec tes données personnelles ? As-tu déjà [obtenu] un diplôme d'études supérieures ?

— Oui, j'ai une licence *(diplôme premier)*. Je souhaiterais *(j'aurais aimé)* continuer en maîtrise *(diplôme deuxième dans étude)* de mathématiques et informatique.

— Oui, oui, tu pourras continuer pour un cycle d'études supérieures après des examens d'entrée. En fonction des notes [obtenues], nous pourrons t'orienter soit vers l'une des universités soit vers des cours préparatoires et de perfectionnement supplémentaires. Tu peux *(pourras)* régler les frais d'inscription par carte de crédit ou par chèque. Nous n'acceptons pas les espèces.

— Tu aurais pu me le dire avant ! Ce n'est pas précisé *(inscrit)* sur votre site Internet ! Je n'ai pas encore de compte bancaire et en ce moment je ne peux pas retirer d'argent. Je vais devoir recommencer cette démarche à nouveau.

— Tu peux *(pourras)* ouvrir un compte courant dans l'une des banques situées en face, dans la rue. C'est très rapide ! Reviens dès que ce sera fait *(rangé)* !

תּוֹאַר אֲקָדֵמִי
to'ar akadēmi

– אֲנִי רוֹצֶה לָדַעַת אִם בְּמִשְׂרַד הָעֲלִיָּה וְהַקְּלִיטָה יְכוֹלִים לָתֵת לִי מֵידָע עַל הֶמְשֵׁךְ הַלִּימוּדִים שֶׁלִּי.
– ani rotsē lada'at im bē-miSrad ha-aliya vē-ha-klita yēkholim latēt li mēyda al hēmshēkh ha-limoudim shēli.

– כֵּן, בְּבַקָּשָׁה, תּוּכַל לְמַלֵּא אֶת הַטְּפָסִים הָאֵלֶּה בַּפְּרָטִים הָאִישִׁיִּים שֶׁלְּךָ? יֵשׁ לְךָ כְּבָר תּוֹאַר בְּהַשְׂכָּלָה גְּבוֹהָה?
– kēn bēvakasha, toukhal lēmalē ēt ha-tfaSim ha-ēlē ba-pratim ha-ishiyim shēlkha? yēsh lēkha kvar to'ar bē-haSkala gvoha?

– כֵּן יֵשׁ לִי תּוֹאַר רִאשׁוֹן. הָיִיתִי רוֹצֶה לְהַמְשִׁיךְ לְתוֹאַר שֵׁנִי בְּלִמּוּדֵי מָתֵמָטִיקָה וּמַחְשְׁבִים.
– kēn, yēsh li to'ar rishon. hayiti rotsē lēhamshikh lē-to'ar shēni bē-limoudēy matēmatika ou-mahshēvim.

– כֵּן, כֵּן, תּוּכַל לְהַמְשִׁיךְ לְלִימּוּדֵי תּוֹאַר לְאַחַר מִבְחֲנֵי קַבָּלָה. בְּהֶתְאֵם לַצִּיּוּן נוּכַל לְכַוֵּון אוֹתְךָ לְאַחַת הָאוּנִיבֶרְסִיטָאוֹת אוֹ לְקוּרְסֵי מְכִינָה וְהִשְׁתַּלְמוּת נוֹסָפִים. תּוּכַל לְשַׁלֵּם אֶת דְּמֵי הַהַרְשָׁמָה בְּכַרְטִיס אַשְׁרַאי אוֹ בְּצֶ'ק. אֲנַחְנוּ לֹא מְקַבְּלִים מְזוּמָנִים.
– kēn, kēn, toukhal lēhamshikh lē-limoudēy to'ar lō-ahar mivhanēy kabala bē-hēt'ēm la-tsiyoun noukhal lēkhavēn otkha lē-ahat ha-ounivērSita'ot o lē-kourSēy mēkhina vē-hishtalmout noSafim. toukhal lēshalēm ēt dmēy ha-harshama bē-khartiS ashray o bē-tchēk. anahnou lo mēkablim mēzoumanim.

– הָיִיתָ יְכוֹלָה לוֹמַר זֹאת קוֹדֶם! זֶה לֹא רָשׁוּם בָּאֲתָר שֶׁלָּכֶם! עֲדַיִן אֵין לִי חֶשְׁבּוֹן בַּנְק פָּעִיל וְכָרֶגַע אֵינֶנִּי יָכוֹל לִמְשׁוֹךְ כֶּסֶף מֵהַכַּסְפּוֹמָט. אֶצְטָרֵךְ לְהַתְחִיל אֶת כָּל הַהֲלִיךְ שׁוּב.
– hayit yēkhola lomar zot kodēm! zē lo rashoum ba-atar shēlakhēm! adayin ēyn li hēshbon bank pa'il vē-kharēg'a ēynēni yakhol limshokh kēSēf mēha-kaSpomat. ētstarēkh lēhathil ēt kol hē-halikh shouv.

– תּוּכַל לִפְתּוֹחַ חֶשְׁבּוֹן עוֹ"שׁ בְּאֶחָד הַבַּנְקִים הַנִּמְצָאִים בָּרְחוֹב מִמּוּל. זֶה מָהִיר מְאוֹד! תָּשׁוּב כְּשֶׁהַדָּבָר יְסוּדַּר.
– toukhal liftoah hēshbon osh bē-ēhad ha-bankim ha-nimtsaim ba-rēhov mimoul. zē mahir mē'od! tashouv kshē-ha-davar yēSoudar.

■ COMPRENDRE LE DIALOGUE
QUELQUES FORMULES ET EXPRESSIONS

→ הַשְׂכָּלָה גְּבוֹהָה **haSkala gvoha** *études supérieures* (litt. "instruction élevée").
→ לְמַלֵּא טוֹפֶס **lēmalē tofēS** *remplir un formulaire* ou encore שְׁאֵלוֹן **shē'ēlon** *un questionnaire*. Ainsi pouvons-nous remplir des boîtes, des camions… ou *accomplir* ("remplir") *sa (propre) volonté* לְמַלֵּא אֶת רְצוֹנִי **lēmalē ēt rētsoni**.
→ לִמְשׁוֹךְ כֶּסֶף מֵהַכַּסְפּוֹמָט **limshokh kēSēf mē-ha-khaSpomat** *tirer* ou *retirer de l'argent au distributeur*. Le verbe לִמְשׁוֹךְ **limshokh** *tirer* s'emploie au sens propre comme au sens figuré : אֲנִי מוֹשֵׁךְ אֶת הָעֲגָלָה **ani moshēkh ēt ha-agala** *Je tire le chariot/la poussette*, ou encore dans le sens d'une personne attirante : הַבַּחוּרָה הַזֹּאת מוֹשֶׁכֶת מְאוֹד **ha-ba<u>h</u>oura ha-zot moshēkhēt mē'od** *Cette jeune femme est très attirante*.
→ עו"ש **osh** est une abréviation de עוֹבֵר וָשָׁב **over va-shav** *un compte courant* (litt. "passe et revient").

NOTE CULTURELLE

L'État d'Israël s'est préparé à l'accueil des migrants. Il s'est doté d'un Ministère dédié à cette activité qui se nomme מִשְׂרַד הָעֲלִיָּה וְהַקְּלִיטָה **miSrad ha-aliya vē-ha-klita**, *Ministère de l'immigration et de l'intégration*. Le rôle de ce Ministère est de faciliter l'intégration des nouveaux arrivants en leur offrant des services, notamment des services pour le logement, des lieux d'apprentissage de la langue (voir note culturelle – module 1 – אוּלְפָּן **oulpan**), une aide financière, ainsi que la possibilité de poursuivre leurs études et d'obtenir des équivalences à leurs diplômes.

◆ GRAMMAIRE
LE CONDITIONNEL PRÉSENT

Comme nous l'avons déjà évoqué dans modules précédents, la conjugaison du futur nous servira non seulement à exprimer des actions qui restent à accomplir mais aussi d'autres modes comme le conditionnel ou le subjonctif. A noter qu'en Hébreu le mode subjonctif n'existe pas.

Le conditionnel présent, appelé en hébreu תְּנַאי קַיָּים *conditionnel réel*, exprime une action qui peut encore se réaliser. Dans la partie de la phrase qui ouvre la condition (par le mot אִם **im** *si*) le verbe est conjugué soit au présent soit au futur. Dans la partie principale, il est conjugué généralement au futur. Ex. :

אִם אַתֶּם בָּאִים / אִם תָּבוֹאוּ אֵלֵינוּ מָחָר, נַזְמִין גַּם אֶת יוֹסִי וְשִׁירָה וְנַעֲשֶׂה מְסִיבָּה.
im atēm ba'im/ im tavo'ou ēlēnou mahar, nazmin gam ēt Yossi vē-Shira vē-na'aSē mēsiba. *Si vous venez (/ si vous "viendrez") chez nous demain, nous inviterons Yossi et Shira et nous ferons une fête.*

אִם אֲנִי / אִם אֶהְיֶה בְּתֵל-אָבִיב בָּעֶרֶב, אוּכַל לָלֶכֶת אִתְּךָ לְסֶרֶט.
im ani / im ēhyē bē-tēl-Aviv ba-ērēv, oukhal lalēkhēt itkha lē-Sērēt. *Si je suis (/ si je "serai") à Tel-Aviv le soir, je pourrai aller avec toi au cinéma ("film").*

LE SUBJONCTIF PRÉSENT

Les phrases par lesquelles on exprime un souhait, une volonté, un désir, un doute, une crainte, l'incertitude ou alors un conseil utiliseront également le futur dans la proposition subordonnée. Ex. :

אֲנִי רוֹצָה שֶׁתָּבוֹאוּ אֵלַי מָחָר.
ani rotsē shē-tavo'ou ēlay mahar, *Je veux que vous veniez ("viendrez") chez moi demain.*

הַמּוֹרֶה מְבַקֵּשׁ שֶׁהַתַּלְמִידִים יַעֲשׂוּ אֶת הַשִּׁעוּרִים.
ha-morē mēvakēsh shē-ha-talmidim ya'aSou ēt ha-shi'ourim, *Le professeur demande que les élèves fassent ("feront") les leçons ("devoirs").*

אַתֶּם מַעֲדִיפִים שֶׁנֵּלֵךְ לֶאֱכוֹל בְּמִסְעָדָה אוֹ שֶׁנִּשָּׁאֵר בַּבַּיִת?
atēm ma'adifim shē-nēlēkh lē'ēkhol bē-miS'ada o shē-nisha'ēr ba-bayit, *Vous préférez que nous nous allions ("irons") au restaurant ou que nous nous restions ("resterons") à la maison ?*

כְּדַאי שֶׁתִּקְבְּעִי פְּגִישָׁה עִם הַפָּקִיד.
kēday shē-tikbē'i pguisha im ha-pakid. *Ça vaut la peine que tu fixes ("fixeras") un rdv avec l'employé.*

רָצוּי שֶׁתִּפְתְּחוּ חֶשְׁבּוֹן עוֹ"שׁ (עוֹבֵר וָשַׁב) בַּבַּנְק.
ratsouy shē-tiftēhou hēshbon osh (over va-shav) ba-bank. *Il est souhaitable que vous ouvriez ("ouvrirez") un compte courant à la banque.*

DÉCLINAISON DES PRÉPOSITIONS

Rappelons qu'au module 4 nous avons évoqué le cas de la préposition ...לְ **lē-**. Nous avons vu qu'elle indique le déplacement vers ou en direction de... mais qu'elle est en même temps indispensable après certains verbes qui n'expriment pas un déplacement comme ...לִשְׁלוֹחַ לְ **lishlo'ah lē-** *envoyer,* ...לַעֲנוֹת לְ **la'anot lē-** *répondre,* ...לַעֲזוֹר לְ **la'azor lē-** *aider,* ...לְחַכּוֹת לְ **lēhakot lē-** *attendre,* ...לָתֵת לְ **latēt lē-** *donner,* ...לְסַפֵּר לְ **lēSapēr lē-** *raconter,* etc. Il existe une autre variante de cette préposition : אֶל **ēl** qui est très proche et décrit également le déplacement ou une action vers, en direction de… Toutes les deux peuvent être employées indifféremment devant un nom avec certains verbes comme לָלֶכֶת lalēkhēt *aller*, לָבוֹא lavo *venir*, לִפְנוֹת lifnot *s'adresser à*, לְהִתְקַשֵּׁר lēhitkashēr *téléphoner.* Ex. : אֲנִי הוֹלֵךְ לְמֹשֶׁה ani holēkh lē-moshē *je vais chez ("vers") Moshē*, ou bien אֲנִי הוֹלֵךְ אֶל מֹשֶׁה ani holēkh ēl moshē *chez ("vers") Moshē*. Mais lorsque la préposition est suivie par un pronom personnel, le choix entre les deux devient délicat. En effet, certains verbes optent pour l'usage de l'une et interdisent l'autre. Ex. : אֲנִי הוֹלֵךְ אֵלָיו ani holēkh ēlav *je vais chez lui*, tandis que אני הולך לו ani holēkh lo est une phrase incorrecte.

• La déclinaison de la préposition אֶל **lē** "vers", "en direction de" :

vers nous	ēlēnou	אֵלֵינוּ	vers moi	ēlay	אֵלַי
vers vous (m.)	alēkhēm *	אֲלֵיכֶם	vers toi (m.)	ēlēkha	אֵלֶיךָ
vers vous (f.)	alēkhēn *	אֲלֵיכֶן	vers toi (f.)	ēlayikh	אֵלַיִךְ
vers eux	alēhēm *	אֲלֵיהֶם	vers lui	ēlav	אֵלָיו
vers elles	alēhēn *	אֲלֵיהֶן	vers elle	ēlēha	אֵלֶיהָ

* Notons que la prononciation courante de ces formes est : **ēlēkhēm, ēlēkhēn, ēlēhēm, ēlēhēn**.

Exemples :

אַתָּה צָרִיךְ לִפְנוֹת לַפָּקִיד / אֶל הַפָּקִיד ← תִּפְנֶה אֵלָיו לוֹ.
ata tsarikh lifnot la-pakid / ēl ha-pakid → tifnē ēlav lo,
Je dois m'adresser à l'employé → Je m'adresserai à lui.

נִתְקַשֵּׁר לַחֲבֵרָה / אֶל הַחֲבֵרָה שֶׁלָּנוּ מָחָר ← נִתְקַשֵּׁר אֵלֶיהָ לָהּ מָחָר.
nitkashēr la-haveara / ēl ha-haveara shēlanou mahar → nitkashēr ēlēha la mahar,
Nous appellerons notre amie demain → nous l'appellerons demain.

בּוֹאוּ לַדּוֹדִים / אֶל הַדּוֹדִים אַחֲרֵי הָעֲבוֹדָה. ← בּוֹאוּ אֲלֵיהֶם לָהֶם אַחֲרֵי הָעֲבוֹדָה.
bo'ou la-dodim / ēl ha-dodim aharēy ha-avoda. → bo'ou ēlēhēm lahēm aharēy ha-avoda,
Venez chez les oncles après le travail → Venez chez eux après le travail.

Voici une liste non exhaustive de quelques verbes importants dont l'usage du אֶל décliné est indispensable :
לְצַלְצֵל **lētsaltsēl** *téléphoner à*, לְהַגִּיעַ **lēhagui'a** *arriver*, לַחֲזוֹר **lahzor** *revenir*, לַעֲלוֹת **la'alot** *monter*, לָרֶדֶת **larēdēt** *descendre*, לְהִתְגַּעְגֵּעַ **lēhitga'aguē'a** *se languir*, לְהִתְפַּלֵּל **lēhitpalēl** *prier*, לְהִסְטָרֵף **lēhistarēf** *se joindre*, לְהִתְרַגֵּל **lēhitraguēl** *s'habituer*.

▲ CONJUGAISON
LE FUTUR – SUITE

• **ēf'ol / ēf'al** du **binyan pa'al**

La forme sur la quelle est basé la conjugaison du futur du **binyan pa'al** (voir module 14) est nommé אֶפְעוֹל **ēf'ol**. La vocalisation est calquée sur l'infinitif לִסְגּוֹר. La plupart des verbes de ce **binyan** sont conjugués selon ce modèle. Cependant, un autre modèle nommé אֶפְעַל **ēf'al** existe dans ce **binyan**. Selon ce modèle la vocalisation qui suit la 2ᵉ lettre-racine dans les conjugaisons sans suffixe ajouté est [a] à la place de [o]. Aucun changement n'apparaît dans les autres formes conjuguées.

Dans le tableau suivant nous pouvons observer les différences entre les deux modèles :

הֵם/הֵן	(אַתֶּם/אַתֶּן)	(אַתְּ)	אֲנַחְנוּ	הוּא	(אַתָּה) / הִיא	(אֲנִי)
אֶפְעוֹל **ēf'ol** → לִסְגּוֹר liSgor *fermer*							
יִסְגְּרוּ	תִּסְגְּרוּ	תִּסְגְּרִי	נִסְגּוֹר	יִסְגּוֹר	תִּסְגּוֹר	אֶסְגּוֹר
yiSgērou	tiSgērou	tiSgēri	niSgor	yiSgor	tiSgor	ēSgor
אֶפְעַל **ēf'al** → לִלְמוֹד lilmod *apprendre/étudier*							
יִלְמְדוּ	תִּלְמְדוּ	תִּלְמְדִי	נִלְמַד	יִלְמַד	תִּלְמַד	אֶלְמַד
yilmēdou	tilmēdou	tilmēdi	nilmad	yilmad	tilmad	ēlmad

Voici quelques verbes qui se conjuguent selon le modèle de **ēf'al** : לִגְדֹל **ligdol** *grandir*, לִלְבּוֹשׁ **lilbosh** *revêtir*, לִרְכּוֹב **lirkov** *monter à califourchon*. Notez que les verbes de la forme **ēf'al** ont un infinitif identique à celui des verbes **ēf'ol** sauf לִשְׁכַּב **lishkav** *être couché* où la vocalisation [a] apparait déjà dans la forme de l'infinitif.

À cette liste de verbes irréguliers qui se forment à partir du modèle **ēf'al**, s'ajoutent les verbes des catégories suivantes :

– Les verbes comportant une lettre gutturale (א.ה.ח.ע) à la 2ᵉ lettre-racine. Ces verbes appartiennent au sous-groupe ע״ג, ou Ex. : לִשְׁאוֹל **lish'ol** *demander / questionner* (lettres-racines ש.א.ל)

הֵם/הֵן	(אַתֶּם/אַתֶּן)	(אַתְּ)	אֲנַחְנוּ	הוּא	(אַתָּה) / הִיא	(אֲנִי)
יִשְׁאֲלוּ	תִּשְׁאֲלוּ	תִּשְׁאֲלִי	נִשְׁאַל	יִשְׁאַל	תִּשְׁאַל	אֶשְׁאַל
yish'alou	tish'alou	tish'ali	nish'al	yish'al	tish'al	ēsh'al

Voici quelques verbes de cette catégorie : לִדְאוֹג lid'og s'inquiéter, לִכְאוֹב likh'ov avoir mal, לִנְהוֹג linhog conduire, לִבְחוֹר livhor choisir.

– Les verbes comportant une lettre gutturale (א.ח.ע) à la 3e lettre-racine se conjuguent également selon cette forme, Ils appartiennent au sous-groupe ג"ל. Ex. : לִקְרוֹא likro lire (lettres-racines ק.ר.א)

(אֲנִי)	(אַתָּה) / הִיא	הוּא	אֲנַחְנוּ	(אַתְּ)	(אַתֶּם/ אַתֶּן)	הֵם/ הֵן
אֶקְרָא	תִּקְרָא	יִקְרָא	נִקְרָא	תִּקְרְאִי	תִּקְרְאוּ	יִקְרְאוּ
ēkra	**tikra**	**yikra**	**nikra**	**tikrē'i**	**tikrēou**	**yikrēou**

Voici quelques verbes de cette catégorie : לִשְׁמוֹעַ lishmo'a entendre, לִקְבּוֹעַ likbo'a fixer, לִפְתּוֹחַ liftoa'h ouvrir, לִשְׁלוֹחַ lishlo'ah envoyer.

LE FUTUR DU VERBE לִהְיוֹת *LIHYOT* "ÊTRE" – SUITE

À l'instar du passé (voir module 10), le verbe לִהְיוֹת lihyot être au futur aura, au-delà de son sens premier, d'autres fonctions. Il remplacera יֵשׁ yēsh il y a et son contraire אֵין ēyn il n'y a pas, pour exprimer la présence. Complété par la préposition ...לְ lē..., il remplacera le verbe "avoir".

• יֵשׁ yēsh "il y a" et אֵין ēyn "il n'y a pas", au présent et au futur

futur	présent
בְּמֶרְכַּז הָעִיר יִהְיֶה / לֹא יִהְיֶה קוֹלְנוֹעַ. **bē-mērkaz ha-ir yihyē / lo yihyē kol-no'a.** *Dans le centre-ville, il y aura un (/ il n'y aura pas de) cinéma.*	בְּמֶרְכַּז הָעִיר יֵשׁ / אֵין קוֹלְנוֹעַ. **bē-mērkaz ha-ir yēsh / ēyn kolno'a.** *Dans le centre-ville, il y a un (/ il n'y a pas de) cinéma.*
תִּהְיֶה / לֹא תִּהְיֶה מוּזִיקָה בַּמְּסִיבָּה? **tihyē/lo tihyē mouzika ba-mēSiba ?** *Il y aura de la (/ Il n'y aura pas de) musique à la fête.*	יֵשׁ / אֵין מוּזִיקָה בַּמְּסִיבָּה? **yēsh/ēyn mouzika ba-mēSiba ?** *Il y a de la (/ il n'y a pas de) musique à la fête.*

בָּרְחוֹב יִהְיוּ / לֹא יִהְיוּ חֲתוּלִים. ba-rēhov yihyou / lo yihyou hatoulim ? *Dans la rue, y aurait-il (/ n'y aurait-il pas) des chats ?*	בָּרְחוֹב יֵשׁ / אֵין חֲתוּלִים. ba-rēhov yēsh / ēyn hatoulim ? *Dans la rue y a-t-il (/ n'y a-t-il pas) des chats ?*

- La représentation du verbe "avoir" au présent et au futur :

futur	présent
לַתַּלְמִידִים (לֹא) יִהְיֶה תּוֹאַר רִאשׁוֹן. la-talmidim (lo) yihyē to'ar rishon. *Les élèves auront une (/ n'auraont pas de) licence.*	לַתַּלְמִידִים יֵשׁ / אֵין תּוֹאַר רִאשׁוֹן. la-talmidim yēsh/ēyn to'ar rishon. *Les élèves ont une (/ n'ont pas de) licence.*
לָעוֹלֶה הֶחָדָשׁ (לֹא) תִּהְיֶה הַשְׂכָּלָה גְּבוֹהָה. la-olē hē-hadash (lo) tihyē haSkala gvoha. *Le nouvel immigrant aura [fait] des (/ n'aura pas [fait] d') études supérieures.*	לָעוֹלֶה הֶחָדָשׁ יֵשׁ / אֵין הַשְׂכָּלָה גְּבוֹהָה. la-olē hē-hadash yēsh/ēyn haSkala gvoha. *Le nouvel immigrant a [fait] des (/ n'a pas [fait] d') études supérieures.*
לַפְּקִידָה בְּמִשְׂרַד הָעֲלִיָּה וְהַקְּלִיטָה (לֹא) יִהְיוּ מַסְפִּיק טְפָסִים. la-pkida bē-miSrad ha-aliya vē-ha-klita (lo) yihyou maSpik tfaSim *L'employée au Ministère de l'immigration et de l'intégration aura (/ n'aura pas) assez de formulaires.*	לַפְּקִידָה בְּמִשְׂרַד הָעֲלִיָּיה וְהַקְּלִיטָה יֵשׁ / אֵין מַסְפִּיק טְפָסִים. la-pkida bē-miSrad ha-aliya vē-ha-klita yēsh/ēyn maSpik tfaSim. *L'employée au Ministère de l'immigration et de l'intégration a (/ n'a pas) assez de formulaires.*

LE PASSÉ ET LE FUTUR DU VERBE לְהִצְטָרֵךְ *LĒHITSTARĒKH* "DEVOIR"

La conjugaison du verbe לְהִצְטָרֵךְ *lēhitstarēkh devoir* au passé et au futur suit le même processus que nous avons déjà rencontré au module 11 en ce qui concerne le sous-groupe des sifflantes au **binyan hitapa'ēl** : לְהִצְטָרֵךְ *lēhitstarēkh devoir*.

• La conjugaison au passé de **hitapa'ēl**

Ex.: לְהִצְטָרֵךְ **lēhitstarēkh** *devoir*

הֵם/ הֵן	(אַתֶּם/ אַתֶּן)	אֲנַחְנוּ	הִיא	הוּא	אַתְּ	(אַתָּה)	(אֲנִי)
הִצְטָרְכוּ	הִצְטָרַכְתֶּם/ תֶּן	הִצְטָרַכְנוּ	הִצְטָרְכָה	הִצְטָרֵךְ	הִצְטָרַכְתְּ	הִצְטָרַכְתָּ	הִצְטָרַכְתִּי
histarkhou	hitstarakhtēm/ēn	histarakhnou	hitstarkha	hitstarēkh	hitstarakht	hitstarakhta	hitstarakhti

• La conjugaison au futur de **hitapa'ēl**

Ex. : לְהִצְטָרֵךְ **lēhitstarēkh** *devoir*

הֵם/ הֵן	(אַתֶּם/ אַתֶּן)	(אַתְּ)	אֲנַחְנוּ	הוּא	(אַתָּה) / הִיא	(אֲנִי)
יִצְטָרְכוּ	תִּצְטָרְכוּ	תִּצְטָרְכִי	נִצְטָרֵךְ	יִצְטָרֵךְ	תִּצְטָרֵךְ	אֶצְטָרֵךְ
yistarkhou	tistarkhou	tistarkhi	nistarēkh	yitstarēkh	tistarēkh	ēstarēkh

● EXERCICES

1. ÉCOUTEZ L'ENREGISTREMENT ET RÉPONDEZ PAR נָכוֹן (VRAI) SI CETTE INFORMATION EST JUSTE PAR RAPPORT AU DIALOGUE OU לֹא נָכוֹן (FAUX) SI ELLE EST FAUSSE.

18

לֹא נָכוֹן (FAUX)	נָכוֹן (VRAI)	
		א. הוּא רוֹצֶה לְשַׁלֵּם שֹׁל מֶחְרְדָ הַקְלִיטָה כְּדֵי לָדַעַת אֵיךְ לְהִתְקַבֵּל לַלִּמּוּדִים.
		ב. אֵין לוֹ תוֹאַר בְּהַשְׂכָּלָה גְבוֹהָה.
		ג. יֵשׁ לוֹ חֶשְׁבּוֹן בַּנְק וְהוּא יָכוֹל לִשְׁמֹעַ כֶּסֶף.

VOCABULAIRE

diplôme	to'ar	תּוֹאַר ז'
universitaire	akadēmi/akadēmit	אָקָדֵמִי / אָקָדֵמִית
immigration	aliya	עֲלִיָּה נ'
intégration	klita	קְלִיטָה נ'
suite	hēmshēkh	הֶמְשֵׁךְ ז'
pourrais (m./f.)	toukhal/toukhli	תּוּכַל / תּוּכְלִי
formulaire/s	tofēS/tfaSim	טוֹפֶס ז' / טְפָסִים ז"ר
donnée/s	prat/pratim	פְּרָט ז' / פְּרָטִים ז"ר
personnel/s	ishi/ishiyim	אִישִׁי / אִישִׁיִּים
instruction, études	haSkala	הַשְׂכָּלָה נ'
études supérieures	haSkala gvoha	הַשְׂכָּלָה גְּבוֹהָה
après	lē-a<u>h</u>ar	לְאַחַר
examens d'entrée	miv<u>h</u>anēy kabala	מִבְחֲנֵי קַבָּלָה
en concordance avec	bē-hētēm lē-	בְּהֶתְאֵם לְ...
note	tsiyoun	צִיּוּן ז'
orienter	lekhavēn	לְכַוֵּון
cours / cours de	kourS/kourSim/kourSēy-	קוּרְס ז' / קוּרְסִים ז"ר / קוּרְסֵי-
une prépa	mēkhina	מְכִינָה נ'
formation	hishtalmout	הִשְׁתַּלְּמוּת נ'
supplémentaire/s	noSaf/noSafim	נוֹסָף / נוֹסָפִים
espèce/s	mēzouman/mēzoumanim	מְזוּמָן ז' / מְזוּמָנִים ז"ר
frais d'inscription	dmēy harshama	דְּמֵי הַרְשָׁמָה
actif/-ve	pa'il/pa'ila	פָּעִיל / פְּעִילָה
procédure/s	halikh/halikhim	הֲלִיךְ ז' / הֲלִיכִים ז"ר
à nouveau	shouv	שׁוּב
(compte) courant	ovēr vashav (osh)	עוֹבֵר וָשָׁב (עו"ש)
retirer de l'argent	limshokh kēSēf	לִמְשׁוֹךְ כֶּסֶף
Reviens !, revenir	tashouv, lashouv	תָּשׁוּב, לָשׁוּב
rapide	mahir/mēhira	מָהִיר / מְהִירָה
sera arrangé	yēSoudar	יְסוּדַּר

2. CHOISISSEZ LES PRÉPOSITIONS אֶל /לְ... SELON LE VERBE ET DÉCLINEZ-LES.

א. הוּא חִיכָּה לְאִמְּהָנוּ בַּקַּבְּלָה לְשֵׁוּוּיצַרְסִיטָה. הוּא חִיכָּה ...... הַרְבֵּה זְמַן !

ב. אֲנַחְנוּ מִתְקַשְּׁרִים לַפָּקִיד בְּעִנְיַן הָאֶשְׁכָּר הַלִּימּוּדִים. אֲנַחְנוּ מִתְקַשְּׁרִים ...... אֲבָל הוּא לֹא פַּעַם לֹא עוֹנֶה...

ג. - זֹאת יְכוֹלָה לָבוֹא לַחֲנוּת אַחַר הַצָּהֳרַיִם? - כֵּן, אֲנִי יְכוֹלָה לָבוֹא ...... אַחֲרֵי הַצָּהֳרַיִם.

ד. - תֵּן ...... (אֲנִי) בְּבַקָּשָׁה אֶת הַטְּפָסִים שֶׁקִּבַּלְתָּ מֵהַפָּקִיד. - אֲנִי לֹא יָכוֹל לָתֵת (זֹאת) ...... שָׁכַחְתִּי אוֹתָם בַּבַּיִת.

ה. הַשּׁוֹטְרָה שֶׁלָּהֶם נוֹסַעַת לִבְקֹר אֶת הַדּוֹדִים שֶׁלָּהּ. הִיא נוֹסַעַת ...... בַּשָּׁבוּעַ הַבָּא.

ו. - שָׂרָה וְיוֹסִי, אַתֶּם זוֹכְרִים חוֹבְרִים מֵחוּ"ל? אֲנַחְנוּ מִתְגַּעְגְּעִים ...... נוֹרָא!

3. COMPLÉTEZ LE TABLEAU AU FUTUR EN VOUS BASANT SUR L'EXEMPLE DONNÉ ET COCHEZ LA BONNE FORME PAR UN X.

ēf'al	ēf'ol	Traduction	Infinitif	Forme conjuguée	Pronom personnel
x		lire	לִקְרֹא	נִקְרָא	אֲנַחְנוּ
			לִלְבֹּשׁ		אֲנִי
			לִסְגֹּר		הִיא
			לִפְתֹּחַ		הוּא
			לִלְמֹד		אַתָּה
			לִבְדֹּק		אֲנִי
			לִנְהֹג		אֲנַחְנוּ
			לִרְכֹּב		הוּא

4. METTEZ LES PHRASES AU FUTUR ET TRANSFORMEZ LES ÉLÉMENTS SOULIGNÉS EN PRONOMS PERSONNELS.

Exemple : לִסְטוּדֶנְטִים אֵין חֶשְׁבּוֹן בַּנְק. ← לֹא יִהְיֶה לָהֶם חֶשְׁבּוֹן בַּנְק.

א. לְאָפִין וְלִי (אֲנַחְנוּ) אֵין מִזְוָדוֹת. ← ....

ב. לִסְטוּדֶנְטִים יֵשׁ תּוֹאֵר שֵׁנִי בְּאֶתִיקַמָּטִיקָה. ← ....

ג. אֵין לַפָּקִיד אוֹמֶץ עַל אִמְּהָתֲנִי בַּקַּבְּלָה. ← ....

ד. יֵשׁ לְשָׂרָה אֲרוּחָה בְּאֶמְצַע הַקָּלְפִי וּפוֹלִיטִיקָה. ← ....

16. Les démarches administratives

17. ENTRETIEN D'EMBAUCHE

רֵאָיוֹן עֲבוֹדָה

RĒ'AYON AVODA

OBJECTIFS	NOTIONS
• SE PRÉSENTER AU BUREAU	• L'ADVERBE – SUITE
• REMPLIR UN QUESTIONNAIRE	• LA DÉCLINAISON DE LA PRÉPOSITION *MIN* "DE"
• CLARIFIER SA DEMANDE ET MONTRER DE L'INSISTANCE	• LE FUTUR *BINYAN PA'AL* – SUITE
• DIRE ET DEMANDER LA DATE	• LES NOMBRES – SUITE

QUIPROQUO AU BUREAU

— Bonjour, je voudrais *(veux)* parler à M. Levi. Je suis ici pour *(en lien avec)* le travail.

— Il est très occupé. Mais si c'est au sujet du travail, tu dois *(tu devrais)* d'abord remplir ce questionnaire. Nous allons le faire ensemble, cela ira plus vite. Tu dois répondre de façon précise et détaillée. Quel est ton nom *(de-famille)* et ton prénom *(nom privé)* ?

— Kogan Boris.

— Date et pays de naissance ?

— Le 4 *(quatrième)* août 1979, en Russie.

— Je [prends] note : [le] 4 août 1979… Situation familiale ?

— Marié, trois enfants.

— Profession et expérience ?

— Ingénieur informatique. J'ai travaillé cinq ans chez Intel.

— Parfait ! Je vais transmettre ta candidature à M. Levi.

— Attends, je crois qu'on s'est mal compris. Je suis le nouveau programmateur informatique et je dois absolument parler à M. Levi aujourd'hui pour vérifier avec lui certaines données liées à la programmation informatique !

אִי-הֲבָנָה בַּמִּשְׂרָד
i-havana ba-miSrad

– שָׁלוֹם, אֲנִי רוֹצֶה לְדַבֵּר עִם מַר לֵוִי. אֲנִי כָּאן בְּקֶשֶׁר לַעֲבוֹדָה.
– shalom, ani rotsē lēdabēr im mar lēvi. ani kan bēkēshēr la-avoda.

– הוּא עָסוּק מְאוֹד. אֲבָל, אִם זֶה בְּעִנְיָין הָעֲבוֹדָה, רֵאשִׁית, תִּצְטָרֵךְ לְמַלֵּא אֶת הַשְּׁאֵלוֹן הַזֶּה. נַעֲשֶׂה זֹאת יַחַד, זֶה יֵלֵךְ יוֹתֵר מַהֵר. אַתָּה צָרִיךְ לַעֲנוֹת בְּצוּרָה מְדֻיֶּיקֶת וּמְפוֹרֶטֶת. מַהוּ שֵׁם הַמִּשְׁפָּחָה וְהַשֵּׁם הַפְּרָטִי שֶׁלְּךָ?
– hou aSouk mē'od. aval, im zē bē-inyan ha-avoda, rēshit, titstarēkh lēmalē ēt ha-shē'ēlon ha-zē. na'aSē zot yaḥad, zē yēlēkh yotēr mahēr. ata tsarikh la'anot bē-tsoura mēdouyēkēt ou-mforētēt. ma-hou shēm ha-mishpaḥa vē-ha-shēm ha-prati shēlkha?

– קוֹגָן בּוֹרִיס.
– kogan boriS.

– תַּאֲרִיךְ וְאֶרֶץ לֵידָה?
– ta'arikh vē'ērēts lēyda?

– הָרְבִיעִי בְּאוֹגוּסְט אֶלֶף תְּשַׁע מֵאוֹת שִׁבְעִים וְתֵשַׁע, רוּסְיָה.
– ha-rēvi'i bē-ogouSt ēlēf tsha mē'ot shiv'im vē-tēsha, rouSya.

– אֲנִי רוֹשֶׁמֶת... אַרְבָּעָה בְּאוֹגוּסְט אֶלֶף תְּשַׁע מֵאוֹת שִׁבְעִים וְתֵשַׁע... מַצָּב מִשְׁפַּחְתִּי?
– ani roshēmēt... arba'a bē-ogouSt ēlēf tsh'a mē'ot shiv'im vē-tēsha... matsav mishpaḥti?

– נָשׂוּי עִם שְׁלוֹשָׁה יְלָדִים.
– naSouy im shlosha yēladim.

– מִקְצוֹעַ וְנִיסָיוֹן?
– miktso'a vē-niSayon?

– מְהַנְדֵּס מַחְשְׁבִים. עָבַדְתִּי בְּמֶשֶׁךְ חָמֵשׁ שָׁנִים בְּחֶבְרַת 'אִינְטֶל'.
– mēhandēS maḥshēvim. avadti bē-mēshēkh ḥamēsh shanim bē-ḥēvrat "intel".

– מְצֻיָּין, אַעֲבִיר אֶת הַמּוּעֲמָדוּת שֶׁלְּךָ לְמַר לֵוִי.
– mētsouyan, a'avir ēt ha-mou'amadout shēlkha lē-mar lēvi.

– חַכִּי, נִדְמֶה לִי שֶׁהָיְתָה אִי-הֲבָנָה. אֲנִי הַמִּתְכַּנֵּת הֶחָדָשׁ וַאֲנִי חַיָּיב לִרְאוֹת אֶת מַר לֵוִי הַיּוֹם כְּדֵי לְבָרֵר אִיתּוֹ מִסְפָּר נְתוּנִים הַקְּשׁוּרִים לְתִיכְנוּת מַחְשְׁבִים.
– ḥaki, nidmē li shē-hayta i-havana. ani ha-mētakhnēt ha-ḥadash vē-ani ḥayav lir'ot ēt mar lēvi ha-yom kēdēy lēvarēr ito miSpar nētounim ha-kshourim lē-tikhnout maḥshēvim.

COMPRENDRE LE DIALOGUE
QUELQUES FORMULES ET EXPRESSIONS

→ L'expression אִי-הֲבָנָה **i-havana** est formée par le mot הֲבָנָה **havana** *compréhension* et la particule -אִי **i-** qui exprime une négation. Cette formation est suivie d'un substantif. Ex. : אִי-רָצוֹן **i-ratson** *manque de volonté*, אִי-יְכוֹלֶת **i-yēkholēt** *manque de capacité*. Rappelons l'expression אִי-אֶפְשָׁר **i-ēfshar** *impossible* (module 5) qui est formée de la même façon sans pour autant être suivi d'un substantif. Elle exprime en effet le contraire de אֶפְשָׁר **ēfshar** *il est possible* qui est un adverbe.

→ בְּקֶשֶׁר **bē-kēshēr** *en lien avec*, peut être remplacé par בְּעִנְיָין **bē-inyan** *au sujet de*. Ex. : אֲנִי מִתְקַשֵּׁר בְּקֶשֶׁר לַדִּירָה **ani mikashēr bē-kēshēr** (ou **bē-inyan**) **la-dira**. *Je téléphone au sujet de l'appartement.*

→ רֵאשִׁית **rēshit** signifie *premièrement*. Lorsque la préposition …בְּ **bē-** est placée devant, cela forme le mot si célèbre qui ouvre le récit biblique : בְּרֵאשִׁית **bērēshit** *au commencement*, ou plutôt *en premier lieu*. תְּחִילָּה **thila** signifie également *début*. Lorsque la préposition …בְּ **bē-** est placée devant, cela forme l'expression בִּתְחִילָּה **bi-thila** *au début*. Ex. : בִּתְחִילַּת הַשָּׁבוּעַ **bi-thilat ha-shavou'a** *au début/au commencement de la semaine*.

→ חַיָּיב **hayav** *être dans l'obligation de…*, mais aussi *je dois* (un objet ou de l'argent à quelqu'un). Ex. : לָוִיתִי כֶּסֶף מִן הַבַּנק וַאֲנִי חַיָּיב לְהַחֲזִיר אֶת הַהַלְוָואָה.
laviti kēSēf min ha-bank va-ani hayav lēhahazir ēt ha-halva'a.
J'ai emprunté de l'argent à la banque et je dois rembourser ("retourner") le prêt.
הוּא עָשָׂה לִי טוֹבָה וְעַכְשָׁיו אֲנִי מַמָּשׁ מַרְגִּישָׁה חַיֶּיבֶת לוֹ.
hou aSa li tova vē'akhshav ani mamash marguisha hayēvēt lo.
Il m'a fait une faveur et maintenant je me sens vraiment redevable ("envers lui").

→ הָרְבִיעִי בְּאוֹגוּסְט **ha-rēvi bē-ogouSt**, *le quatre août*, litt. "le quatrième en août", est la façon parlé pour donner une date. En effet, on emploie les nombre ordinaux au lieu des nombres cardinaux. La forme correcte est הָאַרְבָּעָה בְּאוֹגוּסְט **ha-arba'a bē-ogouSt** *le quatre* ("en") *août*. Nous avons déjà vu les nombres ordinaux lors de l'apprentissage des jours de la semaine (module 8). Notons que ces nombres ordinaux peuvent avoir également l'accord au féminin. (voir module 23).

LES NOMBRES – SUITE (LES CENTAINES ET LES MILLIERS)

Avant de continuer, nous vous invitons à revenir aux modules 4 et 5 pour revoir les explications par rapport aux nombres abstraits et aux nombres cardinaux. À l'instar des dizaines, les centaines et les milliers ont une seule forme.

• **Les centaines**

Le mot מֵאָה mē'a *cent* est du genre féminin, le nombre qui le précède s'accorde avec lui :

100	mē'a	מֵאָה	600	shēsh-mē'ot	שֵׁשׁ-מֵאוֹת
200	matayim	מָאתַיִים	700	shv'a-mē'ot	שְׁבַע-מֵאוֹת
300	shlosh-mē'ot	שְׁלוֹשׁ-מֵאוֹת	800	shmonē-mē'ot	שְׁמוֹנֶה-מֵאוֹת
400	arba mē'ot	אַרְבַּע-מֵאוֹת	900	tsh'a-mē'ot	תְּשַׁע-מֵאוֹת
500	ḥamēsh-mē'ot	חֲמֵשׁ-מֵאוֹת			

• **Les milliers**

Le mot אֶלֶף ēlēf *mille* est du genre masculin, le nombre qui le précède s'accorde avec lui :

1000	ēlēf	אֶלֶף	6000	shēshēt- alafim	שֵׁשֶׁת-אֲלָפִים
2000	alpayim	אַלְפַּיִים	7000	shiv'at-alafim	שִׁבְעַת-אֲלָפִים
3000	shloshēt alafim	שְׁלוֹשֶׁת-אֲלָפִים	8000	shmonat-alafim	שְׁמוֹנַת-אֲלָפִים
4000	arb'at alafim	אַרְבַּעַת-אֲלָפִים	9000	tish'at-alafim	תִּשְׁעַת אֲלָפִים
5000	ḥamēshēt alafim	חֲמֵשֶׁת-אֲלָפִים	10.000	aSērēt-alafim	עֲשֶׂרֶת אֲלָפִים

LES MOIS DE L'ANNÉE CIVILE

Il existe deux calendriers pour se situer dans le temps. Le calendrier hébraïque est calculé selon le cycle lunaire et solaire, ces mois portent un nom spécifique et selon ce calendrier les fêtes religieuses sont fixées. Par contre, dans la vie quotidienne nous utilisons le calendrier grégorien comme la plupart de pays dans le monde.

janvier	**yanou'ar**	יָנוּאָר	*juillet*	**youli**	יוּלִי
février	**fēbrou'ar**	פֶבְּרוּאָר	*août*	**ogouSt**	אוֹגוּסְט
mars	**mērts**	מֶרְץ	*septembre*	**Sēptēmbēr**	סֶפְּטֶמְבֶּר
avril	**april**	אַפְּרִיל	*octobre*	**oktobēr**	אוֹקְטוֹבֶּר
maï	**may**	מַאי	*novembre*	**novēmbēr**	נוֹבֶמְבֶּר
juin	**youni**	יוּנִי	*décembre*	**dētsēmbēr**	דֶצֶמְבֶּר

DIRE ET DEMANDER LA DATE

Pour dire la date nous emploierons la formule suivante (pensez à bien lire ce tableau de droite à gauche) :

année שָׁנָה	mois חוֹדֶשׁ		jour יוֹם
nombre au féminin		בְּ +	nombre au masculin
אֶלֶף תְּשַׁע מֵאוֹת תִּשְׁעִים וּשְׁתַּיִם ēlēf tsh'a mē'ot tish'im ou-shtayim 1992	דֶּצֶמְבֶּר **dētsēmbēr** *décembre*		עֶשְׂרִים וְשִׁבְעָה **ēSrim vē-shiv'a** *27*

Nous indiquons le jour avec le nombre au masculin puisque le mot יוֹם **yom** *jour* est du genre masculin, tandis que l'année est indiquée avec le nombre (les unités) au féminin puisque le mot שָׁנָה **shana** *année* est un mot du genre féminin.

Le mot שָׁנָה **shana** *année* n'est pas obligatoirement prononcé lorsqu'on indique la date. Si on choisit de le prononcer, il rentre dans un "état construit" (voir module 6) et devient שְׁנַת... **shnat**... Ex. :

הִתְחַלְתִּי לַעֲבוֹד כִּמְהַנְדֵּס מַחְשְׁבִים בְּ(שְׁנַת) אַלְפַּיִם וְאַחַת.
hithalti la-avod ki-mēhandēS mahshēvim bi-(shnat) alpayim vē-ahat.
J'ai commencé à travailler comme ingénieur informatique en ("année") 2021.

• **Dire et demander la date de naissance**

Pour dire la date de naissance nous utilisons le verbe (י.ל.ד) לְהִיוָּלֵד **lēhivalēd** *naître* au passé. Ce verbe appartient au sous-groupe פ"י, 1re lettre-racine י, et sa conjugaison au **binyan nif'al** est particulière. Un autre verbe qui appartient à ce même sous-groupe est לְהִיוָּסֵד (י.ס.ד) **lēhivalēd** *être fondé* (voir module 23). Voici la conjugaison du verbe *naître* :

הֵם/ן	(אַתֶּם/ן)	(אֲנַחְנוּ)	הִיא	הוּא	(אַתְּ)	(אַתָּה)	(אֲנִי)
נוֹלְדוּ	נוֹלַדְתֶּם/תֶּן	נוֹלַדְנוּ	נוֹלְדָה	נוֹלַד	נוֹלַדְתְּ	נוֹלַדְתָּ	נוֹלַדְתִּי
noldou	**noladētēm/tēn**	**noladnou**	**nolda**	**nolad**	**noladēt**	**noladēta**	**noladēti**

Ex. :

– מָתַי נוֹלַדְתָּ? – נוֹלַדְתִּי בִּשְׁלוֹשָׁה עָשָׂר בְּמֶרְץ אַלְפַּיִם וְחָמֵשׁ.
– **matay noldēta ?** – **noladēti bi-shlosha aSar bē-mērts alpayim vē-hamēsh.**
– *Quand es-tu né ? – Je suis né le 13 mars 2005.*

– בְּאֵיזֶה חוֹדֶשׁ וּבְאֵיזוֹ שָׁנָה הֵם נוֹלְדוּ ? – הֵם נוֹלְדוּ בְּעֶשְׂרִים וְאַחַת בְּיוּלִי אֶלֶף תְּשַׁע מֵאוֹת שִׁישִׁים וָתֵשַׁע.
– bē-ēzē hodēsh ou-vē-ēzo shana hēm noldou ? – hēm noldou bē-ēSrim vē-ahat bē-youli ēlēf tsha mē'ot shishim va-tēsha.
– *Quel mois et quelle année sont-ils nés ? – Ils sont nés le 21 juillet 1969.*

NOTE CULTURELLE

Le secteur des nouvelles technologies est très actif en Israël avec la construction de centres de recherche et de développement d'envergure offrant un recrutement colossal d'ingénieurs dans différents domaines innovants. On retrouve des enseignes comme Microsoft, Apple, Facebook, Google, Intel, IBM ou encore Amazon. En effet, Israël est connu comme la "start-up nation" motivant l'implantation des compagnies de la high-tech. Les offres d'emploi dans ce secteur sont nombreuses aussi bien pour des travailleurs israéliens que pour les étrangers. Le boom des nouvelles technologies en Israël s'explique en partie par la nécessité d'assurer la défense du pays en permanence. Le travail en équipe, une attitude positive face à l'échec et l'absence de formalisme israélien sont autant d'éléments qui permettent une telle richesse de développement. Ceci se résume par une notion caractéristique dont les Israéliens sont fiers et dont la traduction ne laisse pas transparaître toutes les particularités du terme : la **houtzpa**, הַחוּצְפָּה *le culot* juif.

◆ GRAMMAIRE
L'ADVERBE - SUITE

Nous avons déjà appris plusieurs façons que l'hébreu possède pour décrire l'action (voir module 13). Par ailleurs, il existe d'autres expressions pour exprimer la façon, la manière ou le moyen pour décrire l'action. Elles sont composées de plusieurs éléments :

Adjectif		Nom	Préposition
accordé avec le nom	+	צוּרָה נ' **tsoura** *façon*	+ בְּ
		דֶּרֶךְ נ' **dērēkh** *manière / moyen / façon*	
		אוֹפֶן ז' **ofēn** *manière / façon*	

Les noms sont des synonymes. Les adjectifs qui les accompagnent s'accordent avec eux et complètent l'information pour décrire la manière / le moyen/ la façon dont l'action a été faite. Ex. : בְּצוּרָה מְדוּיֶּקֶת **bē-tsoura mēdouyēkēt** *d'une façon précise / précisément,* בְּדֶרֶךְ מְקוֹרִית **bē-dērēkh mēkorit** *d'une manière originale,* בְּאוֹפֶן טִבְעִי **bē-ofēn tiv'i** *d'une façon naturelle / naturellement.*
Ex. :

הוּא הִצִּיג אֶת עַצְמוֹ בְּצוּרָה מְעַנְיֶנֶת.

hou hitsig ēt atsmo bē-tsoura mē'anyēnēt. *Il s'est présenté d'une manière intéressante.*

הָרֵאָיוֹן הִתְנַהֵל בְּדֶרֶךְ מְיוּחֶדֶת.

ha-rē'ayon hitnahēl bē-dērēkh mēyouhēdēt. *L'entretien s'est déroulé d'une façon particulière.*

הֵם צְרִיכִים לְמַלֵּא אֶת הַשְּׁאֵלוֹן בְּאוֹפֶן מְדוּיָּק וּמְפוֹרָט.

hem tsrikhim lēmale et ha-shē'ēlon bē-ofēn mēdouyak ou-mēforat.
Ils doivent remplir le questionnaire de façon précise et détaillée.

DÉCLINAISON DES PRÉPOSITIONS

• La déclinaison de la particule מִן **min** ou מִ~ **m-** "de" qui désigne la provenance

de nous	mimēnou / mēitanou	מִמֶּנּוּ/מֵאִיתָּנוּ*	de moi	mimēni	מִמֶּנִּי
de vous (m.)	mikēm	מִכֶּם	de toi (m.)	mimkha	מִמְּךָ
de vous (f.)	mikēn	מִכֶּן	de toi (f.)	mimēkh	מִמֵּךְ
d'eux (m.)	mēhēm	מֵהֶם	de lui (m.)	mimēnou	מִמֶּנּוּ
d'elles (f.)	mēhēn	מֵהֶן	d'elle (f.)	mimēna	מִמֶּנָּה

* Notons que la 3e personne au masculin singulier et la 1re personne du pluriel sont identiques. Pour éviter la confusion, l'hébreu moderne préfère employer une forme combinant la particule אֶת~ avec מִ~ **mi-** qui la précède. Ex. :

אֲנִי לֹא מְבִינָה מָה הֵם רוֹצִים מֵאִיתָּנוּ / מִמֶּנּוּ.

ani lo mēvina ma hēm rotsim mēitanou/mimēnou
Je ne comprends pas ce qu'ils nous veulent.

אֶתְמוֹל קִבַּלְנוּ מִכֶּם אֶת הַמִּכְתָּב.

ētmol kibalnou mikēm ēt ha-mikhtav. *Hier nous avons reçu votre lettre* ("de vous").

אֲנִי מְבַקֶּשֶׁת מִמְּךָ שֶׁתִּתְקַשֵּׁר אֵלַי בָּעֶרֶב.

ani mēvakēshēt mimkha shētitkashēr ēlay ba-ērēv
Je te demande de me téléphoner dans la soirée.

▲ CONJUGAISON
LE FUTUR - SUITE

• **pa'al**, 1ʳᵉ lettre-racine א – sous-groupe פ"א, quelques verbes irréguliers

Quelques verbes ayant א alef en 1ʳᵉ lettre-racine auront une conjugaison irrégulière. En effet, la lettre א n'est plus vocalisée, elle devient "quiescente". Attention, cela ne concerne que quelques verbes, les autres suivent la formation de base. Voici les plus courants : לֶאֱכוֹל **lē'ēkhol** *manger,* לֶאֱהוֹב **lē'ēhov** *aimer,* לֶאֱמוֹר/לוֹמַר **lē'ēmor/lomar** *dire.*

La forme employée est **ēf'al.**

הֵם/ הֵן	(אַתֶּם/ אַתֶּן)	(אַתְּ)	אֲנַחְנוּ	הוּא	(אַתָּה) / הִיא	(אֲנִי)
לֶאֱכוֹל **lē'ēkhol** *manger*							
יֹאכְלוּ	תֹּאכְלוּ	תֹּאכְלִי	נֹאכַל	יֹאכַל	תֹּאכַל	אוֹכַל**
yokhlou	tokhlou	tokhli	nokhal	yokhal	tokhal	okhal
לֶאֱהוֹב **lē'ēhov** *aimer*						
יֹאהֲבוּ	תֹּאהֲבוּ	תֹּאהֲבִי	נֹאהַב	יֹאהַב	תֹּאהַב	אוֹהַב**
yohavou	tohavou	tohavi	nohav	yohav	tohav	ohav
לֶאֱמוֹר / לוֹמַר **lē'ēmor/lomar** *dire*						
יֹאמְרוּ	תֹּאמְרוּ	תֹּאמְרִי	נֹאמַר	יֹאמַר	תֹּאמַר	אוֹמַר**
yomrou	tomrou	tomri	nomar	yomar	tomar	omar

* La forme la plus courante est aujourd'hui לוֹמַר **lomar**

** À la 1ʳᵉ personne du singulier on observe que la lettre א (1ʳᵉ lettre-racine) n'est pas quiescente, mais elle disparaît afin d'éviter l'écriture de deux א (l'une de la racine et l'autre du prefixe de la 1ʳᵉ personne du singulier).

● EXERCICES

1. COMPLÉTEZ AVEC LA PARTICULE *MIN* DÉCLINÉE COMME IL CONVIENT, PUIS ÉCOUTEZ L'ENREGISTREMENT POUR VÉRIFIER VOS RÉPONSES ET TRADUISEZ LES PHRASES.

א. חֲבֵרִים, עֲנוּ מְבֻקָּשׁ .... לְהִתְקַשֵּׁר אֵלַי בָּעֶרֶב.

ב. הַתִּינוֹק לוֹמֵד מִכָּתוֹתַ הַגָּדוֹל שֶׁלּוֹ לְדַבֵּר. הוּא לוֹמֵד .... הַרְבֵּה דְּבָרִים.

ג. הַבֵּן נִפְרַד מֵאִשְׁתּוֹ, כַּאֲשֶׁר הוּא נִפְרַד .... הוּא הִרְגִּישׁ כָּךְ עָצוּב.

ד. אֲנַחְנוּ נָתַנּוּ לְשֶׁפַע מַתָּנָה טוֹב הֵם וְכָל רַק 13 לְכָל לְקַבֵּל אוֹתָהּ ...., חֲבָל.

2. COMPLÉTEZ AVEC LES VERBES CONJUGUÉS AU FUTUR, PUIS ÉCOUTEZ L'ENREGISTREMENT POUR VÉRIFIER VOS RÉPONSES ET TRADUISEZ LES PHRASES.

א. אֲנִי .... אֶת הַפּוֹסְטִים כְּבָר אָחָר. (לְאַגֵּל)

ב. הוּא .... עִם הָאַנְהֵל בַּקֶּשֶׁר לַעֲבוֹדָה. (לְדַבֵּר)

ג. בְּדֶרֶךְ־כְּלָל .... הַפַּסָּע מֵאַסְיַה, הַפַּעַם הַחְנוּ .... (לִטֹּס)

ד. אָנוּ .... אֶת הָאַיְּה לִכְבוֹד הַחַג. (לְהוֹצִיא)

ה. אַתֶּם .... לוֹ זֹאת לְגַבֵּי עֲלִיּוֹתֵיכֶם אָחָר. (לוֹמַר)

ו. הַחַיָּלִים .... שְׁרִוּחַת־אֶרֶב מוּקְדָּם. (לֶאֱכֹל)

ז. אֲנִי .... אוֹתְךָ לַכַּל. (לְהוֹצִיא)

3. ÉCRIVEZ LES DATES.

א. נוֹלַדְתִּי בְּבֶרֶז ב .... (11.05.1998)

ב. הוּא יַתְחִיל עֲבוֹדָה ב .... (7.10.2024)

ג. אַלְבֶּרְט אַיְנְשְׁטַיְין נוֹלָד ב .... (14.03.1897)

ד. הַאַסְפָּקָה שֶׁל עַצְמָאוּת יִשְׂרָאֵל בִּשְׁנַת .... (1963)

VOCABULAIRE

quiproquo / incompréhension	i-havana	אִי-הֲבָנָה
au sujet de	bē-kēshēr lē...	בְּקֶשֶׁר ל....
tu devras (tu dois), être obligé	titstarēkh, lēhitstarēkh	תִּצְטָרֵךְ, לְהִצְטָרֵךְ
d'abord	rēshit	רֵאשִׁית
rempli, remplir	malē, lēmalē	מַלֵּא, לְמַלֵּא
questionnaire	shēēlon	שְׁאֵלוֹן ז'
précis/e	mēdouyak/mēdouyēkēt	מְדוּיָּק / מְדוּיֶּיקֶת
détaillé/e	mēforat/mēforētēt	מְפוֹרָט / מְפוֹרֶטֶת
ensemble	ya<u>h</u>ad	יַחַד
date	ta'arikh	תַּאֲרִיךְ ז'
naissance	lēyda	לֵידָה נ'
note(s), noter	roshēmēt, lirshom	רוֹשֶׁמֶת, לִרְשׁוֹם
situation	matsav	מַצָּב ז'
familiale	mishpa<u>h</u>ti/mishpa<u>h</u>tit	מִשְׁפַּחְתִּי / מִשְׁפַּחְתִּית
marié/e	naSou'i/nēSou'a	נָשׂוּי / נְשׂוּאָה
métier/s / profession/s	miktso'a/miktso'ot	מִיקְצוֹעַ ז' / מִיקְצוֹעוֹת ז' ר'
expérience/s	niSayon/niSyonot	נִסָּיוֹן ז' / נִסְיוֹנוֹת ז' ר'
ingénieur informatique	mēhandēS ma<u>h</u>shēvim	מְהַנְדֵּס ז' מַחְשְׁבִים ז' ר'
durant / pendant	bē-mēshēkh	בְּמֶשֶׁךְ
il me semble...	nidmē li...	נִדְמֶה לִי...
transmettrai, transmettre / passer	a'avir, lēa'avir	אַעֲבִיר, לְהַעֲבִיר
candidature	mou'amadout	מוּעֲמָדוּת נ'
attends ! (s. f.), attendre	<u>h</u>aki!, lehakot	חַכִּי!, לְחַכּוֹת
programmateur	mētakhnēt	מְתַכְנֵת ז'
obligé/e	<u>h</u>ayav/<u>h</u>ayēvēt	חַיָּיב / חַיֶּיבֶת
vérifier / se renseigner	lēvarēr	לְבָרֵר
donnée/s (informatiques)	natoun/nētounim	נָתוּן ז' / נְתוּנִים ז' ר'
lié/s	kashour/kshourim	קָשׁוּר / קְשׁוּרִים
programmation (informatique)	tikhnout	תִּכְנוּת ז'
société	<u>h</u>ēvra	חֶבְרָה נ'

18. LES OFFRES D'EMPLOI

הַצָּעוֹת עֲבוֹדָה

HATSA'OT AVODA

OBJECTIFS	NOTIONS
• LIRE DES ANNONCES D'OFFRE D'EMPLOI • DIFFÉRENTES OFFRES • COMPRENDRE LES EXIGENCES DEMANDÉES	• LE GENRE ET LE NOMBRE DU NOM – SUITE • CONJUGAISON DE *HIF'IL* SOUS-GROUPE פ"י – 1RE LETTRE-RACINE *YOUD* • LA DÉCLINAISON DE *ĒTSĒM* "(SOI-)MÊME"

LES OFFRES D'EMPLOI

— J'ai déjà envoyé un nombre de C.V. à des sociétés, mais je n'ai reçu aucune réponse. Qu'est-ce que je dois *(je suis censé)* faire à ton avis?

— Tu peux regarder les offres *(recherchés)* d'emploi dans les journaux, mais il vaut mieux *(particulièrement)* chercher sur les sites spécialisés, il en existe pour chaque secteur d'activité.

— Parfait, regardons ensemble. Regarde cette annonce : "Cherche *(est recherché)*, un secrétaire pour travaux divers, bureautique *(informatique)*, standard. Les exigences : bon relationnel *(relations humaines)*, capacité de travail en équipe, conscience élevée du service *(au-public)*, fiabilité et persévérance. Envoyez un C.V."… Ça semble un poste intéressant. Qu'en dis-tu ?

— Dis, tu as bien un diplôme d'infirmier, n'est-ce pas ? Regarde, ça te convient parfaitement : "Cherche *(est recherché)*, un infirmier pour une société leader dans les domaines de l'assistance et de la santé. Priorité *(avantage)* aux russophones *(parlants russe)*". Ils exigent des connaissance[s] juridique[s] concernant le 3e âge. C'est un poste à plein temps.

— On dirait *(il semble)* que nous sommes au bon endroit *(à la bonne adresse)*. [De plus], le russe est ma langue maternelle *(de la mère)*. Cette offre est faite pour moi *(je marche pour ça)* !

מוֹדָעוֹת דְּרוּשִׁים
mod'ot drouchim

– שָׁלַחְתִּי כְּבָר מִסְפַּר קוֹרוֹת-חַיִּים לְחֶבְרוֹת, אַךְ לֹא קִבַּלְתִּי אַף תְּשׁוּבָה. מָה אֲנִי אָמוּר לַעֲשׂוֹת לְדַעְתֵּךְ?
— shalahti kvar miSpar korot-hayim le-havarot akh lo kibalti af tshouva. ma ani amour la'aSot lē-da'atēkh?

– אַתָּה יָכוֹל לְהִסְתַּכֵּל עַל מוֹדָעוֹת דְּרוּשִׁים בָּעִיתּוֹנִים, אַךְ בִּפְרָט כְּדַאי לְחַפֵּשׂ בָּאֲתָרִים הַמִּתְמַחִים בַּתְּחוּם. יֶשְׁנָם אֲתָרִים לְכָל תְּחוּם.
— ata yakhol lēhistakēl al moda'ot droushim ba-itonim, akh bi-frat kēday lēhapeS ba-atarim ha-mitmahim ba-thoum. yēshnam atarim lē-khol thoum.

– מְצֻיָּן, בּוֹאִי נִסְתַּכֵּל יַחַד. תִּרְאִי, הַמּוֹדָעָה הַזֹּאת: "דָּרוּשׁ מַזְכִּיר לַעֲבוֹדוֹת מִשְׂרָד שׁוֹנוֹת: מַחְשְׁבִים, מַעֲנֶה טֶלֶפוֹנִי. הַדְּרִישׁוֹת: יַחֲסֵי-אֱנוֹשׁ טוֹבִים יְכוֹלֶת עֲבוֹדָה בְּצֶוֶת, תּוֹדַעַת שֵׁירוּת גְּבוֹהָה לַצִּיבּוּר, אֲמִינוּת, הַתְמָדָה. שְׁלַח קוֹרוֹת-חַיִּים (קו"ח)". זֹאת נִרְאֵית מִשְׂרָה מְעַנְיֶנֶת. מָה אַתְּ אוֹמֶרֶת?
— mētsouyan, bo'i niStakēl yahad. tir'i, ha-moda'a ha-zot : "daroush mazkir lē-avodot-miSrad shonot, mahshēvim, ma'anē tēlēfoni. ha-drishot: yahasēy ēnosh tovim, yēkholēt avoda bē-tsēvēt, toda'at shērout gvoha la-tsibour, aminout, hatmada. shlah korot-hayim". zot nir'ēt miSra mē'anyēnēt. ma at omērēt?

– תַּגִּיד, יֵשׁ לְךָ תְּעוּדַת אָח מוּסְמָךְ, נָכוֹן? תִּרְאֶה, זֶה מַמָּשׁ מַתְאִים, "דָּרוּשׁ אָח לְחֶבְרָה מוֹבִילָה בִּתְחוּם הַסְּעוּד וְהַבְּרִיאוּת, יִתְרוֹן לְדוֹבְרֵי רוּסִית". הֵם דּוֹרְשִׁים יֶדַע מִשְׁפָּטִי הַקָּשׁוּר לַגִּיל הַשְּׁלִישִׁי. זֹאת מִשְׂרָה מְלֵאָה.
— taguid, yēsh lēkha tē'oudat ah mouSmakh, nakhon? tirē, zē mamash ma'tim, "daroush ah lē-hēvra movila bi-thoum ha-Si'oud vē-ha-bri'out, yitron lē-dovrēy rouSit". hēm dorshim yēda mishpati ha-kashour la-guil ha-shlishi. zot miSra mēlē'a.

– נִרְאֶה שֶׁהִגַּעְנוּ לַכְּתוֹבֶת הַנְּכוֹנָה. רוּסִית הִיא שְׂפַת הָאֵם שֶׁלִּי. אֲנִי הוֹלֵךְ עַל זֶה.
— nirē shē-hig'anou laktovēt ha-nēkhona. rouSit hi Sfat ha-ēm shēli. ani holēkh al zē.

■ COMPRENDRE LE DIALOGUE
QUELQUES FORMULES ET EXPRESSIONS

→ דָּרוּשׁ **daroush** *est demandé,* דְּרוּשִׁים **droushim** *sont demandés.* Dans le cadre d'une offre d'emploi, ce serait l'équivalent de "on recherche…". Ex. : דְּרוּשִׁים אַנְשֵׁי מַחְשָׁבִים לְחֶבְרָה גְּדוֹלָה **droushim anshêy mahshêvim lē-hēvra gdola** *On recherche des informaticiens pour une grande société.*

→ Le mot יֵשׁ **yēsh** *il y a/il se trouve* qui s'emploie pour indiquer que quelque chose existe peut être déclinée comme toute particule de la langue hébraïque. Mais attention, elle s'utilise uniquement à la 3ᵉ personne : יֶשְׁנוֹ **yēshno** *il se trouve* (litt. «il y en a»), יֶשְׁנָה **yēshna** *elle se trouve,* יֶשְׁנָם **yēshnam** *ils se trouvent,* יֶשְׁנָן **yēshnan** *elles se trouvent. (voir module 3 et 21 pour plus de détails).* Ex. :

יֶשְׁנָן הַצָּעוֹת עֲבוֹדָה רַבּוֹת בְּאַתְרֵי הָאִינְטֶרְנֶט.

yēshnan hatsa'ot avodah rabot bē-atarēy ha-intērnēt, *Il y a / il se trouve* (litt. "se trouvent" car l'accord se fait avec le sujet, qui est ici féminin pluriel) *de nombreuses offres d'emploi sur les sites internet.*

→ קוֹ"ח est une abréviation de קוֹרוֹת חַיִּים **korot hayim** *curriculum vitæ / C.V.*

→ מִשְׂרָה **miSra** *poste, fonction, emploi.* Ex. : הַמִּשְׂרָה הַזֹּאת פְּנוּיָה כָּרֶגַע **ha-miSra ha-zot pnouya ka-rēga** *Ce poste est actuellement vacant / disponible.* מִשְׂרָה מְלֵאָה **miSra mēlē'a** *poste à plein-temps.* On peut dire également à *mi-temps* : חֲצִי מִשְׂרָה **hatsi miSra** ("la moitié du poste") et מִשְׂרָה חֶלְקִית **miSra hēlkit** *un postei à temps partiel.*

→ מוּסְמָךְ **mousmakh** *diplômé, autorisé, confirmé.* On peut, par exemple, demander les diplômes d'une personne pour confirmer ses aptitudes.

NOTE CULTURELLE

Le terme סִיעוּד **Sioud** *soins* englobe l'ensemble des services sociaux. Des compagnies privées se sont spécialisées dans l'aide à domicile pour les personnes âgées. Il est cependant rare de voir des Israéliens occuper ces postes. Ces sociétés emploient des travailleurs étrangers venant essentiellement des Philippines ou, plus récemment, de Moldavie et de Roumanie. Les travailleurs étrangers dans le secteur de l'agriculture sont quant à eux, recrutés en Thaïlande.

Lorsqu'on mentionne *l'avantage* יִתְרוֹן **yitron** donné généralement aux Russes, c'est que beaucoup d'entre eux ont émigré en Israël suite à la chute de l'Union Soviétique à la fin des années 1990. Les Israéliens qui parlent russe sont donc nombreux y compris des personnes âgées qui ne maîtrisent pas bien l'hébreu. Cette vague migratoire a apporté un souffle nouveau sur le plan culturel et scientifique notamment dans les domaines de la recherche et des nouvelles technologies.

◆ GRAMMAIRE
LE GENRE ET LE NOMBRE DU NOM – SUITE

Au module 7 nous avons déjà rencontré un certain nombre de noms irréguliers. En effet, nous avons vu que certains noms du genre masculin, forment leur pluriel avec un suffixe féminin ות~ **-ot** au lieu de ים~ **-im**. Parmi eux on signale un grand nombre ayant une terminaison en וֹן~ **-on** au singulier. L'accord des adjectifs reste cependant au masculin (ils changent de forme-aspect, mais pas de genre !). Ex. : נִיסָיוֹן חָדָשׁ **niSayon ḥadash** *une nouvelle expérience*, נִסיוֹנוֹת חֲדָשִׁים **niSyonot ḥadashim** *des expériences nouvelles*.

La vocalisation change en fonction de la racine et également suivant la "capacité" de certaines consonnes à porter telle voyelle ou telle autre. La forme des racines régulières est :

כִּשָׁרוֹן - כִּשְׁרוֹנוֹת **kisharon - kishronot** *talent(s)* ou encore : שִׁוְיוֹן - שִׁוְיוֹנוֹת **shivyon - shivyonot** *égalité(s)*, יִתְרוֹן - יִתְרוֹנוֹת **yitron - yitronot** *avantage(s)*, etc mais : רַעְיוֹן - רַעְיוֹנוֹת **rayon - ra'ayonot** *idée(s)*, רֵאָיוֹן - רֵאָיוֹנוֹת **rē'ayon - ra'ayonot** *entretien(s)*.

▲ CONJUGAISON
BINYAN HIF'IL – SOUS GROUPE פ"י

Les verbes ayant la lettre י **youd** en 1ʳᵉ lettre-racine forment le sous-groupe פ"י. Ces derniers subissent une transformation de cette lettre י en ו. Formant une syllabe unique avec le préfixe ה~ (toujours présent au **binyan hif'il**), sa vocalisation sera toujours **[o]**. Ce changement concerne les 3 temps : présent, passé et futur. Le tableau ci-dessous vous permet de comparer la conjugaison d'un verbe régulier לְהַתְחִיל **lehatḥil** *commencer* (lettres-racine ת.ח.ל), déjà présentée aux modules précédents (voir : présent – module 7, passé – module 13, futur – module 14) et celle qui s'applique pour ce sous-groupe, avec comme exemple le verbe לְהוֹסִיף **lehoSif** *ajouter* (lettres-racine י.ס.ף).

Tableau comparatif au **binyan hif'il** :

		לְהוֹסִיף (י.ס.ף) lēhosif *ajouter*		לְהַתְחִיל (ת.ח.ל) lēhathil *commencer*		pronom personnel
הוֹוֶה Présent	moSif/ moSifa	מוֹסִיף/ מוֹסִיפָה	mathil / mathila	מַתְחִיל/מַתְחִילָה		singulier
	moSi- fim/-ot/	מוֹסִיפִים/ ~וֹת	mathilim/-ot	מַתְחִילִים/~וֹת		pluriel
עָבַר Passé	hoSafti	הוֹסַפְתִּי	hithalti	הִתְחַלְתִּי		אֲנִי
	hoSafta	הוֹסַפְתָּ	hithalta	הִתְחַלְתָּ		(אַתָּה)
	hoSaft	הוֹסַפְתְּ	hithalt	הִתְחַלְתְּ		(אַתְּ)
	hoSif	הוֹסִיף	hithil	הִתְחִיל		הוּא
	hoSifa	הוֹסִיפָה	hithila	הִתְחִילָה		הִיא
	hoSafnou	הוֹסַפְנוּ	hithalnou	הִתְחַלְנוּ		(אֲנַחְנוּ)
	hoSaf- tēm/-tēn	הוֹסַפְתֶּם/תֶּן	hithaltēm/-tēn	הִתְחַלְתֶּם/תֶּן		(אַתֶּם/ן)
	hoSifou	הוֹסִיפוּ	hithilou	הִתְחִילוּ		הֵם/ן
עָתִיד Futur	oSif	אוֹסִיף	athil	אַתְחִיל		(אֲנִי)
	toSif	תּוֹסִיף	tathil	תַּתְחִיל		(אַתָּה) / הִיא
	yoSif	יוֹסִיף	yathil	יַתְחִיל		הוּא
	noSif	נוֹסִיף	nathil	נַתְחִיל		(אֲנַחְנוּ)
	toSifi	תּוֹסִיפִי	tathili	תַּתְחִילִי		(אַתְּ)
	toSifou	תּוֹסִיפוּ	tathilou	תַּתְחִילוּ		(אַתֶּם/ן)
	yoSifou	יוֹסִיפוּ	yathilou	יַתְחִילוּ		הֵם/ן

Autres exemples des verbes couramment utilisés qui se conjuguent selon ce modèle : לְהוֹרִיד (י.ר.ד) lēhorid *faire descendre / baisser*, לְהוֹשִׁיב (י.ש.ב) lēhoshiv *faire asseoir*, לְהוֹצִיא (י.צ.א) lēhotsi *faire sortir*, לְהוֹדִיעַ (י.ד.ע) lēhodi'a *faire savoir / annoncer*, לְהוֹפִיעַ (י.פ.ע) lēhofi'a *apparaître / se montrer*.

18. Les offres d'emploi

LA DÉCLINAISON DU NOM *ĒTSĒM* "(SOI-)MÊME"

Le nom עֶצֶם **ētsēm** *même,* "le soi", se décline et suit le pronom personnel auquel il se réfère. Appliqué à la personne, cette déclinaison "réfléchie" renvoie à l'individu. Par exemple : אֲנִי עַצְמִי **ani atsmi** *moi-même,* אַתְּ עַצְמֵךְ **at atsmekh** *toi-même* (fém.), הֵם עַצְמָם **hēm atsmam** *eux-mêmes* et ainsi de suite. De plus, les formes déclinées sont largement employées après un verbe, lui-même suivi d'une préposition. Cette préposition qui précède le mot décliné change en fonction du verbe. En effet, l'action exprimée par le verbe devient réfléchie par rapport au sujet. On pourrait donc traduire בְּעַצְמִי **bē-atsmi** *par moi-même,* עִם עַצְמִי **im atsmi** *avec moi-même,* אֶל / לְעַצְמִי **ēl / lē-atsmi** *pour (à) moi-même,* אֶת עַצְמִי **ēt atsmi** *moi-même* (objet direct), מֵעַצְמִי **mē-atsmi** *de moi-même,* עַל עַצְמִי **al atsmi** *à (sur) moi-même* etc.

Voici la déclinaison du nom עֶצֶם **etsēm** *même* :

nous-mêmes	**atsmēnou**	עַצְמֵנוּ	moi-même	**atsmi**	עַצְמִי
vous-mêmes (m.)	**atsmēkhēm**	עַצְמְכֶם	toi-même (m.)	**atsmēkha**	עַצְמְךָ
vous-mêmes (f.)	**atsmēkhēn**	עַצְמְכֶן	toi-même (f.)	**atsmēkh**	עַצְמֵךְ
eux-mêmes	**atsmam**	עַצְמָם	lui-même	**atsmo**	עַצְמוֹ
elles-mêmes	**atsman**	עַצְמָן	elle-même	**atsma**	עַצְמָהּ

Ex. :

אָמַרְתִּי לְעַצְמִי שֶׁאֲנִי חַיָּב לְהִסְתַּכֵּל עַל מוֹדָעוֹת דְּרוּשִׁים בָּעִתּוֹנִים וּבְאַתְרֵי אִינְטֶרְנֶט.
amarti lē-atsmi shē-ani hayav lēhiStakēl al moda'ot droushim ba-itonim ou-vē-atarēy intērnēt. *Je me dis ("à moi-même") que je dois regarder les offres d'emploi dans les journaux et sur les sites internet.*

הֵם יִכְתְּבוּ אֶת קוֹרוֹת הַחַיִּים (קו"ח) שֶׁלָּהֶם בְּעַצְמָם.
hēm yikhtēvou ēt korot ha-hayim shēlahēm bē'atsmam. *Ils écriront leur curriculum vitae (C.V.) ("par") eux-mêmes.*

אֲנַחְנוּ צְרִיכִים לַחֲשׁוֹב עַל עַצְמֵנוּ.
anahnou tsrikhim lahshov al atsmēnou. *Nous devons penser à nous-mêmes.*

● EXERCICES

1. RÉPONDEZ AUX QUESTIONS POSÉES PUIS ÉCOUTEZ L'ENREGISTREMENT POUR VÉRIFIER VOS REPONSES.

א. מָה צָרִיךְ לִפְתּוֹחַ לִמְקוֹם הָעֲבוֹדָה?

ב. מִיהִי הַסּוֹכֶכֶת רֶשֶׁת לְמַגָּזִין מוֹדָעוֹת דְּרוּשִׁים?

ג. מָה מְחַפְּשִׂים בַּמּוֹדָעָה "דָּרוּשׁ מַכְּבִּיר"?

ד. אֵילוּ יְדִיעוֹת גּוֹרְמִים אֶחָד אוֹסָאק הָחֶבְרָה בַּתְּחוּם הַסִּיעוּד וְהַבְּרִיאוּת?

ה. לְאֵי יֵשׁ יִתְרוֹן בַּמּוֹדָעָה "לַחֲבְרָה אוֹבִילָה בִּתְחוּם הַסִּיעוּד וְהַבְּרִיאוּת"?

2. COMPLÉTEZ AVEC LES VERBES CONJUGUÉS DANS LE TEMPS QUI CONVIENT À LA PHRASE AU *BINYAN HIF'IL* SELON LEUR RACINE, PUIS TRADUISEZ LES PHRASES.

א. הַמְנַהֲלִים ...... לַעֲבָדִים כֹּל לְבוֹא לָעֲבוֹדָה. (י.צ.א - passé)

ב. הַמַּכְּבִיר ...... אֶת הַאֲכוֹתָב לְכָל אוֹגְבֵי-הַחֶבְרָה. (י.ד.ע - futur)

ג. הִיא ...... אֶת כְּבָרוֹן לַקָּיוֹמָה הָרִאשׁוֹנָה. (י.ר.ד - passé)

ד. אֲנַחְנוּ אֵיִן צָפַם כִּי ...... סוֹכֵר אוֹ חֲלָב לַקָּפֶה. (י.ס.פ - présent)

ה. הַיֶּלֶד הַקָּטָן כְּבָר יוֹכֵל לְצֶדֶת בְּעַצְמוֹ שֶׁל הַכִּיסּוֹת. אֲנִי ...... אוֹתוֹ. (י.ש.ב - futur)

ו. מוֹדָעוֹת "דְּרוּשִׁים" ...... בַּעִיתּוֹנִים וְאַתָּרִים הַאִיתְנַחִים בַּתְּחוּם. (י.ס.א - présent)

3. COMPLÉTEZ AVEC LE NOM *ÊTSĒM* "SOI-MÊME" DÉCLINÉ

א. - אֶת חוֹשֶׁבֶת שֶׁהִיא נֶחְמָדָה? - כֹּל כָּל-כָּךְ, שֶׁלֹּא אֶחָד בַּל מַאֲמִין אוֹתָהּ. הִיא חוֹשֶׁבֶת כָּךְ עַל ....

ב. - אַתָּה כְּבָר יֶלֶד יָפִיף. לָמָּה אַתָּה צָרִיךְ אוֹ אִתְפַּלֵּל ב ...... ? אַתָּה קָשֶׁה לוֹ לְהִתְפַּלֵּל ב ....

ג. - קָנִיתֶם אֶת הַאוּצָה הַשָּׁלוּת אוֹ עַשִּׂיתֶם אוֹתָהּ ב ...... ? - אֲנַחְנוּ אֵיִן צָפַם שֶׁל קוֹנִים אוֹ עוֹשִׂים אוֹתָהּ, עָשִׂינוּ אוֹתָהּ ב ....

ד. - תַּגִּיד, אַתָּה אֵרִיס טוֹבוֹ ...... ? אַתָּה הַלֹּךְ בַּרְחוֹב וֹאֲנַבֵּר ל ...... ? - מָה פִּתְאוֹם, אֲנִי כוֹ מְדַבֵּר ל ...... , אֲנִי מְדַבֵּר עִם חָבֵר בְּטֵלֶפוֹן.

VOCABULAIRE

demandé/e / recherché/e	daroush/droushim	דָּרוּשׁ / דְּרוּשִׁים
nombre / chiffre	miSpar	מִסְפָּר ז'
mais	akh	אַךְ
aucun/e	af	אַף
réponse	tshouva	תְּשׁוּבָה נ'
curriculum vitae	korot hayim	קוֹרוֹת חַיִּים (קו"ח)
être censé/e (faire qqch.)	amour/amoura	אָמוּר, אֲמוּרָה
société/s	hēvra/havarot	חֶבְרָה נ' / חֲבָרוֹת ז' ר'
particulièrement	bi-frat	בִּפְרָט
spécialisé/s	mitmahē mitmahim	מִתְמַחֶה ז' / מִתְמַחִים ז' ר'
domaine	thoum	תְּחוּם ז'
différente/s	shona/shonot	שׁוֹנָה / שׁוֹנוֹת
secrétaire	mazkir	מַזְכִּיר ז'
répondeur téléphonique	ma'anē tēlēfoni	מַעֲנֶה ז' טֶלֶפוֹנִי
capacité	yēkholēt	יְכוֹלֶת נ'
équipe/s	tsēvēt/tsvatim	צֶוֶת ז' / צְוָותִים ז' ר'
conscience	toda'a	תּוֹדָעָה נ'
service	shērout	שֵׁירוּת ז'
public	tcibour	צִיבּוּר ז'
relations humaines	yahasey ēnosh	יַחֲסֵי-אֱנוֹשׁ
fiabilité	aminout	אֲמִינוּת נ'
persévérance	hatmada	הַתְמָדָה נ'
en fait / en réalité	bē-'ētsēm	בְּעֶצֶם
diplômé/e	mouSmakh/mouSmēkhēt	מוּסְמָךְ / מוּסְמֶכֶת
le 3ᵉ âge	bnēy ha-guil ha-shlishi	בְּנֵי הַגִּיל הַשְּׁלִישִׁי
infirmier/-ère / frère/sœur	ah/ahot	אָח ז' / אָחוֹת נ'
leader	movil/movila	מוֹבִיל / מוֹבִילָה
soin (pour personnes âgées)	Si'oud	סִיעוּד ז'
santé	bri'out	בְּרִיאוּת נ'
emploi	miSra	מִשְׂרָה נ'
connaissance	yēda	יֶדַע ז'
juridique	mishpati/mishpatit	מִשְׁפָּטִי / מִשְׁפָּטִית
parlant/e	dovēr/dovērēt	דּוֹבֵר / דּוֹבֶרֶת
il semble	nir'ē	נִרְאָה

IV

LES

LOISIRS

19.
PARTIR EN VOYAGE

לָצֵאת לְטִיּוּל

LATSĒT LĒ-TIYOUL

OBJECTIFS	NOTIONS
• CHOISIR LA SAISON ADÉQUATE POUR PARTIR EN VACANCES • PARLER DU TEMPS (CLIMATIQUE) • EXPRIMER SES CHOIX EN FONCTION DU CALENDRIER • EXPRIMER LA PROBABILITÉ	• L'EXPRESSION DU TEMPS – SUITE • LES PROPOSITIONS SUBORDONNÉES CIRCONTANCIELLES (L'OPPOSITION, LE COMPLÉMENT D'INFORMATION) • LA FORMATION DES ADJECTIFS – SUITE • LE FUTUR – *BINYAN PA'AL* • QUELQUES CAS PARTICULIERS

LA SAISON IDÉALE *(QUI CONVIENT LE PLUS)*

— Je propose que nous partions *(sortions)* en voyage pendant les vacances de Hanoucca. En hiver, les journées sont courtes et ça sape *(influence)* le moral *(l'état d'esprit)*. Partir *(sortir)* en congé nous changera les idées *(nous changerons d'air et d'ambiance)*.

— Tu es sûr ? Les prévisions météo sont très mauvaises. De plus, on annonce *(prévoit)* non seulement de la pluie mais un véritable déluge et des vents forts. Et aussi, il fait très *(vachement)* froid. Il va falloir prévoir *(s'équiper)* beaucoup de vêtements chauds: manteau, pullover, bonnet, écharpe… Les valises vont peser une tonne !

— Tu sais quoi ? Dans ce cas, je pense que l'automne est vraiment la saison idéale *(qui convient)* pour faire des voyages. Même s'il fait encore chaud, il est évident qu'il ne fait pas aussi chaud qu'en été et que le temps est doux et agréable. Mais d'un autre *(deuxième)* coté, c'est aussi la période des fêtes en Israël. Beaucoup de sites touristiques et de lieux de divertissement risquent d'être fermés.

— Alors, pourquoi ne pas partir *(sortir)* au printemps ? Tout est fleuri et la nature est sublime. Partons après les vacances de Pâques ! Il y aura moins de touristes. En été, on peut aller à la plage *(à la mer)* et il y a plein de spectacles en plein-air *(à l'extérieur)*… Ça y est, nous avons décidé : [ce sera] en été ! Même si *(bien que)* le temps peut être étouffant et que je déteste *(je ne supporte pas)* ça !

הָעוֹנָה הַמַּתְאִימָה בְּיוֹתֵר
ha-ona ha-mat'ima bē-yotēr

– אֲנִי מַצִּיעָה שֶׁנֵּצֵא לְטִיּוּל בְּמֶשֶׁךְ חוּפְשַׁת הַחֲנוּכָּה. בַּחוֹרֶף, הַיָּמִים קְצָרִים וְזֶה מַשְׁפִּיעַ עַל מַצַּב -הָרוּחַ. נֵצֵא לְחוּפְשָׁה וּנְשַׁנֶּה אֲוִיר וַאֲוִירָה.
— ani matsi'a shē-nētsē lē-tiyoul bē-mēshēkh houfshat ha-hanouka. ba-horēf ha-yamim ktsarim vē-zē mashpi'a al matsav ha-rouah. nētsē lē-houfsha ou-nēshanē avir va-avira.

– אַתְּ בְּטוּחָה? תַּחֲזִית מֶזֶג-הָאֲוִיר גְּרוּעָה. בְּנוֹסָף לְכָךְ, חוֹזִים לֹא רַק גֶּשֶׁם אֶלָּא מַמָּשׁ מַבּוּל וְרוּחוֹת עַזּוֹת. וְגַם נוֹרָא קַר. צָרִיךְ לְהִצְטַיֵּיד בַּהֲמוֹן בְּגָדִים חַמִּים: מְעִיל, סְוֶדֶר, כּוֹבַע וְצָעִיף... הַמִּזְוָדוֹת יִשְׁקְלוּ טוֹנוֹת!
— at bētouha? tahazit mēzēg ha-avir grou'a. bē-noSaf lē-kakh, hozim lo rak guēshēm ēla mamash maboul vē-rouhot azot. vē-gam nora kar. tsarikh lēhitstayēd ba-hamon bgadim hamim : mē'il, Svēdēr, kova', vē-tsē'if... ha-mizvadot yishkēlou tonot!

– אַתָּה יוֹדֵעַ מָה? בְּמִקְרֶה זֶה, אֲנִי חוֹשֶׁבֶת שֶׁהַסְתָּיו הִיא מַמָּשׁ הָעוֹנָה הַמַּתְאִימָה לְטִיּוּלִים. לַמְרוֹת שֶׁעֲדַיִין חַם, הֲרֵי לֹא חַם כְּמוֹ בַּקַּיִץ וּמֶזֶג הָאֲוִיר נָעִים וְנוֹחַ. אַךְ מִצַּד שֵׁנִי זֹהִי, גַּם תְּקוּפַת הַחַגִּים בְּיִשְׂרָאֵל. אֲתָרֵי תַּיָּירוּת רַבִּים וּמְקוֹמוֹת בִּילּוּי עֲלוּלִים לִהְיוֹת סְגוּרִים.
— ata yodē'a ma? bē-mikrē zē, ani hoshevēt shē-ha-Stav, hi mamash ha-ona ha-mat'ima lē-tiyoulim. lamrot shē-adayin ham, harēy lo ham kmo ba-kayits, ou-mēzēg ha-avir na'im vē-noah. akh mi-tsad shēni, zohi gam tkoufat ha-haguim bē-isra'ēl. atarēy tayarout rabim ou-mēkomot bilouy aloulim lihyot Sgourim.

– אָז לָמָּה שֶׁלֹּא נֵצֵא בָּאָבִיב? הַכֹּל פּוֹרֵחַ וְהַטֶּבַע מַרְהִיב. בּוֹאִי נִסַּע אַחֲרֵי חוּפְשַׁת הַפֶּסַח! יִהְיוּ פָּחוֹת תַּיָּירִים. בַּקַּיִץ אֶפְשָׁר לָלֶכֶת לַיָּם וְיֵשׁ מָלֵא מוֹפָעִים בַּחוּץ...זֶהוּ, הֶחְלַטְנוּ עַל הַקַּיִץ! אַף-עַל-פִּי שֶׁמֶּזֶג הָאֲוִיר יָכוֹל לִהְיוֹת מַחֲנִיק וַאֲנִי... לֹא סוֹבֵל אֶת זֶה!
— az lama shē-lo nētsē ba-aviv? ha-kol porē'ah vē-ha-tēv marhiv. bo'i niS'a ahrēy houfshat ha-pēSah? yihyou pahot tayarim. ba-kayits ēfshar lalēkhēt la-yam vē-yēsh malē mofa'im ba-houts... zēhou, hēhlatnou al ha-kayits! af-al-pi shē-mēzēg ha-avir yakhol lihyot mahnik va-ani... lo Sovēl ēt zē...

■ COMPRENDRE LE DIALOGUE
QUELQUES FORMULES ET EXPRESSIONS

→ מַצָּב-רוּחַ **matsav-rou'ah** litt. "situation/état de l'esprit", expression qui décrit *l'humeur / le moral* de la personne. On peut dire : אֵין לִי/ יֵשׁ לִי מַצָּב-רוּחַ litt. "j'ai / je n'ai pas le moral" ou יֵשׁ לִי מַצָּב-רוּחַ טוֹב **yesh li matsav-rou'ah tov** ("j'ai un bon moral"). Cette expression peut aussi être rehaussée d'un adjectif יֵשׁ לִי מַצָּב-רוּחַ רַע **yesh li matsav-rou'ah ra** *je n'ai pas le moral* ("j'ai un mauvais moral"), יֵשׁ לִי מַצָּב-רוּחַ מְרוֹמָם **yesh li matsav-rou'ah mēromam** *j'ai bon moral / j'ai le vent en poupe* ("j'ai le moral en haut").

→ מַבּוּל **maboul** *déluge,* ce mot fait référence à l'épisode biblique du déluge de Noé. En hébreu moderne, il désigne des pluies diluviennes. יוֹרֵד גֶּשֶׁם מַמָּשׁ מַבּוּל **yorēd guêshēm mamash maboul** *il pleut des cordes* (litt. "il descend de la pluie") *un véritable déluge.* En hébreu, on emploie le verbe יוֹרֵד **yorēd** *descendre* en parlant des précipitations.

→ תַּחֲזִית מֶזֶג הָאֲוִיר **tahazit mēzēg ha-avir** *les prévisions météorologiques :* nous avons déjà utilisé certaines expressions au module 10. Pour parler du temps il suffit d'employer un adjectif sans l'accorder. Ainsi on l'emploiera comme un adverbe. On exprimera donc la notion de *[il fait] chaud* par חַם **ham** *chaud, [il fait] froid* par קַר **kar** *froid, [il fait] beau* par יָפֶה **yafē** *beau* ou נָאֶה **na'ē** *beau,* גָּשׁוּם **gashoum** *pluvieux,* מְעוּנָּן **mē'ounan** *nuageux,* etc.

→ לֹא סוֹבֵל אֶת... **lo Sovēl ēt...** *je ne supporte pas...* dans le sens de *je n'aime pas,* ou plus encore *je déteste :* אֲנִי לֹא סוֹבֵל אֶת הָאֲנָשִׁים הָאֵלֶּה **ani lo Sovēl ēt ha-anashim ha-ēlē** *je déteste ces personnes ;* אֲנִי לֹא סוֹבֵל אֶת הַחוֹל **ani lo Sovēl ēt ha-hol** *je ne supporte pas le sable.*

→ טִיּוּל **tiyoul** est employée aussi bien pour décrire une *balade,* une *excursion* qu'un départ en *voyage.* Avec le verbe *sortir* לָצֵאת **latsēt**, on peut constituer l'expression *partir en voyage,* littéralement "sortir en excursion" : נֵצֵא לְטִיּוּל בַּשָּׁבוּעַ הַבָּא. **nētsē lē-tiyoul ba-shavou'a ha-ba** *Nous partirons en voyage la semaine prochaine.*

→ הֲרֵי **harēy**... *pourtant, cependant,* va introduire la deuxième partie d'une phrase qui introduit une note de différence par rapport à la phrase principale. Ex. : לַמְרוֹת שֶׁעֲדַיִן חַם, הֲרֵי לֹא חַם כְּמוֹ בַּקַּיִץ. **lamrot shē-adayin ham, harēy lo ham kmo ba-kayits.** *Bien qu'il fasse encore chaud,* ("pourtant") *il est évident qu'il ne fait pas aussi chaud qu'en été.*

NOTE CULTURELLE

Dans le dialogue, nous mentionnons les congés qui ont lieu pendant חֲנוּכָּה **ḥanouka**. Cette fête se déroule entre fin novembre et début décembre, du fait du calendrier hébraïque qui est luni-solaire le 25 du mois de Kislev (le nom du mois hébraïque). *Hanoucca* commémore la victoire des Asmonéens sur les Séleucides et leur roi Antiochus Epiphane qui tentaient d'helléniser la population juive de Judée. (-140-175 avant notre ère). Cet événement est marqué par un miracle : une petite fiole d'huile qui aurait dû permettre d'éclairer la **mēnora** מְנוֹרָה le *candélabre* du temple pendant une seule journée a permis d'éclairer *le Temple*, בֵּית הַמִּקְדָּשׁ **bēyt ha-mikdash**, durant huit jours. C'est pour cette raison que *hanoucca* dure huit jours et qu'on allume à cette occasion le חֲנוּכִּיָּה **ḥanoukiya**.

Le printemps est quant à lui marqué par la célébration de la *Pâque* juive פֶּסַח **pēSaḥ**, l'une de trois fêtes du pèlerinage juif prescrites par la Bible. Cette fête commémore l'exode hors d'Égypte et le retour à la liberté. Elle commence le 14 נִיסָן **niSan** (ce qui correspond, selon les années, à la fin du mois de mars ou au début du mois d'avril) et dure sept jours. Seul le premier jour et le dernier jour sont totalement fériés.

◆ GRAMMAIRE
L'EXPRESSION DU TEMPS - SUITE

Ce dialogue contient des marqueurs temporels qui s'ajoutent à d'autres déjà étudiés dans les modules 9 et 11. Il s'agit des adverbes de temps employés pour décrire une succession d'actions exécutées les unes après les autres.

• Pour exprimer l'antériorité et la postériorité

– Les prépositions בְּ... **bē-** *dans, en, à,* לְ... **lē-** *pour* et מִ... **mi-** répondent à la question מָתַי **matay** *quand* ? Ex. : בִּשְׁעַת הַשִּׁיעוּר **bi-sh'at ha-shi'our** *au* ("à l'heure de") *moment du cours*, לִקְרַאת הַשִּׁיעוּר **likrat ha-shi'our** *pour l'heure du cours*, מִתְּחִילַּת הַשָּׁנָה **mi-thilat ha-shana**, *depuis le début de l'année.*

– Les mots בְּעוֹד/לִפְנֵי **bē-od/l'ifnēy** suivis d'un indicateur de temps peuvent exprimer un temps/moment passé ou à venir. Ex. : בְּעוֹד/לִפְנֵי שָׁנָה **bē-od/lifnēy shana**, *dans un an / il y a un an.*

– מִיּוֹם לְיוֹם **mi-yom lē-yom** *d'un jour à l'autre*, מֵרֶגַע לְרֶגַע **mē-rēga lē-rēga** *d'un moment l'autre*, le nom est encadré par les deux prépositions, מִ... **mi-** et לְ... **lē**... qui décrivent une succession dans un temps donné.

– עֲדַיִן לֹא **adayin lo** *pas encore* : suivi d'un verbe. Ex :

הֵם עֲדַיִן לֹא הֶחֱלִיטוּ לְאָן לִנְסוֹעַ.
hēm adayin lo heḥlitou lē'an linso'a. *ils n'ont pas encore décidé où ("vers où") voyager.*
– À l'opposé de cette expression, nous trouverons כְּבָר **kvar** suivi de la négation לֹא **lo** qui exprime une action du passé qui est révolue. Ex. : הוּא כְּבָר לֹא פֹּה **hou kvar lo po** *il n'est déjà plus là.*

• Pour décrire la fréquence

– לְעִיתִּים קְרוֹבוֹת **lē-itim krovot** *souvent*, opposée à לְעִיתִּים רְחוֹקוֹת **lē-itim rēḥokot** *rarement*. Ex. :

מַצַּב הָרוּחַ שֶׁלּוֹ טוֹב לְעִיתִּים קְרוֹבוֹת.
matsav ha-rou'aḥ shēlo tov lē-itim krovot.
Il est souvent de bon humeur. (litt. : "son humeur est bon souvent").

לְעִיתִּים רְחוֹקוֹת מְאוֹד יוֹרֵד גֶּשֶׁם בְּעוֹנַת הַקַּיִץ בְּיִשְׂרָאֵל.
lē-itim rēḥokot mē'od yorēd guêshēm bē-onat ha-kayits bē-iSra'ēl.
Il pleut très rarement en ("saison d'") été en Israël.

LA PROPOSITION CIRCONSTANCIELLE

• L'opposition

Dans les modules 12 et 14 nous avons déjà évoqué les propositions circonstancielles. Nous allons utiliser l'expression d'une opposition avec les expressions adéquates. Dans les phrases complexes qui décrivent une opposition quant à une situation donnée, la 1re partie de la phrase confirme un fait ou une situation qui suscite une attente et la 2nde limite la confirmation de cette attente ou décrit une réalité contraire à l'attente. L'expression de cette réserve apparaît uniquement dans la 2nde partie de la phrase. Voici quelques mots courants pour exprimer l'opposition :
– נָכוֹן שֶׁ... **nakhon shē...** *à vrai dire (en vérité, en effet, certes)*, אָכֵן **akhēn**, *aussi* et אוּמְנָם **omnam**, *certes* qui s'emploient dans un langage plus soutenu ou à l'écrit, ouvrent la 1re partie de la phrase.
– Suivis dans la 2nde partie par אֲבָל **aval** *mais, cependant, toutefois* et aussi par אַךְ **akh** / אוּלָם **oulam** qui s'emploient dans un langage plus soutenu ou à l'écrit. Ex. :

נָכוֹן שֶׁנָּעִים לָצֵאת לְטִיּוּל בָּאָבִיב, אֲבָל לֹא תָּמִיד יֵשׁ לָנוּ חוּפְשָׁה בְּעוֹנָה זוֹ.
nakhon shē-na'im latsēt lētiyoul ba-aviv, aval lo tamid yēsh lanou ḥoufsha bē'ona zo.
C'est vrai qu'il est agréable de partir en congé au printemps, mais nous n'avons pas toujours un congé à cette saison.

אוֹמְנָם מֶזֶג הָאֲוִויר הָיָה גָּרוּעַ, אוּלָם הַרְבֵּה מְטַיְּלִים הִגִּיעוּ לְטִיּוּלִים בַּגַּנִּים הַצִּיבּוּרִיִּים.
omnam mēzēg ha-avir haya garou'a, oulam harbē mētayēlim higi'ou lē-tiyoulim ba-ganim ha-tsibouriyim! *Certes le temps était très mauvais, cependant beaucoup de promeneurs sont venus se balader dans les jardins publics.*

• Le complément d'information

– On utilise l'expression נוֹסָף לְכָךְ **noSaf lē-khakh** ou בְּנוֹסָף לְכָךְ **bē-noSaf lē-khakh** *en plus (de cela)…* pour rajouter des informations dans une phrase complexe. Ex. :

הַיּוֹם מֶזֶג הָאֲוִויר גָּרוּעַ וּבְנוֹסָף לְכָךְ הַחַזָּאִים חוֹזִים גְּשָׁמִים חֲזָקִים.
ha-yom mēzēg ha-avir garou'a ou-ve-noSaf lē-khakh ha-haza'im hozim gshamim hazakim. *Aujourd'hui le temps est mauvais et en plus (de cela) les météorologues prévoient de fortes pluies.*

– On utilise l'association לֹא…אֶלָּא **lo… ēla** *non (seulement)… mais,* lorsqu'on veut insister sur la partie de la phrase qui vient pour compléter l'information. Ex. :

לֹא בָּאנוּ מִיִּשְׂרָאֵל אֶלָּא מִצָּרְפַת.
lo banou mi-iSraēl ēla mi-tsarfat *Nous ne sommes pas venus d'Israël mais de France.*

– L'expression לֹא רַק… אֶלָּא גַּם… **lo rak… ēla gam…** *non seulement… mais aussi…,* est employée lorsque l'on veut souligner une information supplémentaire dans une phrase nominale. Ex. :

הַחַזָּאִים חָזוּ לֹא רַק גְּשָׁמִים חֲזָקִים אֶלָּא גַּם רוּחוֹת חֲזָקוֹת.
ha-hazaim hazou lo rak gshamim hazakim ēla gam rouhot hazakot
Les météorologues ont prévu non seulement de fortes pluies mais aussi de fortes vents.

LES ADJECTIFS - SUITE

• Les adjectifs construits à partir d'un adverbe

Quelques adjectifs prennent appui sur un adverbe et suivent le même processus que nous avons vu au module 11. Ils expriment une ponctualité ou la fréquence. Voici quelques exemples :

adjectifs			adverbe
masc./fém. pl.	fém. sing.	masc. sing.	
מְיָידִיִּים/יּוֹת **miyadiyim/-yot** *immédiats/-tes*	מְיָידִית **miyadit** *immédiate*	מְיָידִי **miyadi** *immédiat*	מְיָיד **miyad** *immédiatement*

עַכְשָׁוִיִּים/-יוֹת	עַכְשָׁוִית	עַכְשָׁוִי	עַכְשָׁו
akhshaviyim/-yot	akhshavit	akhshavi	akhshav
actuels/-elles	*actuelle*	*actuel*	*maintenant*
תְּמִידִיִּים/-יוֹת	תְּמִידִית	תְּמִידִי	תָּמִיד
tmidiyot/-yot	tmidit	tmidi	tamid
perpétuels/-elles	*perpétuelle*	*perpétuel*	*toujours*

Les adjectifs dérivés de mots d'origine de langues étrangères auront les mêmes suffixes pour marquer le genre et le nombre. Ex. :

	adjectifs		nom d'origine étrangère
masc./fém. pl.	fém. sing.	masc. sing.	
פִּלוֹסוֹפִיִּים/-יוֹת	פִּילוֹסוֹפִית	פִּילוֹסוֹפִי	פִּילוֹסוֹפְיָה
filoSofiyim/-yot	filoSofit	filoSofi	filoSofya
philosophiques	*philosophique*	*philosophique*	*philosophie*
אִידֵאָלִיִּים/-יוֹת	אִידֵאָלִית	אִידֵאָלִי	אִידֵאָלִיזְם
idē'aliyim/-yot	idē'alit	idē'ali	idē'alizēm
idéaux/-ales	*idéal*	*idéale*	*idéalisme*
מוֹדֶרְנִיִּים/-יוֹת	מוֹדֶרְנִית	מוֹדֶרְנִי	מוֹדֶרְנִיּוּת
modērniyim/-yot	modērnit	modērni	moderniyout
modernes	*moderne*	*moderne*	*modernité*

EXPRIMER LA PROBABILITÉ

Pour exprimer une probabilité qui risque fort de subir un échec, on utilise עָלוּל **aloul** *risque de,* suivi d'un infinitif. On peut aussi utiliser עָשׂוּי **aSouy** *susceptible de devenir…,* ou, pour faire une prédiction qui a plus de chances de se réaliser qu'avec l'expression précédente, on utilise le mot עָתִיד **atid** *futur, avenir.* Ex. : ‏אֲנִי עָלוּל לְהִתְאַכְזֵב! **ani aloul lēhitakhzēv!** *Je risque d'être déçu !* ; ‏אֲנִי עָשׂוּי לְהַגִּיעַ בַּזְמַן. **ani aSouy lēhagui'a ba-zman.** *Je suis susceptible d'arriver à temps.*. ‏אֲנִי עָתִיד לִהְיוֹת נְשִׂיא הַמְּדִינָה. **ani atid lihyot nēSi ha-médina.** *Je suis susceptible de devenir* (litt. "je avenir être") *président.*

▲ CONJUGAISON
LE FUTUR - SUITE

• Le futur du **binyan pa'al** – quelques sous-catégories

– Les verbes comportant la lettre י youd en 1ʳᵉ lettre-racine, sous-catégorie פ"י :
Au futur, la 1ʳᵉ lettre-racine disparaît. À l'infinitif, elle est remplacée par la lettre ת, qui apparaît en fin du mot. Ex. : לָשֶׁבֶת **lashēvēt** *s'asseoir* (נ.ש.ב), לָדַעַת **lada'at** *savoir* (י.ה.ע), לָצֵאת **latsēt** *sortir* (י.צ.א), לָרֶדֶת **larēdēt** *descendre* (י.ר.ד). Ex. :

infinitif	(אֲנִי)	(אַתָּה) / היא	(אַתְּ)	הוא	(אֲנַחְנוּ)	(אַתֶּם/אַתֶּן)	(הֵם/הֵן)
לָשֶׁבֶת	אֵשֵׁב ēshēv	תֵּשֵׁב tēshēv	תֵּשְׁבִי tēshvi	יֵשֵׁב ** yēshēv	נֵשֵׁב nēshēv	תֵּשְׁבוּ tēshvou	יֵשְׁבוּ yēshvou
לָדַעַת	אֵדַע * ēd'a	תֵּדַע tēd'a	תֵּדְעִי tēd'i	יֵדַע ** yēd'a	נֵדַע nēd'a	תֵּדְעוּ tēd'ou	יֵדְעוּ yēd'ou
לָצֵאת	אֵצֵא ētsē	תֵּצֵא tētsē	תֵּצְאִי tēts'i	יֵצֵא ** yētsē	נֵצֵא nētsē	תֵּצְאוּ Tēts'ou	יֵצְאוּ yēts'ou

* Notons une légère modification de la vocalisation pour le verbe *savoir*, du fait de la présence de la lettre ע en 3ᵉ position.

** Pour ces trois conjugaisons la lettre י **youd** est le préfixe signalant le futur de la 3ᵉ pers. du singulier masculin הוא **hou** *il* et non pas la 1ᵉ lettre-racine.

– Les verbes comportant la lettre נ en 1ʳᵉ lettre-racine font partie de la sous-catégorie פ"נ :
Dans cette sous-catégorie on distingue 2 formes de conjugaison. L'une conserve la première lettre-racine et se conjugue selon les règles étudiées antérieurement. Parmi ces verbes, on trouve les verbes לִנְהוֹג **linhog** *conduire* (נ.ה.ג), לִנְשׁוֹם **linshom** *respirer* (נ.ש.ם). L'autre, à l'instar de la sous-catégorie פ"י, va émettre la lettre-racine נ : לִנְסוֹעַ **linSo'a** *voyager* (נ.ס.ע), לִנְגוֹעַ **lingo'a** *toucher* (נ.ג.ע), לִנְטוֹעַ **linto'a** *planter* (נ.ט.ע).

Tableau comparatif :

infinitif	(אֲנִי)	(אַתָּה) / הִיא	(אַתְּ)	הוא	(אֲנַחְנוּ)	(אַתֶּם/ אַתֶּן)	הֵם / הֵן
לִנְהוֹג linhog *conduire*	אֶנְהַג enhag	תִּנְהַג tinhag	תִּנְהֲגִי tinhagi	יִנְהַג yinhag	נִנְהַג ninhag	תִּנְהֲגוּ tinhagou	יִנְהֲגוּ yinhagou

יִסְעוּ	תִּסְעוּ	תִּסְעִי	* נִסַע	יִסַע	תִּסַע	אֶסַע	לִנְסוֹעַ
yiS'ou	tiS'ou	tiS'i	niSa	yiSa	tiSa	ēSa	**linSo'a** *aller/voyager*

* Pour נִסַע **niSa** *nous irons / voyagerons*, la lettre נ est le préfixe de la 1ʳᵉ pers. du pluriel אֲנַחְנוּ **ana**h**nou** *nous*, au futur et non pas la 1ʳᵉ lettre-racine.

— Verbes irréguliers : לָתֵת **latēt** *donner* (נ.ת.ן) et לָקַחַת **laka**h**at** *prendre* (ל.ק.ח)
Nous vous conseillons d'apprendre la conjugaison de ces 2 verbes par cœur, du fait de nombreux changements.

	לָתֵת **latēt** *donner*		לָקַחַת **laka**h**at** *prendre*		pronom personnel
הוֹוֶה Présent	notēn/notēnēt	נוֹתֵן/ נוֹתֶנֶת	lokē'ah/lokahat	לוֹקֵחַ/ לוֹקַחַת	singulier
	notnim/-ot	נוֹתְנִים/ וֹת	lokhim/-ot	לוֹקְחִים/וֹת	pluriel
	natati	נָתַתִּי	lakahti	לָקַחְתִּי	(אֲנִי)
	natata	נָתַתָּ	lakahta	לָקַחְתָּ	(אַתָּה)
	natat	נָתַתְּ	lakaht	לָקַחְתְּ	(אַתְּ)
עָבַר Passé	natan	נָתַן	lakah	לָקַח	הוּא
	natna	נָתְנָה	lakha	לָקְחָה	הִיא
	natanou	נָתְנוּ	lakahnou	לָקְחְנוּ	(אֲנַחְנוּ)
	nētatēm/-tēn	נְתַתֶּם/ תֶּן	lēkahtēm/tēn	לְקַחְתֶּם/ תֶּן	(אַתֶּם/ן)
	natnou	נָתְנוּ	lakhou	לָקְחוּ	הֵם/ הֵן
	ētēn	אֶתֵּן	ēkah	אֶקַּח	(אֲנִי)
	titēn	תִּתֵּן	tikah	תִּקַּח	(אַתָּה) / הִיא
עָתִיד Futur	yitēn	יִתֵּן	yikah	יִקַּח	הוּא
	nitēn	נִתֵּן	nikah	נִקַּח	(אֲנַחְנוּ)
	titni	תִּתְּנִי	tikhi	תִּקְחִי	(אַתְּ)
	titnou	תִּתְּנוּ	tikhou	תִּקְחוּ	(אַתֶּם/ן)
	yitnou	יִתְּנוּ	yikhou	יִקְחוּ	הֵם/ הֵן

VOCABULAIRE

propose/s, proposer	matsi'a, lēhatsi'a	מַצִּיעַ, לְהַצִּיעַ
hiver	horēf	חוֹרֶף ז'
influence, influencer	mashpi'a, lēhashpi'a	מַשְׁפִּיעַ, לְהַשְׁפִּיעַ
moral (état d'esprit)	matsav-rouah	מַצַּב-רוּחַ
(nous) changerons, changer	nēshanē, lēshanot	נְשַׁנֶּה, לְשַׁנּוֹת
air	avir	אֲוִיר ז'
atmosphère	avira	אֲוִירָה נ'
prévision	tahazit	תַּחֲזִית נ'
climat	mēzēg avir	מֶזֶג ז' אֲוִיר
en plus de cela	bē-noSaf lē-khakh	בְּנוֹסָף לְכָךְ
prédis/-t, prédire	hozē, lahzot	חוֹזֶה, לַחֲזוֹת
déluge	maboul	מַבּוּל ז'
vent/s	rou'ah/rouhot	רוּחַ נ' / רוּחוֹת נ' ר'
fort/es / puissant/es	az/azot	עַז / עַזּוֹת
s'équipe/s, s'équiper	mitstayēd, lēhitstayēd	מִצְטַיֵּיד, לְהִצְטַיֵּיד
manteau	mē'il	מְעִיל ז'
pull	Svēdēr	סְוֶדֶר ז'
chapeau	kova	כּוֹבַע ז'
foulard	tsa'if	צָעִיף ז'
valise	mizvada/misvadiyot	מִזְוָודָה נ' / מִזְוָודוֹת נ' ר'
pèse/s, pèseront, peser	shokēl, yishkēlou, lishkol	שׁוֹקֵל, יִשְׁקְלוּ, לִשְׁקוֹל
cas	mikrē	מִקְרֶה ז'
automne	Stav	סְתָיו ז'
cependant	lamrot shē...	לַמְרוֹת שֶׁ...
confortable	no'ah/noha	נוֹחַ / נוֹחָה
encore	adayin	עֲדַיִין
printemps	aviv	אָבִיב ז'
époque	tkoufa/tkoufat-	תְּקוּפָה נ' / תְּקוּפַת-
fête/s	hag/haguim	חַג ז' / חַגִּים ז' ר'
tourisme	tayarout	תַּיָּירוּת נ'
amusement	bilouy	בִּילּוּי ז'
susceptible de...	aloul	עָלוּל
fleuri, fleurir	porē'ah, lifro'ah	פּוֹרֵחַ, לִפְרוֹחַ
sublime	marhiv/marhiva	מַרְהִיב / מַרְהִיבָה
spectacle/s	mofa/mofa'im	מוֹפָע ז' / מוֹפָעִים ז' ר'
bien que...	af-al-pi shē-	אַף-עַל-פִּי שֶׁ...
étouffant/e	mahnik/mahnika	מַחֲנִיק / מַחְנִיקָה

● EXERCICES

1. COMPLÉTEZ AVEC עָשׂוּי ASOUY "SUSCEPTIBLE DE..." OU עָלוּל ALOUL "RISQUE DE..." EN VOUS AIDANT DE LA TRADUCTION.

א. הוּא שָׁכַח אֶת הַנַּיָּד שֶׁל בַּבַּיִת, הוּא ..... לֹא לְקַבֵּל אֶת הַשִּׂיחָה בַּזְמַן.

ב. הוּא לֹא קִבֵּל אֶת הַהוֹדָעָה שֶׁהַמָּטוֹס ..... לְהַגִּיעַ בְּאִחוּר.

ג. בַּטִּיּוּל הַבָּא אֲנַחְנוּ ..... לָגוּר בְּדִירָה שֶׁל הַחֲבֵרִים שֶׁלָּנוּ.

ד. תַּחֲזִית מֶזֶג הָאֲוִיר גְּרוּעָה, הוּא ..... לְשַׁנּוֹת אֶת הַתָּכְנִיּוֹת שֶׁלּוֹ.

Traduction : a. Il a oublié son portable à la maison. Il .... de ne pas recevoir l'appel. b. Il n'a pas reçu le message que l'avion .... d'arriver en retard. c. Pendant le prochain voyage, nous sommes .... d'habiter dans l'appartement de nos amis. d. Les prévisions météo sont très mauvaises, il est .... de changer ses projets.

🔊 21 2. RÉPONDEZ AUX QUESTIONS POSÉES PUIS ÉCOUTEZ L'ENREGISTREMENT POUR VÉRIFIER VOS RÉPONSES.

א. מַה שְׁנֵי סוּגֵי קְוָנַשִּׁים מְדַבְּרִים?

ב. בְּאֵיזוֹ עוֹנָה הֵם רוֹצִים לָצֵאת לְטִיּוּל?

ג. בְּאֵילוּ חַיִּים הֵם מְדַבְּרִים?

ד. בְּאֵיזוֹ עוֹנָה הַפֶּסַח?

ה. בְּאֵיזוֹ עוֹנָה הַחֲנוּכָּה?

ו. מַה מֶזֶג-הָאֲוִיר בַּחוֹרֶף?

3. COMPLÉTEZ AVEC LA FORME CORRECTE DU VERBE CONJUGUÉ AU FUTUR PUIS TRADUISEZ LES PHRASES.

א. בְּסוֹבִיב ..... לְטַיֵּיל בָּעֲרָבָה. (לָצֵאת - נַחְנוּ)

ב. הֵם ..... לָכֵן לִנְסֹעַ לַחְפּשֶׁת הַחֲנוּכָּה עִם הַיְלָדִים בְּשֶׁנָה הַבָּאָה. (לָצֵאת - הֵם)

ג. הִיא צְרִיכָה לְהַחְלִיט בַּהֶקְדֵּם בַּיָּמִים חַמִּים, הִיא ..... אֶת הָאַוְוִירָה הַיְלָדִים שֶׁלָּהּ לְטַיֵּיל. (לָקַחַת)

ד. בַּקַּיִץ הַבָּא ..... עִם הַחֲבֵרִים לַחֹפֶשׁ בַּחוּץ. (לִנְסֹעַ - אֲנִי)

ה. שָׁם אַתֶּם רוֹאִים אֶת נְבוֹ, כְּפִי שְׁ ..... לָנוּ אֶת הַסִּפּוּר הַשָּׁלוֹן שֶׁלָּכֶם. (לָתֵת - אַתֶּם)

20. DES VACANCES SPORTIVES

חוּפְשַׁת סְפּוֹרְט

HOUFSHAT SPORT

OBJECTIFS	NOTIONS
• SAVOIR PARLER DE SON SPORT PRÉFÉRÉ • CHOISIR ENTRE SPORT ET LOISIR • DÉCRIRE DES ACTIVITÉS SPORTIVES	• L'EXPRESSION DU TEMPS – SUITE • L'EXPRESSION D'UN SOUHAIT • L'EXPRESSION D'UNE HABITUDE AU PASSÉ – L'IMPARFAIT • LE FUTUR : SOUS-CATÉGORIE ל"ה DANS LES 5 *BINYANIM*

SPORT OU DÉTENTE ?

— En juillet, [moi,] je jouerai au foot. Un entraîneur viendra spécialement de l'étranger pour nous entraîner. Tu sais, je déteste les randonnées ! Marcher pendant des heures sous le soleil avec un énorme sac à dos, ce n'est vraiment *(absolument)* pas pour moi ! Je préfère jouer au foot, aller à la piscine ou à la plage pour nager et me détendre…Et peut-être même [aller] à Eilat !

— J'aurais aimé partir *(sortir)* en randonnée dans le désert de Judée. Je préfère un loisir *(congé)* qui me permet d'admirer *(d'observer)* des paysages merveilleux, d'observer une faune et une flore unique, de discuter avec mes amis et de visiter des sites historiques.

— Mais *(alors)* pourquoi tu n'irais *(voyageras)* pas à la montagne ? Dans le désert, il n'y a que des cailloux ! Certes, [des cailloux] chargés d'histoire ! Tu connais Masada et Ain Guedi ? Ce sont de hauts lieux *(importants)* historiques de l'Antiquité *(d'époque antique)*. Tu pourras grimper *(Tu grimperas)* à Masada avant le lever du soleil, il paraît que *(on dit que)* la vue y est splendide ! Tu pourras même [y] monter à vélo.

— Dis, [et toi] tu savais qu'en hiver on peut faire du ski *(glisser)* sur le Mont Hermon? Je n'y suis jamais allée *(étais)*. La saison est tellement courte que quand *(au moment où)* je me décide, la neige a déjà fondu. De plus *(à cela)*, je ne sais pas skier… J'aurais aimé apprendre ! Pour l'hiver prochain, nous réserverons *(pour nous)* des chambres d'hôtes ("zimmer") [et] nous apprendrons à skier ensemble. On prendra les remontées mécaniques et… qu'en dis-tu ?

סְפּוֹרְט אוֹ נוֹפֶשׁ
Sport o nofēsh

– בְּיוּלִי אֲשַׂחֵק כַּדּוּרֶגֶל. מְאַמֵּן יַגִּיעַ מֵחוּ"ל בִּמְיוּחָד כְּדֵי לְאַמֵּן אוֹתָנוּ. אַתְּ יוֹדַעַת, אֲנִי שׂוֹנֵא טִיּוּלִים! לָלֶכֶת בְּמֶשֶׁךְ שָׁעוֹת בַּשֶּׁמֶשׁ עִם תַּרְמִיל גַּב עָנָק, מַמָּשׁ לֹא בִּשְׁבִילִי! אֲנִי מַעֲדִיף לְשַׂחֵק כַּדּוּרֶגֶל, לָלֶכֶת לַבְּרֵיכָה אוֹ לְחוֹף-הַיָּם כְּדֵי לִשְׂחוֹת וְלִנְפּוֹשׁ. וְאוּלַי אֲפִילוּ בְּאֵילַת?

– bē-youli aSahēk kadourēguēl. mē'amēn yagui'a mē-houl bi-myouhad kēdēy lē-amēn otanou. at yoda'at, ani Sonē tiyoulim! lalēkhēt bē-mēshēkh sha'ot ba-shēmēsh im tarmil gav anak, mamash lo bishvili! ani ma'adif lēSahēk kadourēguēl, lalēkhēt la-brēkha o lē-hof-ha-yam kēdēy liShot vē-linposh. vē-oulay afilo bē-ēilat?

– הָיִיתִי רוֹצָה לָצֵאת לְטִיּוּל בְּמִדְבַּר יְהוּדָה. אֲנִי מַעֲדִיפָה נוֹפֶשׁ שֶׁמְּאַפְשֵׁר לִי לִצְפּוֹת בְּנוֹפִים מַקְסִימִים, לְהִסְתַּכֵּל בְּחַיּוֹת וּבְצִמְחִיָּה מְיוּחָדִים . לְשׂוֹחֵחַ עִם הַחֲבֵרִים שֶׁלִּי וּלְבַקֵּר בַּאֲתָרִים הִיסְטוֹרִיִּים.

– hayiti rotsa latsēt lē-tiyoul bē-midbar yēhouda, ani ma'adifa nofēsh shē-mē'afshēr li litspot bē-nofim makSimim, lēhistakēl bē-hayot ou-vē-tsimhiya meyouhadim, lēSohē'ah im ha-havērim shēli ou-lēvakēr bē-atarim hiStoriyim.

– אָז לָמָּה שֶׁלֹּא תַּסְּעִי לֶהָרִים? בַּמִּדְבָּר יֵשׁ רַק אֲבָנִים. אוּמְנָם טְעוּנוֹת הִיסְטוֹרְיָה! אַתְּ מַכִּירָה אֶת מְצָדָה וְעֵין גֶּדִי? אֵלּוּ מְקוֹמוֹת חֲשׁוּבִים מִתְּקוּפָה עַתִּיקָה. תְּטַפְּסִי עַל מְצָדָה לִפְנֵי זְרִיחַת-הַשֶּׁמֶשׁ, אוֹמְרִים שֶׁהַנּוֹף שָׁם מַרְהִיב. וַאֲפִילוּ תּוּכְלִי לִרְכּוֹב עַל אוֹפַנַּיִים.

– az lama shē-lo tiS'i la-harim? ba-midbar yēsh rak avanim. omnam tē'ounot hiStorya! at makira ēt metsada vē-ēyn guēdi? ēlou mēkomot hashouvim mi-tkoufa atika. tētapSi al metsada lifnēy zrihat-ha-shēmēsh, omrim shē-ha-nof sham marhiv. va-afilou toukhli lirkov al ofanayim.

– תַּגִּיד, יָדַעְתָּ שֶׁבַּחוֹרֶף, אֶפְשָׁר לִגְלוֹשׁ עַל הַר הַחֶרְמוֹן? מֵעוֹלָם לֹא הָיִיתִי שָׁם. הָעוֹנָה כֹּל כָּךְ קְצָרָה שֶׁכְּשֶׁבָּרֶגַע שֶׁאֲנִי מַחֲלִיטָה, הַשֶּׁלֶג כְּבָר נָמַס. בְּנוֹסָף לְכָךְ, אֲנִי לֹא יוֹדַעַת לִגְלוֹשׁ... הָיִיתִי רוֹצָה לִלְמוֹד! בַּחוֹרֶף הַבָּא נַזְמִין עֲבוּרֵנוּ "צִימֶרִים", נִלְמַד לִגְלוֹשׁ יַחַד, נַעֲלֶה עַל רַכְבָּלִים... וְ...מָה אַתָּה אוֹמֵר?

– taguid, yadata shē-ba-horēf ēfshar liglosh al har ha-hērmon? mē-olam lo hayiti sham. ha-ona kol kakh ktsara, shē-kshē-ba-rēga shē-ani mahlita, ha-shēlēg kvar namēS. bē-noSaf lē-kakh, ani lo yoda'at liglosh… hayiti rotsa lilmod! ba-horēf ha-ba nazmin avourēnou "tsimērim", nilmad liglosh yahad, na'alē al rakhbalim… vē… ma ata omēr?

■ COMPRENDRE LE DIALOGUE
QUELQUES FORMULES ET EXPRESSIONS

→ מַמָּשׁ לֹא בִּשְׁבִילִי **mamash lo bishvili**, *absolument pas pour moi*, s'emploie pour exprimer une opposition définitive.

→ לִצְפּוֹת **litspot**, *observer / regarder*. De là vient le mot מִצְפֶּה **mitspē,** *observatoire*. Cette appellation est accolée à des noms de lieux comme מִצְפֵּה רָמוֹן **mitspē ramon**, dans le sud du pays, ou encore מִצְפֵּה הַיָּמִים, **mitspē ha-yamim** dans le nord, ou encore הַר הַצּוֹפִים **har ha-tsofim**, *le Mont Scopus*, près de Jérusalem.

→ לִגְלוֹשׁ עַל **liglosh al**, est employé pour exprimer le fait de *skier* et *surfer* dans le sens de *glisser*. On peut également *surfer sur internet*, לִגְלוֹשׁ בָּאִינְטֶרְנֶט **liglosh ba-intērnēt** en plaçant la préposition ...בְּ à la suite du verbe.

→ נוֹפֶשׁ **nofēsh** *congé*, *vacances* de courte durée qui exprime l'idée de détente. Ex. : אֲנַחְנוּ יוֹצְאִים לְנוֹפֶשׁ בֶּהָרִים **anahnou yotsim lē-nofēsh ba-harim** *nous partons pour un congé à la montagne*. Le verbe לִנְפּוֹשׁ **linposh** englobe toutes les actions qu'on fait pendant cette période : *se reposer*, *se détendre*, *s'amuser*, *se promener* et ainsi de suite.

NOTE CULTURELLE

Les Israéliens privilégient les vacances à l'étranger lorsqu'ils le peuvent. Toutefois grâce à un nouveau concept nommé צִימֶרִים **tsimērim**, un mot qui vient de l'allemand et qui désigne une *chambre d'hôte*, le tourisme interne se développe à nouveau depuis plusieurs années. On en trouve partout en Israël, dans les anciens קִיבּוּצִים **kiboutsim**, en zone rurale ou dans le désert du Néguev par exemple.

Bien sûr, les destinations les plus prisées des vacanciers se situent au bord de l'eau : que ce soit au bord de la Méditerranée, ou au *lac de Tibériade,* כִּנֶּרֶת **kinērēt**, dans le nord du pays (lac d'eau douce), ou encore dans la ville d'*Eilat* אֵילַת **ēylat**, au sud du pays, au bord de la mer rouge. Ce dernier lieu est un spot prisé de plongée sous-marine. N'oublions pas *la Mer Morte,* יָם הַמֶּלַח **yam ha-mēlah** littéralement : "la mer de sel", très riche en minéraux et située dans le Néguev, au niveau le plus bas au monde (-420 sous le niveau de la mer).

מְצָדָה **mētsada** *Massada*, était une garnison fortifiée depuis l'époque des princes Hasmonéens. En 66 de notre ère, un groupe de rebelles juifs dénommés les Sicaires se révoltèrent contre les Romains. Massada fut finalement reprise par les Romains en 72 de notre ère après un long siège mais ils découvrirent que les Sicaires s'étaient donné la mort pour ne pas subir une capture ou une défaite. Massada est classée au patrimoine mondial de l'UNESCO depuis 2001.

Le mont Hermon הַר הַחֶרְמוֹן **har ha-ḥērmon**, culminant dans le nord à 2 814 mètres d'altitude, a son sommet à la frontière entre la Syrie et le Liban, l'extrémité méridionale se trouvant en Israël. La montagne offre la possibilité de skier pendant un laps de temps très court en hiver.

◆ GRAMMAIRE
L'EXPRESSION DU TEMPS - SUITE

– L'expression מֵעוֹלָם לֹא **mē-olam lo**, *jamais* (action réalisée dans le passé) exprime l'idée de *jamais* avoir fait une action dans le passé. Ex. : ...מֵעוֹלָם לֹא הָיִיתִי **mē-olam lo hayiti...**, *je n'ai jamais été / je ne suis jamais allé(e)...* Cette expression est apparentée à l'expression אַף פַּעַם לֹא **af pa'am lo**, traduit par *ne... jamais*, que nous avons rencontré au module 11.

– לְעוֹלָם לֹא **lē-olam lo** exprime une action qui a une visée dans le futur : Ex. : לְעוֹלָם לֹא אֶהְיֶה, **lē-olam lo ēhyē**, *je ne serai jamais*

מֵעוֹלָם לֹא גָּלַשְׁתִּי עַל הַר הַחֶרְמוֹן וְכַנִּרְאֶה שֶׁלְּעוֹלָם לֹא אֶגְלוֹשׁ.
mē-olam lo galashti al har ha-ḥērmon vē-khanirē shē-lē-olam lo ēglosh.
Je n'ai jamais skié sur le Mont Hermon, et il semblerait que je n'y skierai jamais.

L'EXPRESSION D'UN SOUHAIT

– Dans expression d'un souhait non réalisé, le verbe לִהְיוֹת **lihyot** *être* est employé comme un auxiliaire et il est conjugué au passé tandis que le verbe לִרְצוֹת **lirtsot** *vouloir* est conjugué au présent. Ex. : הָיִיתִי רוֹצֶה **hayiti rotsē**; *j'aurais voulu* ; הָיִינוּ רוֹצִים לִגְלוֹשׁ עַל הַחֶרְמוֹן **hayinou rotsim liglosh al ha-ḥērmon**, *nous aurions voulu skier sur le Hermon.*

L'EXPRESSION D'UNE HABITUDE AU PASSÉ – L'IMPARFAIT

Afin d'exprimer l'imparfait en hébreu nous utilisons également le verbe לִהְיוֹת **lihyot** *être,* qui s'emploie comme un auxiliaire. Il est conjugué au passé tandis que le **verbe** qui décrit l'action est conjugué au présent :

כְּשֶׁהָיִיתִי יַלְדָּה, הָיִיתִי הוֹלֶכֶת כָּל בּוֹקֶר לַיָּם בָּרֶגֶל.
kshē-ha'iti yalda ha'iti holēkhēt kol bokēr la-yam ba-rēguēl.
Lorsque j'étais petite fille j'allais chaque matin à la mer à pied.

▲ CONJUGAISON
LE FUTUR – SUITE

• **Les verbes appartenant au sous-groupe ל"ה dans les 5 binyanim**

Au module 14 nous avons vu le cas particulier de la lettre-racine ה. En effet, toutes les racines qui se terminent par cette lettre forment un sous-groupe. Nous avons observé les modifications diverses dans toutes les conjugaisons ainsi que dans la formation des noms et adjectifs. Aussi, nous allons observer la conjugaison de ces racines dans les différents groupes au futur. Comme déjà vu, la lettre ה disparaît lorsqu'un suffixe est nécessaire. Notons que cette remarque est valable pour l'ensemble des **binyanim**. Les caractéristiques de chaque groupe restent inchangées. Pour comprendre les transformations, nous vous présenterons le tableau des 5 groupes.

הִתְפַּעֵל	נִפְעַל	הִפְעִיל	פִּיעֵל	פָּעַל	binyan
לְהִשְׁתַּנּוֹת lēhishtanot se transformer / subir un changement	לְהֵרָאוֹת lēhēra'ot apparaître/ être vu	לְהַרְאוֹת lēharot montrer	לְחַכּוֹת lēhakot attendre	לִקְנוֹת liknot acheter	infinitif
ש.נ.ה	ר.א.ה	ר.א.ה	ח.כ.ה	ק.נ.ה	racine
אֶשְׁתַּנֶּה ēshtanē	אֵרָאֶה ēra'ē	אַרְאֶה ar'ē	אֲחַכֶּה ahakē	אֶקְנֶה ēknē	(אֲנִי)
תִּשְׁתַּנֶּה tishtanē	תֵּרָאֶה tēra'ē	תַּרְאֶה tar'ē	תְּחַכֶּה tēhakē	תִּקְנֶה tiknē	(אַתָּה) / הִיא
יִשְׁתַּנֶּה yishtanē	יֵרָאֶה yēra'ē	יַרְאֶה yar'ē	יְחַכֶּה yēhakē	יִקְנֶה yiknē	הוא
נִשְׁתַּנֶּה nishtanē	נֵרָאֶה nēra'ē	נַרְאֶה nar'ē	נְחַכֶּה nēhakē	נִקְנֶה niknē	(אֲנַחְנוּ)
תִּשְׁתַּנִּי tishtani	תֵּרָאִי tēra'i	תַּרְאִי tar'i	תְּחַכִּי tēhaki	תִּקְנִי tikni	(אַתְּ)
תִּשְׁתַּנּוּ tishtanou	תֵּרָאוּ tēra'ou	תַּרְאוּ tar'ou	תְּחַכּוּ tēhakou	תִּקְנוּ tiknou	(אַתֶּם/אַתֶּן)

הֵם/הֵן	יִקְנוּ	יְחַכּוּ	יַרְאוּ	יֵרָאוּ	יִשְׁתַּנּוּ
	yiknou	yēhakou	yar'ou	yēra'ou	yishtanou

Ex. :

נִתְרָאֶה מָחָר אַחֲרֵי שֶׁתִּקְנוּ אֶת הַמְּכוֹנִית הַחֲדָשָׁה.

nitra'ē mahar aharēy shē-tiknou ēt ha-mēkhonit ha-hadasha.

Nous nous verrons demain après que vous aurez acheté la nouvelle voiture.

אֲחַכֶּה לָכֶם עַל חוֹף הַיָּם אַחַר-הַצָּהֳרַיִים.

ahakē lakhēm al hof ha-yam ahar ha-tsohorayim.

Je vous attendrai sur la plage l'après-midi.

בְּיוֹם שְׁלִישִׁי הַבָּא הֵם יַרְאוּ לָכֶם אֶת הָעִיר.

bē-yom shlishi ha-ba hēm yar'ou lakhēm ēt ha-ir.

Mardi prochain ils vous montreront la ville.

מֵהַמִּצְפֶּה, הַנּוֹף יֵרָאֶה הַרְבֵּה יוֹתֵר בָּרוּר וְיָפֶה.

mē-ha-mitspē, ha-nof yēra'ē harbē yotēr barour vē-yafē.

Du promontoire ("point de vue"), la vue apparaîtra ("se verra") beaucoup plus claire et belle.

אֲנִי חוֹשֶׁבֶת שֶׁמֶּזֶג-הָאֲוִיר יִשְׁתַּנֶּה בְּמֶשֶׁךְ הַשָּׁנִים הַקְּרוֹבוֹת.

ani hoshēvēt shē-mēzēg ha-avir yishtanē bē-mēshekh ha-shanim ha-krovot.

Je pense que le climat subira un changement ("se transformera") durant les prochaines années.

● EXERCICES

1. COMPLÉTEZ AVEC LES MOTS DONNÉS EN VOUS APPUYANT SUR LE DIALOGUE

שְׂחוֹת, בְּרִיחַת בַּאצַא, לִבְנֹא, שׂוֹכֵּר, יִשְׂחַק, רַכְבָּלִים, נוֹפֵשׁ, לִרְכֹּב, טִעוּנוֹת.

א. גִּילִי הוּא .... כַּדוּרְגֶל.
ב. הוּא מַצֵּגִיעַ לְלֶכֶת לַחוֹל הַיָּם כְּדֵי ....
ג. הוּא הָיָה רוֹצֶה הַיּוֹם ב ....
ד. כְּדָאי לָנוּ בָּאמֶּבָּר .... רֵיסטוֹרֵיץ.
ה. סוֹכֵן הַנְּסִיעוֹת שֶׁל אַבָּא שָׁלַח לֵפָּנִי ....
ו. הֵיוּ חוּכְלֹ .... שָׁל שְׁזוֹפַנָּיִם.
ז. עַל הָחֵרמֵן סוֹכֵר ....
ח. סוֹכֵן הַנְּסִיעוֹת לְמַעַר הָחֵרמֵן ב ....

2. RÉPONDEZ AUX QUESTIONS POSÉES PUIS ÉCOUTEZ L'ENREGISTREMENT POUR VÉRIFIER VOS RÉPONSES.

🔊 22

א. מִי יַצֵּא בְּמִיוּחָד מֵחוּל גִּילִי? ....
ב. אֵיזֶה סוּג סְפֹּרט לֹא אוֹהֵב הָחֵבֶר? ....
ג. מָה הֵם יִרְצוּ לַעֲשׂוֹת אַל הָחוֹל הַיָּם? ....
ד. סוּגֵי הֵסוֹ סוֹכֵר לִפְנֵי הֶחוֹרָף? ....

3. ACCORDEZ LES VERBES ENTRE PARENTHÈSES AU FUTUR.

א. אֲנַחְנוּ .... לְהַקִּיף אֵת בָּמַּן. (לִנְסוֹת)
ב. קַל .... יוֹתֵר מֵעַצֵּי. (לְהִשְׁתַּעֲנוֹת – אֵת)
ג. הֵחֲבֵרִים .... עַל עוֹף הַנִּוּלֹ הַיָּפֶה. (לְהַרְוֹוֹת)
ד. הֵם .... בְּגָדִים יָפִים. (לִקְנוֹת)

VOCABULAIRE

sport	Sport	סְפּוֹרְט ז'
congé / vacances	nofēsh	נוֹפֶשׁ ז'
jouerai, jouer	aSahēk, lēSahek	אֲשַׂחֵק, לְשַׂחֵק
football	kadourēguēl	כַּדוּרֶגֶל ז'
entraîneur	mē'amēn	מְאַמֵּן ז'
entraîne, entraîner	mē'amēn, lē'amēn	מְאַמֵּן, לְאַמֵּן
hais/-t, haïr / détester	Sonē, liSno	שׂוֹנֵא, לִשְׂנוֹא
pendant	bē-mēshēkh	בְּמֶשֶׁךְ
sac à dos	tarmil-gav	תַּרְמִיל ז' גַּב ז'
géant/e	anak/anakit	עֲנָק / עֲנָקִית
piscine	brēkha	בְּרֵיכָה נ'
nage, nager	Sohē, liShot	שׂוֹחֶה, לִשְׂחוֹת
se détend / se détendre / se reposer	nofēsh, linposh	נוֹפֵשׁ, לִנְפּוֹשׁ
j'aurais voulu (m.)	hayiti rotsē	הָיִיתִי רוֹצֶה
désert	midbar	מִדְבָּר ז'
permet, permettre	mēafshēr, lēafshēr	מְאַפְשֵׁר, לְאַפְשֵׁר
animal/ aux	haya/hayot	חַיָּה נ' / חַיּוֹת נ' ר'
végétation	tsimhiya	צִמְחִיָּיה נ'
discute, discuter	mēSohēah, lēSohēah	מְשׂוֹחֵחַ, לְשׂוֹחֵחַ
escalade, escalader	mētapēS, lētapēS	מְטַפֵּס, לְטַפֵּס
caillou/x	ēvēn/avanim	אֶבֶן נ' / אֲבָנִים נ' ר'
chargé/-es	ta'oun/tē'ounot	טָעוּן / טְעוּנוֹת
lever de soleil	zriha	זְרִיחָה נ'
vélo	ofanayim	אוֹפַנַּיִים ז' ר'
neige	shēlēg	שֶׁלֶג ז'
fondre (fondu)	namēS	נָמֵס
skier, surfer	golēsh, liglosh	גּוֹלֵשׁ, לִגְלוֹשׁ
jamais (au passé)	mē-olam lo	מֵעוֹלָם לֹא...
pour (en faveur de) / pour nous	avour/avourēnou	עֲבוּר / עֲבוּרֵנוּ
téléférique/s, remontées mécaniques	rakevel/rakhbalim	רַכֶּבֶל ז' / רַכְבָּלִים

21.
VISITE AU MUSÉE

בִּיקוּר בַּמוּזֵיאוֹן

BIKOUR BA-MOUZĒ'ON

OBJECTIFS

- QUE PEUT-ON VOIR DANS LE MUSÉE D'ISRAËL
- EXPRIMER SES GOÛTS ARTISTIQUES OU ARCHITECTURAUX
- ADMIRER LE MUSÉE DU LIVRE ANCIEN

NOTIONS

- DÉCLINAISON DE *YĒSH* "IL Y A" ET *ĒYN* "IL N'Y A PAS"
- LES FORMES PASSIVES AU PRÉSENT ET LEURS VALEURS D'ADJECTIF.

AU MUSÉE D'ISRAËL

— Le musée d'Israël a l'air vraiment beau ! J'aimerais beaucoup le visiter en vrai. Pour le moment, je n'effectue que des visites virtuelles sur *(via)* mon ordinateur. De plus, il paraît qu'il y a en ce moment une excellente exposition temporaire.

— Je commencerai par la salle consacrée à l'histoire de l'Antiquité dans la région. Regarde !.., cette salle est superbe ! L'architecte a voulu qu'elle soit exclusivement éclairée par la lumière naturelle *(du jour)*.

— C'est très moderne et novateur, totalement à l'opposé des objets anciens qui y sont exposés. C'est vraiment très réussi ! J'aimerais beaucoup voir aussi le Palais *(sanctuaire)* du livre.

— Le style architectural de cette salle est très *(totalement)* différent. La salle est coiffée *(conçue)* d'une *(forme de)* coupole. Par ailleurs *(d'autre part)*, ici, les livres anciens [y] sont, protégés de *(face à)* la lumière du jour. La température et le *(au niveau d...)* taux d'humidité sont également régulés. Tout est prévu *(calculé)* pour leur préservation
(la préservation des livres anciens).

— C'est ingénieux ! J'ai lu que au Palais du livre il y a des rouleaux qui ont été trouvés à Qumrân. Ainsi, on peut trouver le livre d'Isaïe qui a été presque intégralement préservé.

בְּמוּזֵיאוֹן יִשְׂרָאֵל
bēmouzē'on iSra'ēl

– מוּזֵיאוֹן יִשְׂרָאֵל נִרְאֶה מַמָּשׁ יָפֶה. הָיִיתִי רוֹצָה לְבַקֵּר בּוֹ בֶּאֱמֶת. בֵּינְתַיִים, אֲנִי עוֹרֶכֶת רַק בִּקּוּרִים וִירְטוּאָלִיִּים, דֶּרֶךְ הַמַּחְשֵׁב. בְּנוֹסָף לְכָךְ, נִרְאֶה שֶׁיֵּשׁ כַּרְגַּע תַּעֲרוּכָה זְמַנִּית מְצוּיֶּנֶת.
— mouzē'on iSra'ēl nir'ē mamash yafē. hayiti rotsa lēvakēr bo bē-ēmēt. bēntayim ani orēkhēt rak bikourim virtoualiyim dērēkh ha-mahshēv. bē-noSaf lē-khakh, nir'ē shē-yēsh karēga ta'aroukha zmanit mētsouyēnēt.

– אֲנִי אַתְחִיל בָּאוּלָם הַמּוּקְדָּשׁ לַהִיסְטוֹרְיָה הָעַתִּיקָה בָּאֵזוֹר. תִּרְאִי... הָאוּלָם הַזֶּה מַדְהִים! הָאַדְרִיכָל רָצָה שֶׁהָאוּלָם יוּאַר אַךְ וְרַק עַל יְדֵי אוֹר יוֹם.
— ani athil ba-oulam ha-moukdash la-hiStoriya ha-atika ba-ēzor. tir'i... ha-oulam ha-zē madhim! ha-adrikhal ratsa shē-ha-oulam you'ar akh vē-rak al-yēdēy or yom.

– זֶה מְאוֹד מוֹדֶרְנִי וְחַדְשָׁנִי, הוּא בְּנִיגוּד מוּחְלָט לַחֲפָצִים הָעַתִּיקִים הַמּוּצָגִים בּוֹ. בֶּאֱמֶת מוּצְלָח! אֶרְצֶה מְאוֹד לִרְאוֹת גַּם אֶת הֵיכַל-הַסֵּפֶר.
– zē mē'od modērni vē-hadshani, hou bē-nigoud mouhlat la-hafatsim ha-atikim ha-moutsaguim bo. bē-ēmēt moutslah ! ērtsē mē'od lir'ot gam ēt hēkhal ha-Sēfēr.

– סִגְנוֹן הָאַדְרִיכָלוּת שֶׁל הָאוּלָם הַזֶּה שׁוֹנֶה לְגַמְרֵי. הָאוּלָם מְעוּצָּב בְּצוּרַת כִּיפָּה. כָּאן, לְעוּמַּת זֹאת, הַסְּפָרִים הָעַתִּיקִים מוּגָנִּים מִפְּנֵי אוֹר הַיּוֹם. הַטֶּמְפֶּרָטוּרָה וְרָמַת הַלַּחוּת גַּם הֵן מְווּסָּתוֹת וְהַכֹּל מְחוּשָּׁב לְמַעַן שִׁימּוּר הַסְּפָרִים הָעַתִּיקִים.
– Signon ha-adrikhalout shēl ha-oulam ha-zē shonē lēgamrēy. ha-oulam mē'outsav bē-tsourat kippa. kan, lē-oumat zot, ha-Sfarim ha-atikim mouganim mipnēy or ha-yom. ha-tēmpēratoura vē-ramat ha-lahout gam hēn mēvouSatot vē-ha-kol mēhoushav lē-ma'an shimour ha-Sfarim ha-atikim.

– זֶה גְּאוֹנִי! קָרָאתִי שֶׁבְּהֵיכַל הַסֵּפֶר יֶשְׁנָן מְגִילּוֹת שֶׁנִּמְצְאוּ בְּקוּמְרָאן. כְּמוֹ כֵן, אֶפְשָׁר לִמְצוֹא אֶת סֵפֶר יְשַׁעְיָהוּ שֶׁהִשְׁתַּמֵּר כִּמְעַט בִּשְׁלֵמוּתוֹ.
– zē guē'oni. karati shē-bē-hēkhal ha-Sēfēr yēshnan mēguilot shē-nimtsē'ou bē-koumran. kmo khēn, ēfshar limtso et Sēfēr yēshē'ayahou shē-hishtamēr kimat bi-shlēmouto.

■ COMPRENDRE LE DIALOGUE
QUELQUES FORMULES ET EXPRESSIONS

- → אַךְ וְרַק **akh vē-rak**, *uniquement*. Ex. : הָאוּלָם מוּאָר אַךְ וְרַק עַל יְדֵי אוֹר יוֹם **ha-oulam mou'ar akh vē-rak al yēdēy or yom**, *La salle est éclairée uniquement par la lumière du jour*.

- → בְּנִיגוּד לְ... **bē-nigoud lē…** *contrairement à*, לְעוּמַת זֹאת **lē'oumat zot**, *par contre / en revanche*. Nous avons déjà rencontré des expressions d'opposition (module 19), ces expressions s'ajoutent à notre champs lexical. Ex. :

  הָאוּלָם הַמּוֹדֶרְנִי הַזֶּה הוּא בְּנִיגוּד מוּחְלָט לְאוּלָמוֹת הַתַּעֲרוּכָה הַיְשָׁנִים יוֹתֵר.
  ha-oulam ha-modērni ha-zē, hou bē-nigoud mouhlat lē-oulamot ha-ta'aroukha ha-yēshanim yotēr. *Cette salle moderne est totalement à l'opposé des salles d'exposition les plus anciennes.*

  בָּאוּלָם הַזֶּה, לְעוּמַת זֹאת, מוּצָגוֹת תְּמוּנוֹת מוֹדֶרְנִיּוֹת.
  ba'oulam ha-zē, lē'oumat zot, moutsagot tmounot modērniyot. *Dans cette salle, en revanche, sont exposées des tableaux modernes.*

NOTE CULTURELLE

Le Musée d'Israël, à Jérusalem est la plus grande institution culturelle du pays. Un musée d'art et d'archéologie, fondé en 1965, qui abrite des collections datant de la préhistoire jusqu'à l'époque moderne, illustrant les beaux-arts, la culture et l'art juif. *Le Sanctuaire du livre*, הֵיכַל-הַסֵּפֶר **hēkhal ha-Sēfēr**, conçu par les architectes Armand Baros et Frederick Kiesler, abrite les manuscrits de la mer Morte, les plus anciens manuscrits bibliques au monde, ainsi que des manuscrits bibliques rares datant du haut Moyen Âge. Les manuscrits de la Mer Morte, appelés *manuscrits de Qumrân*, מְגִלּוֹת קוּמְרָאן **mēguilot koumran**, sont un ensemble de parchemins et de fragments de papyrus principalement en hébreu, mais aussi en araméen et en grec, mis au jour principalement entre 1947 et 1956 à proximité du site de Qumrân, en Palestine mandataire (1947-1948). La découverte de ces quelque 970 manuscrits dont il ne reste parfois que d'infimes fragments, copiés entre le IIIe siècle av. J.-C. et le Ier siècle apr. J.-C. a été faite dans douze grottes où ils avaient été entreposés. Parmi les documents découverts figurent de nombreux livres de la Bible hébraïque, et d'anciens exemplaires de textes hébreux connus jusqu'alors. Ces manuscrits présentent un intérêt considérable pour l'histoire de la Bible.

◆ GRAMMAIRE
DÉCLINAISON DE יֵשׁ YĒSH "IL Y A", אֵין ĒYN "IL N'Y A PAS"

– La déclinaison de יֵשׁ yēsh

Comme déjà mentionné au module 18, cette déclinaison n'existe que pour les pronoms personnels de la 3ᵉ personne (singulier et pluriel). On la traduit par *il existe* ou encore *il se trouve* mais attention, la forme déclinée s'accorde en genre et en nombre avec le nom qui la suit. Elle s'emploie uniquement au présent ; afin de l'exprimer au passé ou au futur on aura recours à l'usage du verbe לִהְיוֹת **lihyot** *être*. En voici sa déclinaison :

yēshnam *ils existent/se trouvent*	יֶשְׁנָם	**yēshno** *il existe/se trouve*	יֶשְׁנוֹ
yēshnan *elles existent/se trouvent*	יֶשְׁנָן	**yēshna** *elle existe/se trouve*	יֶשְׁנָה

Exemples :

בִּירוּשָׁלַיִם יֶשְׁנוֹ מוּזֵיאוֹן לְהִיסְטוֹרְיַת הָאִיסְלָם.
bi-yroushalaïm yēshno mouzē'on lē-hiStoryat ha-iSlam *À Jérusalem il y a / il existe un musée de l'histoire de l'islam ….*

יֶשְׁנָה סִיבָּה מוּבֶנֶת לַדָּבָר.
yēshna Siba mouvēnēt la-davar *Il existe une raison compréhensible ("bonne") à cela.*

יֶשְׁנָם אֲנָשִׁים שֶׁאוֹהֲבִים לְבַקֵּר בְּמוּזֵיאוֹנִים מְפוּרְסָמִים.
yēshnam anashim shē-ohavim lēvakēr bē-mouzēonim mēfoursamim. *Il y a* (litt. "on trouve") *des personnes qui aiment visiter les musées célèbres.*

יֶשְׁנָן בְּעָיוֹת שֶׁאִי-אֶפְשָׁר לִפְתּוֹר.
yēshnan bē'ayot shē-i ēfshar liftor , *Il y a ("existe") des problèmes qu'il n'est pas possible de résoudre.*

– La déclinaison de אֵין **ēyn** "il n'y a pas"

Cette déclinaison remplace la négation לֹא **lo** *non* dans un langage soutenu et uniquement au présent. Notez le sens : *je ne suis pas, tu n'es pas*, etc. Nous utilisons le pronom personnel devant cette déclinaison uniquement pour les 3ᵉˢ personnes.

249

ēynēnou (nous) ne sommes pas	אֵינֶנּוּ**	(אֲנַחְנוּ)	ēyni/ēynēni (je) ne suis pas	אֵינִי/אֵינֶנִּי*	(אֲנִי)
ēynkhēm (vous) n'êtes pas	אֵינְכֶם	(אַתֶּם)	ēynkha (tu) n'es pas	אֵינְךָ	(אַתָּה)
ēynkhēn (vous) n'êtes pas	אֵינְכֶן	(אַתֶּן)	ēynēkh (tu) n'es pas	אֵינֵךְ	(אַתְּ)
ēynam ils ne sont pas	אֵינָם	הֵם	ēyno/ēynēnou il n'est pas	אֵינֶנּוּ**/אֵינוֹ	הוּא
ēynan elles ne sont pas	אֵינָן	הֵן	ēyna/ēynēna elle n'est pas	אֵינָהּ/אֵינֶנָּה*	הִיא

* Notez qu'il existe 2 formes de déclinaisons pour certains pronoms personnels. Cependant, nous préférons la forme la plus courte.

** Comme pour la déclinaison de מִן **min** *de* (voir module 17), nous avons une forme déclinée identique pour la 3ᵉ personne du singulier masculin et la 1ᵉʳ personne du pluriel אֵינֶנּוּ **ēynēnou**. Exemples : אֵינִי/אֵינֶנִּי רוֹצֶה לָקוּם עַכְשָׁיו.
ēyni/ēynēni rotsē lakoum akhshav, *Je ne veux pas me lever maintenant.*

הֵם אֵינָם בָּאִים לַשִּׁיעוּר הַיּוֹם.
hēm ēynam ba'im la-shi'our ha-yom. *Ils ne viennent pas en cours aujourd'hui.*

▲ CONJUGAISON
LES FORMES PASSIVES

Nous avons rencontré dans les leçons précédentes deux groupes pouvant avoir des emplois passifs : le נִפְעַל **nif'al** et, plus rarement le הִתְפַּעֵל **hitpa'ēl**. Ces **binyanim** sont, à l'origine, des constructions "réfléchies" ayant éventuellement pris, au fur et à mesure de l'évolution de la langue, un sens passif. Le הִתְפַּעֵל **hitpa'ēl** peut être compris comme un passif du פִּיעֵל **pi'ēl**. Ex. : קִיבֵּל **kibēl,** *il a reçu* versus הִתְקַבֵּל **hitkabēl**, *il a été reçu*. Mais l'hébreu possède aussi des passifs dits "internes". Contrairement au נִפְעַל **nif'al** et au הִתְפַּעֵל **hitpa'ēl** ces structures de passifs internes sont des "vrais" passifs et n'ont aucune autre valeur sémantique. פּוּעַל **pou'al** est le **binyan** passif de פִּיעֵל **pi'ēl** et הוּפְעַל **houf'al** est le **binyan** passif de הִפְעִיל **hif'il**. Ils ne possèdent de formes ni à infinitif ni à l'impératif et n'existent que si la forme active correspondante existe aussi. Ces **binyanim** conservent les mêmes préfixes que les constructions actives auxquels ils correspondent. Tous les verbes à la forme passive se conjuguent au présent, au passé et au futur. En ce qui concerne notre progression nous n'indiquerons que la conjugaison au présent qui peut être employée comme un adjectif ou comme un nom (comme la plupart des formes verbales au présent). Dans le dialogue de ce module vous trouvez de nombreux exemples de cette forme. Le seul exemple qui est au futur se trouve dans la phrase :

הָאַדְרִיכָל רָצָה שֶׁהָאוּלָם יוּאַר אַךְ וְרַק עַל-יְדֵי אוֹר יוֹם.

ha-adrikhal ratsa shē-ha-oulam you'ar akh vē-rak al-yēdēy or yom. *L'architecte a voulu que la salle soit ("sera") éclairée par la lumière naturelle ("du jour").*

Les mots formés à partir de ces modèles passifs peuvent changer de nature selon leur emplacement dans la phrase et devenir des adjectifs ou même parfois des noms. Ainsi, dans la phrase : אֲנִי מוּזְמָן לַמְסִיבָּה **ani mouzman la-mSiba** *Je suis invité à la fête*, le mot en couleur est un verbe. Dans la phrase : הַמּוּזְמָנִים שָׁתוּ הַרְבֵּה יַיִן בַּמְסִיבָּה **ha-mouzmanim shatou harbē yayin ba-mēsiba** *Les invités ont bu beaucoup de vin à la fête*, le mot en couleur est un nom, et dans la phrase :

הַחֲבֵרִים הַמּוּזְמָנִים לַמְסִיבָּה קָנוּ לוֹ מַתָּנָה לְיוֹם הַהוּלֶדֶת. **ha-havērim ha-mouzmanim la-mēsiba kanou lo matana lē-yom ha-houlēdēt** *Les amis invités à la fête lui ont acheté un cadeau d'anniversaire,* le nom en couleur est un adjectif.

Il est parfois difficile de reconnaître la valeur passive lorsque l'on traduit de l'hébreu en français. En effet la traduction en français n'est pas toujours équivalente à un passif, et parfois on le traduit par un simple participe passé employé comme adjectif.

Enfin, pour pouvoir décrire une action faite par un intermédiaire, nous employons l'expression …עַל-יְדֵי **al-yēdēy**… *par* (litt. "par la main de…"). Cette expression est déclinée lorsqu'elle est suivie par un pronom personnel.

• binyan pou'al – la forme passive du binyan pi'ēl

La formation du **pou'al** se base sur le modèle מְסוּפָּם. Ex. : לְסַדֵּר **lēSadēr** *ranger / organiser* → מְסוּדָר **mēSoudar** *(je suis, tu es, il est) rangé/organisé.*

pou'al			pi'ēl	
masc./fém. pl.	fém. sing.	masc. sing.	présent (s. m.)	verbe à l'infinitif
מְסוּדָרִים/ות **mēSoudarim/-ot** (sommes/êtes/sont) rangé(e)s/organisé(e)s	מְסוּדֶּרֶת **mēSoudērēt** (suis/es/est) rangée/organisée	מְסוּדָר **mēSoudar** (suis/es/est) rangé/organisé	מְסַדֵּר **mēSadēr** range/s, organise/s	לְסַדֵּר (ס.ד.ר) **lēSadēr** ranger/organiser

מְבוּשָׁלִים/וֹת mēvoushalim/-ot *(sont) cuit(e)s*	מְבוּשֶׁלֶת mēvoushēlēt *(est) cuite*	מְבוּשָׁל mēvoushal *(est) cuit*	מְבַשֵּׁל mēvashēl *cuis/-ts*	לְבַשֵּׁל (ב.ש.ל) lēvashēl *cuisiner*
מְעוּצָבִים/וֹת mē'outsavim/-ot *(sont) stylisé(e)s, modelé(e)s/ conçu(e)s*	מְעוּצֶבֶת mē'outsēvēt *(est) stylisée/ modelée, conçue*	מְעוּצָב mē'outsav *(est) stylisé/ modelé, conçu*	מְעַצֵּב mē'atsēv *stylise/s, modèle/s, conçois/-t*	לְעַצֵּב (ע.צ.ב) lē'atsēv *styliser/ modeler/ concevoir*

Notez que la vocalisation qui précède la 2ᵉ lettre-racine est [ou] sauf lorsqu'il s'agit d'une consonne gutturale, dans ce cas la prononciation est [o]. Ex. : לְרַהֵט **lērahēt** *meubler* → מְרוֹהָט **mērohat** *(est) meublé*. Exemples :

הַיְלָדִים מְסַדְּרִים אֶת הַחֲדָרִים כָּל בּוֹקֶר. ← חַדְרֵי-הַיְלָדִים מְסוּדָּרִים.
ha-yēladim mēSadrim ēt ha-hadarim kol bokēr. → hadrēy ha-yēladim mēSoudarim.
Les enfants rangent leurs chambres chaque matin. → Les chambres des enfants sont rangées.

הַטַּבָּח בַּמִּסְעָדָה הַזֹּאת מְבַשֵּׁל אֶת הָאוֹכֶל בְּטַעַם. ← הָאוֹכֶל בַּמִּסְעָדָה הַזֹּאת מְבוּשָּׁל בְּטַעַם עַל יְדֵי הַטַּבָּח.
ha-tabah ba-miS'ada ha-zot mēvashēl ēt ha-okhēl bē-ta'am. → ha-okhēl ba-miS'ada ha-zot mēvoushal bē-ta'am al yēdēy ha-tabah. *Le cuisinier dans ce restaurant cuit la nourriture avec goût. → La nourriture dans ce restaurent est cuisinée avec goût par le cuisinier.*

הַיּוֹם מְעַצְּבִים אֶת הַיְצִירוֹת בְּסִגְנוֹן מוֹדֶרְנִי. ← הַיְצִירוֹת מְעוּצָּבוֹת בְּסִגְנוֹן מוֹדֶרְנִי.
ha-yom mē'atsvim ēt ha-yētsirot bē-Signon modērni. → ha-yētsirot mē'outsavot bē-Signon modērni. *De nos jours on conçoit les œuvres dans un style moderne. → Les œuvres sont conçues dans un style moderne.*

Voici quelques adjectifs qui sont formés à partir du modèle מְם וּםָם : מְדוּיָּיק **mēdouyak** *précis (du verbe* לְדַיֵּיק **lēdayek** *être précis / travailler avec précision) ;* מְווּסָּת **mēvouSat** *régulé (verbe :* לְווַסֵּת **lēvaSēt** *réguler) ;* מְחוּשָׁב **mēhoushav** *réfléchi (verbe :* לְחַשֵּׁב **lēhashēv** *calculer) ;* מְיוּחָד **mēyouhad** *unique / spécial (verbe :* לְיַיחֵד **lēyahēd** *assigner/ désigner comme unique) ;* מְצוּיָּין **mētsouyan** *excellent (verbe :* לְצַיֵּין **lētsayēn** *marquer / signaler) ;* מְפוּרְסָם **mēfoursam** *célèbre (verbe :* לְפַרְסֵם **lēfarSēm** *publier / rendre célèbre).*

• **binyan houf'al** – la forme passive du **binyan hif'il**

La formation du **houf'al** se base sur le modèle מוּסְםָם. Ex. : לְהַזְמִין **lēhazmin** *inviter ou commander / réserver* → מוּזְמָן **mou**zman (*suis, es, est*) *invité* mais aussi *(est) commandé / (est) réservé*.

houf'al			hif'il	
masc./fém. pl.	fém. sing.	masc. sing.	présent (s. m.)	verbe à l'infinitif
מוּזְמָנִים/וֹת **mouzmanim/-ot** (sommes/êtes/ sont) invité(e)s	מוּזְמֶנֶת **mouzmēnēt** (suis/es/est) invitée	מוּזְמָן **mouzman** (suis/es/est) invité	מַזְמִין **mazmin** *invite(s)*	לְהַזְמִין (ז.מ.ן) **lēhazmin** *inviter*
מוּסְבָּרִים/וֹת **mouSbarim/-ot** (sont) expliqué(e)s	מוּסְבֶּרֶת **mouSbērēt** (est) expliquée	מוּסְבָּר **mouSbar** (est) expliqué	מַסְבִּיר **maSbir** *explique(s)*	לְהַסְבִּיר (ס.ב.ר) **lēhaSbir** *expliquer*
מוּעֲדָפִים/וֹת * **mou'adafim/-ot** (sont) préféré(e)s	מוּעֲדֶפֶת * **mou'adēfēt** (est) préférée	מוּעֲדָף * **mou'adaf** (est) préféré	מַעֲדִיף **ma'adif** *préfère(s)*	לְהַעֲדִיף (ע.ד.ף) **lēha'adif** *préférer*

* Notez que la vocalisation qui précède la 1ᵉ lettre-racine lorsqu'il s'agit d'une consonne gutturale peut varier. En effet, nous trouvons également la vocalisation [o] : מוֹעֲדָף **mo'adaf**. Exemples : הֵם הִזְמִינוּ אוֹתִי לַמְסִיבָּה. ← אֲנִי מוּזְמָן לַמְסִיבָּה.
hēm hizminou oti la-mēSiba. → **ani mouzman la-mēSiba.**
Ils m'ont invité à la fête. → *Je suis invité à la fête.*

הַמּוֹרָה מַסְבִּירָה אֶת הַשִּׁעוּרִים לַתַּלְמִידִים. ← הַשִּׁעוּרִים מוּסְבָּרִים לַתַּלְמִידִים עַל יְדֵי הַמּוֹרָה.
ha-mora maSbira ēt ha-shi'ourim la-talmidim. → **ha-shi'ourim mouSbarim la-talmidim al yēdēy ha-mora.** *L'enseignante explique les leçons aux élèves.* → *Les leçons sont expliquées aux élèves par l'enseignante.*

הַתַּיָּירִים מַעֲדִיפִים לִרְאוֹת אֶת הַתַּעֲרוּכָה הַחֲדָשָׁה בַּמּוּזֵיאוֹן. ← זוֹ הַתַּעֲרוּכָה הַמּוּעֲדֶפֶת בַּמּוּזֵיאוֹן הַזֶה.
ha-tayarim ma'adifim lir'ot ēt ha-ta'aroukha ha-hadasha ba-mouzē'on. → **zo ha-ta'aroukha ha-mou'adēfēt ba-mouzē'on ha-zē.** *Ils préfèrent voir la nouvelle exposition au musée.* → *C'est l'exposition préférée dans ce musée*

Voici quelques adjectifs qui sont formés à partir du modèle מוּסְםָם : Ex. : מוּחְלָט **mou<u>h</u>lat** *absolu (verbe :* לְהַחְלִיט **leha<u>h</u>lit** *décider) ;* מוּקְדָּשׁ **moukdash** *consacré (verbe :* לְהַקְדִּישׁ **lēhakdish** *consacrer),* מוּצְלָח **moutsla<u>h</u>** *réussi/doué (verbe :* לְהַצְלִיחַ **lēhatsli'a<u>h</u>** *réussir) ;* מוּגָן **mougan** *protégé (verbe :* לְהָגֵן **lēhagēn** *marquer/ signaler) ;* מוּאָר **mou'ar** *éclairé (verbe :* לְהָאִיר **lēha'ir** *éclairer) ;* מוּצָג **moutsag** *présenté/exposé (verbe :* לְהַצִּיג **lēhatsig** *exposer) ;* מוּבָן **mouvan** *compréhensible (verbe :* לְהָבִין **lēhavin** *comprendre).*

• **binyan nif'al** – la forme passive du **binyan pa'al**

Nous avons déjà étudié le **binyan nif'al**, en effet, les verbes existants au **binyan pa'al** peuvent prendre, sous le **binyan nif'al**, une forme passive. Voici pour rappel quelques exemples de ces formes verbales :

nif'al		pa'al	
nikhtav *a été écrit*	נִכְתַּב	**katav** *a écrit*	כָּתַב
nikra *a été lu*	נִקְרָא	**kara** *a lu*	קָרָא
niSgar *s'est fermé*	נִסְגַּר	**Sagar** *a fermé*	סָגַר

Exemples :

הַסּוֹפֵר כָּתַב אֶת הַסֵּפֶר בִּזְמַן קָצָר מְאוֹד. ← הַסֵּפֶר נִכְתַּב בִּזְמַן קָצָר מְאוֹד עַל-יְדֵי הַסּוֹפֵר.
ha-Sofēr katav ēt ha-sēfēr bi-zman katsar mē'od. → **ha-Sēfēr nikhtav bi-zman katsar mē'od al-yēdēy ha-Sofēr.** *L'écrivain a écrit le livre dans un [laps de] temps très court.* → *Le livre a été écrit dans un [laps de] temps très court par l'écrivain.*

הַתַּלְמִידִים קָרְאוּ אֶת הַסְּפָרִים בְּעִנְיָן. ← הַסְּפָרִים נִקְרְאוּ בְּעִנְיָן עַל-יְדֵי הַתַּלְמִידִים.
ha-talmidim kar'ou ēt ha-Sfarim bē-inyan. → **ha-Sfarim nikrē'ou bē-inyan al-yēdēy ha-talmidim.** *Les élèves ont lu les livres avec intérêt.* → *Les livres ont été lus avec intérêt par les élèves.*

הָאִישָּׁה סָגְרָה אֶת הַדֶּלֶת בְּרַעַשׁ גָּדוֹל. ← הַדֶּלֶת נִסְגְּרָה בְּרַעַשׁ גָּדוֹל עַל-יְדֵי הָאִישָּׁה.
ha-isha Sagra ēt ha-dēlēt bē-ra'ash gadol. → **ha-dēlēt niSgēra bē-ra'ash gadol al-yēdēy ha-isha**. *La femme a fermé la porte avec grand bruit.* → *La porte s'est fermée avec grand bruit par la femme.*

● VOCABULAIRE

pour le moment	bēntayim	בֵּינְתַיִים
effectue (fait), effectuer, faire	orekh, la'arokh	עוֹרֵךְ, לַעֲרוֹךְ
virtuel/s	virtouali/virtoualiyim	וִירְטוּאָלִי / וִירְטוּאָלִיִּים
en ce moment	ka-rēga	כָּרֶגַע
exposition	ta'aroukha	תַּעֲרוּכָה נ'
temporaire	zmani/zmanit	זְמַנִּי / זְמַנִּית
salle/s	oulam/oulamot	אוּלָם ז' / אוּלָמוֹת ז' ר'
consacré/e	moukdash/moukdēshēt	מוּקְדָּשׁ / מוּקְדֶּשֶׁת
région/s	ēzor/azorim	אֵיזוֹר ז' / אֵזוֹרִים ז' ר'
surprenant/e / génial/e	madhim/madhima	מַדְהִים / מַדְהִימָה
architecte	adrikhal	אַדְרִיכָל ז'
(seras) éclairé, éclairer	you'ar, lēha'ir	יוּאָר, לְהָאִיר
uniquement / exclusivement	akh vē-rak	אַךְ וְרַק
innovant/e	hadshani/hadshanit	חַדְשָׁנִי / חַדְשָׁנִית
contrairement à...	bē-nigoud lē...	בְּנִיגוּד ל..
total/e	mouhlat/mouhlētēt	מוּחְלָט / מוּחְלֶטֶת
objet/s	hēfēts/hafatsim	חֵפֶץ ז' / חֲפָצִים ז' ר'
exposé/s	moutsag/moutsaguim	מוּצָג / מוּצָגִים
réussi/e	moutslah/moutslahat	מוּצְלָח / מוּצְלַחַת
style/s	signon/signonot	סִגְנוֹן ז' / סִגְנוֹנוֹת ז' ר'
architecture	adrikhalout	אַדְרִיכָלוּת נ'
totalement / absolument	lēgamrēy	לְגַמְרֵי
stylisé/e / conçu/e	mē'outsav/mē'outsēvēt	מְעוּצָב / מְעוּצֶבֶת
par contre / en revanche	lē'oumat zot	לְעוּמַת זֹאת
protégé/e	mougan/mouganim	מוּגָן / מוּגָנִים
face à	mipnēy	מִפְּנֵי
niveau (de...)	rama/ramat-(t)	רָמָה נ' / רָמַת-
humidité	lahout	לַחוּת נ'
régulé/e	mēvouSat/mēvouSētēt	מְווּסָּת / מְווּסֶּתֶת
pour	lēma'an	לְמַעַן
calculé/e	mēhoushav/mēhoushēvēt	מְחוּשָּׁב / מְחוּשֶּׁבֶת
conservation	shimour	שִׁמּוּר ז'
génial/e / ingénieux(se)	guē'oni/guē'onit	גְּאוֹנִי / גְּאוֹנִית
(se) conserve, conserver / préserver	mishtmēr, lēhishtamēr	מִשְׁתַּמֵּר, לְהִשְׁתַּמֵּר
entièrement (dans son intégralité)	bi-shlēmouto	בִּשְׁלֵמוּתוֹ

● EXERCICES

1. ÉCOUTEZ L'ENREGISTREMENT PUIS INDIQUEZ נָכוֹן (VRAI) SI CETTE INFORMATION EST JUSTE PAR RAPPORT AU DIALOGUE OU לֹא נָכוֹן (FAUX) SI ELLE EST FAUSSE.

לֹא נָכוֹן	נָכוֹן	
		א. בַּמּוּזֵאוֹן הֶחָדָשׁ יֵשׁ כָּרָגַע תַּעֲרוּכָה מְצֻיֶּנֶת.
		ב. הוּא רוֹצֶה לְהַתְחִיל בַּמּוּזֵאוֹן שֶׁבּוֹ אוֹצָרִים סְפָרִים יְשָׁנִים.
		ג. בַּמּוּזֵאוֹן הַזֶּה מְאוּרְגָּב בְּסִיּוּר יָפֶה.
		ד. בְּהֵיכַל הַסֵּפֶר אֵין אֲמָנוּת.
		ה. הַסְּפָרִים הָעַתִּיקִים נִמְצָאִים בַּמּוּזֵאוֹן הָאוֹצָר שֶׁל-יְדֵי אוֹר יוֹם.

2. REMPLACEZ LA FORME DU VERBE SOULIGNÉ PAR LA FORME PASSIVE.

Ex. : הֵם סוֹגְרִים אֶת הַבַּנְק בְּחָמֵשׁ. ← הַבַּנְק נִסְגָּר בְּחָמֵשׁ.

א. הִיא מְסַדֶּרֶת אֶת הַבְּגָדִים בָּאָרוֹן. ← עַכְשָׁו הַבְּגָדִים .... בָּאָרוֹן יָפֶה.

ב. הַחֲבֵרִים מַזְמִינִים אוֹתָנוּ לַמְסִבָּה. ← אֲנַחְנוּ .... לַמְסִבָּה.

ג. יוֹסִי אֶבָּל אֶחוּר אֶת הַתַּעֲרוּכָה בְּכָרָה מְצֻיֶּנֶת. ← הַתַּעֲרוּכָה .... בְּכָרָה מְצֻיֶּנֶת עַל יְדֵי יוֹסִי.

ד. בָּרִיק מָחָשׁ בָּשַׁעַ מוֹסֶסֶת אֶת רְאָת הַפְּלָחוֹת בָּאוֹזְבֵּיאוֹן. ← רְאָת הַפְּלָחוֹת בָּאוֹזְבֵּיאוֹן .... ו ....

ה. אֲנָגְלִי הַמֶּלֶךְ אֲחַד שְׁבָח מְפֻרְסָם וּבָא אוֹדוֹ אוֹצְרִים וּבְאוּתוֹ שֶׁל הַמֶּלֶךְ. ← הָאוֹצָר .... בָּאוּתוֹ וְגַם בֵּיתָר שֶׁל הַמֶּלֶךְ.

3. DÉCLINEZ YĒSH "IL Y A" OU ĒYN "IL N'Y A PAS" EN FONCTION DU SUJET, PUIS TRADUISEZ LES PHRASES.

א. (אֲנִי) לֹא .... (יֵשׁ/אֵין) אוֹתְךָ.

ב. הֵם לֹא .... (יֵשׁ/אֵין) בָּאִים כְּצַעַר.

ג. הוּא לֹא .... (יֵשׁ/אֵין) יוֹדֵעַ לִקְרוֹא וְלִכְתּוֹב בְּעִבְרִית.

ד. .... (שׁ) עֲנָשִׁים הָאַצָּבִים דִּירוֹת בְּסִיּוּנוֹן מְקוֹרִי.

ה. .... (שׁ) בְּצִיָּה עַל הַפְּלָחוֹת וְדִיּוֹר בַּמּוּזֵאוֹן הַזֶּה.

22.
LA PRESSE

הָעִיתוֹנוּת

HA-ITONOUT

OBJECTIFS

- CONNAÎTRE LA PRESSE ISRAÉLIENNE
- CONNAÎTRE LA DIFFÉRENCE ENTRE PRESSE ÉCRITE ET PRESSE "EN LIGNE"

NOTIONS

- LA DÉCLINAISON DE *BIL'ADÈY* "SANS"
- LES DIFFÉRENTES UTILISATIONS DU MOT *KOL* "TOUT"
- CONJUGAISON DE *HIF'IL* SOUS-GROUPES ע"י/ע"ו 2ᴱ LETTRE-RACINE *YOUD* OU *VAVET* פ"נ
- 1ᴿᴱ LETTRE-RACINE *NOUN*

ET LA PRESSE, ALORS ?

— Bonjour ! Avez-vous ces journaux : le Yediot Aharonot et le Maariv ? Ah, et il me faudrait aussi le Jérusalem Post, le Haaretz et l'hebdomadaire La-isha.

— Mais, madame, pourquoi lis-tu autant *(tellement)* de journaux du soir et des hebdomadaires ? Il ne te manque que *(seulement)* les mensuels ! De nos jours, on peut lire les actualités *(nouvelles)* sur Internet en un clic, et la mise à jour *(l'actualisation)* est immédiate.

— Je ne peux pas commencer la journée sans les journaux. J'y trouve plein de petites annonces !

— Tu achètes les journaux uniquement pour lire les petites annonces ? Je ne veux pas me mêler de ce qui ne me regarde pas, madame. Je pensais seulement qu'une femme aussi cultivée que toi lisait plutôt Demarker ou Globes…

— Des journaux économiques et d'affaires ? Oh non ! C'est *(d'ailleurs)* tellement ennuyeux ! En plus *(en dehors de ça)*, je ne comprends pas tous les termes. Je préfère lire ce type de journaux *(telle presse)* en hongrois. En Israël la presse locale en langues étrangères est très répandue !

וּמָה עִם הָעִיתּוֹנוּת?
ou-ma im ha-itonout?

– שָׁלוֹם, יֵשׁ לָכֶם אֶת הָעִיתּוֹנִים הָאֵלֶּה: יְדִיעוֹת אַחֲרוֹנוֹת, מַעֲרִיב? אה... אֲנִי צְרִיכָה גַם אֶת הַגֵ'רוּזָלֵם פּוֹסְט וְאֶת הָאָרֶץ...וְגַם אֶת שָׁבוּעוֹן לָאִישָּׁה.

— shalom, yēsh lakhēm ēt ha-itonim ha-ēlē : yēdi'ot aḥronot, ma'ariv? ah… ani tsrikha gam ēt ha-djērouzalēm post vē-ēt ha-arēts…vē-gam ēt shavou'on la-isha.

– אֲבָל גְּבִרְתִּי, לָמָה אַתְּ קוֹרֵאת כָּל-כָּךְ הַרְבֵּה עִיתּוֹנֵי-עֶרֶב וּשְׁבוּעוֹנִים? חֲסֵרִים לָךְ רַק יַרְחוֹנִים. כַּיּוֹם אֶפְשָׁר לִקְרוֹא חֲדָשׁוֹת בָּאִינְטֶרְנֵט בִּלְחִיצָה אַחַת וְהָעִידְכּוּן הוּא מְיָּדִי.

— aval gvirti, lama at korēt kol-kakh harbē itoney-ērēv ou-shvou'onim? haSērim lakh rak yarḥonim. ka-yom ēfshar likro ḥadashot ba-intērnēt bi-lḥitsa aḥat vē-ha-idkoun hou miyadi.

– אֵינֶנִּי יְכוֹלָה לְהַתְחִיל אֶת הַיּוֹם בְּלִי עִיתּוֹנִים. בָּעִיתּוֹנִים אֲנִי מוֹצֵאת מָלֵא מוֹדָעוֹת!

— ēynēni yēkhola lēhatḥil ēt ha-yom bli itonim. ba-itonim ani motsēt malē moda'ot!

– אַתְּ קוֹנָה עִיתּוֹנִים אַךְ וְרַק כְּדֵי לִקְרוֹא מוֹדָעוֹת? לֹא רוֹצֶה לְהִתְעָרֵב בְּמַה שֶׁאֵינוֹ נוֹגֵעַ לִי, גְּבִרְתִּי. חָשַׁבְתִּי שֶׁאִישָּׁה כָּל-כָּךְ מַשְׂכִּילָה כָּמוֹךְ תִּקְרָא עִיתּוֹנִים כְּמוֹ דְּמַרְקֶר אוֹ גְלוֹבְּס.

— at kona itonim akh vē-rak kdēy likro moda'ot? lo rotsē lēhit'arēv bē-ma shē-ēyno nogue'a li, gvirti. hashavti shē-isha kol-kakh maSkila kamokh tikra itonim kmo dēmarkēr o globS.

– עִיתּוֹנִים כַּלְכָּלִיִּים וְעִסְקִיִּים ? הוֹ, לֹא! זֶה הֲרֵי כָּל-כָּךְ מְשַׁעֲמֵם! וְחוּץ מִזֶּה, אֲנִי לֹא מְבִינָה אֶת כָּל הַמּוּנָחִים. אֲנִי מַעֲדִיפָה לִקְרוֹא עִיתּוֹנוּת כָּזֹאת בְּהוּנְגָּרִית . בְּיִשְׂרָאֵל עִיתּוֹנוּת מְקוֹמִית בִּשְׂפוֹת זָרוֹת נְפוֹצָה מְאוֹד!

— itonim kalkaliyim vē-iSkiyim? oh, lo! zē harēy kol kakh mēsha'amēm! vē-houts mi-zē, ani lo mēvina ēt kol ha-mounaḥim. ani ma'adifa likro itonout kazot bē-houngarit. bē-iSra'ēl itonout mēkomit bē-Safot zarot nēfotsa mē'od!

■ COMPRENDRE LE DIALOGUE
QUELQUES FORMULES ET EXPRESSIONS

→ עִיתּוֹן-עֶרֶב **iton-ērēv**, ce terme est apparenté au *journal du soir* ; il est appelé ainsi du fait de son impression le soir en vue de la diffusion le matin, tôt. Avec le développement d'internet et la diffusion des nouvelles par des moyens parallèles, ce terme n'a presque plus de raison d'être.

→ בְּלִי **bli**, *sans*, est une préposition qui est suivie d'un nom ou d'un verbe. Ex. :

אֵינֶנִּי יְכוֹלָה לְהַתְחִיל אֶת הַיּוֹם בְּלִי עִיתּוֹנִים.

ēynēni yēkhola lēhathil ēt ha-yom bli itonim. *Je ne peux pas commencer la journée sans journaux.*

אֵינֶנִּי יְכוֹלָה לְהַתְחִיל אֶת הַיּוֹם בְּלִי לִקְרוֹא עִיתּוֹן.

ēynēni yēkhola lēhathil ēt ha-yom bli likro iton. *Je ne peux pas commencer la journée sans lire le journal* ("le matinal").

→ En revanche, lorsqu'un pronom personnel remplace le nom, nous obtenons une déclinaison pour exprimer *sans moi*, *sans toi*, etc. En effet, cette déclinaison se fait à partir du mot …בִּלְעֲדַי **bil'adey…** *sans…* Nous verrons la déclinaison complète dans la section grammaire.

→ …בְּ לְהִתְעָרֵב **lēhit'arēv bē-** signifier *se mêler de*, *interférer dans les affaires d'autrui*, et …ל נוֹגֵעַ **noguē'a lē-** *ce qui concerne l'autre*. Ex. :

אֲנִי לֹא רוֹצֶה לְהִתְעָרֵב בְּמָה שֶׁלֹּא נוֹגֵעַ לִי.

ani lo rotsē lēhit'arēv bē-ma shē-lo noguē'a li. *Je ne veux pas me mêler de ce qui ne me regarde pas.*

→ כָּזֶה **ka-zē**, *tel / ce type* (masc. sing.) litt. "comme celui-là", כָּזֹאת **ka-zot**, *telle / ce type* (fém. sing.) litt. "comme celle-là", כָּאֵלֶּה **ka-ēlē**, *tels/telles, ce type* (masc./fém. pl.) litt. "comme ceux-là / comme celles-là".

NOTE CULTURELLE

En Israël il existe une presse importante et variée qui s'est développée tout au long de la vie du jeune État. La presse, quelle soit un organe d'expression politique, ethnique ou confessionnelle, est écrite dans plusieurs langues et s'adresse à un public qui lui est fidèle. Nous pouvons mentionner quelques grands titres de la presse tels que des *quotidiens*, יוֹמוֹנִים **yomonim**, comme ceux qui traitent des actualités économiques et technologiques tels que גלוֹבְּס **globs** ou דְּמַרְקֶר **dēmarkēr**. On peut notamment trouver des quotidiens comme יְדִיעוֹת אַחֲרוֹנוֹת **yēdi'ot aharonot,** מַעֲרִיב **ma'ariv**, הָאָרֶץ **ha-arēts**, ainsi que le Jérusalem Post en anglais. Le quotidien gratuit le plus populaire est יִשְׂרָאֵל הַיּוֹם **iSraēl ha-yom**. Des quotidiens en langue arabe, russe et anglaise sont largement diffusés. Chaque quotidien a un site d'information gratuit ainsi que des sites payants sur Internet. Les magazines sous forme d'*hebdomadaire*, שָׁבוּעוֹן **shavou'on**, ou *mensuelle*, יַרְחוֹן **yar<u>h</u>on**, peuvent traiter des pans larges de la culture, la littérature l'art et l'histoire. Les magazines féminins et consacrés à la beauté, ou des journaux adressés à la communauté «gay» sont très en vogue. Chaque localité diffuse des informations locales via des *newsletters* מְקוֹמוֹן **mēkomon**. Les Israéliens sont également amateurs de presse écrite et, durant le week-end, ils collectionnent un large éventail de journaux pour se mettre à la lecture. On peut également trouver une presse locale écrite en langue étrangère et diffusée auprès du public des nouveaux arrivants, qui souvent, ne maîtrisent pas bien l'hébreu, ou encore, parce qu'ils restent attachés à leur pays et leur langue d'origine.

◆ GRAMMAIRE
DÉCLINAISON DE בְּלִי *BLI* "SANS", EXPRIMÉ PAR בִּלְעֲדֵי *BIL'ADĒY*.

• La préposition …בִּלְעֲדֵי **bil'adēy**…

Pour rappel : la préposition בְּלִי **bli** *sans* ne se décline pas.

sans nous	bil'adēnou	בִּלְעֲדֵינוּ	sans moi	bil'aday	בִּלְעָדַיי
sans vous (m.)	bil'adēkhēm	בִּלְעֲדֵיכֶם	sans toi (m.)	bil'adēkha	בִּלְעָדֶיךָ
sans vous (f. pl.)	bil'adēkhēn	בִּלְעֲדֵיכֶן	sans toi (f.)	bil'adayikh	בִּלְעָדַיִךְ
sans eux	bil'aēhēm	בִּלְעֲדֵיהֶם	sans lui (m.)	bil'adav	בִּלְעָדָיו
sans elles	bil'adēhēn	בִּלְעֲדֵיהֶן	sans elle (f.)	bil'adēha	בִּלְעָדֶיהָ

Ex. : הֵם הִתְחִילוּ אֶת הַטִּיּוּל בְּלִי הַמַּדְרִיךְ. ← הֵם הִתְחִילוּ אֶת הַטִּיּוּל בִּלְעָדָיו.
hēm hit<u>h</u>ilou ēt ha-tiyoul bli ha-madrikh. → hēm hit<u>h</u>ilou ēt ha-tiyoul bil'adav.
Ils ont commencé l'excursion sans le guide. → Ils ont commencé l'excursion sans lui.

הִיא הָלְכָה לַקּוֹלְנוֹעַ בְּלִי הַחֲבֵרִים שֶׁלָּהּ. ← הִיא הָלְכָה לַקּוֹלְנוֹעַ בִּלְעֲדֵיהֶם.
hi halkha la-kolno'a bli ha-<u>h</u>avērim shēla. → hi halkha la-kolno'a bil'adēhēm.
Elle est allée au cinéma sans ses amis. → Elle allée au cinéma sans eux.

LES DIFFÉRENTES UTILISATIONS DU MOT כֹּל *KOL* "TOUT"

Le mot כֹּל **kol** *tout* en hébreu est un nom. Il possède une forme plurielle כּוּלָם **koulam** *tous / tout le monde* Ex. : כּוּלָם לוֹמְדִים עִבְרִית **koulam lomdim ivrit** *Tout le monde* (litt. "tous") *apprend* (litt. "aprennent") *l'hébreu*. Il peut être défini : הַכֹּל **ha-kol** *(le) tout*. Ex. : הַכֹּל בְּסֵדֶר! **ha-kol bē-Sēdēr!** *Tout va bien !* (litt. "le tout est en ordre"). Lorsque ce nom est suivi par un autre nom dans un groupe nominal (voir l'état-construit, modules 6 et 7), nous l'écrivons sans la lettre ו sans changement de prononciation כָּל : kol.

Nous allons maintenant étudier les différentes combinaisons possibles et leur sens respectif à l'aide du tableau suivant :

chaque jour (litt. "tout jour")		יוֹם yom jour	nom non-défini au singulier		
toute la journée (litt. "tout le jour")	=	הַיוֹם ha-yom le jour	nom* défini au singulier	+	כָּל
tous (litt. "tout") les jours		הַיָמִים ha-yamim les jours	nom défini au pluriel		

* Attention : dans cette combinaison, il impossible d'associer un nom commun qui désigne un être vivant. Seuls les noms inanimés peuvent apparaître. Ex. : כָּל הַיַלְדָּה kol ha-yalda toute la fille (cette combinaison est fausse en hébreu).

הִיא קוֹרֵאת כָּל בּוֹקֶר אֶת כֹּל הַמּוֹדָעוֹת בָּעִיתּוֹן. הִיא קוֹרֵאת אוֹתָן בְּכָל הָעִיתּוֹן.
hi korēt kol bokēr ēt kol ha-moda'ot ba-iton. hi korēt otan bē-khol ha-iton. *Elle lit chaque matin toutes* (litt. "tout") *les annonces dans le journal. Elle les lit dans tout le journal.*

הִיא קָרְאָה עִיתּוֹנִים כָּל הַבּוֹקֶר.
hi kar'a itonim kol ha-bokēr. *Elle a lu des journaux toute* (litt. "tout") *la matinée.*

הִיא לֹא מְבִינָה אֶת כָּל הַמּוּנָחִים בָּעִיתּוֹן.
hi lo mēvina ēt kol ha-mounahim ba-iton. *Elle ne comprend pas tous* (litt. "tout") *les termes dans le journal.*

– La déclinaison de כּוֹל "tout"

Le nom כּוֹל possède aussi une déclinaison. Les formes déclinées se comportent alors comme des pronoms sujet ou complément. Voici sa déclinaison :

nous tous/toutes	koulanou	כּוּלָנוּ	moi tout entier/-ère	kouli	כּוּלִי
vous tous (m. pl.)	koulkhēm	כּוּלְכֶם	toi tout entier	koulkha	כּוּלְךָ
vous toutes (f. pl.)	koulkhēn	כּוּלְכֶן	toi tout entière	koulēkh	כּוּלֵךְ
eux tous	koulam	כּוּלָם	lui tout entier	koulo	כּוּלוֹ
elles toutes	koulan	כּוּלָן	elle tout entière	koula	כּוּלָהּ

Ex. :
– כּוּלְכֶם מוּזְמָנִים לַמְּסִיבָּה? – לֹא כּוּלָנוּ, רַק יוֹסִי וַאֲנִי.
– koulkhēm mouzmanim la-mSiba? – lo koulanou rak yoSi va-ani. *– Vous êtes tous invités à la fête ? – Nous ne [sommes pas] tous [invités], seulement Yossi et moi.*

הִיא אָכְלָה אֶת הָעוּגָה. הִיא אָכְלָה אֶת כּוּלָהּ.
hi akhla ēt ha-ouga. hi akhla ēt koula. *Elle a mangé le gâteau. Elle l'a mangé en entier* (litt. "elle a mangé [lui] tout entier").

▲ CONJUGAISON
BINYAN HIF'IL – SOUS GROUPE ע''ו / ע''י ET SOUS GROUPE פ''נ

Comme nous l'avons vu dans les modules précédents, le **binyan hif'il** se caractérise par le préfixe ~לְהַ à l'infinitif et ~מַ à la forme conjuguée du présent. Cependant, nous trouvons d'autres particularités qui sont liées aux lettres-racine et leur emplacement. Le cas de sous-groupe פ''י a été présenté au module 18. Nous allons à présent comparer deux sous-groupes supplémentaires dans lesquels une lettre-racine disparaît lors de la conjugaison. Cette disparition entraîne des petits changements dans la conjugaison par rapport au modèle de base. Dans le premier cas (sous-groupe ע''י/ע''ו), la 2ᵉ lettre racine **vav / youd**, disparaît et la vocalisation du préfixe se modifie de **[a]** à **[ē]** : au présent ~מֵ à la place de ~מַ et au passé ~הֵ à la place de ~הַ. Ex. : מֵבִין **mēvin**, *comprend(s)* (m. s.) ; הֵבִין **hēvin**, *a compris*. Dans le second (sous-groupe פ''נ), la 1ʳᵉ lettre-racine **noun** disparaît et la 2ᵉ lettre-racine sera dotée d'un point diacritique nommé **daguēsh** qui entraîne une prononciation explosive lorsqu'il se pose à l'intérieur des lettres כ, ב et פ. (Voir explications dans l'introduction de la méthode). Ex. : מַכִּיר **makir** *connais/-t* (m. sing.), הִכִּיר **hikir** *a connu*, יַכִּיר **yakir** *connaîtra*.

• Tableau comparatif de **binyan hif'il** ע''ו/ע''י et פ''נ aux 3 temps de conjugaison

		לְהָבִין (ב.נ.ן)		לְהַכִּיר (נ.כ.ר)		pronom personnel
		lēhavin		lēhakir		
		comprendre		*connaître*		
הֹוֶוה Présent	mēvin/mēvina	מֵבִין/מְבִינָה		makir/makira	מַכִּיר/מַכִּירָה	Singulier
	mēvinim/-ot	מְבִינִים/מְבִינוֹת		makirim/-ot	מַכִּירִים/מַכִּירוֹת	Pluriel
עָבַר Passé	hēvanti	הֵבַנְתִּי		hikarti	הִכַּרְתִּי	אֲנִי
	hēvanta	הֵבַנְתָּ		hikarta	הִכַּרְתָּ	(אַתָּה)
	hēvant	הֵבַנְתְּ		hikart	הִכַּרְתְּ	(אַתְּ)
	hēvin	הֵבִין		hikir	הִכִּיר	הוּא
	hēvina	הֵבִינָה		hikira	הִכִּירָה	הִיא
	hēvanou	הֵבַנּוּ		hikarnou	הִכַּרְנוּ	(אֲנַחְנוּ)
	hēvantēm/-tēn	הֵבַנְתֶּם/תֶּן		hikartēm/-tēn	הִכַּרְתֶּם/תֶּן	(אַתֶּם/ן)
	hēvinou	הֵבִינוּ		hikirou	הִכִּירוּ	הֵם/ן

	avin	אָבִין	akir	אַכִּיר	(אֲנִי)
עָתִיד Futur	tavin	תָּבִין	takir	תַּכִּיר	(אַתָּה) / הִיא
	yavin	יָבִין	yakir	יַכִּיר	הוּא
	navin	נָבִין	nakir	נַכִּיר	(אֲנַחְנוּ)
	tavini	תָּבִינִי	takiri	תַּכִּירִי	(אַתְּ)
	tavinou	תָּבִינוּ	takirou	תַּכִּירוּ	(אַתֶּם/ן)
	yavinou	יָבִינוּ	yakirou	יַכִּירוּ	הֵם/ן

Pour comparer avec le modèle régulier et le modèle de sous-groupe פ"נ – voir tableau au module 18.

Quelques autres verbes du sous-groupe ע"ו/י ayant la 2e lettre-racine **vav/youd** : lēhakhin, *préparer* (כ.ו.נ) ; lēhavi *apporter* (ב.ו.א) ; lēhaziz *faire bouger* (ז.ו.ז) ; lēharim *soulever* (ר.ו.מ) ; lēhakim *soulever, fonder, ériger* (ק.ו.מ) ; lēha'ir *réveiller* (ע.ו.ר) ; lēhari'ah *sentir (odeur)* (ר.י.ח).

Quelques autres verbes du sous-groupe פ"נ ayant la 1e lettre-racine **noun** : lēhatsig *présenter, exposer* (נ.צ.ג) ; lēhapil *faire tomber* (נ.פ.ל) ; lēhagui'a *arriver* (נ.ג.ע) ; lēhaSi'a *conduire quelqu'un, transporter* (נ.ס.ע) ; lēhatsil *sauver* (נ.צ.ל) ; lēhaguish *servir, présenter* (נ.ג.ש). Ex. :

הִיא לֹא הֵבִינָה לָמָה הִצִּיגוּ אֶת הַתְּמוּנוֹת הָאֵלֶּה בַּתַּעֲרוּכָה.

hi lo hēvina lama hitsigou ēt ha-tmounot ha-ēlē ba-ta'aroukha.
Elle n'a pas compris pourquoi on a exposé ces tableaux à l'exposition.

- תַּכִּיר בְּבַקָּשָׁה, זֹאת דֶּלְפִין, הַסְטוּדֶנְטִית הַחֲדָשָׁה מִבֶּלְגִּיָּה. – נָעִים מְאֹד! שְׁמִי יוֹסִי. מָתַי הִגַּעְתְּ לָאָרֶץ?

takir bē-vakasha, zot dēlphin, ha-stoudēntit ha-<u>h</u>adasha mi-bēlguiya. - na'im mē'od! shmi Yossi. matay higa't la-arēts? *Je te présente/Voici (litt. "[tu] feras connaissance") Delphine, la nouvelle étudiante [qui arrive] de Belgique. – Enchantée (litt. "très agréable"), mon nom est Yossi. Quand es-tu arrivée en Israël ("au pays") ?*

הֵם יָכִינוּ עוּגוֹת וְיַגִּישׁוּ אוֹתָן לָאוֹרְחִים.

hēm yakhinou ougot vē-yaguishou otan la-or<u>h</u>im. *Ils prépareront des gâteaux et les serviront aux invités.*

● VOCABULAIRE

presse	itonout	עִיתּוֹנוּת נ'
hebdomadaire	shavou'on/ shvou'onim	שָׁבוּעוֹן ז' / שְׁבוּעוֹנִים ז' ר'
madame (langage soutenu)	gvirti	גְּבִרְתִּי
manque/s	haSēr/haSērim	חָסֵר / חֲסֵרִים
mensuel/s	yarhon/yarhonim	יַרְחוֹן ז' / יַרְחוֹנִים ז' ר'
de nos jours	ka-yom	כַּיּוֹם
pression / click	lēhitsa	לְחִיצָה נ'
mise à jour	idkoun	עִידְכּוּן ז'
immédiat/e	miyadi/miyadit	מְיָידִי / מְיָידִית
plein/e	malē/mēlē'a	מָלֵא / מְלֵאָה
se mêler de...	lēhit'arēv bē...	לְהִתְעָרֵב בּ...
qui concerne...	noguē'a lē...	נוֹגֵעַ ל..
instruit/e	maSkil/maSkila	מַשְׂכִּיל / מַשְׂכִּילָה
économie	kalkala	כַּלְכָּלָה נ'
économique (adj.)	kalkali/kalkalit	כַּלְכָּלִי / כַּלְכָּלִית
(d')affaires (adj.)	iSki/iSkit/iSki'im	עִסְקִי / עִסְקִית / עִסְקִיִּים
d'ailleurs / après tout	harēy	הֲרֵי
tellement	kol-kakh	כָּל-כָּךְ
ennuyeux/-euse	mēsha'amēm/ mēsha'amēmēt	מְשַׁעֲמֵם / מְשַׁעֲמֶמֶת
en dehors de ça (à part ça)	houts mizē	חוּץ מִזֶּה
terme/s	mounah/mounahim	מוּנָּח ז' / מוּנָּחִים ז' ר'
tel/telle/tels/telles	ka-zē/ka-zot/ka-ēlē	כָּזֶה / כָּזֹאת / כָּאֵלֶּה
hongrois (langue)	houngarit	הוּנְגָּרִית
répandu/e	nafots/nēfotsa	נָפוֹץ / נְפוֹצָה

● EXERCICES

1. COMPLÉTEZ AVEC בְּלִי/בִּלְעֲדֵי *BLI/BIL'ADĒY* DÉCLINÉ OU NON EN VOUS AIDANT DE LA TRADUCTION.

a. יְלָדִים יְקָרִים שֶׁלָּנוּ, אֲנַחְנוּ מוּל מִגְדַּל אָיְיפֶל. כָּל כָּךְ יָפֶה פֹּה, רַק חֲבָל לָנוּ שֶׁאֲנַחְנוּ פֹּה ....

b. הֵם לֹא רָצוּ לָלֶכֶת אִתוֹ לַקוֹלְנוֹעַ, אָז הוּא הָלַךְ ....

c. חֲבָל שֶׁהִיא לֹא בָּאָה לַמְּסִיבָה. .... הַמְּסִיבָה לֹא תִּהְיֶה אוֹתוֹ דָּבָר.

Traduction : a. Nos chers enfants, nous sommes en face de la tour Eiffel. C'est tellement beau ici, c'est seulement dommage que nous soyons ici sans vous. b. Ils ne voulaient pas aller avec lui au cinéma, alors il y est allé sans eux. c. [C'est] dommage qu'elle ne soit pas venue à la fête. Sans elle la soirée ne serait pas la même ("chose").

2. COMPLÉTEZ LES PHRASES AVEC LE BON VERBE CONJUGUÉ DANS LE TEMPS QUI CONVIENT EN VOUS AIDANT DE LA TRADUCTION.

לְהָרִיחַ, לְהַגִּישׁ, לְהָבִיא, לְהָכִין, לְהָעִיר, לְהָצִיג

a. סְלִיחָה, אַתָּה יוֹדֵעַ מָתַי הוּא .... אֶת הָעִיתּוֹנִים?

b. הַפְּרָחִים מַמָּשׁ יָפִים וּטְרִיִּים, הַיַּלְדָּה .... אוֹתָם.

c. אֶתְמוֹל .... אֲרוּחַת פֵּירוֹת וִירָקוֹת וְ................ אוֹתָהּ לְאוֹרְחִים שֶׁלָּנוּ.

d. – אִימָא, ... אוֹתִי בַּבֹּקֶר מוּקְדָּם, אֲנִי צָרִיךְ בְּזַמַן לְשִׁיעוּר.

Traduction : a. Monsieur, savez-vous quand il apportera les journaux ? b. Les fleurs sont vraiment belles et fraîches, la fillette les sent. c. Hier nous avons préparé un repas de fruits et légumes et nous l'avons servi à nos invités. d. – Maman, réveille-moi tôt s'il-te-plaît, je dois arriver à l'heure au cours.

3. COMPLÉTEZ AVEC כָּל / כָּל הַ... EN VOUS AIDANT DE LA TRADUCTION.

a. .... שָׁבוּעַ יֵשׁ לוֹ שִׁיעוּר עִבְרִית.

b. הִיא מְאוֹד עֲסוּקָה. הִיא עוֹבֶדֶת .... יוֹם בְּלִי הַפְסָקָה.

c. אֲנִי אוֹהֶבֶת לְבַקֵּר בְּ .... תַּעֲרוּכוֹת שֶׁמַּצִּיגִים בְּמוּזֵיאוֹן לְהִיסְטוֹרְיָה יְהוּדִית.

d. .... מִשְׁפָּחָה שֶׁלִּי גָּרָה בְּיִשְׂרָאֵל.

e. .... אוֹטוֹבּוּס מַגִּיעַ לִרְחוֹב דִּיזֶנְגּוֹף?

Traduction : a. Chaque semaine il a un cours d'hébreu. b. Elle est très occupée. Elle travaille toute la journée sans pause. c. J'aime visiter toutes J'aime visiter toutes les expositions présentées («qu'on expose») au musée d'histoire juive.. d. Toute ma famille habite en Israël. e. Chaque bus arrive / Tous les bus arrivent à la rue Dizengoff ?

4. ÉCOUTEZ L'ENREGISTREMENT PUIS INDIQUEZ נָכוֹן (VRAI) SI CETTE INFORMATION EST JUSTE PAR RAPPORT AU DIALOGUE OU לֹא נָכוֹן (FAUX) SI ELLE EST FAUSSE.

24

לֹא נָכוֹן	נָכוֹן	
		a. הַגְּבֶרֶת רוֹצָה לִקְרוֹא רַק יוֹמוֹנִים.
		b. הִיא יְכוֹלָה לְהַתְחִיל אֶת הַיּוֹם בְּלִי עִיתּוֹן.
		c. הַיּוֹם אִי-אֶפְשָׁר לִקְרוֹא עִיתּוֹנִים בָּאִינְטֶרְנֶט.
		d. הִיא קוֹרֵאת עִיתּוֹנִים כִּי הִיא מְחַפֶּשֶׂת מוּצָאוֹת.
		e. הִיא מַצְלִיחָה לִקְרוֹא עִיתּוֹנִים בַּכְּבָלִים רַק בְּעִבְרִית.
		f. בְּיִשְׂרָאֵל יֶשְׁנָהּ עִיתּוֹנוּת מְקוֹמִית בְּשָׂפוֹת רַבּוֹת.

23.
AU THÉÂTRE

בְּתֵאַטרוֹן

BA-TĒ'ATRON

OBJECTIFS

- ALLER AU THÉÂTRE
- CONNAÎTRE DES NOMS DE THÉÂTRES ISRAÉLIENS
- CONNAÎTRE DES NOMS DE PIÈCES DE THÉÂTRE
- SAVOIR EXPRIMER SES OPINIONS AU SUJET D'UNE PIÈCE DE THÉÂTRE

NOTIONS

- LA FORMATION DES NOMS DE MÉTIERS
- LES NOMBRES ORDINAUX

QUELLE PIÈCE !

— Je vais au théâtre ce soir voir "Le Dibbouk" de Ansky. La pièce est en hébreu. Veux-tu m'accompagner ?

— J'adore *(je suis mort sur)* le théâtre ! Qui joue dans cette pièce ? Qui est le metteur en scène ?

— Les comédiens sont géniaux ! Ils sont célèbres *(connus)*, ils jouent au théâtre Ha-Bima. Le metteur en scène est un habitué *(un des metteurs en scène titulaires)* du théâtre "Guecher", un super théâtre monté *(fondé)* par des immigrants russes. J'ai des tickets pour la première, au 5e rang, au centre. Viens avec moi ! Même si tu ne comprends pas l'hébreu, tu connais l'histoire, tu pourras apprécier [la qualité du] jeu.

(Après la pièce)

— La pièce était géniale ! J'ai pris beaucoup de plaisir à observer la gestuelle des comédiens, les costumes et les éclairages *(l'éclairage)*. Et le décor était vraiment très original !

— Oui, tu as raison, les acteurs étaient excellents ! Et le metteur en scène a fait un énorme travail !

— Oh… tu pourrais être *(faire un)* critique de théâtre ! Dis, est-il possible d'aller dans *(derrière)* les coulisses pour discuter avec les acteurs ? Car je voudrais les complimenter *(leur donner des compliments)*, tout spécialement *(à)* l'actrice principale !

אֵיזוֹ הַצָּגָה!
ēyzo hatsaga!

– אֲנִי הוֹלֵךְ הָעֶרֶב לַתֵּאַטְרוֹן לִרְאוֹת אֶת «הַדִּיבּוּק» מֵאֵת אַנְסְקִי. הַהַצָּגָה הִיא בְּעִבְרִית. אַתְּ רוֹצָה לְהִתְלַוּוֹת אֵלַי?
— ani holēkh ha-ērēv la-tē'atron lir'ot ēt "ha-dibouk" mē'ēt anSky. ha-hatsaga hi bē-ivrit. at rotsa lēhitlavot ēlay?

– אֲנִי «מֵתָה» עַל תֵּאַטְרוֹן! מִי מְשַׂחֵק בַּהַצָּגָה? מִי הַבַּמַּאי?
— ani "mēta" al tē'atron! mi mēSahēk ba-hatsaga? mi ha-bamay?

– הַשַׂחְקָנִים נֶהֱדָרִים! הֵם מוּכָּרִים, הֵם מְשַׂחֲקִים בְּתֵאַטְרוֹן «הַבִּימָה». הַבַּמַּאי, אֶחָד מֵהַבַּמַּאִים הַקְּבוּעִים בְּתֵאַטְרוֹן «גֶּשֶׁר», תֵּאַטְרוֹן נֶהֱדָר שֶׁנּוֹסַד עַל יְדֵי עוֹלִים חֲדָשִׁים מֵרוּסְיָה. יֵשׁ לִי כַּרְטִיסִים לְהַצָּגַת-הַבְּכוֹרָה, בְּשׁוּרָה חֲמִישִׁית בָּאֶמְצַע. בּוֹאִי אִתִּי! גַּם אִם אַתְּ לֹא מְבִינָה עִבְרִית אַתְּ מַכִּירָה אֶת הַסִּיפּוּר, תּוּכְלִי לְהַעֲרִיךְ אֶת הַמִּשְׂחָק.
— ha-Sahkanim nēhēdarim! hēm moukarim, hēm mēSahakim bē-tē'atron "ha-bima". ha-bamay, ēhad mē-ha-bama'im ha-kvou'im bē-tē'atron "guēshēr", tē'atron nēhēdar shē-noSad al yēdēy olim hadashim mē-rouSya. yēsh li kartiSim lē-hatsagat ha-bēkhora, bē-shoura hamishit ba-ēmtsa. bo'i iti! gam im at lo mēvina ivrit at makira ēt ha-Sipour, toukhli lēha'arikh ēt ha-miShak.

(אַחֲרֵי הַהַצָּגָה)

(aharey ha-hatsaga)

– הַמַּחֲזֶה הָיָה נֶהֱדָר! נֶהֱנֵיתִי לִצְפּוֹת בִּתְנוּעוֹת הַשַׂחְקָנִים, בַּלְּבוּשׁ, בַּתְּאוּרָה. וְהַתַּפְאוּרָה הָיְתָה בֶּאֱמֶת מְקוֹרִית.
— ha-mahazē haya nēhēdar! nēhēnēti litspot bi-tnou'ot ha-Sahkanim, ba-lēvoush, ba-tē'oura. vē-ha-taf'oura hayta bē'emēt mēkorit.

– כֵּן אַתְּ צוֹדֶקֶת. הַשַׂחְקָנִים הָיוּ מְצוּיָּנִים! וְהַבַּמַּאי עָשָׂה עֲבוֹדַת עֲנָק.
— kēn, at tsodēkēt. ha-Sahkanim hayou mētsouyanim! vē-ha-bamay aSa avodat-anak!

– הוֹ...תּוּכַל לִהְיוֹת מְבַקֵּר תֵּאַטְרוֹן! תַּגִּיד, אֶפְשָׁר לָלֶכֶת אֶל מֵאֲחוֹרֵי הַקְּלָעִים לְשׂוֹחֵחַ עִם הַשַׂחְקָנִים? כִּי אֲנִי רוֹצָה לָתֵת לָהֶם מַחְמָאוֹת, בִּמְיוּחָד לַשַׂחְקָנִית הָרָאשִׁית.
— ho… toukhal lihyot mēvakēr tē'atron! taguid, ēfshar lalēkhēt ēl mē'ahorēy ha-kla'im lēSohē'ah im ha-Sahkanim? ki ani rotsa latēt lahēm mahma'ot, bi-myouhad la-Sahkanit ha-rashit.

■ COMPRENDRE LE DIALOGUE
QUELQUES FORMULES ET EXPRESSIONS

→ לָלֶכֶת לְהַצָּגָה אוֹ לְמַחֲזֶה **lalēkhēt lē-hatsaga o lē-mahazē** *aller [voir] une pièce de théâtre*. La notion de הַצָּגָה **hatsaga** exprime *la pièce/la représentation* elle-même jouée sur scène et מַחֲזֶה **mahazē** est plutôt *le scenario* ou la pièce écrite avant adaptation. Dans le langage courant on emploie l'une ou l'autre expression sans distinction. הַצָּגַת־בְּכוֹרָה **hatsagat bhēkhora**, *la première* (d'une représentation théâtrale).

→ מְבַקֵּר תֵּיאַטְרוֹן **mēvakēr thē'atron**, *un critique de théâtre*. En effet le verbe לְבַקֵּר **lēvakēr** que l'on connaît déjà avec le sens : *visiter/rendre visite*, a une signification supplémentaire qui est : *critiquer*.

→ L'expression לָתֵת מַחְמָאוֹת **latēt mahma'ot**, *faire des compliments*, litt. "donner des compliments" est employée fréquemment à la place du verbe לְהַחְמִיא **lehahmi** *complimenter*.

NOTE CULTURELLE

Le Dibbouk est un drame rédigé en yiddish par Shalom Anski et créé à Vilnius en 1917. Il constitue une pièce essentielle dans l'histoire du théâtre yiddish. Son auteur s'est basé sur des années de recherches dans les shtetls (les petits villages juifs) en Russie et en Ukraine où il s'est documenté sur les croyances et contes des Juifs hassidiques (Juifs ultra religieux et mystiques).

Le théâtre *Guesher* a été fondé en 1991 essentiellement par des immigrants russes, et est aujourd'hui considéré comme l'un des principaux théâtres faisant partie intégrante de la culture israélienne. *Guesher* est le 1er théâtre israélien à avoir joué sur la scène du festival d'Avignon en 1993. Il est l'un des rares théâtres bilingues dans le monde, où les acteurs jouent dans la même pièce à la fois en russe et en hébreu.

◆ GRAMMAIRE
LA FORMATION DES NOMS DE MÉTIERS

Afin de former les noms de métiers, nous allons faire appel à plusieurs *catégories* (**mishkalim**). Voici les principales :

• **Les noms construits à partir de la forme au présent d'un verbe exprimant une action du binyan pa'al / pi'ēl / hif'il**

L'hébreu peut utiliser les mêmes formes conjuguées du verbe au présent en tant que substantif ou adjectif. Ici, nous présentons quelques exemples de chaque **binyan** qui représentent les noms de métier présents dans cet ouvrage :

masc./fém./pl.	fém. sing.	masc. sing.	Infinitif	binyan
שׁוֹמְרִים/וֹת shomrim/-ot gardiens/-nes	שׁוֹמֶרֶת shomērēt gardienne	שׁוֹמֵר shomēr gardien	לִשְׁמוֹר lishmor garder	פָּעַל pa'al
מוֹכְרִים/וֹת mokhrim/-ot vendeurs/-euses	מוֹכֶרֶת mokhērēt vendeuse	מוֹכֵר mokhēr vendeur	לִמְכּוֹר limkor vendre	
מְנַהֲלִים/וֹת mēnahalim/-ot directeurs/-trices	מְנַהֶלֶת mēnahēlēt directrice	מְנַהֵל mēnahēl directeur	לְנַהֵל lēnahēl diriger	פִּיעֵל pi'el
מְתַכְנְתִים/וֹת mētakhnētim/-ot programmateurs/ trices-	מְתַכְנֶתֶת mētakhnētēt programma- trice	מְתַכְנֵת mētakhnēt programmateur	לְתַכְנֵת lētakhnēt programmer (informatique)	
מְאַמְּנִים/וֹת mē'amnim/-ot entraîneurs/ euses-	מְאַמֶּנֶת mē'amēnēt entraîneuse	מְאַמֵּן mē'amēn entraîneur	לְאַמֵּן lē'amēn entraîner	
מְעַצְּבִים/וֹת mē'atsvim/-ot stylistes	מְעַצֶּבֶת mē'atsēvēt styliste (f.)	מְעַצֵּב mē'atsēv un styliste (m.)	לְעַצֵּב lē'atsēv styliser	
מַדְרִיכִים/וֹת madrikhim/-ot guides	מַדְרִיכָה madrikha guide (f.)	מַדְרִיךְ madrikh guide (m.)	לְהַדְרִיךְ lēhadrikh guider	הִפְעִיל hif'il
מַזְכִּירִים/וֹת mazkirim/-ot secrétaires	מַזְכִּירָה mazkira secrétaire (f.)	מַזְכִּיר mazkir secrétaire (m.)	לְהַזְכִּיר lēhazkir rappeler	

- À partir du **mishkal** סַפָּם, au féminin סַפֶּסֶת / סַפָּסִית

masc. / fém. pl.	fém. sing. -ēt / -it	masc. sing.
נֶהָגִים/וֹת nēhaguim/-ot conducteurs/-trices	נַהֶגֶת nahēguēt conductrice	נַהָג nahag conducteur
דַּיָּילִים/וֹת dayalim/-ot hôtesses/stewards	דַּיֶּילֶת dayēlēt hôtesse de l'air	דַּיָּיל dayal steward

חַיָּילִים/־וֹת hayalim/-ot soldats/-es	חַיֶּלֶת hayēlēt soldate	חַיָּיל hayal soldat
טַבָּחִים/יוֹת tabahim/-iyot cuisiniers/-ères	טַבָּחִית tabahit cuisinière	טַבָּח tabah cuisinier

• À partir du **mishkal** סַמָאי, au féminin סַמָאִית

-t	fém. sing.	masc. sing.
בַּמָּאִים/יוֹת bama'im/-i'yot metteurs en scènes	בַּמָּאִית bama'it metteur en scène	בַּמַּאי bamay metteur en scène
מַחֲזָאִים/יוֹת mahaza'im/-i'yot scénaristes	מַחֲזָאִית mahaza'it scenariste	מַחֲזַאי mahazay scénariste
טֶכְנָאִים/יוֹת tēkhna'im/-i'yot techniciens/techniciennes	טֶכְנָאִית tēkhna'it technicienne	טֶכְנַאי tēkhnay technicien
עִיתּוֹנָאִים/יוֹת itona'im/-iyot journalistes	עִיתּוֹנָאִית itona'it journaliste	עִיתּוֹנַאי itonay journaliste

• À partir du **mishkal** סַמְסָן, au féminin סַמְסָנִית

masc./fém. pl.	fém. sing.	masc. sing.
שַׂחְקָנִים/יוֹת Sahkanim/-yot acteurs/-trices	שַׂחְקָנִית Sahkanit actrice	שַׂחְקָן Sahkan acteur
רַקְדָנִים/יוֹת rakdanim/-yot danseurs/-euses	רַקְדָנִית rakdanit danseuse	רַקְדָן rakdan danseur
כַּלְכְּלָנִים/יוֹת kalkēlanim/-yot économistes	כַּלְכְּלָנִית kalkēlanit économiste	כַּלְכְּלָן kalkēlan économiste
בַּזְבְּזָנִים/יוֹת bazbēzanim/-yot dépensiers/-ières	בַּזְבְּזָנִית bazbēzanit dépensière	בַּזְבְּזָן* bazbēzan dépensier

* Dans cet exemple, il ne s'agit pas d'un nom de métier. En effet, un certain nombre des mots formés à partir de ce modèle sont des substantifs ou des adjectifs qui décrivent des personnes ayant tel trait de caractère avec une connotation péjorative. Ex. : שַׁקְרָן **shakran** *menteur* ; עַצְלָן **atslan** *feignant*, רַכְלָן **rakhlan** *commère*, פַּחְדָן **pahdan** *peureux*, קַמְצָן **kamtsan** *avare*, etc.

• Autres noms de métiers courants

Quelques noms de métiers qui se trouvent dans le dialogue et qui ne font pas partie de ces catégories. Ex. : מֶלְצַר / מֶלְצָרִית **mēltsar/mēltsarit** *serveur/-euse* ; פָּקִיד / פְּקִידָה **pakid/pkida** *employé/e de bureau*.

LES NOMBRES ORDINAUX

Lorsque nous avons évoqué les jours de la semaine (module 8) nous avons vu qu'ils ne possédaient pas de nom propre, à l'exception du שַׁבָּת **shabat** *samedi*. Les jours de la semaine sont ainsi nommés à l'aide des nombres ordinaux. En effet les nombres ordinaux sont des adjectifs qui s'accordent en genre et en nombre. Nous pouvons, par exemple, employer les nombres ordinaux au pluriel. Ex. : !אֲנַחְנוּ רִאשׁוֹנִים בַּתּוֹר **anahnou rishonim ba-tor!** *Nous sommes [les] premiers dans la file [d'attente] !*).

Ils suivront les mêmes règles correspondant à l'emploi des adjectifs. À l'exception de *premier/première*, qui est construit à partir de la racine ר.א.שׁ qui signifie *tête* (רִאשׁוֹן **rishon** *premier* signifie donc "en tête"), tous les autres se basent sur le nombre cardinal (voir module 5) de la même valeur. Voici les nombres ordinaux de 1 à 10 au masculin et au féminin.

1er/re	rishon/a	רִאשׁוֹן / רִאשׁוֹנָה	6e	shishi/t	שִׁישִׁי / שִׁישִׁית
2e	shēni/shniya	שֵׁנִי / שְׁנִיָּיה	7e	shvi'i/t	שְׁבִיעִי / שְׁבִיעִית
3e	shlishi/t	שְׁלִישִׁי / שְׁלִישִׁית	8e	shmini/t	שְׁמִינִי / שְׁמִינִית
4e	rēvi'i/t	רְבִיעִי / רְבִיעִית	9e	tshi'i/t	תְּשִׁיעִי / תְּשִׁיעִית
5e	hamishi/t	חֲמִישִׁי / חֲמִישִׁית	10e	aSiri/t	עֲשִׂירִי / עֲשִׂירִית

Enfin, pour compléter la liste, rajoutons le contraire de *premier/-ère* : אַחֲרוֹן/אַחֲרוֹנָה **aharon / ahrona** *dernier / dernière*. Ex. : יֵשׁ לִי כַּרְטִיסִים בְּשׁוּרָה חֲמִישִׁית בָּאֶמְצַע **yēsh li kartisim bē-shoura hamishit ba-ēmtsa.** *J'ai des billets au 5e rang au milieu.*

גִּיּוֹם עוֹמֵד שֵׁנִי בַּתּוֹר וְדֶלְפִין שְׁלִישִׁית. **Guillaume omēd shēni ba-tor vē-dēlfin shlishit.** *Guillaume [est]* ("se tient debout") *deuxième dans la file et Delphine [est] troisième.*

הַדִּירָה שֶׁקָּנִינוּ בַּקּוֹמָה הָעֲשִׂירִית וְהָאַחֲרוֹנָה. **ha-dira shē-kaninou ba-koma ha-aSirit vē-ha-ahrona.** *L'appartement que nous avons acheté [est] au dixième et dernier étage.*

● EXERCICES

1. COMPLÉTEZ AVEC LES MOTS MANQUANTS

מַחֲמָאוֹת, צוֹחֲקִים חֲדָשִׁים, תְּמוּנָה, תִּסְפּוֹרֶת, הַצָּגָה, גִּיבּוֹר

א. הָעֶרֶב הֵם הוֹלְכִים לִרְאוֹת ....

ב. כּוֹת הַהַצָּגָה אוֹכֶרֶת וְשָׂפָה הוּא ....

ג. תִּיאַטְרוֹן שֶׁפֶּר נוֹסַף עַל יְדֵי ....

ד. מְבַקֵּר תִּיאַטְרוֹן יָכוֹל לְדַבֵּר עַל כְּ .... וְכְ .... שֵׁם כְּאַחֲכָה.

ה. מָה הֵם רוֹצִים לָתֵת לְשַׂחְקָנִית הָרָאשִׁית? ....

2. COMPLÉTEZ AVEC LE MOT QUI CONVIENT.

א. הוּא מוֹצִיא צִיצִים בַּהַצָּגוֹת תִּיאַטְרוֹן. הוּא .... (כַּרְכָן / שַׂחְקָן / קָאלָן)

ב. .... הַתִּיאַטְרוֹבוֹס נוֹסֵעַ יוֹתֵר מִיָּדִי מַהֵר. (פָּקִיד / נַגָּד / אוֹכַר)

ג. כּוֹת אֶל כְּזַם כְּבוֹ-שָׂפָם כֵּן אוֹמֶרֶת כּוֹת הַכָּאֶרֶת. כּוֹת אַתְּ .... (כַּלְכֳּנִית / בְּאֱמוּנִית / שְׁקָרָנִית)

ד. הַכַּדּוּרָכֵל הָאִמוּרָסָם יָצִיג אֶת הַקָּהָל בְּיִשְׂרָאֵל. (מַחֲכָוִי / אִסְאָן / טְכִנָּאִי)

ה. קָנִחְנוּ אֲחַסְּמִים .... לְגִירָה הַחֲצָצָה. (אַצָּבֶת / בַּיָּיל / אֶתְכֹּנֶת)

3. COMPLÉTEZ AVEC LES NOMBRES ORDINAUX

א. אַחֲרֵי כְּרַמְבּוֹר הַ .... (2) תִּפְנֶה יָמִינָה.

ב. הַחֲנוּת נִמְצֵאת אַחֲרֵי הַבּוּאָת, בָּרְחוֹב הַ .... (5) מִשְׂנָאל.

ג. אֲלַצוּתִי בָּצִיתוֹן הַרְבֵּה אוֹצָאוֹת, כַּלִּי כַּךְ בַּאוֹצָאָה הַ .... (8) אֲלַצוּתִי מִישָׂרָה מְצַיֶּנֶת.

ד. בַּצְנָה הַ .... (3) לְמִיאוּצִי הַתִּיאטוֹר הַ .... (1) הִכַּרְתִּי חֲבֵרִים חֲדָשִׁים.

ה. זֹאת בְּרִיכָה לְרֶדֶת מִכָּאוֹטוֹבוֹס בַּתַּחֲנָה הַ .... (4), אוֹ בַּאִיכְּרָקָה.

VOCABULAIRE

de (devant un nom d'auteur d'une œuvre)	mē'ēt	מֵאֵת
pièce/représentation de théâtre	hatsaga	הַצָּגָה נ׳
accompagne, accompagner quelqu'un (forme pronominale)	mitlavē, lēhitlavot	מִתְלַוֶּה, לְהִתְלַוּוֹת
joue(ent) / jouer	mēSahēk, mēSahakim, lēSahek	מְשַׂחֵק, מְשַׂחֲקִים, לְשַׂחֵק
metteur en scène	bamay	בַּמַּאי ז׳ / בַּמָּאִים ז״ר
acteur/actrice/acteurs	Shkan/Sahkanit/Shkanim	שַׂחְקָן / שַׂחְקָנִית / שַׂחְקָנִים
célèbre/s (connu/s)	moukar/moukarim	מוּכָּר / מוּכָּרִים
(le)titulaire(s) / régulier(s) / permanente(s)	kavou'a/kvou'im	קָבוּעַ / קְבוּעִים
(être) fondé	noSad, lēhivaSēd	נוֹסַד, לְהִיוָּסֵד
par	al-yēdēy	עַל-יְדֵי
une première (au théâtre)	hatsagat-bēkhora	הַצָּגַת-בְּכוֹרָה נ׳
rangé (en ligne)	shoura	שׁוּרָה נ׳
histoire / récit	Sipour	סִיפּוּר ז׳
apprécié, apprécier (évaluer)	ma'arikh, lēha'arikh	מַעֲרִיךְ, לְהַעֲרִיךְ
le jeu (théâtre et autre)	miShak	מִשְׂחָק ז׳
pièce (de théâtre)	mahazē/mahazot	מַחֲזֶה ז׳ / מַחֲזוֹת ז״ר
prend(s) plaisir, prendre plaisir	nēhēnē, lēhanot	נֶהֱנֶה, לֵהָנוֹת
observer, regarder	tsofē, litspot,	צוֹפֶה, לִצְפּוֹת
mouvement/s	tnou'a/tnou'ot	תְּנוּעָה נ׳ / תְּנוּעוֹת נ״ר
habit / vêtement	lēvoush	לְבוּשׁ ז׳
éclairage	tē'oura	תְּאוּרָה נ׳
décor	taf'ora	תַּפְאוֹרָה נ׳
original/e	mēkori/mēkorit	מְקוֹרִי / מְקוֹרִית
critique (personne)	mēvakēr	מְבַקֵּר ז׳
derrière	mē-ahorēy	מֵאֲחוֹרֵי
coulisses	kla'im	קְלָעִים ז״ר
discute, discuter	mēSohēah/lēSohēah	מְשׂוֹחֵחַ / לְשׂוֹחֵחַ
compliment/s	mahma'a/mahma'ot	מַחֲמָאָה נ׳ / מַחְמָאוֹת נ״ר
principal/e	rashi/rashit	רָאשִׁי / רָאשִׁית

24.
À L'AÉROPORT

בִּשְׂדֵה הַתְּעוּפָה

BI-SDÉ HA-TÉ'OUFA

OBJECTIFS

- SE DÉBROUILLER DANS UN AÉROPORT
- PASSER PAR DES CONTRÔLES DE SÉCURITÉ / PASSEPORT
- FAIRE SES ACHATS DANS LES MAGASINS LIBRES DE TAXES
- FORMULES DE SOUHAIT

NOTIONS

- LE NOM DE L'ACTION : *SHÉM HA-PÉ'OULA*

RETOUR À LA MAISON

— Mon dieu, ce hall d'aéroport est *(vraiment)* bondé *(explosé)* ! On ira *(allons)* d'abord au contrôle de sécurité, ça prend toujours beaucoup de temps. Et ensuite il faut encore passer le test PCR pour vérifier *(attester)* que je n'ai pas la Covid *(corona)*. Voyager *(les voyages)* est devenu *(sont devenus)* un véritable casse-tête !

— Bonjour monsieur, peut-on voir tes billets *(de vol)*? Tu as deux grandes valises et un sac à main. Il est possible *(il y une possibilité)* de prendre uniquement un seul sac à dos en cabine. Je suis désolée, mais tu as un excédent de bagages *(surpoids)*, tu devras payer 300 shekels de supplément. Ton vol décolle dans une heure. Voici ta carte d'embarquement *(dans l'avion)*, *(en)* porte 18. Tu dois d'abord passer le contrôle des passeports.

— Il faut que je me dépêche pour avoir le temps d'acheter quelques cadeaux dans les boutiques hors taxes, car mon vol *(le décollage)* a été avancé. Au revoir ! Tu me manques *(je me languis)* déjà ! Lorsque j'atterrirai, je t'appellerai. Passe le bonjour !

שָׁבִים הַבַּיְתָה
shavim ha-bayta

— אֱלוֹהִים אַדִּירִים! אוּלָם הַנּוֹסְעִים הַזֶּה מַמָּשׁ "מְפוּצָץ". נִיגַּשׁ קוֹדֶם לַבְּדִיקָה הַבִּטְחוֹנִית, זֶה תָּמִיד לוֹקֵחַ הֲמוֹן זְמַן. וְאַחַר-כָּךְ צָרִיךְ עוֹד לַעֲבוֹר אֶת בְּדִיקַת הַפִּיסִיאַר כְּדֵי לְוַודֵּא שֶׁאֵין לִי קוֹרוֹנָה. נְסִיעוֹת הָפְכוּ לְסִיפּוּר מִן הַהַפְטָרָה.

— ēlohim adirim! oulam ha-noS'im ha-zē mamash "mēfoutsats". nigash kodēm la-bdika ha-bi<u>t</u>honit, zē tamid loké'a<u>h</u> hamon zman. vē-a<u>h</u>ar kakh tsarikh od la'avor ēt bdikat ha-piSi'ar kdēy lēvadē shē-ēyn li korona. nēSi'ot hafkhou lē-Sipour min ha-haftara.

— שָׁלוֹם אֲדוֹנִי, אֶפְשָׁר לִרְאוֹת אֶת כַּרְטִיסֵי הַטִּיסָה שֶׁלְּךָ? יֵשׁ לְךָ שְׁתֵּי מִזְוָודוֹת גְּדוֹלוֹת וְתִיק יָד אֶחָד. יֶשְׁנָהּ אֶפְשָׁרוּת לָקַחַת רַק תִּיק-גַּב אֶחָד בַּתָּא. אֲנִי מִצְטַעֶרֶת, אַךְ יֵשׁ לְךָ עוֹדֵף-מִשְׁקָל, תִּצְטָרֵךְ לְשַׁלֵּם שְׁלוֹשׁ-מֵאוֹת שֶׁקֶל נוֹסָפִים. הַטִּיסָה שֶׁלְּךָ מַמְרִיאָה בְּעוֹד שָׁעָה. הִנֵּה כַּרְטִיס הָעֲלִיָּה לַמָּטוֹס, בְּשַׁעַר שְׁמוֹנֶה עֶשְׂרֵה. אַתָּה צָרִיךְ לַעֲבוֹר קוֹדֶם בְּבִיקֹרֶת הַדַּרְכּוֹנִים.

— shalom adoni, ēfshar lir'ot ēt kartiSey ha-tiSa shēlkha? yēsh lēkha shtēy mizvadot gdolot vē-tik yad ē<u>h</u>ad. yēshna ēfsharout laka<u>h</u>at rak tik-gav ē<u>h</u>ad ba-ta. ani mitsta'ēret, akh yēsh lēkha odēf-mishkal. titstarēkh lēshalēm shlosh-mē'ol shēkēl noSafim. ha-tiSa shēlkha mamri'a bē-od sha'a. hinē kartiS ha-aliya la-matoS, bē-sha'ar shmonē-ēSrē. ata tsarikh la'avor kodēm bē-vikorēt ha-darkonim.

— אֲנִי צָרִיךְ לְהִזְדָּרֵז כְּדֵי שֶׁיִּהְיֶה לִי זְמַן לִקְנוֹת כַּמָּה מַתָּנוֹת בַּחֲנוּיּוֹת הַפְּטוּרוֹת מִמֶּכֶס כִּי הַהַמְרָאָה הוּקְדְּמָה. לְהִת'! אֲנִי כְּבָר מִתְגַּעְגֵּעַ. כְּשֶׁאֶנְחַת אֶתְקַשֵּׁר. תִּימְסְרִי ד"ש!

— ani tsarikh lēhizdarēz kēdēy shē-yihyē li zman liknot kama matanot ba-<u>h</u>anouyot ha-ptourot mi-mēkhēS ki ha-hamra'a houkdēma. lēhit! ani kvar mitga'guē'a. kshē-ēn<u>h</u>at ētkashēr. timSēri dash.

COMPRENDRE LE DIALOGUE
QUELQUES FORMULES ET EXPRESSIONS

→ שְׂדֵה תְּעוּפָה **Sdē tē'oufa** *aéroport, aérodrome*, litt.: "champs d'aviation" appelé *aussi* נְמַל תְּעוּפָה **nēmal tē'oufa,** litt.: "port d'aviation" lorsqu'il s'agit d'un aéroport international.

→ אֱלוֹהִים אַדִּירִים **ēlohim adirim,** *mon dieu* : cri d'exclamation devant des situations improbables dont la traduction littérale est : "dieu est grand".

→ הַבְּדִיקָה הַבִּיטְחוֹנִית **ha-bdika ha-bithonit,** le *contrôle de sécurité*, appelé aussi בִּידוּק בִּיטְחוֹנִי **bidouk bithoni**. Mode de contrôle très rigoureux sans lequel il n'est pas possible d'accéder au בִּיקוֹרֶת דַּרְכּוֹנִים **bikorēt darkonim** *contrôle de passe-ports*. Ce contrôle de sécurité comprend un interrogatoire réalisé par בּוֹדֵק בִּיטְחוֹנִי **bodēk bithoni** *agent de sécurité.* Il s'est développé à la suite des attentats perpétués au fil des ans.

→ סִיפּוּר מִן הַהַפְטָרָה **Sipour min ha-haftara,** *un véritable casse-tête.* C'est une expression qui décrit une situation très complexe empruntée au rite dans les synagogues, dans lequel un péricope est lu, accompagné d'une lecture de livre des prophètes, nommé **haftara** et connu pour être difficile à la lecture.

→ תִּמְסְרִי דַּ"ש **timSēri dash,** *passe/transmets* (fém. sing.) *le bonjour*. דַּ"ש **dash** est une abréviation du mot דְּרִישַׁת שָׁלוֹם **drishat shalom**. *salutation* Litt. : "demande de bonjour". Ex. : תִּמְסְרוּ דַּ"ש לַמִּשְׁפָּחָה ! **timSērou dash la-mishpaha !** *Transmettez le bonjour à la famille !*

→ Noter לְהִת **lēhit** *Salut !* contraction de לְהִתְרָאוֹת **lēhitra'ot** *au revoir / à plus tard*, pour prendre congé de manière décontractée.

QUELQUES FORMULES DE SOUHAITS

→ Voici quelques autres expressions qui pourront vous être utiles dans ce domaine :

→ מַזָּל טוֹב **mazal tov**, *félicitations*, litt. : "chance bonne", se dit lors des événements festifs comme le mariage ou la naissance.

→ יוֹם הוּלֶדֶת שָׂמֵחַ **yom houlēdēt Samē'ah,** *joyeux anniversaire*, litt. "jour de naissance joyeux".

→ בְּהַצְלָחָה **bē-hatslaha,** litt. : "en réussite", on le souhaite par exemple lors de passages d'examens ou lors d'un entretien d'embauche.

→ נְסִיעָה טוֹבָה **nēSi'a tova,** *bon voyage*, s'emploie lors d'un départ.

→ בְּשָׁעָה טוֹבָה **bē-sha'a tova** *à la bonne heure* : lorsqu'un heureux événement se produit enfin.

- תִּתְחַדֵּשׁ/תִּתְחַדְּשִׁי/תִּתְחַדְּשׁוּ **tithadēsh/tithadshi/tithadshou** est une forme verbale construite à partir de la racine ח.ד.ש (*neuf*) qu'on adresse aux personnes qui viennent d'avoir quelque chose de nouveau ou qui étrennent une nouveauté. Litt. : "étrenne-toi", "étrennez-vous".
- הַחְלָמָה מְהִירָה **hahlama mēhira** *prompt rétablissement*, souhaité à un malade convalescent.
- חַג שָׂמֵחַ **hag samē'ah** *joyeuse fête*, à l'occasion des fêtes, spécialement les fêtes religieuses.
- שָׁנָה טוֹבָה **shana tova**, *bonne année*, on le souhaite lors du nouvel an juif, la fête de רֹאשׁ הַשָּׁנָה **rosh ha-shana**, litt. : "la tête de l'année".
- שַׁבָּת שָׁלוֹם **shabat shalom,** se souhaite le vendredi soir, à l'arrivé du shabbat, jour de repos dans la tradition juive.

NOTE CULTURELLE

L'aéroport international Ben-Gourion (en hébreu נְמַל הַתְּעוּפָה בֶּן-גוּרְיוֹן, **nēmal ha-tē'oufah bēn gouriyon**) est situé à 15 km au sud-est de Tel Aviv. Surnommé **natbag** (נַתְבָּ"ג) par les Israéliens, en raison de ses initiales en hébreu, c'est le plus grand aéroport international d'Israël. En 2017, c'est près de 21 millions de passagers internationaux qui y ont transité. L'aéroport Ben-Gourion est réputé pour être un des aéroports les plus sécurisés au monde. Il est bon de savoir qu'il existe en Israël une taxation importante sur les produits importés, c'est pour cette raison que les Israéliens raffolent de l'idée de partir à l'étranger d'une part, et de faire des achats sans taxes d'autre part. Le terme "Duty Free", venant de l'anglais, se traduit en hébreu par חֲנוּיוֹת פְּטוּרוֹת מִמֶּכֶס **hanouyot ptourot mi-mēkhēS** et décrit cette réalité.

◆ GRAMMAIRE
LE NOM D'ACTION שֵׁם הַפְּעוּלָה *SHĒM HA-PĒ'OULA*

En hébreu pour chaque verbe d'action il existe un substantif qui décrit cette action. En effet, ces substantifs sont dérivés directement des verbes selon le groupe verbal auquel ils appartiennent. Chaque groupe verbal actif suit une formation qui lui est propre. Voici les cinq formes des structurations selon les groupes verbaux :

– **pa'al** : סְמִיסָה

Pour le groupe **pa'al**, on insère la lettre י **youd** après la 2ᵉ lettre-racine et on termine par la lettre ה~. Le substantif ainsi formé est du genre féminin. Ex. : pour le verbe לִקְרוֹא, קָרָא *lire* → קְרִיאָה **kri'a** *lecture* ; לִבְדּוֹק, בָּדַק **livdok** *vérifier* → בְּדִיקָה **bdika** *vérification* ; לִנְחוֹת, נָחַת **linhot** *atterrir* → נְחִיתָה **nēhita** *atterrissage*.

– **pi'ēl** : סִיסוּם

Pour le groupe **piēl**, on insère la lettre י après la 1ʳᵉ lettre-racine et la lettre ו vocalisée [**ou**] après la 2ᵉ lettre-racine. Le substantif ainsi formé est du genre masculin. Ex. : לְבַקֵּר **lēvakēr** *visiter / rendre visite* → בִּיקוּר **bikour** *l'action de visiter ou de rendre visite / la visite*

– **hif'il** הַסְסָסָה :

Pour le groupe **hif'il**, on garde le préfixe ~הַ, et on termine par la lettre ה~ après les trois lettres-racine. Le substantif ainsi formé est du genre féminin. Ex. : לְהַזְמִין **lēhazmin** *inviter / commander / réserver* → הַזְמָנָה **hazmana** *l'action d'inviter ou de commander ou de réserver / invitation, commande, réservation*. לְהַמְרִיא **lēhamri** *décoller* → הַמְרָאָה **hamra'a** *décollage*

– **hitpa'ēl** : הִתְסַסְסוּת

Pour le groupe **hitpa'ēl**, on conserve le préfixe הִתְ~ et on ajoute le suffixe ~וּת. Le substantif ainsi formé est du genre féminin. Ex. : לְהִתְקַדֵּם **lēhitkadēm** *a progressé* → הִתְקַדְּמוּת **hitkadmout** *le fait de progresser / progression*

– **nifa'al** הִיסָּסְסוּת :

Pour le groupe **nifa'al**, on conserve le préfixe ~הִי **hi** et on ajoute le suffixe ~וּת. Le substantif ainsi formé est du genre féminin. Ex. : לְהִמָּצֵא **nimtsa** *s'est trouvé* → הִימָּצְאוּת **himatsout** *le fait d'être présent sur un lieu*

Selon leur appartenance aux diverses catégories, des changements dans la vocalisation ou dans certaines consonnes sont possibles. Voici quelques exemples :

Au **pa'al**, les verbes de la catégorie פ״ג ayant une gutturale en 1ʳᵉ lettre-racine seront renforcés par une vocalisation en **[a]**. Ex. :

Substantif	Verbe et racine	binyan
אֲכִילָה **akhila** *l'action ou le fait de manger*	לֶאֱכוֹל (א.כ.ל) **lē'ēkhol** *manger*	**pa'al** פָּעַל
הֲלִיכָה **halikha** *une marche (l'action)*	לָלֶכֶת (ה.ל.ך) **lalēkhēt** *marcher*	
חֲשִׁיבָה **ha**shiva *une réflexion (l'action)*	לַחְשׁוֹב (ח.ש.ב) **la**hashov *penser*	

Les verbes de la catégorie ל״ה au **pa'al** et au **pi'ēl** seront affectés par la transformation de la 3ᵉ lettre-racine ה en י. Ex. :

Substantif	Infinitif et racine	binyan
בְּנִיָּיה bniya *l'action de construire / construction*	לִבְנוֹת (ב.נ.ה) livnot *construire*	pa'al פָּעַל
שְׁתִיָּיה shtiya *l'action de boire / boisson*	לִשְׁתּוֹת (ש.ת.ה) lishtot *boire*	
עֲלִיָּיה aliya *l'action de monter ou d'augmenter / montée / augmentation / immigration*	לַעֲלוֹת (ע.ל.ה) la'alot *monter*	
פִּינּוּי pinouy *l'action d'évacuer / évacuation*	לְפַנּוֹת (פ.נ.ה) lēfanot *évacuer*	pi'ēl פִּיעֵל
שִׁינּוּי shinouy *l'action de changer / changement*	לְשַׁנּוֹת (ש.נ.ה) lēshanot *changer*	
בִּילּוּי bilouy *l'action de se divertir / divertissement*	לְבַלּוֹת (ב.ל.ה) lēvalot *se divertir*	

Remarques importantes :
– Etant donné qu'en français ce processus grammatical n'existe pas, il est très souvent difficile de trouver une traduction pour ces noms d'action. Nous avons donc l'habitude de traduire par "l'action de…", mais il ne s'agit pas toujours d'une action comme vous pouvez le voir dans les exemples ci dessous.
– Les mêmes formes peuvent désigner à la fois l'action et un substantif n'exprimant pas l'action elle-même.

הַשְּׁתִיָּיה וְהָאֲכִילָה אֲסוּרִים בַּמּוּזֵיאוֹן.
ha-shtiya vē-ha-akhila aSourim ba-mouzē'on. *Il est interdit de boire et de manger dans le musée* (litt. "l'action-de-boire et l'action-de-manger sont interdites au musée").

הַשְּׁתִיָּיה שֶׁהִזְמַנְתִּי הָיְיתָה יוֹתֵר מִדַּי מְתוּקָה.
ha-shtiya shē-hizmanti hayta yotēr miday mētouka. *La boisson que j'ai commandée était trop sucrée.*

הַבְּדִיקָה נִמְשְׁכָה הַרְבֵּה זְמַן לְכָל הַנּוֹסְעִים שֶׁחִיכּוּ בָּאוּלָם.
ha-bdika nimshēkha harbē zman lē-khol ha-noS'im shē-<u>h</u>ikou ba-oulam. *Le contrôle* (litt. : "l'action de contrôler") *a duré longtemps pour tous les passagers qui attendaient dans la salle.*

הַבְּדִיקוֹת הַבִּטְחוֹנִיּוֹת בְּנַתְבָּ"ג (נְמַל הַתְּעוּפָה בֶּן-גּוּרְיוֹן) חֲשׁוּבוֹת מְאוֹד לְבִיטְחוֹן הַנּוֹסְעִים.
ha-bdikot ha-bi<u>t</u>honiyot bē-natbag (nēmal ha-tē'oufah bēn-gouryion) <u>h</u>ashouvot mē'od lē-vi<u>t</u>hon ha-noS'im. *Les contrôles de sécurité à Natbag (l'aéroport – Ben Gourion) sont très importants pour la sécurité des passagers.*

● EXERCICES

1. ÉCOUTEZ L'ENREGISTREMENT ET RÉPONDEZ AVEC VRAI (נָכוֹן) OU FAUX (לֹא נָכוֹן).

🔊 26

לֹא נָכוֹן	נָכוֹן	
		א. בְּגוֹלָם הַנּוֹסְעִים בְּשָׂדֵה הַתְּעוּפָה אֵין הַרְבֵּה נוֹסְעִים.
		ב. הֵם צְרִיכִים לַעֲבוֹר בְּדִיקַת דַּרְכּוֹנִים וְגַם בְּדִיקַת קוֹרוֹנָה.
		ג. לְגִלְעָד אֵין עוֹדֶף אִישִׁי.
		ד. כְּדֵי לַעֲלוֹת לַטִּיסָה הוּא חַיָּב לַעֲבוֹר עוֹדֶף הָאִישִׁי.
		ה. הוּא צָרִיךְ לְהִזְדָּרֵז כְּדֵי לִקְנוֹת מַתָּנוֹת בַּחֲנֻיּוֹת הַפְּטוּרוֹת מֶכֶס.

2. COMPLÉTEZ LES PHRASES AVEC LES MOTS DE VOCABULAIRE INDIQUÉS CI-DESSOUS.

יַנְחַת, לְהִזְדָּרֵז, חֲנֻיּוֹת מֶכֶס, שְׂדֵה הַתְּעוּפָה

א. אֲנִי חַיָּב .... כִּי הַטִּיסָה הוּקְדְּמָה וְלֹא יִהְיֶה לִי כָּאן לִקְנוֹת מַתָּנוֹת בְּ ....
ב. הָאוֹטוֹ מַאֲרִיכוֹת אוֹתִיר יוֹתֵר וְכָךְ פַּס .... מְאוּחָר.
ג. אוּלַם הַנּוֹסְעִים בְּ .... אַף אֶחָד מוֹצֵץ.

3. CLASSEZ LES NOMS D'ACTION-SUBSTANTIFS SUIVANTS DANS LE GROUPE DU VERBE DONT ILS SONT ISSUS ET TRADUISEZ-LES.

bishoul בִּישׁוּל / **hitkadmout** הִתְקַדְּמוּת / **hafsaka** הַפְסָקָה / **shmira** שְׁמִירָה / **hahlata** הַחְלָטָה / **hishtatfout** הִשְׁתַּתְּפוּת / **tiyoul** טִיּוּל / **kniya** קְנִיָּה / **hithamēmout** הִתְחַמְּמוּת / **pguisha** פְּגִישָׁה / **nikouy** נִיקוּי / **hazmana** הַזְמָנָה

Pour vous aider, voici la liste des verbes à l'infinitif :

לְהִתְקַדֵּם / cesser **lēhafSik** לְהַפְסִיק / garder **lishmor** לִשְׁמוֹר / décider **lēhahlit** לְהַחְלִיט / se réchauffer **lēhithamēm** לְהִתְחַמֵּם / cuisiner **lēvashēl** לְבַשֵּׁל / avancer **lēhitkadēm** / participer **lēhishtatēf** לְהִשְׁתַּתֵּף / se promener **lētayēl** לְטַיֵּל / acheter **liknot** לִקְנוֹת / rencontrer **lifgosh** לִפְגּוֹשׁ / nettoyer **lēnakot** לְנַקּוֹת / inviter **lēhazmin** לְהַזְמִין

hitpa'ēl הִתְפַּעֵל	**hif'il** הִפְעִיל	**pi'ēl** פִּעֵל	**pa'al** פָּעַל

VOCABULAIRE

aéroport/s	Sdē-tē'oufa/Sdot-tē'oufa	שָׂדֶה ז'-תְּעוּפָה / שְׂדוֹת-תְּעוּפָה ז"ר
reviens, reviennent, revenir	shav, savim, lashouv	שָׁב, שָׁבִים, לָשׁוּב
Mon Dieu !	ēlohim adirim	אֱלוֹהִים אַדִּירִים
voyageur/s	noSē'a/noS'im	נוֹסֵעַ ז' / נוֹסְעִים ז"ר
bondé/e ("explosé")	mēfoutsats/mēfotsētsēt	מְפוּצָץ / מְפוּצֶצֶת
Allons !, aller	nigash, laguēshēt	נִיגַּשׁ, לָגֶשֶׁת
contrôle (investigation)	bdika	בְּדִיקָה נ'
de sécurité	bithoni/bithonit	בִּטְחוֹנִי / בִּטְחוֹנִית
plein	hamon	הֲמוֹן
passe, passer	ovēr, la'avor	עוֹבֵר, לַעֲבוֹר
vérifie, vérifier/attester	mēvadē, lēvadē	מְוַודֵּא, לְוַודֵּא
monsieur	adoni	אֲדוֹנִי ז'
un véritable casse-tête	Sipour min ha-haftara	סִיפּוּר ז' מִן הַהַפְטָרָה נ'
voyage/s	nēSi'a/nēSi'ot	נְסִיעָה נ' / נְסִיעוֹת נ"ר
le vol (en avion)	tiSa	טִיסָה נ'
sac	tik	תִּיק ז'
main(s)	yad/yadayim	יָד נ' / יָדַיִים נ"ר
possibilité/s	ēfsharout/etsharouyot	אֶפְשָׁרוּת נ' / אֶפְשָׁרֻיּוֹת ו"ר
cabine (dans un avion)	ta	תָּא ז'
surpoids	odēf-mishkal	עוֹדֶף-מִישְׁקָל ז'
supplémentaire/de supplément	noSaf	נוֹסָף
décolle, décoller	mamri, lēhamri	מַמְרִיא, לְהַמְרִיא
carte d'embarquement	kartiS-aliya	כַּרְטִיס ז'-עֲלִיָּה
avion	matoS	מָטוֹס ז'
contrôle de passeports	bikorēt-darkonim	בִּיקּוֹרֶת נ'-דַּרְכּוֹנִים ז"ר
décollage	hamra'a	הַמְרָאָה נ'
a été avancé/e	houkdam/houkdēma	הוּקְדַּם / הוּקְדְּמָה
se dépêche, se dépêcher	mizdarēz, lēhizdarēz	מִזְדָּרֵז, לְהִזְדָּרֵז
hors taxe	ptourot-mēkheS	פְּטוּרוֹת נ"ר-מֶכֶס
langui, se languir	mitga'aguē'a, lēhitga'aguē'a	מִתְגַּעְגֵּעַ, לְהִתְגַּעְגֵּעַ
atterri, atterrir	nohēt, linhot	נוֹחֵת, לִנְחוֹת
transmettra(s), transmettre	timSor, limSor dash	תִּמְסוֹר, לִמְסוֹר
"le" bonjour	dash	ד"ש

LES CORRIGÉS DES EXERCICES

NOTE

Vous trouverez dans les pages qui suivent tous les corrigés des exercices proposés dans les modules qui précèdent. Les exercices enregistrés sont signalés par le pictogramme 🔊 accompagné du n° de piste de l'enregistrement en streaming. Ils se trouvent sur la même piste que le dialogue de la leçon, à la suite de celui-ci ; ils portent donc le même numéro de piste.

1. PREMIER ÉCHANGE

הֶכֵּרוּת רִאשׁוֹנָה

1. א. וּ. – ב. ו/ה. – ג. ח. ט. – ד. ס.

2. a. Qui es-tu (f.) ? - Je suis Sarah, je suis étudiante de Toulouse. Enchantée ! **b.** Je (m.) travaille à Tel-Aviv mais j'étudie à Jérusalem. **c.** Il n'est pas touriste, il est d'Israël. **d.** Que fais-tu (f.) ? - Je me promène à Tel-Aviv avec une amie.

3. א. לֹא נָכוֹן – ב. לֹא נָכוֹן – ג. לֹא נָכוֹן – ד. נָכוֹן

 4. Écoutez l'enregistrement pour vérifier vos réponses

5. א. חוֹפֶשׁ – ב. נ... – ג. נ... – ד. יוֹנִי – ה. הַשָּׁ... – ו. שׂ

2. RENCONTRE

פְּגִישָׁה

1. א. לֹא נָכוֹן – ב. נָכוֹן – ג. לֹא נָכוֹן – ד. לֹא נָכוֹן

2. א. כֹּאלֶה – ב. הֵם – ג. מִן – ד. זֶה

Traduction : **a.** Ce sont des restaurants excellents ! – **b.** Les étudiants viennent d'un Kibboutz. Maintenant ils habitent à Tel-Aviv. – **c.** Je te présente Guillaume, il est de Toulouse.

3.

masc. sing.	fém. sing.	masc. pluriel.	fém. pluriel.
הוֹלֵךְ	הוֹלֶכֶת	הוֹלְכִים	הוֹלְכוֹת
בָּא	בָּאָה	בָּאִים	בָּאוֹת
מְצַיֵּן	מְצַיֶּנֶת	מְצַיְּנִים	מְצַיְּנוֹת
גּוֹל	גּוֹלָה	גּוֹלִים	גּוֹלוֹת

 4. א. מ... – ב. נ... – ג. י... – ד. בְּ... – ה. כְּ... – ו. בְּ... – ז. הַ... – ח. שֶׁ... – ט. לַ-לַ

3. DANS LA RUE

בָּרְחוֹב

1. א. יוֹדֵעַ – ב. מִצְטַעֵר – ג. לָגוּר – ד. חוֹשְׁבוֹת – ה. לִלְמוֹד

Traduction : **a.** - Sais-tu s'il y a un distributeur ici ? – Je suis vraiment désolé, il n'y a pas de distributeur ici. - **b.** Ils veulent habiter à côté de la mer. – **c.** Pensez-vous qu'il y a beaucoup de touristes à Tel-Aviv ? - **d.** Il est possible d'apprendre l'hébreu à Toulouse.

2. א. אֲנַחְנוּ נוֹסְעִים לְאוּנִיבֶרְסִיטָה בְּטוּלוּז. – ב. הַתַּיֶּרֶת נוֹסַעַת מִתֵּל־אָבִיב לִירוּשָׁלַיִם. – ג. הֵן הוֹלְכוֹת לְפָנִיו. – ד. אֵיזוֹ הוֹלֶכֶת לְסֶרֶט עִם חָבֵר.

3. א. נוּגָה הוֹלֶכֶת לְסֶרֶט עִם יוֹסִי. – ב. סְלִיחָה, אַתָּה יוֹדֵעַ אֵיפֹה הַקּוֹלְנוֹעַ נִמְצָא? ג. יֵשׁ שׁוּק גָּדוֹל שֶׁל הַכִּכָּר. – ד. הֵם חוֹשְׁבִים שֶׁבְּטוּלוּז נוֹסְעִים גַּם לְאֶרֶץ כָּכָה.

4. א. לָשׁוּן – ב. לָצֵאת – ג. לָבוֹא – ד. פָּעַל

5. א. הֲכוֹת – ב. הָכֹלָה – ג. הָכֹה – ד. הָכֹלָה

4. INFORMATIONS PERSONNELLES — מֵידָע אִישִׁי

1. א. בְּנֵי - ב. בַּת - ג. בֶּן - ד. בְּנוֹת

Traduction : a. Sais-tu quel âge ont Guillaume et Yossi ? – b. L'étudiante a 22 ans. – c. Ce film a 90 ans. – d. Quel âge ont-elles ?

2. 🔊 **06** א. סוֹסִי תֵּשַׁע חֳדָשִׁים וְאַרְבַּע שָׁנִים וְאַחַת עֶשְׂרֵה שָׁתַיִם (095438162) - ב. אַבְרָהָם וְיוֹנָתָן (74) - ד. תֵּשַׁע
עֶשְׂרֵה (19) - ה. עֶשְׂרִים וָשֶׁבַע (27)

3. א. שִׁמְךָ - ב. שְׁמִי - ג. לָכֶם - ד. לְךָ

Traduction : a. – Quel est ton nom ? – Mon nom est Guillaume. – b. Elle s'appelle Delphine, elle est touriste de Belgique. – c. – Bonjour, il est possible de vous aider ? – Oui, nous voulons commander un café. – d. Nous aidons la touriste. Nous l'aidons à apprendre l'hébreu.

4. א. יְכוֹלִים לִפְתּוֹחַ - ב. רוֹצוֹת לְהַגְבִּיעַ - ג. צְרִיכָה לַחְתּוֹם - ד. יָכוֹל לַעֲבוֹר

5. LA FAMILLE — הַמִּשְׁפָּחָה

1. א. לֹא נָכוֹן - ב. לֹא נָכוֹן - ג. נָכוֹן - ד. לֹא נָכוֹן - ה. נָכוֹן

2. א. שֶׁלָּנוּ - ב. שֶׁל - ג. שֶׁלְּךָ - ד. שֶׁלִּי - ה. שֶׁלּוֹ

Traduction : a. Nous rendons visite à nos proches. – b. Les parents de Daniel vivent en Belgique. – c. – Noa, où habitent tes oncles ? – Mes oncles habitent à Toulouse. – d. Il immigre en Israël avec toute sa famille.

3. א. סָבְתָא שַׁחַת - ב. שְׁנֵי בְּנֵי דּוֹד(ִים) - ג. שְׁלוֹשִׁים וְאֶחָד בִּיקוּרִים - ד. אַבָּאִים וַחֲמִשָּׁה יְלָדִים - ה. עֶשְׂרִים וְתֵשַׁע מִשְׁפָּחוֹת

4. 🔊 **07** א. גָ... - ב. פָ... - ג. בָ... - ד. בְּלִי - ה. בַּא... - ו. פַּ... - ז. שֶׁ... - ח. אִין

6. AU CAFE — בְּבֵית קָפֶה

1. א. אִי - ב. אַפוּ - ג. לִי - ד. שֶׁלָּכֶם - ה. לָנוּ - ו. בִּשְׁבִיל - ז. אוֹכֶלֶת

Traduction : a. Le serveur me sert un jus d'orange. – b. Sa copine est pressée. Elle n'a pas le temps. – c. – Dans votre menu y-a-t-il un petit déjeuner végétalien ? – Oui, nous avons aussi du pain sans gluten. – d. David leur commande un café et un gâteau. – e. Je suis libre aujourd'hui, je peux te rendre visite.

2. 🔊 **08**

état construit		nom + adjectif	
jus d'orange	מִיץ תַּפּוּזִים	un bon gâteau	עוּגָה טוֹבָה
un numéro de téléphone	מִסְפַּר טֶלֶפוֹן	un bon pain	לֶחֶם טוֹב
le centre de Tel-Aviv	מֶרְכַּז תֵּל-אָבִיב	un restaurant végétalien	מִסְעָדָה טִבְעוֹנִית
Une plage	חוֹף יָם	une omelette chaude	חֲבִיתָה חַמָּה
la famille Cohen	מִשְׁפַּחַת כֹּהֵן	un beau paysage	נוֹף יָפֶה
un compte en banque	חֶשְׁבּוֹן בַּנְק	un repas sublime	אֲרוּחָה נִפְלָאָה

3. ‎א. לוֹקַחַת - ‎ב. לְהַצִּיעַ - מְחַפְּשִׂים - ‎ד. לְקַבֵּל - מַצִּיעָה - ‎ה. חוֹזֵר - לָקַחַת

7. UNE CHAMBRE A LOUER   חֶדֶר לְהַשְׂכִּיר

1. 🔊 **09**

fém. pluriel	fém. sing.	masc. pluriel.	masc. sing.
בֵּיצִים טְעִימוֹת	מַעֲלִית קְטַנָּה	שֻׁלְחָנוֹת פְּנוּיִים	סֶרֶט חָשׁוּב
des œufs délicieux	un petit ascenseur	des tables libres	un film important
שׁוּתָפוֹת מַקְסִימוֹת	דִּירָה מְרוֹהֶטֶת	שֵׁירוּתִים נִפְרָדִים	קוֹלְנוֹעַ חָדָשׁ
des colocataires charmantes	un appartement meublé	des toilettes séparées	un nouveau cinéma

2. ‎א. חֶשְׁבּוֹנוֹת הַחַשְׁמַל - ‎ב. חֲלוֹנוֹת הַאַמְבַּטְיָה הַקְּטַנִּים - ‎ג. הַקּוּפָה הָאַחֲרוֹנָה - ‎ד. מְכוֹנַת הַכְּבִיסָה הַבְּלוֹנְדִּי –
‎ה. כִּסְאוֹת פִּינַת הָאוֹכֶל - ‎ו. הַסָּלוֹן הֶעָרוֹךְ

3. 🔊 **09** ‎א. מְחַפֵּשׂ - ‎ב. מִתְקַשְּׁרִים - ‎ג. לָתֵת - ‎ד. תַּגִּידִי - מְשַׁלֶּמֶת ‎ה. עוֹזֶבֶת - מְחַפְּשִׂים - ‎ו. מִתְחַלְּקִים

Traduction : a. Il cherche une chambre dans un appartement avec des colocataires. – b. Nous appelons au sujet de l'annonce. – c. Peux-tu me donner des détails sur l'appartement ? – d. Dis-moi, combien tu payes pour la chambre ? – e. Leur colocataire est partie et ils cherchent une nouvelle colocataire. – f. Ils partagent la taxe d'habitation et les charges.

8. LES JOURS DE LA SEMAINE   יְמֵי הַשָּׁבוּעַ

1. ‎א. נָכוֹן - ‎ב. לֹא נָכוֹן - ‎ג. לֹא נָכוֹן - ‎ד. נָכוֹן - ‎ה. לֹא נָכוֹן

2. 🔊 **10** ‎א. נֶת / X - ‎ב. נֶת / X - ‎ג. נֶת / X - ‎ד. נֶת / X

Traduction : a. Nous ouvrons un compte bancaire. Nous ouvrons le compte et commandons un carnet de chèques. – b. Daniel aime Sarah mais il pense qu'elle n'aime que travailler. – c. Yossi demande à Shira si elle veut voir un film avec lui. Elle accepte mais seulement le film qu'il y a au nouveau cinéma. – d. Les parents amènent leurs enfants à la plage le samedi. Ils demandent à leurs parents du jus d'oranges.

3. ‎א. לָכֶם - אוֹתָנוּ - ‎ב. אוֹתוֹ - ‎ג. שֶׁלָּךְ - לְךָ - אוֹתָהּ - ‎ד. לִי - אוֹתְכֶן

10 🔊 **4.** a. mercredi. – b. samedi. – c. dimanche. – d. vendredi. – e. mardi. – f. jeudi. – g. lundi.

9. L'HEURE   הַשָּׁעָה

1. 🔊 **11** ‎א. חָמֵשׁ וְעֶשְׂרִים טַחֲרֵי הַצָּהֳרַיִם - ‎ב. שֶׁבַע וַעֲשָׂרָה בַּבֹּקֶר - ‎ג. אַחַת עֶשְׂרֵה וְחָמֵשׁ בַּלַּיְלָה - ‎ד. תֵּשַׁע
וַחֲמִשָּׁה בַּבֹּקֶר - ‎ה. שְׁתֵּים עֶשְׂרֵה וָחֵצִי בַּצָּהֳרַיִם - ‎ו. רֶבַע לְשְׁמוֹנֶה בָּעֶרֶב

2. ‎א. אוֹתָךְ - ‎ב. אוֹתָן - ‎ג. אוֹתִי - אוֹתָךְ - ‎ד. אוֹתוֹ

Traduction : a. – Vous mangez le gâteau maintenant ? – Non, nous le mangeons après. – b. Yossi se brosse les dents. Il les brosse matin et soir. – c. – Maman, tu m'aimes ? – Oui, Yoni, je t'aime beaucoup. – d. Maman demande à Yoni où il court. Elle lui demande aussi pourquoi il ne mange pas quelque chose avant de sortir de la maison.

3. א. טוֹבָה - ב. טוֹבֶה - ג. טוֹבוֹ - ד. טוֹבוּ

4. א. קְרִיתָ - ב. קָרִיתְ - ג. קָרִינוּ - ד. קָרִיתָה - ה. קְרִיוּ

10. J'AI MAL... ## כּוֹאֵב לִי...

12 1. א. כּוֹאֵב לְשָׂרָה הַגָּב - ב. יֵשׁ לְסִבִּי כְּאֵבֵי רַגְלַיִם - ג. כּוֹאֲבוֹת לָנוּ הַבּוֹנְבַּיִים - ד. יֵשׁ לְךָ כְּאֵב גָּרוֹן?

2. א. לֹא קְרִיתָה - ב. קְרָה - ג. קָרוּ - ד. קְרוּ - ה. לֹא קְרוּ

3. א. לֹא הָיָה לָהֶן - ב. הָיוּ לָהֶם - ג. הָיְתָה לָנוּ - ד. לֹא הָיָה לוֹ - ה. הָיָה לָהּ

Traduction : a. Elles n'avaient pas de vacances. – b. Ils avaient des leçons importantes. – c. Nous avions une fête d'anniversaire. – d. Il n'avait pas de fièvre. – e. Elle avait un mal de tête.

4. א. נִרְתַּעַת - ב. יְשֵׁנִים - ג. לִקְבּוֹעַ - ד. חוֹזֶרֶת - ה. מְבִינוֹת

11. FAIRE LES COURSES ## לַעֲרוֹךְ קְנִיּוֹת

13 1. א. בִּדְרַךְ כְּלָל - ב. הַסַּל - ג. לַצְּמָאִים - ד. בִּדְרַךְ כְּלָל - ה. כַּאֲשֶׁר - ו. תָּמִיד - ז. כַּאֲשֶׁר - ח. כִּי...

2. א. פּוֹתְחִים - ב. פּוֹתְחִים - ג. אוֹצְרִים - ד. קוֹנִים - ה. מַחְכִּים - ו. מִסְתַּכְּלִים - ז. שׂוֹמִים / נוֹשְׂאִים

3. א. רְצָפִים - ב. פִּינָּה - ג. אַרְכְּבִי - ד. אֲהוּסִים - ה. שְׁכוּנָתִית

Traduction : a. Même si on n'a pas faim, il vaut mieux toujours manger quelque chose le matin. – b. Ma grand-mère a 91 ans, elle est très vieille. – c. Ils habitent une grande rue centrale. – d. Sur les étagères il y a beaucoup de choses, elles sont très chargées. – e. Dans l'épicerie du quartier on peut payer par chèque.

12. CHOSES A FAIRE ## סִידּוּרִים

1. א. לָכֵן / כִּי הוּא שָׁכַח סֵט הַנַּיָּיד אֵצֶל בַּבַּיִת. ב. מִפְּנֵי שֶׁ... / לָכֵן הֵיטוּ בְּרִיכָה לִנְסוֹעַ בָּאוֹטוֹבּוּס. – ג. כִּי / לָכֵן הֵם אוֹהֲבִים לַעֲשׂוֹת קְנִיּוֹת. – ד. לָכֵן / מִפְּנֵי שֶׁעֲנָתוֹ רוֹצִים לְלַמֵּד יִשְׂרָאֵל.

14 2. א-2, ב-5, ג-4, ד-3, ה-1

3.

binyan	traduction	infinitif	pronom personnel
הִתְפַּעֵל	tomber en panne	לְהִתְקַלְקֵל	הֵם
הִפְעִיל	réussir	לְהַצְלִיחַ	הִיא
נִפְעַל	se rappeler	לְהִזָּכֵר	אַתֶּם
פִּעֵל	mesurer / essayer des vêtements	לִמְדֹּד	אַתְּ
פָּעַל	oublier	לִשְׁכּוֹחַ	אֲנִי

14 4. א. קַמְנוּ - ב. לָמְדוּ - ג. כָּאֲבוּ - ד. רַצְתֶּם - ה. עָמַדְתִּי

Traduction : a. Avant-hier nous nous sommes réveillés tôt le matin. – b. L'année dernière ils ont étudié l'hébreu dans un Oulpan. – c. J'avais très mal aux jambes il y a une semaine. – d. Où avez-vous courut jeudi dernier ? – e. Hier, j'ai fait la queue à la caisse pendant environ une demi-heure.

13. S'ORIENTER EN VILLE — הִתְמַצְּאוּת בָּעִיר

1. a. תִּהְיֶה – b. סֶהְיֶה – c. יִהְיוּ – d. נִהְיֶה – e. תִּהְיֶה

2. a. עוֹלָה – b. עוֹלוֹת – c. עוֹלֶה – d. קִנְיָה

Traduction : a. Je veux payer pour la robe. Combien coûte-t-elle ? b. Combien coûtent les tomates ? c. Combien coûte ce livre ? d. Je veux acheter un ticket *(de voyage)*. Combien coûte le ticket ?

3. 🔊 **15** a. יָשִׁירוּ – b. יָגוּר – c. תָּבוֹאִי – d. תָּשִׂים – e. נָטוּס – f. תָּקוּם – g. תָּרוּצִי

Traduction : a. Les professeurs chanteront en classe. b. David habitera à Jérusalem l'année prochaine. c. Tu ne viendras pas pour une visite au pays. d. Elle mettra le livre sur la table. e. L'année prochaine nous nous envolerons vers l'Amérique. f. Quand te lèveras-tu demain matin ? g. Vous courrez au bord de la mer.

4. 🔊 **15** a. בְּשֶׁקֶל – b. בְּמַהִירוּת – c. בַּצַּבָּעִים – d. סוֹף-סוֹף – e. בַּצַּבָּעוֹת – f. קָשֶׁה – g. בְּשׂוּשִׂיאַת קִנְיוֹת

14. LES COURSES — קְנִיּוֹת

1. a. לֹא נָכוֹן – b. נָכוֹן – c. לֹא נָכוֹן – d. לֹא נָכוֹן – e. לֹא נָכוֹן

2. a. רָבִית – b. קְיָה – c. חִכִּינוּ – d. בָּאתֶם – e. הִסְפֵּנִיתִי – f. רַב – g. נִבְנְתָה – h. הִתְרַבוּ

3.

j'entrerai	אֶכָּנֵס	je recevrai	אֲקַבֵּל
tu corrigeras, répareras / elle corrigera, réparera	תְּתַקֵּן	tu t'abîmeras / elle s'abîmera	תִּתְקַלְקְלִי
tu prépareras	תָּכִינִי	tu réussiras	תַּצְלִיחִי
il se lèvera	יָקוּם	il terminera	יִשְׁאֵר
nous fermerons	נִסְגּוֹר	nous gâterons	נְפַנֵּק
vous conduirez	תְּנַהֲלוּ	vous commencerez	תַּתְחִילוּ
ils/elles payeront	יְשַׁלְּמוּ	ils/elles essayeront / mesureront	יִמְדְּדוּ

15. AU CENTRE COMMERCIAL   בַּקַנְיוֹן

.1

הִיא	הוּא	אַתְּ	אַתָּה	אֲנִי
בַּעֲלָהּ	סַנְדָלָיו	שִׂמְלָתֵךְ	חֲבֵרְךָ	בְּגָדַי
הַבַּעַל שֶׁלָּהּ	הַסַנְדָלִים שֶׁלוֹ	הַשִׂמְלָה שֶׁלָּךְ	הֶחָבֵר שֶׁלְּךָ	הַבְּגָדִים שֶׁלִּי
son mari	ses sandales	ta robe	ton ami	mes habits

הֵן	הֵם	אַתֶּן	אַתֶּם	אֲנַחְנוּ
דִּירָתָן	מְחִירֵיהֶם	אַאְצִילְכֶן	חֲלִיפוֹתֵיכֶם	אֲחוֹתֵנוּ
הַדִּירָה שֶׁלָּהֶן	הַמְּחִירִים שֶׁלָּהֶם	הַמְּעִילִים שֶׁלָּכֶן	הַחֲלִיפוֹת שֶׁלָּכֶם	הָאָחוֹת שֶׁלָּנוּ
leur appartement	leurs prix	vos manteaux	vos costumes	notre sœur

.2 א. בֹּאוּ בְּבַקָּשָׁה! – ב. דָּוִיד, תֵּן לִי מַיִם בְּבַקָּשָׁה! – ג. דִּינָה, קְחִי אֶת הַסֵּפֶר שֶׁלָּכֶן! – ד. דָּוִיד, לֵךְ לְשַׂחֵק בַּחוּץ! – ה. קוּמוּ, כְּבָר אִחַרְתֶּם!

17 **.3** א. תָּבוֹאִי– ב. תַּשִׂימִי– ג. תָּקוּמוּ– ד. תָּשִׁירִי– ה. תָּרוּץ– ו. תָּטוּסוּ

Traduction : a. David, ne viens pas à l'école ! b. Hanna, ne mets pas le livre sur la table ! c. Les enfants, ne vous levez pas tard ! Vous devez aller à l'école. d. Maman, ne chante pas dans le magasin maintenant ! Ce n'est pas agréable. e. Daniel, ne cours pas vers la route ! f. Les filles, ne voyagez pas en avion ("envolerez") la semaine prochaine ! Il n'y a pas de vols.

.4 א. אוֹכֵל – אוֹכֵלֶת – אוֹכְלִים – אוֹכְלוֹת – ב. בָּאתָ שָׁבוּעַ – יָשַׁב – יָקוּם – ה. תֵּלְכִי – ו. אָחַר – זָכַר – זוֹכֵר – ז. תָּבֹאִי – ח. תִּרְחַץ – תִּתְחַבֵּא –

17 **.5** א. סַוּוּצְאָה – אוֹצָאוֹת – בְּצֵינַיִךְ – ב. אוֹצָאוֹת – בְּצֵינַי – אֲחוֹרָה – אוֹצָאוֹת – בְּצֵינַי – לִבְנוֹת – אוֹצָאוֹת – בְּצֵינֵינוּ – ג. כְּחוּלִּים – אוֹצָאִים – בְּצֵינַיִךְ – אוֹצָאִים – בְּצֵינַי

16. LES DÉMARCHES ADMINISTRATIVES   הֲלִיכִים מִנְהָלִיִּים

18 **.1** א. נָכוֹן – ב. לֹא נָכוֹן – ג. לֹא נָכוֹן

.2 א. לָהֶם – ב. עָלָיו – ג. לִי – לָךְ – ד. עָלַיִךְ – ה. אֲלֵיהֶם – ו. עֲלֵיכֶם

3.

ēf'al	ēf'ol	Traduction	Infinitif	Forme conjuguée	Pronom personnel
x		lire	לִקְרוֹא	נִקְרָא	אֲנַחְנוּ
x		porter (habits)	לִלְבּוֹשׁ	אֶלְבַּשׁ	אֲנִי
	x	fermer	לִסְגּוֹר	תִּסְגּוֹר	הִיא
x		ouvrir	לִפְתּוֹחַ	יִפְתַּח	הוּא
x		apprendre	לִלְמוֹד	תִּלְמַד	אַתָּה
	x	vérifier/examiner	לִבְדּוֹק	אֶבְדּוֹק	אֲנִי
x		conduire	לִנְהוֹג	נִנְהַג	אֲנַחְנוּ
x		monter à vélo/ moto/ cheval	לִרְכּוֹב	יִרְכַּב	הוּא

4. א. לֹא יִהְיוּ לָנוּ – ב. יִהְיֶה לָהֶם – ג. לֹא יִהְיֶה לוֹ – ד. תִּהְיֶה לָךְ

17. ENTRETIEN D'EMBAUCHE — רֵאָיוֹן עֲבוֹדָה

1. א. אֲבַקֵּשׁ – ב. יִוָּנֵק – ג. נִפְרְדָה – ד. אָסְתָה 🔊 **19**

Traduction : a. Les amis, je vous demande de me téléphoner dans la soirée. – b. Le bébé apprend de son grand frère à parler. Il apprend de lui beaucoup de choses. – c. L'homme s'est séparé de sa femme, lorsqu'il s'est séparé d'elle il a ressenti du chagrin (une douleur). – d. Nous leurs avons donné un cadeau mais ils n'ont pas voulu l'accepter de notre part, dommage.

2. א. אֲמַלֵּא – ב. יְדַבֵּר – ג. נְשַׁלֵּם – ד. תְּבַשֵּׁל – ה. תֹּאמְרוּ – ו. יֹאכְלוּ – ז. אוֹהַב 🔊 **19**

Traduction : a. Je remplirai les documents demain. – b. Il parlera avec le directeur au sujet du travail. – c. En général, [c'est] vous [qui] payez au restaurant, cette fois-ci [c'est] nous [qui] paierons. – d. Maman cuira ("cuira au four") le gâteau à l'occasion ("en l'honneur") de la fête. – e. Vous lui direz de ne pas venir chez vous demain. – f. Les enfants souperont ("mangeront le repas du soir") tôt. – g. Je t'aimerai à jamais.

3. א. אֶחָד עֶשֶׂר גְּבָרִים אֶלֶּא אֲנָשִׁים תְּצַיְּצוּ אוֹנָה וְשׁוּמָנָה – ב. גְּבָרָה בְּקוֹנְצֵרט לַסְפַיִיס אֲשֶׁר סַלְפַיִיס עֲשָׂרִים וְרִבְעָה – ג. עֲרָבָתָה אֲשֶׁר גְּבָרָה אָלֶּף תְּצַיְּצוּ אוֹנָה וְשׁוֹבָא – ד. אֶלֶף תְּצַיְּצוּ אָנָּה שֵׁשִׁים וְשִׁשָּׁה וְשִׁבְעָה

18. LES OFFRES D'EMPLOI — הַצָּעוֹת עֲבוֹדָה

1. א. לְמָקוֹם עֲבוֹדָה צָרִיךְ לְשָׁלֹחַ קוֹרוֹת חַיִּים. – ב. אוֹצְאוֹת דְּרוּשִׁים סוֹגֵר לְשַׁעַר לְאוֹכֵל בָּעִתּוֹנִים וּבְאֲתָרֵי 🔊 **20**
אִינְטֶרְנֶט. – ג. בְּאוֹצָאַת הַדְּרוּשִׁים מְחַפְּשִׂים מַכִּיר עַל יַחֲסֵי־אֱנוֹשׁ, יְכֹלֶת עֲבוֹדָה בְּצֶוֶת, תּוֹצֶאַת
שֵׁירוֹת, סָאִינוּת וְהַקְפָּדָה. – ד. הוּא צָרִיךְ לִהְיוֹת אִם יֵצֵא אַסְטְסְקִי בַּקָּצוּר פַּעַל הַפְלִיטִי. – ה. יִתְרוֹן לְדוֹבְרֵי
הַשָּׂפָה הָרוּסִית.

2. א. יוֹדִיעוּ - ב. יִשְׁלַח - ג. תּוֹרִיד - ד. מוֹסִיפִים - ה. אוֹשִׁיב - ו. מוֹפִיעוֹת

Traduction : a. Les directeurs informeront ("annonceront") les travailleurs de ne pas venir au travail. b. Le secrétaire enverra la lettre à tous les travailleurs de la compagnie. c. Elle descendra l'armoire au premier étage. d. Nous n'ajoutons jamais de sucre ou de lait au café. e. Le petit garçon ne pourra pas s'asseoir seul sur la chaise. Je l'[y] assiérai. f. Des offres d'emploi apparaissent dans les journaux et sites spécialisés.

3. א. בָּצָאתִי - ב. בָּצָאתָ - ג. בָּצָאתְ - ד. בָּצָאתִי - ה. בָּצָאנוּ - ו. בָּצָאתֶם - ז. בָּצָאתְכֶן - ח. יָצְאוּ

19. PARTIR EN VOYAGE — לָצֵאת לְטִיּוּל

1. א. טִיּוּל - ב. לָטוּס - ג. חַמִּים - ד. אָבִיב

2. 🔊 21 א. הֵם מְדַבְּרִים עַל הַפַּעַם הַבָּאָה הַקְרוֹבָה שֶׁיֵּצְאוּ לְטִיּוּל.
ב. הֵם רוֹצִים לָצֵאת לְטִיּוּל בָּאָרֶץ.
ג. הֵם מְדַבְּרִים עַל חַג הַחֲנוּכָּה וְעַל חַג הַפֶּסַח.
ד. חַג הַפֶּסַח בָּאָבִיב.
ה. חַג הַחֲנוּכָּה בַּחוֹרֶף.
ו. בַּחוֹרֶף יוֹרֵד גֶּשֶׁם וְיֵשׁ רוּחוֹת צַנּוֹת.

3. א. נַצֵּא - ב. יֵדְעוּ - ג. תִּיקַח - ד. אֶסַּע - ה. תִּתְּנוּ

Traduction : a. Au printemps nous partirons pour un voyage ("excursion") en Israël ("au pays"). b. Ils sauront où aller ("vers où voyager") avec les enfants l'année prochaine pour les vacances de Hanoucca. c. Elle doit prévoir ("s'équiper") beaucoup de vêtement chauds, elle prendra sa grande valise pour le voyage ("excursion"). d. L'été prochain je partirai ("voyagerai") avec des amis en vacances à l'étranger. e. Si vous voulez que nous vous prévenions ("annoncerons") quand nous viendrons, il vaut mieux que vous nous donniez votre numéro de téléphone.

20. DES VACANCES SPORTIVES — חוּפְשַׁת סְפּוֹרְט

1. א. יְשַׂחֵק - ב. לִשְׂחוֹת - ג. נוֹפִים - ד. נְסִיעוֹת - ה. פְּרִיחַת הָאָבִיב - ו. לִרְכּוֹב - ז. כֶּלֶב - ח. רַכָּבִים

2. 🔊 22 א. אָנָא מְדַבְּרִים עַל - ב. הוּא רוֹצֶה - ג. הֵם יִרְאוּ אֶת פְּרִיחַת הָאָבִיב - ד. כֶּלֶב חָסַף סוּפֶרְגּוֹלֶם עַל הַר הַחֶרְמוֹן

3. א. נִיסַּע - ב. תִּשְׂחֶנָּה - ג. יִרְאוּ - ד. תִּהְנֶה

21. VISITE AU MUSÉE — בִּיקוּר בַּמּוּזֵיאוֹן

1. 🔊 23 א. נָכוֹן - ב. לֹא נָכוֹן - ג. לֹא נָכוֹן - ד. לֹא נָכוֹן - ה. נָכוֹן

2. א. מְסַפְּרִים - ב. אוֹפָנִים - ג. אַהֲבָה - ד. אוֹרֵחַ - ה. אַחֶבֶת - ו. אֲוִישָׁת - ז. אֲסוּרְסֶת

3. א. מֵבִינֶנִי - ב. בָּאִים - ג. יוֹדֵעַ - ד. יָשְׁנָם - ה. יָשְׁנָהּ

Traduction : a. Je ne te comprends pas. b. Ils ne viennent pas ce soir. c. Il ne sait ni lire ni écrire en hébreu. d. Certains (il y a des gens qui) conçoivent des appartements dans un style original. e. Il y a un souci avec l'humidité et la lumière dans cette salle.

22. LA PRESSE — הָעִיתוֹנוּת

1. א. בְּעַצְבֵּיכֶם - ב. בְּעַצְבֵּיהֶם - ג. בְּעַצְבָּיִךְ
2. א. יָבִיאוּ - ב. אֲרִיחָהּ - ג. הָכְנוּ - ד. הֵפֵנוּ - ד. תָּעִירִי - לְהַעִיצַ
3. א. כָּל - ב. כָּל הַ... - ג. כָּל הַ... - ד. כָּל הַ... - ה. כָּל
4. א. לֹא נָכוֹן - ב. לֹא נָכוֹן - ג. לֹא נָכוֹן - ד. נָכוֹן - ה. לֹא נָכוֹן - ו. נָכוֹן ▶ 24

23. AU THÉÂTRE — בַּתֵּאַטְרוֹן

1. א. הַכָּבוֹד - ב. הַדִּיבּוּק - ג. אוּלִים חֲדָשִׁים - ד. תְּזוּרָה - ד. הַתַּסְבּוּרָךְ - ה. אֲחָאוֹת
2. א. שַׂחְקָן - ב. נָפָּג - ג. שַׂקְרָנִית - ד. מִסָּאן - ה. מִצַּבֶּבֶת
3. א. שֵׁנִי - ב. חֲמִישִׁי - ג. שְׁמִינִית - ד. שְׁלִישִׁית - רִאשׁוֹן - ה. רְבִיעִית

24. À L'AÉROPORT — בִּשְׂדֵה הַתְּעוּפָה

1. א. לֹא נָכוֹן - ב. נָכוֹן - ג. לֹא נָכוֹן - ד. נָכוֹן - ה. נָכוֹן ▶ 26
2. א. לְהִכָּנֵס - חֲנוּיוֹת פְּטוּרוֹת מֶכֶס - ב. יַנְחַת - ד. שְׂדֵה הַתְּעוּפָה
3.

פָּעַל pa'al	פִּיעֵל pi'ēl	הִפְעִיל hif'il	הִתְפַּעֵל hitpa'ēl
שְׂאִירָה	בִּישׁוּל	הַחְלָטָה	הִתְקָרְאוּת
קְנִייָה	טִיּוּל	הַפְסָקָה	הִתְחַתְּנוּת
טִיסָה	נִיקּוּי	הַבְהָנָה	הִפְתַּתְּפוּת

© 2022, Assimil.
Dépôt légal : octobre 2022
N° d'édition : 5182
ISBN : 978-2-7005-0853-6
www.assimil.com

Achevé d'imprimer par Tipografia Real en Roumanie